SOMMAIRE

- **CARTE DES PRINCIPALES CURIOSITÉS ET DES RÉGIONS TOURISTIQUES** .... p. **4 et 5**
   Sur cette carte figurent : les localités, les curiosités, les routes et les régions touristiques décrites p. 47 à 161.

- **INTRODUCTION AU VOYAGE** .... **6 à 33**
   - Physionomie du pays .... 6 à 9
     Les paysages — Le climat et les eaux.
   - Vie économique .... 10 à 12
   - Quelques faits historiques .... 13 à 16
   - L'art .... 17 à 21
     L'art berbère — L'art hispano-mauresque.
   - Artisanat .... 22 à 25
     L'art du tapis — Tentures et étoffes — La broderie — La céramique — Le travail du métal — Le cuir — Le bois — La vannerie.
   - La vie marocaine .... 26 à 33
     L'Islam — Vie quotidienne et folklore.

- **RENSEIGNEMENTS PRATIQUES** .... **34 à 37**
   A quelle époque visiter le Maroc ? — Où se renseigner ? — Moyens d'accès — Formalités et douane — Hôtels, restaurants, terrains de camping — Visites — Divers — Quelques prix.

   - **PROGRAMMES DE VOYAGE** .... **38 à 41**
     Cartes d'itinéraires — Sur la route.

- **LIEUX DE SÉJOUR SPORTS ET DISTRACTIONS** .... **42 à 45**

   - **SIGNES CONVENTIONNELS** **46**

- **VILLES, SITES, CURIOSITÉS ET RÉGIONS TOURISTIQUES** .... **47 à 161**
   classés dans l'ordre alphabétique.

   - **LEXIQUE — QUELQUES LIVRES** **162**

   - **INDEX ALPHABÉTIQUE** **163**

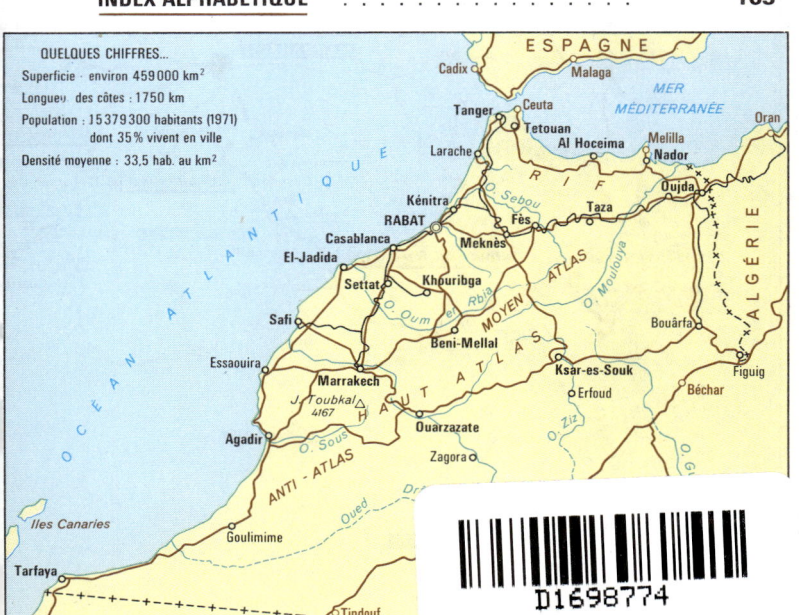

QUELQUES CHIFFRES...
Superficie : environ 459 000 km^2
Longueur des côtes : 1750 km
Population : 15 379 300 habitants (1971) dont 35 % vivent en ville
Densité moyenne : 33,5 hab. au km^2

PRINCIPALES CURIOSITÉS

Curiosités
L'**Index alphabétique** donne le n° de la page où elles sont décrites

Vaut le voyage (★★★)
- **MARRAKECH**

Mérite un détour (★★)
- **ESSAOUIRA**
- **CASCADES D'OUZOUD**

Intéressant (★)
- Asilah
- *Grottes d'Hercule*

A voir éventuellement
- Khenifra
- *Aïn-Sebou*

Les caractères penchés désignent des curiosités naturelles

Régions touristiques
- le Tafilalt
- Vallée du Ziz

Signes conventionnels
- Ksar ou kasba
- Mosquée
- Ruines
- Barrage
- Vue
- Panorama
- Autre curiosité
- Localité décrite
- Parcours décrit
- Col

0 — 50 km

ET RÉGIONS TOURISTIQUES

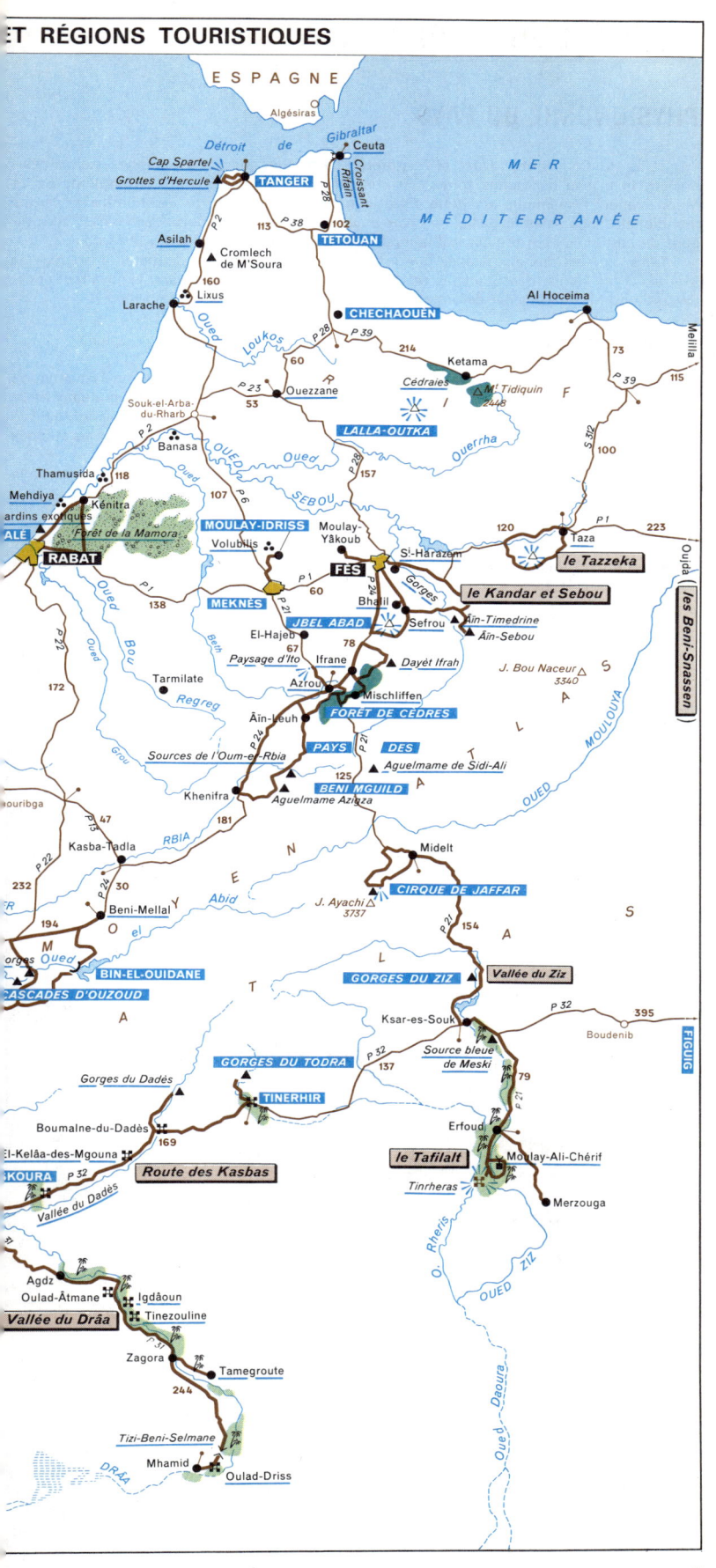

INTRODUCTION AU VOYAGE

PHYSIONOMIE DU PAYS

« L'île du Couchant » (Jzirat el Maghreb) : c'est ainsi que les géographes arabes désignaient la masse de hautes terres qui constituent l'Afrique du Nord. Ile entourée par la Méditerranée, l'Atlantique ainsi que cette immense mer de sable qui vient battre les pentes méridionales des Atlas et par où les caravanes abordaient aux « ports » sahariens. Tout au bout de cette « île » se trouvait le Maghreb el Aqsa, l'extrême-Occident : le Maroc.

Mais ce n'est pas aux Arabes que le Maroc doit son nom. Si grand était le prestige de Marrakech au temps des Saadiens (p. 15), que les Européens appelaient le pays tout entier royaume de Marrakech ; par déformation : royaume de Maroc. Le nom lui resta.

LES PAYSAGES

Le Maroc s'ordonne autour d'une région centrale largement ouverte sur l'Atlantique : la « meseta », flanquée au Nord par le bassin du Sebou. Cet ensemble de plateaux et de plaines est encadré par des massifs montagneux disposés en demi-cercle : au Nord le Rif, à l'Est et au Sud les Atlas. Au-delà de cet amphithéâtre, le Maroc se poursuit, par les steppes orientales, par la grande dépression « sudatlasique » et par l'Anti-Atlas.

Au total il couvre 458 730 km², soit une superficie un peu inférieure à celle de la France.

La meseta

Le nom de « meseta » désigne la région comprise entre le bassin du Sebou, les Atlas et l'océan, et dont le socle a été constitué à l'ère primaire.

Plaines atlantiques. — La partie la plus basse de la « meseta » s'allonge de Rabat au Sud d'Essaouira, entre l'océan et un gradin de 100 à 150 m — particulièrement net dans la région de Settat. Elle constitue une série de plaines côtières : étroites au Nord (entre Rabat et Mohammedia) et au Sud (vers Essaouira), épanouies dans l'arrière-pays de Casablanca (plaine de la **Chaouïa**), autour d'El-Jadida (plaine des **Doukkala**), et au Sud de Safi (plaine des **Abda**).

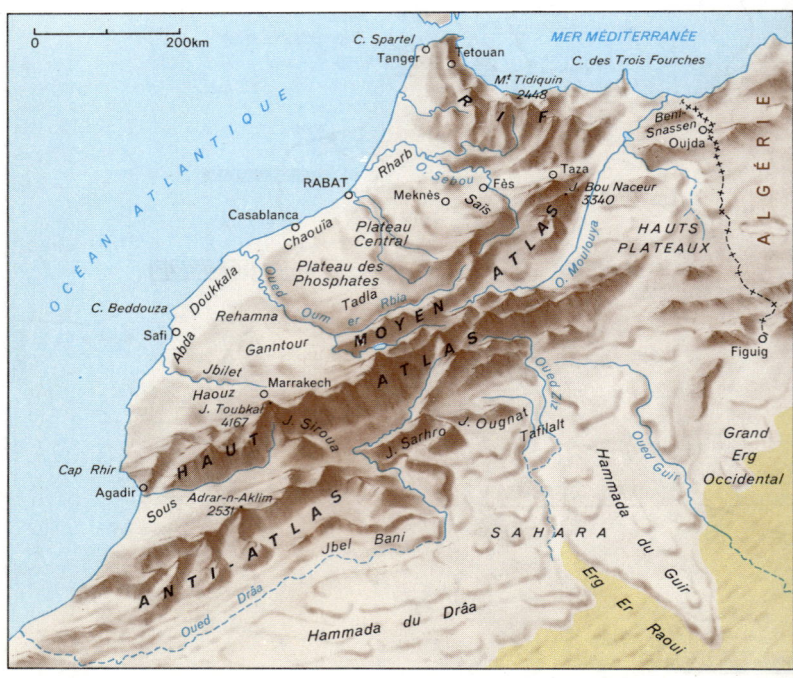

Deux zones sont parallèles au rivage. Le Sahel, sablonneux, où se retrouvent les traces d'anciennes dunes littorales ; la douceur du climat et l'humidité de l'air y favorisent les cultures maraîchères. A l'arrière, les « tirs », terres argileuses, propres à la culture des céréales ; sur les coteaux, prospère la vigne.

Ces plaines sont parmi les plus riches et les plus peuplées du Maroc. Les gros marchés agricoles abondent à l'intérieur. Les ports sont souvent des villes industrielles, des centres économiques ou politiques (Casablanca, Safi, Mohammedia, Rabat). La côte, fréquemment rocheuse et inhospitalière, offre cependant, dans certains secteurs colmatés par des sables, de belles plages comme celles d'El-Jadida, Oualidia, Essaouira, ainsi que le littoral de Rabat à Casablanca.

Plateaux. — Passé l'escarpement qui domine les plaines atlantiques, le socle primaire affleure sur de grandes surfaces. Le **Plateau Central** très accidenté, aux formes lourdes, aux communications difficiles, doit à son altitude et à ses terrains souvent imperméables une certaine humidité favorable à la forêt (thuya, chêne vert, chêne-liège) et aux pâturages dans les parties les plus élevées; ailleurs l'agriculture progresse et les tribus naguère nomades de Zemmours et de Zaërs se fixent.

Plus au Sud, le **Plateau des Phosphates** et le **Ganntour** sont faits de couches calcaires superposées dont les plus récentes, d'époque tertiaire, renferment les phosphates *(voir p. 10)* de Khouribga et de Youssoufia.

Les terrains primaires apparaissent à nouveau dans le massif des **Rehamna** et dans celui des **Jbilet** : pays sec vivant de l'élevage des chèvres et de maigres récoltes d'orge.

Cuvettes intérieures. — Les oueds descendus de l'Atlas ont ouvert, à la naissance des plateaux, des vallées alluviales et des bassins.

Dans la **région de Khenifra**, la moyenne vallée de l'Oum er Rbia est le cœur du pays zaïane dont les éleveurs se déplacent traditionnellement entre les bas plateaux de la meseta et les hauts pâturages du Moyen Atlas.

La **plaine du Tadla** a été en partie mise en valeur grâce aux barrages construits sur l'Oum er Rbia et ses affluents. Les champs irrigués portent autour de Kasba-Tadla et de Beni-Mellal de belles récoltes de blé, de coton, de luzerne, ainsi que des cultures maraîchères et des arbres fruitiers.

La vaste **plaine du Haouz** n'autorise qu'une agriculture rudimentaire en dehors des zones irriguées une bonne partie de l'année par les eaux de source ou de fonte des neiges descendues du Haut Atlas. Les eaux sont distribuées par un réseau de «seguias», canaux d'irrigation à ciel ouvert, ou de «rhettaras», ingénieux système de canaux souterrains qui permet d'éviter l'évaporation. Au centre de la plaine, Marrakech ajoute à ses fonctions administratives, commerciales et artisanales, son importance touristique.

Le bassin du Sebou

Entre la meseta et le Rif s'allonge une zone de plaines et de collines formant le bassin du Sebou. Par sa fertilité, sa population, son importance comme voie de passage, son rôle historique, il constitue une région vitale du pays.

Trouée de Taza et collines prérifaines. — A l'Est, entre le Rif et le Moyen Atlas, la plaine se réduit à un couloir qui assura de tout temps les communications avec le bassin de la Moulouya et l'Algérie. Dans un encadrement de versants partiellement boisés, les terrasses alluviales portent jardins et vergers. La ville de Taza commande le passage.

A l'Ouest de Taza, les collines d'argiles et de marnes prérifaines s'avancent jusqu'à proximité de Fès (jbel Zalagh) et de Meknès (jbel Zerhoun). C'est un pays céréalier où l'arboriculture tient également une place importante (oliviers).

Région de Fès-Meknès. — Ancien lac tertiaire, la plaine centrale ou plaine du **Saïs**, est couverte de sols généralement riches. Les grandes exploitations y disposent de moyens mécaniques modernes permettant de bons rendements de céréales. Le vignoble tient une place considérable, surtout aux environs de Meknès, important nœud de routes et grande ville commerçante en voie d'industrialisation. Fès, vieille capitale religieuse et intellectuelle, reste un centre d'artisanat, une ville de négoce, et devient une ville industrielle. D'autres villes comme Sefrou ou la cité de Moulay-Idriss animent la région.

Plaine du Rharb. — Au Nord de la forêt de la Mamora connue pour ses chênes-lièges et ses eucalyptus, le Rharb — «pays de l'Ouest» — s'étend largement vers l'Atlantique, de l'embouchure du Sebou à celle du Loukos. La terre assainie et mise en valeur depuis 50 ans en fait une région agricole de première importance. Les céréales, la vigne, la betterave à sucre, les cultures maraîchères, le riz et le coton, accompagnent les agrumes dont l'exploitation a pris un essor spectaculaire. On y a trouvé du pétrole, raffiné à Sidi-Kacem. Nombreux sont les gros marchés et les petites villes, mais la principale est Kénitra, port fluvial sur le Sebou.

L'amphithéâtre montagneux

Les Atlas. — Ils forment un bastion difficile à franchir, traversant le Maroc en écharpe du Sud-Ouest au Nord-Est. Leurs deux chaînes s'articulent autour du bassin de la haute Moulouya, à l'Ouest de Midelt.

On a souvent comparé le **Moyen Atlas** au Jura qui, comme lui, présente une zone tabulaire adossée à une zone plissée. Côté Atlantique, la zone tabulaire s'étend jusqu'aux plateaux de la meseta et aux collines prérifaines : elle est faite surtout d'assises de calcaire secondaire mais des cassures ont provoqué de larges épanchements volcaniques, en particulier dans la région d'Azrou et d'Ifrane. La zone plissée domine assez brusquement le Maroc Oriental et son altitude, toujours importante, dépasse 3 000 m dans le jbel bou Iblane et le jbel bou Naceur. Pays de l'herbe et de l'arbre, humide et forestier, le Moyen Atlas a reçu un peuplement de Berbères : ce sont principalement des éleveurs, dont certains pratiquent encore le semi-nomadisme *(voir p. 53 : Les Beni Mguild)*.

Le **Haut Atlas**, chaîne plus puissante encore, s'allonge sur 700 km de l'Atlantique aux confins orientaux du pays. Près de la côte, des plateaux déjà hauts de 2 000 m dominent la plaine du Sous par un versant abrupt tandis qu'ils s'inclinent en pente douce vers le Nord; ils s'achèvent sur l'Atlantique, autour du cap Rhir, en de pittoresques falaises. Plus à l'Est le socle primaire apparaît souvent à nu, porté à des altitudes qui avoisinent les 4 000 m : les grès et granites du Toubkal forment le point culminant du Maroc, avec 4 167 m. A l'Est du Tizi-n-Tichka, on trouve d'épaisses formations calcaires qui restent très élevées : Ighil M'Goun (4 071 m) et jbel Ayachi (3 737 m).

L'activité pastorale, importante dans la partie orientale de la chaîne, contraste avec l'agriculture qui — à l'Ouest du Tizi-n-Tichka — exploite la moindre parcelle de terrain utilisable pour les champs ou les vergers.

Le Rif. — Prolongement géologique de la Chaîne Bétique au Sud de la Méditerranée, le Rif apparaît comme un morceau d'Europe accolé au Nord de l'Afrique. C'est une chaîne arquée, tendue sur 250 km du détroit de Gibraltar au cap des Trois Fourches, étroite aux extrémités, plus épaisse dans sa partie centrale. L'altitude — 2 448 m au jbel Tidiquin — en fait un obstacle à la circulation, surtout du côté méditerranéen où elle prend l'allure d'une muraille plongeant dans la mer par une côte rocheuse magnifique mais souvent peu accessible. Au contraire ses versants Ouest et Sud s'inclinent vers le bassin du Sebou.

La côte rifaine.

Nourrissant une population assez dense pour une région montagneuse, le Rif est parsemé de simples hameaux et de gros villages. Surtout dans l'Ouest et le centre, les maisons sont de pierre avec un toit à double pente, de chaume ou de tuiles. L'élevage est traditionnellement associé aux champs et à la culture de l'olivier. Ouezzane et Chechaouèn sont les principaux des nombreux marchés intérieurs. Les autres villes s'élèvent sur la côte, dont l'aménagement touristique se poursuit aux environs de Tetouan et d'Al Hoceima. Tanger reste un port de voyageurs actif et un centre de tourisme international.

Le Maroc méridional et oriental

Au-delà de l'écran montagneux formé par les Atlas et le Rif, le pays est de plus en plus aride, les conditions naturelles ne favorisent guère l'installation des hommes que sur d'étroits espaces privilégiés; à moins que les ressources minières ne viennent relayer la pauvreté des sols.

Maroc méridional. — Le Sud marocain est délimité par la grande ligne de fractures qui court d'Agadir à Figuig et que longe la dépression « sudatlasique ».

La dépression « sudatlasique ». — La continuité de ce long couloir qui se creuse entre le Haut Atlas et l'Anti-Atlas est rompue par le massif volcanique du Siroua qui isole le Sous du reste du corridor. Le **Sous** forme une cuvette largement ouverte sur l'Atlantique, soumise à un climat saharien atténué par la proximité de la mer, et présente la physionomie semi-désertique d'une steppe à arganiers; la vie se réfugie le long de l'oued qui donne son nom à la région. L'irrigation a permis le développement de l'arboriculture et la production de primeurs entre Taroudannt et Agadir, port actif et ville en pleine expansion commerciale, industrielle et touristique.

A l'Est du Siroua, les pays du Dadès, du Todra, du Ferkla, du Rhéris, du Ziz, du Guir sont autant de relais par où se poursuit la dépression. Tous ces oueds alimentent de belles oasis, d'Ouarzazate à Boudenib.

L'Anti-Atlas. — Le bord méridional de la dépression s'appuie à un bombement du socle africain formé de roches précambriennes et primaires : l'Anti-Atlas, doublé au Sud par l'arête vive du jbel Bani, prolongé à l'Est par le Sarhro (2 712 m) et l'Ougnat qui s'incline vers le Tafilalt.

Les versants tournés vers l'Ouest reçoivent suffisamment de pluie pour entretenir l'arganeraie et permettre la culture aux paysans chleuhs; on y rencontre même des vallées humides et des bassins privilégiés comme la cuvette de Tafraoute. Le versant méridional n'est guère qu'une steppe d'armoise et de thym interrompue par des oasis au débouché de la montagne âpre et pelée.

L'ensemble est tranché perpendiculairement par la vallée du Drâa qui, d'Agdz à Zagora, nourrit une palmeraie à peu près continue. A l'Est la vallée du Ziz joue le même rôle, de Ksar-es-Souk au Tafilalt.

Le Sahara marocain. — Plus au Sud, ce ne sont plus qu'immensités désertes. La plus grande partie est formée de « hammadas », plateaux secs, nus, rocailleux, balayés par les vents et parfois découpés en buttes plates appelées « gour » (pluriel de gara); ou bien ce sont des « ergs », champs de dunes dont les dimensions restent toutefois modestes au Maroc. Les oueds, par évaporation et infiltration, ont perdu toute leur eau et ne coulent qu'après d'aléatoires pluies d'orage. Les oasis se font rares; c'est le domaine des grands nomades chameliers.

Maroc Oriental. — Dans l'Est, les **Hauts Plateaux** forment un grand domaine d'altitude supérieure à 1 000 m, continuation des plateaux Sud-oranais. Le climat est déjà saharien et la sécheresse est grande sur ces mornes étendues parcourues, de Figuig à la Moulouya, par les éleveurs de chèvres, de moutons et de chameaux.

Le **bassin de la Moulouya** s'allonge du Sud-Ouest au Nord-Est, au pied du Moyen Atlas et à l'Est du Rif. On n'y rencontre guère qu'une steppe à alfa en dehors des oasis (Missour, Guercif, Taourirt) auxquelles le fleuve et ses affluents donnent vie.

Au Nord, la **frange méditerranéenne** comporte de petites plaines isolées dont les plus connues sont celles des Triffa, au Nord de Berkane, et du Gareb, au Sud de Nador. L'irrigation, la construction de barrages, y ont permis de riches cultures (céréales, vigne, primeurs, coton). La ville d'Oujda, près de la frontière, commande toute la région, tirant parti de l'activité agricole et des ressources minières de l'arrière-pays (charbon, plomb et zinc des environs de Jerada).

LE CLIMAT ET LES EAUX

Conditions climatiques. — Plus d'un voyageur a vérifié à ses dépens que «le Maroc est un pays froid où le soleil est chaud». La plus grande partie du pays, montagneuse ou continentale, présente des écarts très marqués entre l'hiver et l'été, entre le jour et la nuit. Les **températures** ne sont modérées que sur la côte atlantique.

Une bonne partie du pays reçoit annuellement les 400 mm de **pluies** qui permettent la culture permanente. Les pluies d'automne (avec pointe en novembre) et de printemps (avec pointe en mars) sont même abondantes sur le relief. Par contre, au-delà de l'écran montagneux, elles sont faibles (Oujda ne reçoit que 342 mm par an, la vallée du Drâa moins de 100). Mais surtout, les précipitations au Maroc souffrent d'une grande irrégularité d'une année à l'autre.

Au total, le printemps et l'automne étant brefs, l'année se partage en 2 périodes principales. En mai, les hautes pressions d'air tropical s'installent sur le Maroc, assurant un temps chaud et sec; mais la chaleur devient suffocante lorsque souffle le «chergui», vent d'Est qui s'assèche et se réchauffe encore en descendant des montagnes. En octobre-novembre, surviennent les dépressions atlantiques, génératrices de temps instable et frais : c'est la saison des pluies, qui dure jusqu'en avril.

Végétation. — La végétation naturelle du Maroc est méditerranéenne par ses essences et par son caractère discontinu. Elle se développe dans des conditions difficiles : les périodes végétatives, limitées par la sécheresse en été, par l'altitude en hiver, sont assez brèves. Les plantes, adaptées à la sécheresse, présentent des feuilles petites et vernies, des épines, des racines développées et profondes.

Les plaines et plateaux du Maroc atlantique ainsi que le bassin du Sebou reçoivent suffisamment d'eau pour que la végétation naturelle ait beaucoup reculé devant les labours. La forêt a largement subsisté dans la Mamora (chêne-liège); ailleurs, de maigres formations de thuyas, d'oliviers sauvages et de lentisques poussent au-dessus d'un peuple fragile de graminées et d'herbes fourragères.

En montagne se rencontrent des chênes verts et des thuyas, diverses sortes de pins, des genévriers. De belles forêts de cèdres se déploient en altitude dans le Rif, le Moyen Atlas et la partie du Haut Atlas au Sud de Midelt. Mais seuls les versants exposés aux pluies bénéficient d'un couvert forestier abondant ou d'alpages.

A l'Est et au Sud les précipitations sont souvent très faibles (moins de 150 mm) et la végétation se fait rare. C'est le domaine de la steppe à jujubiers ou à arganiers *(voir p. 89)*, et des immenses nappes d'alfa.

Les eaux. — Des trois pays du Maghreb, le Maroc est le plus riche en eaux; mais le régime de ses oueds est typiquement méditerranéen avec un écoulement irrégulier, des crues brutales et des étiages d'été très prononcés.

Sur le versant méditerranéen, seule la **Moulouya,** longue de 520 km, fait figure de fleuve. Les autres oueds ne sont que de courts torrents dont l'action érosive est redoutable.

Les oueds du versant saharien se perdent pour la plupart dans le désert. Ainsi en va-t-il du Guir, du Ziz et du Rhéris. Le **Drâa** n'atteint l'océan qu'exceptionnellement.

Les cours d'eau du versant altantique sont, naturellement, mieux alimentés. L'**Oum er Rbia,** le plus long et le plus abondant des fleuves marocains, se jette dans l'Atlantique à Azemmour; on ne lui connaît pas moins de 40 sources dans le Moyen Atlas. Le **Sebou,** qui draine un bassin considérable entre le Rif et l'Atlas, termine son cours par de larges méandres près de Kénitra.

Enfin de nombreux petits lacs permanents se rencontrent au Nord de l'Atlas sous le nom d'aguelmame ou de dayet.

Moyennes mensuelles des températures

maximum en noir : 16
minimum en bistre : 9
moyenne supérieure à 13° / à 18°

	J	F	M	A	M	J	J	A	S	O	N	D
Nice	12 / 3	13 / 4	15 / 6	17 / 9	20 / 12	24 / 15	26 / 18	27 / 18	25 / 16	21 / 12	16 / 7	13 / 4
Tanger	15 / 10	16 / 10	17 / 11	19 / 12	21 / 14	24 / 17	26 / 19	27 / 19	25 / 18	22 / 16	19 / 13	16 / 10
Al Hoceima	16 / 10	17 / 10	18 / 12	20 / 13	23 / 15	26 / 18	28 / 21	29 / 21	27 / 19	23 / 16	19 / 13	17 / 11
Casablanca	17 / 8	18 / 8	20 / 10	21 / 11	22 / 14	24 / 17	26 / 19	27 / 19	26 / 18	24 / 15	21 / 12	18 / 9
Ifrane	9 / -4	10 / -3	13 / 0	16 / 2	18 / 5	25 / 9	31 / 12	30 / 12	25 / 9	19 / 5	14 / 1	10 / -3
Marrakech	18 / 5	20 / 7	23 / 9	26 / 11	29 / 14	33 / 17	38 / 20	38 / 20	33 / 18	28 / 14	23 / 10	18 / 6
Agadir	20 / 7	21 / 9	23 / 11	23 / 13	24 / 14	25 / 17	26 / 18	27 / 18	27 / 17	26 / 15	24 / 12	21 / 8
Zagora	21 / 3	23 / 6	26 / 10	30 / 14	35 / 19	40 / 23	44 / 27	43 / 26	36 / 21	31 / 16	26 / 11	21 / 5

Si vous cherchez la signification d'une abréviation ou d'un signe conventionnel rencontré dans le texte, sur les plans ou les cartes de ce Guide, reportez-vous au tableau de la p. 46.

VIE ÉCONOMIQUE

En dépit de certains handicaps, les conditions naturelles favorables réservent au Maroc d'incontestables atouts dans le domaine économique. Un amphithéâtre de montagnes élevées l'alimente en eau. De vastes plaines à climat maritime peuvent porter plusieurs sortes de cultures sans irrigation. Il dispose des eaux poissonneuses de l'Atlantique, de ressources minières où le phosphate se taille une place de géant. Son capital touristique se prête à bien des développements.

Cependant il n'était pas facile, après 1956, de faire repartir l'économie dans les conditions nouvelles de l'indépendance. La période de transition passée, le pays s'est avancé résolument sur la voie du progrès.

AGRICULTURE

Mise en valeur. — Dans le bled, l'araire de bois tiré par un attelage composé d'un âne et d'un chameau est encore un spectacle familier; la moisson se fait souvent à la faucille. La tyrannie de l'eau fait naître des systèmes d'irrigation ingénieux mais de faible rendement.

Cette agriculture traditionnelle recule peu à peu devant l'agriculture moderne. L'État marocain, poursuivant une politique de progrès, s'efforce d'améliorer production et rendements : encouragement aux coopératives, crédit agricole, formation de cadres, mécanisation. 10 nouveaux barrages sont venus s'ajouter à ceux qui existaient en 1956.

Produits. — Nombre de produits sont consommés par les paysans eux-mêmes, le reste fournit le marché local. Ainsi en va-t-il des **céréales,** où dominent l'orge et le blé dur, des **dattes,** des figues, des fèves, des pois chiches, des **olives** et des amandes. Un effort a été fourni en faveur de la **betterave** (périmètres irrigués du Rharb, des Triffa). Quant au cheptel, il comporte 12 millions d'**ovins,** 5 millions de **caprins,** près de 3 millions de **bovins.**

Par contre, la réputation des **agrumes** du Rharb, du Tadla, du Sous et des Triffa est solidement établie sur le marché européen. Le Sous et la bordure atlantique des plaines fournissent — plus tôt en saison que l'Espagne et l'Algérie — quantité de **primeurs** (en particulier des tomates) et de cultures maraîchères. Enfin la **vigne** trouve des débouchés pour les vins de qualité honorable des régions de Meknès, du Rharb, de Casablanca, d'Oujda.

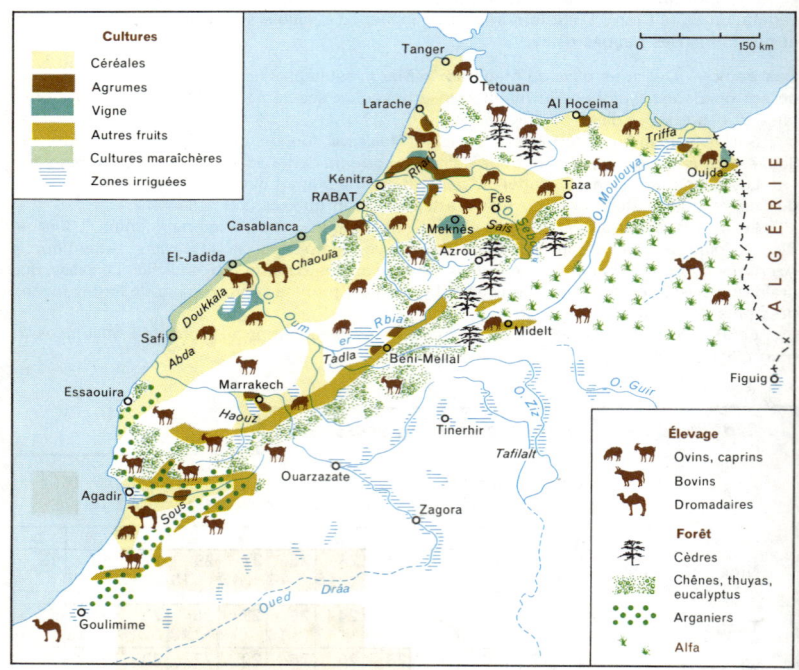

INDUSTRIE

Le phosphate, richesse nationale. — Le Maroc possède d'énormes gisements de phosphate d'excellente qualité. C'est en 1917, qu'on a reconnu la présence de ce minerai dans les plateaux de la meseta. En 1920 un dahir du gouvernement marocain réservait à l'État le monopole de sa recherche et de son extraction sur tout le territoire. L'année suivante l'Office Chérifien des Phosphates (O.C.P.) commençait l'exploitation : dès 1928 la production dépassait 2 millions de tonnes tandis que s'étendaient les installations.

Deux gisements sont actuellement exploités : le principal à Khouribga, relié par voie ferrée aux énormes entrepôts du port de Casablanca; le deuxième à Youssoufia qu'une voie ferrée relie au port de Safi. C'est un minerai à forte teneur, très apprécié sur le marché mondial. 14 500 000 tonnes ont été extraites en 1972. Ce précieux capital n'est pas près d'être épuisé : les réserves du royaume sont évaluées à la moitié des réserves mondiales. Une telle richesse joue un rôle primordial dans l'économie. L'O.C.P. emploie 14 000 personnes; le phosphate représente en valeur marchande plus du 1/4 des exportations du pays.

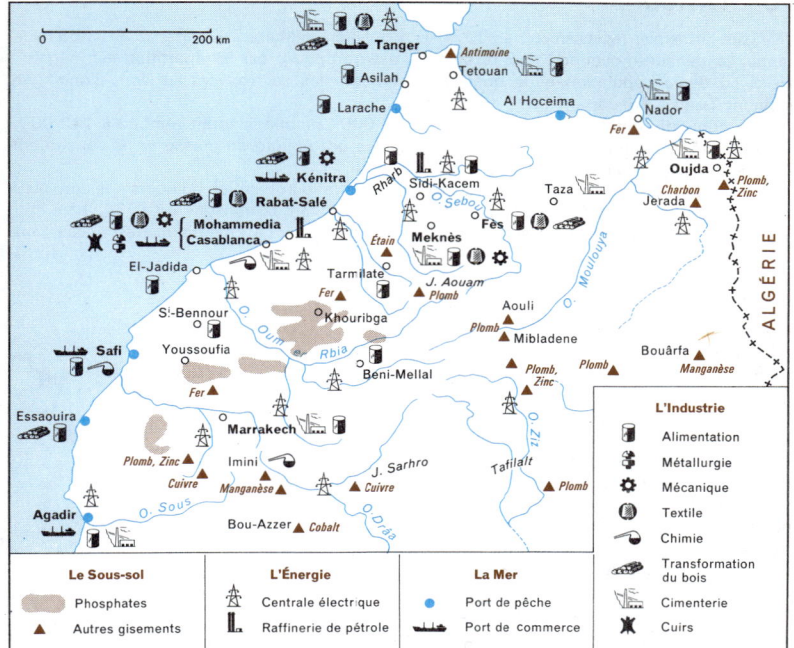

Autres minerais. — Le **fer** est surtout extrait dans le Rif (région de Nador) et exporté par le port de Melilla (production moyenne : 750 000 tonnes). L'exploitation du **manganèse** se borne pour le moment à la région d'Imini dans le Haut Atlas. Au contraire, les mines de **plomb** et de **zinc** sont nombreuses dans les Atlas et la région d'Oujda. Citons enfin le cuivre, le cobalt, l'antimoine et le sel.

Énergie. — Pauvre en charbon, le Maroc exploite quelque 500 000 tonnes par an d'un **anthracite** de bonne qualité à Jerada, dans la province d'Oujda. Les gisements d'hydrocarbures ne donnent qu'une faible quantité de pétrole et de gaz ; mais les recherches se poursuivent, notamment dans la région de Tarfaya. En attendant, 1 950 000 tonnes de pétrole brut importé ont été traitées en 1972 à Sidi-Kacem et surtout au complexe de **raffinage** de Mohammedia.

Par contre l'énergie hydraulique ne manque pas et la moitié des ressources en eau est déjà exploitée par 23 **centrales hydro-électriques**. Outre leur rôle dans l'irrigation des campagnes elles ont permis, avec les centrales thermiques, de doubler en 10 ans la production d'électricité (2 milliards de kWh en 1973) et de satisfaire les besoins actuels.

Industries de transformation. — La production de **ciment** et de chaux est en pleine expansion. Parmi 20 entreprises de **produits chimiques**, le complexe de « Maroc Chimie », implanté à Safi il y a quelques années, tient de loin la première place avec 380 000 tonnes d'acide sulfurique, 120 000 tonnes d'acide phosphorique et 340 000 tonnes d'engrais dont les 4/5 sont exportés.

L'**industrie textile** dispose d'usines très modernes à Fès et à Mohammedia. La **petite métallurgie** est florissante dans la région comprise entre Kénitra et Casablanca. Cette dernière ville se signale aussi par des usines de montage de voitures de tourisme et de véhicules utilitaires autour desquelles gravitent toutes sortes de fabriques d'accessoires.

L'**industrie alimentaire** est exportatrice (conserves de poisson et de légumes, jus de fruits) ; dans ce domaine il faut noter l'essor rapide de la sucrerie.

AUTRES ACTIVITÉS

La pêche. — La pêche maritime a pris son essor entre les deux guerres. Elle constitue aujourd'hui un secteur important de l'économie marocaine avec des prises de 200 000 à 250 000 t, suivant les années, et une exportation considérable. Le poisson de marée trouve son débouché naturel dans l'agglomération de Casablanca. La pêche industrielle (sardine et thon surtout) est l'affaire d'Agadir, de Safi, d'Essaouira et de Larache.

La forêt. — Un programme de reboisement entrepris de longue date s'efforce de préserver et de reconstituer le patrimoine forestier du pays. Il fournit combustible et bois d'œuvre. Le **cèdre** a joué et joue encore un grand rôle dans la construction, et le **thuya** dans l'ébénisterie. La production de **liège** est appréciable. L'**eucalyptus** alimente l'usine de cellulose de Sidi Yahia du Rharb. L'**arganier** est un arbre typiquement marocain (voir p. 89).

Le tourisme. — Le tourisme est un atout sérieux pour l'économie marocaine à laquelle il apporte un appoint appréciable en devises étrangères. Son essor se confirme et, chaque année, se développent de nouvelles capacités d'accueil.

L'artisanat. — Il joue encore un rôle économique très important. Les médinas, même dans les grandes villes, forment des noyaux d'économie traditionnelle. Une foule de petits métiers y constituent un artisanat fort vivace qui répond aux besoins quotidiens de la population, fournit les touristes, travaille même pour l'exportation (détails p. 22).

POPULATION

Lors du dernier recensement, en 1971, la population du Maroc s'élevait à 15 379 259 habitants. La densité moyenne (33,5 h. au km²) est trompeuse car la répartition est inégale : les 9/10 de la population et la quasi-totalité des villes se trouvent au Nord d'une ligne joignant Tiznit à Oujda.

La population étrangère qui a dépassé 500 000 personnes serait tombée à 112 000, les trois quarts étant des Français. Les Israélites ont émigré en masse et ne constituent plus de nos jours qu'une très faible minorité.

Le fait le plus remarquable est l'accroissement de la population au cours des dernières décennies. Évaluée à 6,5 millions en 1935, elle atteignait 10 millions en 1954, 12,5 millions en 1964 et doit dépasser 16 millions aujourd'hui. La «pyramide des âges», aux arêtes concaves, manifeste à l'évidence la jeunesse de la population marocaine : 57% des habitants ont moins de 20 ans.

Nomades et sédentaires. — Pour des raisons géographiques, climatiques et historiques, la vie rurale traditionnelle est caractérisée au Maroc par des genres de vie fort variés. Les véritables **nomades**, tirant toutes leurs ressources — nourriture, vêtement, habitat — de l'exploitation de leurs troupeaux et des échanges avec les populations paysannes, ne se rencontrent guère que dans l'extrême Sud (les «hommes bleus») et dans les steppes orientales où certaines tribus nomadisent de Figuig à Aïn Benimathar. Par contre les Chleuhs du Haut Atlas occidental et de l'Anti-Atlas sont des **sédentaires**, tout comme les montagnards d'une grande partie du Rif; il en va de même des habitants des zones irriguées du Sud cultivant de minuscules parcelles autour de leur ksar, et des maraîchers des plaines atlantiques. Entre ces deux extrêmes il existe des genres de vie mixtes : les semi-nomades du Moyen Atlas en sont une bonne illustration *(voir Beni Mguild p. 53)*.

(D'après photo O.N.M.T.)

Chamelier nomade.

Citadins. — Bien qu'il connût une population urbaine nombreuse et même raffinée (Fès, Tetouan...) l'ancien Maroc était rural à plus de 90%. Mais depuis un demi-siècle le taux de la population rurale est tombé à 65%.

Le développement de l'économie moderne a donné une nouvelle impulsion à quelques cités anciennes et en a fait naître d'autres. Il a transformé l'aspect des villes marocaines et modifié leurs fonctions. A côté des médinas se sont développés des quartiers industriels, des centres commerciaux, des cités ouvrières. A l'heure actuelle, 11 villes comptent plus de 100 000 habitants; à elle seule Casablanca groupe 1/10 de la population du royaume.

Langues. — Le **berbère**, langue non écrite, s'est maintenu largement, surtout en montagne. L'**arabe dialectal** est surtout l'affaire des villes, des plaines atlantiques, du Rif occidental et des steppes orientales. Mais les Berbères sont souvent bilingues et les parlers arabes gagnent de plus en plus. L'**arabe classique**, la langue du Coran — connu jadis par les seuls lettrés — s'installe par le biais de la scolarisation et des moyens modernes de diffusion.

La pratique de l'**espagnol** se limite à la partie Nord du royaume. Quant au **français**, il est compris par une bonne part des Marocains. A l'école, son rôle dans l'enseignement est peu à peu relayé par l'arabe; il est la première langue étrangère et garde le monopole de l'enseignement scientifique.

Quelques termes de géographie, d'économie, d'histoire

Abbas, abbès, abou, bou : père. S'emploie en composition dans les noms propres avec le sens de possession. Exemple : Bou Hamara, l'homme à l'ânesse.
Abd *(pluriel : abid)* : serviteur, esclave. Souvent employé en composition dans les noms propres. Exemple : Abd er Rahman, serviteur du Clément.
Azarhar : bas pays où les pasteurs montagnards vont passer l'hiver avec leurs troupeaux.
Cadi : juge pour tout ce qui relève de la loi coranique (dots, héritages...).
Caïd : fonctionnaire d'autorité pour une tribu ou une circonscription territoriale.
Calife : souverain musulman, successeur de Mahomet, réunissant le pouvoir spirituel et temporel.
Cheikh : chef de tribu ou de confrérie. Ou simplement personnage âgé, vénérable.
Chergui *(pluriel : cheraga)* : oriental. Le substantif désigne, au Maroc, le vent chaud des steppes orientales.
Erg : champ de dunes dans le désert.
Feïja : couloir étroit et allongé entre deux alignements de crêtes.
Foum : bouche, ouverture, débouché d'une vallée dans la plaine. Souvent c'est une cluse.
Habous : biens concédés à des mosquées ou des institutions religieuses; les terres en sont cultivées par des locataires.
Hammada : plateau dénudé et rocailleux des régions sahariennes.
Hamri : terres plus ou moins rouges, riches en chaux et en acide phosphorique.
Hartani *(pluriel : harratine)* : cultivateur des oasis, de race noire (souvent descendant d'esclaves).
Istiqlal : indépendance. Nom du parti nationaliste marocain.
Mahdi : littéralement : celui qui est guidé; envoyé de Dieu. Nom donné à certains saints de l'Islam comme Ibn Toumert *(voir p. 154)*.
Moulay : seigneur. Titre de noblesse qui se place devant le nom d'un sultan ou d'un chérif.
Reg : steppe de sables et de cailloux.
Si : monsieur. S'emploie devant le nom d'un lettré.
Siba (bled) : territoire qui ne reconnaît pas l'autorité politique — et fiscale — du sultan, sans contester toutefois son autorité religieuse.
Sidi : chef religieux. Titre qui s'emploie devant le nom d'un chérif ou d'un marabout *(voir p. 27)*.

QUELQUES FAITS HISTORIQUES

AVANT J.-C.	Au Paléolithique Moyen (début il y a environ 150 000 ans), le Sahara constitue une vaste savane fréquentée par les grands fauves, les éléphants, les hippopotames. Les hommes circulent alors facilement de l'Atlas au Niger, se livrant à la cueillette et à la chasse.
3e millénaire	Un assèchement progressif a fait du Sahara un désert, isolant le Maroc, incitant ses habitants à se tourner vers la mer et les civilisations plus avancées de la Méditerranée. Les premiers habitants connus sont des **Berbères**. Ils laissent de nombreuses traces de leur culture dans l'Anti-Atlas et la région d'Oukaïmeden (gravures rupestres), ainsi que le cromlech de M'Soura (p. 119).
12e s.	Les Phéniciens, navigateurs et commerçants entreprenants, créent des comptoirs au Maroc, notamment Lixus, près de Larache.
5e s.	Carthage prend la relève des Phéniciens. Elle fonde à son tour des comptoirs sur les côtes et s'établit à Rusaddir (Melilla), Tingis (Tanger), Zilis (Asilah), Lixus... Tout le pays compris entre l'Aurès (massif montagneux de l'Algérie orientale) et l'embouchure du Drâa, s'imprègne de l'influence carthaginoise : on l'appelle **Maurétanie**.
146	Chute de Carthage. La Maurétanie entre peu à peu en contact avec la civilisation romaine.
24	Début du règne de **Juba II** (voir p. 96), roi de Maurétanie, contemporain de l'empereur Auguste.
APRÈS J.-C.	
42	Sous le règne de l'empereur Claude, le Maroc devient province romaine, sous le nom de **Maurétanie Tingitane** (voir p. 97).
fin 2e s.	Venu d'Arabie, le dromadaire, chameau à une bosse, est acclimaté en Afrique. Il permet aux Berbères d'affronter la traversée du désert.
3e s.	Le **Christianisme** apparaît au Maroc, où il touche surtout les villes.
4e s.	Disparition, au Maroc, de l'éléphant d'Afrique. A la chute de l'empire romain d'Occident, les villes maintiennent dans le pays langue, mœurs et croyances latines jusqu'à la conquête arabe.
5e s.	Invasion de l'Afrique du Nord par les Vandales venus de Germanie à travers la Gaule et l'Espagne; ils ne font que passer au Maroc.
6e s.	Sous le règne de Justinien, l'empire byzantin contrôle les côtes méditerranéennes du Maroc.
622	Retraite de Mahomet à Médine (**hégire**). Elle marque le début de l'ère musulmane.
681	Premier raid arabe au Maroc sous la direction de Sidi Oqba (voir p. 14). Les Arabes entreprennent de convertir les Berbères à l'Islam.
710-713	Les Arabes s'implantent en Espagne, entraînant avec eux des troupes berbères. L'un des chefs berbères, Tarik, donnera son nom à Jbel Tarik (Gibraltar).
732	Vaincus à Poitiers par Charles Martel, les Arabes refluent en Espagne.
789	**Fondation de Fès** par Idriss 1er, contemporain de Charlemagne, qui crée un royaume musulman au Maroc (voir p. 14).
9e-10e s.	Dislocation du royaume idrisside. De petites principautés marocaines vivent dans l'orbite des musulmans d'Espagne.
1062	Les **Almoravides**, venus du Sahara occidental, fondent Marrakech.
1163-1212	Apogée de l'empire des **Almohades**, Berbères du Haut Atlas. Parce qu'ils ont besoin de troupes, les sultans prennent à leur service des tribus arabes venues d'Orient, contribuant ainsi à l'arabisation du pays. De 1184 à 1197, construction de la Koutoubia de Marrakech, de la Giralda de Séville, de la tour Hassan de Rabat.
1248	Prise de Fès par les **Mérinides** venus des steppes orientales : ils entreprennent la construction d'un nouveau quartier : Fès Jdid.
14e s.	Siècle d'or des Mérinides (en France c'est la guerre de Cent Ans).
15e s.	Période d'anarchie intérieure. Des confréries religieuses s'élèvent en véritables seigneuries. La chute du royaume musulman de Grenade ruine les derniers espoirs d'un empire ibéro-marocain. Portugais et Espagnols prennent pied sur les côtes marocaines.
1516	Les Turcs maîtres d'Alger sont un danger pour le Maroc.
1578	La «Bataille des Trois Rois» met un point final aux ambitions portugaises au Maroc.
vers 1590	Expédition des **Saadiens** au Soudan, ordonnée par Ahmed el Mansour, contemporain d'Henri IV.
1672-1727	Règne de **Moulay Ismaïl**, sultan alaouite, contemporain de Louis XIV.
1844	Brève guerre franco-marocaine. Bataille de l'Isly (voir p. 122).
1880	La **conférence de Madrid** consacre la pénétration économique des grandes puissances au Maroc.
1905	Guillaume II à Tanger (voir p. 142).
1907	Une émeute sanglante à Casablanca provoque un premier débarquement de troupes françaises.
1911	Affaire d'Agadir (voir p. 47).
1912	Le **traité de Fès** institue le protectorat français. Lyautey nommé Résident Général. La capitale est transportée à Rabat.
1942	Débarquement des Alliés à Casablanca, le 8 novembre.
1943	Conférence alliée de Casablanca (voir p. 62).
1947	Le sultan Mohammed V revendique ouvertement l'indépendance (voir p. 142).
1953	Déposition et exil de Mohammed V remplacé par Sidi Mohammed ben Arafa.
1955	Ralliement du Glaoui à Mohammed V. Retour du sultan.
1956	Proclamation de l'**indépendance du Maroc**.
1961	Mort de Mohammed V. Avènement de S.M. Hassan II.
1972	Un référendum ratifie la nouvelle constitution du royaume.

L'ISLAMISATION

La conquête arabe. — Attirés par la réputation de richesse de l'Afrique du Nord, les Arabes franchissent l'isthme de Suez peu après la mort de Mahomet. En 670 la fondation de Kairouan leur assure une solide position. Dès 681, une chevauchée du chef arabe **Sidi Oqba** au Maghreb-Extrême l'aurait amené jusqu'aux rivages de l'Atlantique : succès sans lendemain qui provoque un soulèvement général des Berbères.

La résistance s'était cristallisée autour de la **Kahina**, princesse de l'Aurès, personnage plus ou moins légendaire qui passait pour détenir un pouvoir surnaturel. Elle tint tête cinq ans aux guerriers arabes; finalement vaincue et traquée, elle se tua (702). Déjà beaucoup de Berbères s'étaient ralliés aux conquérants et avaient embrassé la religion musulmane.

Le Maroc, passé sous la souveraineté des califes (p. 12) de Damas puis de Bagdad est administré par des gouverneurs locaux. L'**arabe** remplace le latin comme langue officielle et on le parle dans quelques villes. Le Christianisme, mal enraciné dans les masses berbères, décline tandis que les fils de chefs berbères, pris comme otages, sont éduqués dans l'Islam.

Le royaume idrisside. — Les vexations des gouverneurs arabes provoquent, au milieu du 8ᵉ s., une nouvelle révolte des Berbères. Dès lors le Maghreb échappe à l'autorité de Bagdad et se fractionne en nombreux royaumes indépendants.

Fès. — La mosquée Karaouiyne.

L'un de ceux-ci fut l'État fondé à Fès par le chérif **Idriss Iᵉʳ** (voir p. 78). Modeste principauté, élargie par son fils **Idriss II** jusqu'à couvrir tout le Maroc du Nord et de l'Est, le royaume idrisside a été, depuis l'ère musulmane, la première tentative d'unification du Maroc. Il a contribué fortement à la diffusion de l'Islam dans le pays.

LES GRANDES DYNASTIES BERBÈRES

Les Almoravides (1062-1147). — Au 11ᵉ s., une tribu berbère venue du Sahara occidental jette ses guerriers voilés sur le Maroc. Ils apportent avec eux une foi musulmane fraîchement rénovée par un long séjour en «ribat», sorte de couvent militaire : ce sont les Almoravides (al morabitoum : les gens du ribat). Après s'être emparés de Sijilmassa (voir p. 74), clé du commerce caravanier, ils débouchent dans le Sous en 1056. Quelques années plus tard, le commandement unique est aux mains de **Youssef ben Tachfin** (voir p. 99), qui fonde une dynastie et crée sa propre capitale, Marrakech (1062). De proche en proche, l'invasion gagne Fès et les rives de la Méditerranée; puis, poussant à l'Est, les Almoravides se rendent maîtres en quelques années de la moitié du Maghreb.

Le premier, Youssef ben Tachfin a pu rassembler toutes les terres marocaines; «dans l'ordre politique, ce Saharien est vraiment le fondateur et le père du Maroc». Au même moment, l'Espagne musulmane, menacée par la pression de la «Reconquête» chrétienne, appelait à l'aide les Almoravides qui profitèrent des circonstances pour annexer les principautés musulmanes de l'Espagne.

Dans ce vaste empire ibéro-marocain, l'impulsion politique et militaire venait d'Afrique; mais les valeurs culturelles et les modes étaient andalouses. Les princes almoravides encouragèrent un art directement inspiré de l'Espagne musulmane, et en matière religieuse le puritanisme de Tachfin ne résista pas longtemps aux conceptions et aux mœurs moins rigides qui étaient en usage dans la péninsule ibérique.

La grandeur almohade (1147-1269). — C'est d'ailleurs une réforme religieuse qui marque l'origine du soulèvement des Berbères dans le Haut Atlas : la prédication d'Ibn Toumert et l'action militaire d'**Abd el Moumen** (p. 154) aboutiront à l'instauration de la nouvelle dynastie des Almohades au profit de ce dernier. Mais c'est aussi la revanche d'une population sédentaire sur la domination des Almoravides, restés pour elle des nomades sahariens. Maître du Maroc, Abd el Moumen porta la guerre sainte en Espagne et intervint dans le Maghreb tout entier : trente ans d'action ininterrompue lui valurent de régner sur tous les Berbères, et de la Castille à Tripoli.

Cet empire ibéro-maghrébin fut défendu à la pointe de l'épée par ses deux successeurs : Youssef, puis **Yacoub el Mansour**. Mais loin de briller seulement par l'éclat des armes, le règne des trois premiers souverains almohades constitua un des sommets de l'histoire du Maroc. La prospérité économique et la tranquillité intérieure étaient assurées; les courants d'échanges se multiplièrent tant à l'intérieur qu'avec l'Afrique noire ou les ports espagnols, italiens, français. La civilisation citadine, imprégnée d'influences andalouses, s'épanouit. Les princes se firent mécènes des chroniqueurs, des géographes, des médecins, des philosophes (Averroès, Maïmonide). Constructeurs acharnés, ils ont laissé de nombreux témoins d'un art dans sa pleine maturité : à Marrakech, à Tin-Mal, à Rabat...

Le temps de cette grandeur ne dépassa guère le 12ᵉ s. Les Almohades devaient, à la bataille de Las Navas de Tolosa (1212), perdre la partie en Espagne. Dès lors, leur empire africain mal commandé et miné par le dedans commença de se désagréger, l'autorité réelle passant aux gouverneurs de provinces. Profitant de la confusion générale, de nouveaux venus, les Beni Merin, étendaient leur pouvoir dans le Maroc oriental.

Les Mérinides (1269-1465). — Les Beni Merin furent bientôt assez puissants pour installer à Fès une dynastie — les Mérinides — tandis qu'à la chute de Marrakech (1269) périssait le dernier souverain almohade. Mais les nouveaux maîtres du Maroc ne parvinrent pas à soumettre de façon permanente la totalité du pays. Certes **Abou l'Hassan** reconstitua en 1347 un empire berbère, de l'Atlantique à Gabès ; mais ce fut un édifice fragile que son fils **Abou Inan** dut reconquérir... et perdit à nouveau. Après la mort de ce dernier (1358) commença un réel déclin pour la dynastie : les grandes familles se partagèrent le pouvoir, des tribus se rendirent indépendantes, les Portugais prirent pied à Ceuta.

La dynastie a pourtant connu un réel prestige aux 13e et 14e s. Les sultans mérinides sont surtout célèbres pour le faste avec lequel ils ont repris la tradition du mécénat dont les arts et les lettres ont largement profité. C'est l'époque d'Ibn Batouta *(voir à Tanger p. 142)* et surtout d'**Ibn Khaldoun** : homme politique, diplomate, on lui doit une œuvre historique qui dépasse le cadre de la chronique en cherchant à assigner «aux événements politiques leurs causes et leurs origines». Moment fragile et charmant où l'art du Maroc a atteint un degré de raffinement dont témoignent la nécropole de Chella *(voir p. 131)* et les médersas dont ils ont paré les villes *(voir à Salé et à Fès)*.

LES EMPIRES CHÉRIFIENS

A partir du 16e s., c'est autour de personnages de souche arabe et descendants du Prophète — Saadiens puis Alaouites — que s'est unifié le Maroc.

L'aventure saadienne (1554-1659). — Nouveaux candidats au pouvoir, les chorfa *(voir p. 27)* saadiens ont su capter à leur profit l'exaspération du sentiment religieux et un début de conscience nationale qui résultèrent des ingérences étrangères et de l'anarchie intérieure. Originaires du Drâa, ils rallièrent les populations des oasis marocaines et du Sous pour lutter contre l'envahisseur portugais. Cette guerre sainte fut couronnée par la prise d'Agadir, permettant à **Mohammed ech Cheikh** de s'imposer bientôt comme sultan du pays tout entier (Fès fut occupée définitivement en 1554).

Ahmed el Mansour (1578-1603), le plus connu des princes saadiens à cause de l'or qu'il fit affluer, est aussi appelé «Ahmed le Doré». Son règne est marqué par une prospérité liée à l'intensification des échanges avec l'Europe et l'Afrique noire. Une audacieuse campagne sur les rives du Niger établit pour quelques décennies la suzeraineté marocaine sur Gao et Tombouctou, et du même coup un énorme butin, des esclaves noirs, des tributs payés en or par le Soudan vinrent enrichir le Maroc.

Profitant des largesses de la dynastie, un art encore remarquable s'est développé sous les Saadiens *(voir p. 21)*.

Les Alaouites (depuis 1659). — L'anarchie marqua la fin de la période saadienne, favorisant l'avènement des Alaouites qui règnent encore aujourd'hui sur le Maroc. Le succès durable de cette dynastie fut assuré en trois phases : préparation au Tafilalt par Moulay Ali Chérif *(voir p. 74)*, au début du 17e s. ; instauration par **Moulay Rachid** qui, à partir de Taza sa capitale provisoire, contrôla peu à peu tout le pays (1666) ; consolidation par le fameux **Moulay Ismaïl** (1672-1727), le plus célèbre des sultans marocains *(p. 109)*. Appuyé sur une solide armée, ce dernier tint tête aux Turcs d'Alger, chassa les Anglais de Tanger, les Espagnols de Larache et d'Asilah. Il assura l'ordre et la prospérité à son pays : des garnisons permanentes occupèrent un dense réseau de kasbas construites par ses soins aux portes des grandes villes, aux points de passage importants et au contact des tribus les plus turbulentes.

Après son règne long de 55 ans, le Maroc a bénéficié de quelques autres sultans particulièrement énergiques comme **Mohammed ben Abdallah** (1757-1790) qui reconstruisit Essaouira, développa la marine et chassa les Portugais d'El Jadida. Au siècle suivant, **Moulay Abderrahman** (1822-1859) — peint par Delacroix — est connu pour sa politique courageuse mais un peu brouillonne, et son échec devant Bugeaud près de la frontière algérienne à la bataille de l'Isly. Plus tard, **Moulay Hassan** (1873-1894) conduisit le pays avec sagesse, mais dut souvent faire campagne dans son propre royaume.

Cependant, se manifestaient les symptômes d'une crise qui devait

(D'après photo Bulloz.)

Le sultan Moulay Abderrahman.
(tableau de Delacroix - musée de Toulouse)

éclater au début du 20e s. dans un pays paralysé par les difficultés intérieures et le retard économique. La faiblesse du gouvernement central favorisait la constitution de pouvoirs féodaux (les Glaoua, les Goundafa...), la prolifération des prétendants au trône, le désordre. Bientôt la sécurité des étrangers ne fut plus assurée et des incidents sanglants motivèrent l'intervention de l'Europe. Le 30 mars 1912, le **traité de Fès** consacrait le protectorat de la France sur la plus grande partie du Maroc, tandis que la zone de protectorat espagnol faisait l'objet d'une autre convention signée en novembre de la même année.

LE MAROC AU 20ᵉ SIÈCLE

Entre la France et le Maroc les échanges d'ambassades, les relations commerciales ont été nombreuses depuis le Moyen Age. A partir du 16ᵉ s. des ressortissants français se sont installés à demeure dans les grandes villes. Ils ont contribué, en particulier dans la 1ʳᵉ partie du 20ᵉ s., à l'expansion du pays en même temps que s'y manifestait le mouvement des idées qui conduisit de nombreux peuples dans le monde à leur indépendance.

Du 30 mars 1912 au 2 mars 1956, la présence française a favorisé l'accomplissement des progrès qui ont transformé, avec une étonnante rapidité, le Maroc en un pays moderne, en dépit des difficultés rencontrées en zone montagneuse et des coups de frein dus aux deux guerres mondiales ou à leurs séquelles. Au Nord, l'Espagne a œuvré de façon comparable dans la zone qui relevait de son autorité.

L'impulsion en est due à **Lyautey** (1854-1934). Nommé Résident Général en 1912, son premier soin est de rétablir l'autorité et le prestige du sultan et de rénover l'administration chérifienne, en respectant les institutions et les traditions religieuses et familiales. Par son sens des réalités, ses dons d'organisateur et d'administrateur, il a pu, de 1912 à 1925, asseoir les institutions du protectorat et amorcer le développement économique de l'empire chérifien.

Dans ce pays resté à l'écart du mouvement industriel et de l'amélioration des modes de vie qui marquèrent la fin du 19ᵉ s. et le début du 20ᵉ, on vit alors la réalisation de progrès rapides. Plus de 17 000 km de routes et de pistes carrossables furent construits, tandis que des voies ferrées avec leurs ouvrages d'art assuraient la desserte des grandes villes et l'évacuation des minerais. On réalisa 13 barrages tant pour la production d'électricité que — grâce à tout un réseau de canalisations — pour l'irrigation des terres. Parrallèlement on assistait à la création du port de Casablanca *(détails p. 63)* et, dans le domaine de la santé, à la mise en place d'une centaine d'hôpitaux ou cliniques.

D'autres activités ont bénéficié d'un développement ou d'une réorganisation conditionnant leur avenir : prospection systématique des richesses minières, exploitation des gisements, fondation de l'Office Chérifien des Phosphates *(p. 10)*; essor de l'industrie alimentaire, de la petite métallurgie, de la chimie, du bâtiment; réanimation de l'artisanat; introduction de méthodes de culture élevant les rendements et rénovant la production des primeurs et des agrumes.

Cependant l'opposition armée contrecarrait dans le Sud et dans le Moyen Atlas la pénétration française. L'éveil du sentiment national — perceptible d'abord dans le bled puis, après la guerre du Rif (1921-1926), dans les villes, où la bourgeoisie formée dans les écoles françaises contestait les méthodes de la Résidence — acheminait le Maroc vers l'indépendance revendiquée dès 1943 par le parti de l'Istiqlal. Au mois de juin de la même année Mohammed V amorce, par une entrevue secrète avec le Président Roosevelt, une diplomatie personnelle qui le rapproche des partis nationalistes. Il avait invité son peuple, dès le début de la Seconde Guerre mondiale, à apporter tout son appui aux Alliés; aussi, après le débarquement américain près de Casablanca, de nombreux Marocains servirent-ils en Tunisie puis en Europe.

Après la guerre, Mohammed V réclame au gouvernement français l'abolition du protectorat. En 1953 un complot animé par le Glaoui, pacha de Marrakech, aboutit à sa déposition, à son remplacement par Mohammed ben Arafa, à son exil à Madagascar. Mais le nouveau sultan ne parvient pas à s'imposer; l'agitation gagne tout le pays et Mohammed V rappelé retrouve son trône. Des négociations s'engagent qui aboutissent, le 2 mars 1956, à la signature de la convention abrogeant le traité de Fès et proclamant l'indépendance du Maroc.

Depuis, la France et le Maroc entretiennent un réseau de relations privilégiées.

L'État marocain

Outre son rôle sur la scène internationale *(voir ci-dessus)*, **Mohammed V** (1909-1961) a incarné, en 34 ans de règne, l'éveil de son pays à la souveraineté nationale. En évitant les obstacles qui eussent compromis le franchissement des étapes décisives dans la voie du progrès, tels que l'exode des Européens ou l'ajournement de la reconnaissance des droits civiques aux Marocains, il a assuré l'avenir. Par son autorité il a rendu le prestige à la monarchie (il prit en 1955 le titre de roi), préservé l'unité territoriale du pays, contenu les mouvements de dissidence et endigué les exaltations. Dans le domaine des institutions, c'est lui qui élabora la constitution, plusieurs fois modifiée, avant d'être promulguée par son fils S.M. **Hassan II** et ratifiée par référendum en mars 1972.

La constitution du royaume. — Elle s'appuie sur la souveraineté du peuple déléguée à un roi héréditaire, un régime représentatif, la séparation des pouvoirs, une religion d'État — l'Islam — et la tolérance des autres cultes.

Le roi est «l'émir des croyants» et le représentant suprême de la nation. Garant de la constitution, il peut exercer la totalité du pouvoir. Il nomme et révoque les ministres, peut dissoudre le parlement et consulter le peuple par référendum.

Responsables devant le roi, les ministres le sont aussi devant la Chambre des Représentants élue pour les 2/3 au suffrage universel, pour 1/3 par un collège électoral.

Administrativement le royaume compte 19 provinces et 2 préfectures (Rabat-Salé et Casablanca) partagées en «cercles» qui coiffent à leur tour les villes et les communes rurales. Les provinces sont administrées par des gouverneurs, les cercles par des caïds, les centres urbains par des pachas.

Ce chapitre, p. 13 à 16, rappelle les grandes dates et les principales périodes de l'histoire marocaine.

De la p. 47 à la p. 161, nous évoquons les événements saillants auxquels les sites décrits ont servi de cadre.

L'ART

Les plus anciennes manifestations artistiques connues au Maroc remontent à la fin du néolithique (environ 3000 ans avant J.-C.). L'ensemble mégalithique le plus célèbre est le cromlech de M'Soura *(p. 119)*. Des gravures rupestres jalonnent certains parcours ancestraux de transhumance ou les grands itinéraires sahariens : Haut Atlas (Oukaïmeden, jbel Yagour), Anti-Atlas (région de Tafraoute, Foum-el-Hassane, Assa), Tafilalt, région de Figuig.

L'Antiquité. — Les ruines de villes et les œuvres d'art romaines, retrouvées depuis la fin du 19e s., ont permis de dégager les traits essentiels du «Maroc Antique» *(voir p. 96)*. Ces villes sont le plus souvent construites en terrain plat, sur le plan en damier caractéristique des villes romaines; mais plusieurs se sont développées sur des cités déjà existantes : le terrain est alors plus accidenté, les rues plus étroites, le plan irrégulier, comme à Lixus ou dans certains quartiers de Volubilis. Leurs édifices publics témoignent d'une vie urbaine semblable à celle que pratiquait Rome : forum, capitole, basiliques, temples, thermes, théâtre, acropole, arc de triomphe.

Des trois ordres architecturaux utilisés par les Romains, c'est le corinthien qui connut ici la plus grande faveur. L'ornementation est abondante, la décoration florale des chapiteaux fouillée; mais, effet d'une technique rudimentaire, une certaine rigidité affecte le modelé.

Les mosaïques exécutées sur place sont d'une facture simple, de couleurs sobres; leurs motifs géométriques s'apparentent aux décors berbères. D'autres, reproduisant des scènes mythologiques, arrivaient sans doute — déjà composées — de Rome.

D'admirables bronzes, pour la plupart de tradition hellénistique : statuettes, bustes, statues, sont des œuvres d'artistes grecs ou égyptiens, introduites en Maurétanie Tingitane par de riches collectionneurs, parmi lesquels le souverain Juba II. Le petit éphèbe, le cavalier, le chien, l'éphèbe couronné de lierre, la tête d'Éros, le buste de Juba, comptent parmi les plus beaux.

Cette civilisation gréco-romaine d'Afrique a marqué de façon durable le plan des maisons : les demeures à patios des villes, ou les constructions fortifiées de l'Atlas et des oasis, présentent toujours des murs aveugles extérieurement et s'ordonnent autour d'une cour sur laquelle s'ouvrent les pièces.

L'ART BERBÈRE

Une double tradition caractérise les arts marocains : l'art berbère, rural, aux procédés simples et à l'application domestique, se distingue séculairement de l'art hispano-mauresque, citadin, auquel on doit les magnifiques monuments des villes.

Depuis des millénaires, l'art berbère s'est conservé avec une étonnante immuabilité; aucune des civilisations importées au Maghreb — et pas même la civilisation musulmane — n'a réussi à l'influencer. Il est demeuré un art primitif. Les Berbères ont édifié dans l'Atlas et dans les palmeraies du Sud leurs curieuses architectures répondant à la nécessité de se loger, d'abriter les récoltes, de se défendre.

L'**irherm** *(voir p. 157)*, encore appelé **tirhemt** ou **agadir** est un grenier collectif que l'on rencontre dans le Haut Atlas, l'Anti-Atlas (région de Taroudannt, de Tafraoute), le Sous...

Les **kasbas** *(voir p. 92)*, demeures seigneuriales à l'ombre desquelles se serre le village, hérissent les vallées du Ziz, du Todra et du Dadès. Celles de Skoura, El-Kelâa-des-Mgouna, Taourirt, Tiffoultoute, sont parmi les plus célèbres. Les **ksour** *(voir p. 69)*, villages fortifiés, peuplent les vallées du Todra, du Moyen Drâa, du Ziz.

En dépit de leur nature différente, ces constructions sont des ouvrages fortifiés assez semblables : même austérité architecturale, même unité dans la décoration, même rudesse du matériau, même plan quadrangulaire; tours d'angles carrées s'amenuisant vers le haut et dominant un bâtiment couvert en terrasse, murs épais et — jusqu'à une hauteur élevée — absolument nus, fenêtres perchées et étroites, absence quasi totale d'arcs et de voûtes.

Architecture berbère : une kasba.

Le décor berbère, rigide et sévère, est rigoureusement abstrait : rien, dans ses combinaisons de lignes géométriques, ne rappelle la nature; la représentation de toute vie, même végétale, est exclue. Les motifs en creux qui égratignent les murs en une sorte de frise ceignant le haut de l'édifice ou encadrant les ouvertures, présentent dans le détail une grande variété; toutefois, tributaire d'une technique rudimentaire, ce décor reste sobre; l'utilisation d'un nombre très limité de thèmes, où la ligne courbe entre rarement, lui confère un caractère d'uniformité et accroît l'impression de force qui se dégage de l'architecture.

Mais, la friabilité du pisé, employé dans la partie inférieure de la bâtisse, et de la brique crue, dans les parties hautes, donne à ces constructions une grande fragilité. L'impression de puissance qui s'en dégage est illusoire, et nombre de kasbas, qui connurent il y a moins de cinquante ans leur temps de splendeur, sont aujourd'hui à demi-ruinées.

L'ART HISPANO-MAURESQUE

Avec l'Islam, naquit en Syrie et en Perse un art issu des traditions artistiques des pays convertis, et qui puisa ses éléments dans les civilisations très anciennes de la Méditerranée orientale toute imprégnée d'hellénisme, et de l'Asie occidentale où s'était épanoui l'art iranien.

Un siècle après l'Hégire, la religion musulmane couvrait un territoire qui s'étendait des frontières de la Chine à l'Afrique du Nord et à Poitiers, et l'art islamique avait affirmé sa personnalité. Pourtant, il fallut trois siècles, occupés par la résistance des Berbères à la domination religieuse des Arabes, pour que la civilisation apportée par ces derniers s'étendît vraiment à l'ensemble du Maghreb.

Alors que le Maghreb de l'Est fut influencé par la civilisation orientale, c'est d'Espagne que le Maroc reçut ses nouvelles formules esthétiques. Dès le 9e s. en effet, les musulmans établis en Andalousie avaient créé un art islamique d'Occident, distinct de celui des musulmans d'Orient, et qui trouvait son expression dans la mosquée de Cordoue, rivale de celle de Kairouan. C'est à lui que le Maroc doit ses monuments les plus beaux.

Cet art dit «hispano-mauresque» s'est développé dans l'Ouest du Maghreb, aux 10e et 11e s.; il s'est épanoui au Nord et au Sud du détroit de Gibraltar jusqu'au terme de la Reconquête de l'Espagne par les Rois Catholiques (fin du 15e s.). Puis, il s'est perpétué au Maroc, replié sur ses traditions. C'est un art urbain; rares sont les monuments qui, comme la mosquée de Tin-Mal, s'élèvent à l'écart des cités. Les grandes villes dont les dynasties régnantes firent successivement leur capitale, reçurent des embellissements et virent surgir les plus beaux monuments. Ces **«cités impériales»** sont au nombre de quatre : Fès, Marrakech, Rabat et Meknès. Le nom d'aucune école, d'aucun architecte, d'aucun maître-d'œuvre ne se rattache à de telles créations. Il s'agit d'un art collectif, qui reçut ses impulsions de la volonté d'austérité ou de l'humeur fastueuse de souverains.

L'architecture

La simplicité de l'architecture. — L'uniformité et la simplicité des formes architecturales révèlent l'intérêt secondaire que leur accordaient les bâtisseurs. Les monuments marocains ne sont jamais le résultat de savantes combinaisons ou de prouesses techniques à l'égal des cathédrales gothiques ou de certaines mosquées orientales. Extérieurement, les lignes sont nettes, les volumes simples. La voûte est à peu près absente de cette architecture. La coupole, largement répandue en Orient, est au Maroc d'un usage restreint; employée dans les mosquées où elle marque les principaux organes de l'édifice (nef médiane, mur du fond ou niche indiquant la direction de la Mecque), elle se réduit souvent à un dôme que masque un toit pyramidal.

L'allure générale des monuments n'est jamais très élancée. Qu'il s'agisse des minarets qui dominent les édifices religieux, ou des portes percées dans les remparts des villes, toujours se dégage de la construction une impression de grande force et d'équilibre.

A l'emploi de la pierre de taille succéda très tôt, sous l'influence de l'Orient, celui de la brique; puis au 12e s., celui d'une sorte de béton. La pauvreté des matériaux se cache souvent sous un enduit.

Ses éléments. — Parmi les éléments qui caractérisent l'architecture du Maghreb, l'**arc outrepassé**, apport oriental, est le plus représentatif. D'un tracé supérieur au demi-cercle, il peut être en plein cintre ou brisé. Son intrados (surface concave) s'orne souvent de **stalactites** (voir p. 20). Des **lambrequins** découpent parfois la ligne de l'arc en une succession de petits décrochements. Les **arcs polylobés** auréolent nombre d'arcatures, s'entrecroisent sur les faces des minarets en un très heureux motif de décoration.

Différents types d'arc.
Plein cintre outrepassé.   Brisé outrepassé.   A stalactites.   A lambrequins.   Polylobé.

Tous ces arcs reposent sur des **colonnes** graciles. Ils surmontent les fenêtres pour la plupart géminées, encadrent les portes, se déploient le long des galeries dont l'architecture hispano-mauresque fait un ample usage.

Les **chapiteaux**, d'abord inspirés du corinthien (caractérisé par l'utilisation de la feuille d'acanthe) et du composite (ordre architectural de création romaine puisant ses éléments à la fois dans le dorique, l'ionique et le corinthien), révèlent à partir du 11e s. un goût marqué pour les reliefs peu contrastés qui s'affirme jusqu'au 14e s., sous les Mérinides. Les médersas de Fès en possèdent de très beaux. Un parallélépipède largement débordant et décoré de palmes se superpose à un élément cylindrique prolongeant la colonne, orné d'un galon sinueux s'évasant dans la partie supérieure.

Un **auvent monumental**, reposant sur des consoles, abrite les portes principales des édifices religieux et des palais. Il est en bois de cèdre sculpté, et recouvert de tuiles vernissées. La **console**, élément typique de l'architecture du Maroc, entre également dans la composition des **corniches** qui constituent l'une des plus belles parures des cours de médersas.

Les monuments

La nature des monuments, leur plan, l'esprit de leur décoration, sont étroitement liés à la vie religieuse.

La mosquée. — *(Au Maroc, l'entrée en est interdite aux non-musulmans).* C'est le monument type de l'art islamique. Les grandes villes en possèdent un nombre considérable. C'est ainsi que Fès compterait environ 230 sanctuaires, plus ou moins importants.

Les mosquées hispano-mauresques ont pour ancêtres la grande mosquée de Cordoue et celle de Kairouan, édifiées aux 8e et 9e s.

L'aspect extérieur des mosquées au Maroc est modeste ; seuls leur minaret et leur grande porte d'entrée — souvent très ornée — les signalent à l'attention. Elles sont couvertes d'un simple toit de tuiles.

Une mosquée comprend une cour ou **sahan** au centre de laquelle se trouve une pièce d'eau ou une vasque destinée aux ablutions rituelles ; une salle de prière divisée en plusieurs nefs longe la cour sur tout un côté. Dans le mur du fond est creusé le **mihrab**, niche parfois admirablement décorée indiquant la direction de la Mecque ou **qibla**, vers laquelle se tournent les fidèles pour prier ; on peut voir celui de la mosquée en ruines de Tin-Mal *(p. 155)*, avec son arc plein cintre outrepassé s'inscrivant dans un encadrement rectangulaire et surmonté de trois fenêtres formant frise.

Le **minaret** est aux édifices religieux musulmans ce qu'est le clocher aux églises. Ceux du Maroc sont pour la plupart de plan carré. D'allure massive (leur hauteur représente généralement quatre fois leur largeur), ils se terminent par une plate-forme ceinturée de créneaux en dents de scie et portant un lanternon. De là, cinq fois par jour, le muezzin appelle les croyants à la prière. Avec les grands minarets almohades des 12e et 13e s. — Giralda de Séville, Tour Hassan de Rabat, Koutoubia de Marrakech — le minaret hispano-mauresque prend sa forme définitive. Sur les faces de ces tours, se développe en plusieurs registres une très belle décoration essentiellement composée de baies géminées, d'arcs de tous types, d'arcatures aveugles souvent entrecroisées, de réseaux d'entrelacs.

Les médersas. — Les médersas, sortes d'universités religieuses d'origine iranienne, sont apparues en Occident au 13e s. La plupart d'entre elles peuvent être visitées. Leur plan s'inspire de celui des mosquées. Créations d'un art raffiné qui utilise toutes les ressources de la décoration, elles firent la gloire du 14e s. hispano-mauresque. Les plus belles d'entre elles se trouvent à Fès. Salé et Meknès en possèdent aussi de charmantes. La médersa Ben Youssef de Marrakech (16e s.) est bâtie sur le modèle classique fourni par ses aînées. *Pour plus de détails sur les médersas, voir p. 81.*

Les koubbas. — Dans tout le Maghreb, on rencontre des mausolées appelés **marabouts** ou koubbas, du nom de la coupole qui les surmonte. A l'intérieur, sont ensevelis de grands personnages ou de pieux musulmans morts en odeur de sainteté. Petites constructions cubiques aux murs lisses blanchis à la chaux, elles émaillent les paysages marocains *(illustration p. 27)*. Dans les villes, les mausolées, d'une architecture plus recherchée, sont couverts d'un toit de tuiles à quatre pans, et sont parfois dotés d'une cour à galeries ; la chambre funéraire peut prendre les proportions d'une salle à multiples colonnes, somptueusement décorée, comme les tombeaux des Saadiens à Marrakech.

L'architecture militaire. — Les villes marocaines sont généralement entourées d'enceintes fortifiées, construites en pisé, coupées de loin en loin par des tours et parcourues par un chemin de ronde que protège un mur crénelé. Le 12e s. vit s'élever, sous les sultans almohades, l'immense enceinte de Rabat ; sous les Mérinides, furent édifiées au 13e s. celle de Fès Jdid, au 14e s. celle de Chella.

Plus intéressantes par leur valeur esthétique que pour leurs qualités défensives, des **portes monumentales** s'ouvrent dans ces remparts. Elles sont en pierre taillée, et généralement encadrées de bastions couronnés de merlons. Au 13e s., l'entrée se complique de chicanes. La baie livrant passage est un arc outrepassé, en plein cintre ou brisé, à claveaux rayonnants. Un ou plusieurs arcs polylobés surmontent cette ouverture qu'enserre un encadrement rectangulaire où se déploie une décoration florale sculptée ; une frise d'arcatures entrecroisées ou à décor épigraphique complète la décoration qui, aux 17e et 18e s., use largement — comme on peut le voir à Meknès — de la faïence de couleur.

(D'après photo Escudo de Oro, Barcelona - España.)

Meknès. — Bab el Khemis.

L'architecture civile. — Les demeures privées disposent leurs pièces en carré autour d'un patio occupé par un jardin (**riad**) entouré de galeries.

Le premier **palais** qui soit parvenu jusqu'à nous — encore n'en reste-t-il que des ruines — est le Bedi de Marrakech, construit à la fin du 16e s. La ville impériale de Marrakech et la Meknès de Moulay Ismaïl donnent une idée de ce que furent ces palais édifiés un peu à l'extérieur des villes, et portés aux dimensions de véritables cités : nombreux bâtiments d'habitation, cours d'apparat ou **méchouars**, corps administratifs, écuries, entrepôts, casernes, entre lesquels s'étendent de vastes espaces (**aguedals**) enrichis de pavillons et de pièces d'eau, et plantés de vergers.

Plusieurs palais plus récents ont été convertis en édifices publics ou en musées ; celui de la Bahia, à Marrakech, est l'un des plus intéressants.

La décoration

L'abondance de la décoration dissimule souvent la pauvreté du matériau. Le décor, d'abord présent surtout à l'extérieur des édifices, a fini par envahir les surfaces intérieures. Son évolution se ramène pour l'essentiel à l'apparition du stuc et à l'abandon de la mosaïque traditionnelle au profit de la céramique au 12e s., à l'importance prise par la terre émaillée et le bois sculpté au 14e s. Il allie la souple exubérance de l'art arabe à la netteté rigide des lignes berbères. La sculpture hispano-mauresque ignore la ronde-bosse; la décoration des monuments, généralement méplate, est riche en couleurs; le goût des artistes andalous ou maghrébins pour la polychromie et la dorure n'a fait que s'affirmer au cours des siècles.

Le trait le plus marquant du décor hispano-mauresque est son caractère abstrait, dicté par la religion qui interdit toute représentation d'êtres vivants. En dehors de la décoration monumentale et des arts domestiques, il n'existe aucune œuvre peinte ou sculptée. L'artiste ne puise pas son inspiration dans l'observation du réel; il joue en virtuose de la combinaison des lignes et de la répétition des motifs, charmant le regard sans le fixer, et favorisant la méditation.

Les éléments du décor. — Le décor mêle, en des compositions d'une extrême richesse, des éléments géométriques, floraux, ou épigraphiques.

Géométrie. — La figure de base est le **polygone**. Au 18e s., octogones, triangles, losanges et étoiles se côtoient et se superposent dans des compositions complexes, ornant les panneaux de bois peint ou les revêtements de céramique.

Les **entrelacs,** typiquement arabes, utilisent la ligne droite, les festons et les lobes, en un treillis de baguettes ou de galons s'entrecroisant à l'infini; leurs réseaux losangés constituent aux 12e et 13e s. une des plus belles parures des minarets.

L'**arabesque**, figure basée sur les sinuosités de la ligne, se déploie dans les décors floraux, formant la tige dont elle représente une extrême stylisation.

Les **stalactites** formées d'une série de petits prismes savamment assemblés et disposés en encorbellement tapissent les coupoles, les pendentifs, les arcs, les chapiteaux, les linteaux, les consoles.

Végétation. — L'art hispano-mauresque utilise avec une extraordinaire profusion les éléments floraux stylisés dont il tapisse les écoinçons des arcs, les frises, et des panneaux qui finissent par s'étendre aux dimensions mêmes des murs. La **palme** — motif le plus employé —, née d'une sorte de calice, s'allonge en une feuille recourbée ou se divise en deux lobes. La **palmette** grecque, qui souvent se détache sur les écoinçons des arcs, affecte la forme d'une coquille. La **pomme de pin** est fréquemment utilisée aux 13e et 14e s.

Ce décor végétal se développe peu à peu en réseaux touffus, se mêle aux compositions géométriques, et comble les vides laissés par le dessin.

Épigraphie. — L'écriture arabe fournit à la décoration musulmane l'un de ses éléments les plus esthétiques et les plus originaux. L'**écriture coufique** se caractérise par ses hampes verticales, l'épaisseur uniforme de ses lettres, ses angles droits. D'abord employées exclusivement pour la valeur édifiante du texte, ces inscriptions ont — dès le 11e s. — perdu de leur sobriété originelle; les caractères s'embellissent d'éléments végétaux (coufique fleuri); les hampes se compliquent de nœuds (coufique tressé). Le **cursif** vient, vers le milieu du 12e s., concurrencer le coufique qu'il supplante à partir du 16e s., sous les Saadiens. Il est caractérisé par la souplesse et la finesse de ses lettres, dessinées en pleins et déliés.

Écriture coufique.

Écriture cursive.

Les supports de la décoration. — Dès les débuts de l'art hispano-mauresque, la plupart des éléments de la décoration apparaissent dans la **pierre** sculptée des grandes portes. Pour la confection des entrelacs qui ornent les minarets, on tire de la **brique** le meilleur parti.

La **mosaïque de terre émaillée**, importée d'Orient, apporte le châtoiement de sa polychromie dans les minarets almohades. Elle devient, à partir du 14e s., l'un des matériaux essentiels du décor. Ces mosaïques sont exécutées selon deux techniques. Les **zelliges** sont constitués de petits fragments de céramique de diverses couleurs découpés dans des plaques de ton uni, puis juxtaposés pour former des figures décoratives, et fixés avec du mortier; on les rencontre surtout dans les compositions géométriques. La **céramique excisée** ou **champlevée** est plus particulièrement employée dans la décoration épigraphique : sur une plaque sombre, le motif est mis en valeur par grattage, puis masticage de la surface qui l'entoure.

Dans le **stuc**, importé de Mésopotamie, et dont l'art hispano-mauresque a poussé la technique à la perfection, le plâtre est appliqué sur des surfaces hérissées de clous. Encore frais, il est sculpté à la gouge ou au ciseau. A partir du 13e s., la « dentelle » de stuc est présente partout. Les stalactites sont, pour la plupart, sculptées dans le plâtre.

Le **bois** aussi entre dans la confection des stalactites. Le cèdre, imputrescible, sculpté avec raffinement et, à partir du 13e s., rehaussé de peinture, recouvre les parties hautes des murs et contraste avec la blancheur des stucs; il constitue les corniches, les auvents, les plafonds. Les **moucharabiehs** — grilles placées devant les fenêtres ou servant de clôture, ou encore sortes de balcons à claire-voie entièrement fermés — sont en bois tourné.

La marque des dynasties

En plus de dix siècles, l'art hispano-mauresque ne s'est pas véritablement transformé. Les dynasties *(voir p. 14 et 15)* qui ont régné sur les pays du Maghreb et sur l'Espagne lui ont cependant donné des impulsions ou imprimé des caractères assez nets pour attacher à leur nom une forme d'art, ou un type de monument. Les nouveaux venus ont à chaque fois fondé leur propre capitale, se préoccupant peu de l'héritage laissé par leurs prédécesseurs, puisant parfois dans les anciens édifices les matériaux nécessaires à la construction des nouveaux, ou anéantissant l'œuvre de ceux qu'ils avaient supplantés. Les monuments furent souvent élevés à la hâte, et presque aussi rapidement voués à l'abandon. Les mosquées qui souvent firent l'objet de considérables transformations, les remparts de la kasba des Oudaïas à Rabat, Fès qui demeura un centre intellectuel, échappent à cette règle.

Les Idrissides (fin 8ᵉ-début 10ᵉ s.). — Des Idrissides, presque rien n'est resté. Les quartiers des Andalous et des Kairouanais qui composent à l'origine leur capitale Fès, témoignent toutefois de la double influence sous laquelle vécut à ses débuts le royaume musulman d'Occident.

Les Almoravides (11ᵉ-12ᵉ s.). — Avec les Almoravides, la civilisation brillante de l'Andalousie prend racine au Maghreb. Youssef ben Tachfin, fondateur de la dynastie et de Marrakech, et son fils Ali ben Youssef s'attachent à la construction d'ouvrages fortifiés (1ʳᵉ enceinte de Taza) et surtout de sanctuaires (grandes mosquées d'Alger et de Tlemcen inspirées de celle de Cordoue). Le Maroc n'a guère conservé d'eux que la mosquée Karaouiyne à Fès qu'ils modifièrent entièrement, et la petite koubba Ba'Adiyn à Marrakech.

Coupoles à nervures entrelacées, piliers massifs, abondance des arcs en plein cintre outrepassés et polylobés, décor touffu, importance de l'élément floral (feuilles d'acanthe), emploi de l'écriture coufique, sculpture sur plâtre jusque-là ignorée par l'art andalou, caractérisent les monuments almoravides.

Les Almohades (12ᵉ-13ᵉ s.). — Les Almohades ont, en un siècle, donné à l'art hispano-mauresque ses vraies lettres de noblesse, ils ont ouvert dans la tradition andalouse une parenthèse d'austérité. Loin d'appauvrir l'art délicat légué par Cordoue, ils l'ont enrichi de nouvelles formules directement importées d'Orient (stalactites venues de Perse, revêtements de terre émaillée...), et lui ont imprimé un caractère de simplicité hérité sans doute de l'architecture berbère. Les Almohades furent de grands bâtisseurs. Abd el Moumen entreprit d'embellir Marrakech, non sans avoir fait détruire auparavant tout ce qu'y avaient édifié ses prédécesseurs. Avec Abou Yacoub Youssef, épris de l'Andalousie où il avait vécu, un certain raffinement vint tempérer la rigueur originelle de l'art almohade. Yacoub el Mansour, le plus grand, transféra sa capitale à Rabat; il entoura cette ville d'une immense enceinte, et y entreprit des réalisations grandioses qu'il ne put terminer. Rabat a vu s'édifier la mosquée — classique — de Tin-Mal, celles de la Kasba et de la Koutoubia à Marrakech, celle de Hassan — inachevée — à Rabat, et de magnifiques portes monumentales (porte des Oudaïas et Bab er Rouah à Rabat, Bab Aguenaou à Marrakech). Mais surtout, il nous a laissé trois minarets; la Koutoubia de Marrakech, la Tour Hassan de Rabat, et la Giralda de Séville portent à leur perfection les grands traits de l'art almohade : puissance de la construction, noblesse des lignes, pureté et légèreté du décor.

Les Mérinides (13ᵉ-15ᵉ s.). — L'ère ouverte par les Mérinides a été celle de l'élégance, de la grâce et de la nuance, qui trouvèrent leur parfaite expression dans les médersas *(voir p. 81, 84, 138)* que ces souverains introduisirent en Occident. Plus proches des Almoravides que des Almohades, les Mérinides préférèrent le raffinement à la grandeur. Leurs édifices sont moins vastes que ceux de leurs prédécesseurs; l'architecture y tient moins de place. La décoration, en revanche, atteint son apogée. Au décor almohade, lâche et sobre, succède un décor couvrant et fouillé; les arabesques se multiplient, les combinaisons géométriques et florales deviennent plus complexes; on fait abondamment appel aux stucs, aux zelliges, au bois sculpté, à la peinture. Fès, surtout, profita de cet âge d'or. Les Mérinides construisirent l'Alhambra de Grenade, et à Fès Jdid — créée par eux — des palais et des demeures dont rien malheureusement ne nous est resté. On peut voir encore, à Rabat, les restes de leur nécropole de Chella.

Les Saadiens (16ᵉ-17ᵉ s.). — Dès la deuxième moitié du 14ᵉ s., s'amorça pour le Maroc une période troublée, et improductive dans le domaine de l'art. Aussi, la reprise d'une activité architecturale au 16ᵉ s., sous le règne des Saadiens, fut-elle considérée comme une «Renaissance». Mais, l'art hispano-mauresque a perdu, avec la chute de l'empire musulman d'Espagne (1492), sa source d'inspiration. Il tente d'imiter le passé (à Marrakech, la médersa Ben Youssef est une réplique des médersas mérinides, et les mosquées s'inspirent de celles des Almohades); toutefois, à resserrer de plus en plus le décor, cet art s'épuise sa virtuosité, sombre dans une complexité et une profusion qui, à la fin du 17ᵉ s., atteindront leur paroxysme.

L'éclat dont se redora Marrakech fut le fait d'un prince, plutôt que celui d'une dynastie. Ahmed el Mansour, le «Doré», fit bénéficier sa capitale des immenses richesses que lui avaient values sa lutte contre les Portugais et son expédition au Soudan. Le palais d'El Bedi, dont on peut voir encore les ruines, et les tombeaux Saadiens illustrent le goût du faste que ce souverain imprima à son époque.

Au début du 17ᵉ s., le repli des derniers musulmans d'Espagne enrichit le Nord du Maroc (Rabat, Tetouan) d'un ultime apport andalou et contribua à donner à l'art un regain d'éclat.

Les Alaouites (depuis le milieu du 17ᵉ s.). — Les premiers âges de la dynastie alaouite ont été dominés par le nom de Moulay Ismaïl, la plus caractéristique figure de bâtisseur et de démolisseur d'édifices qu'ait connus le Maroc. Aux tendances décadentes et traditionalistes à outrance, qui se sont affirmées après le 17ᵉ s., il a ajouté son amour du gigantesque et son goût pour la violente polychromie. Presque toute sa passion constructrice s'est manifestée dans des ouvrages d'architecture civile : Meknès porte encore les ruines de son palais immense comme une ville, et a gardé intactes ses majestueuses portes.

ARTISANAT

Le gouvernement chérifien s'efforce par l'action de la Direction de l'Artisanat, à Rabat, de promouvoir les «arts populaires»; des écoles spécialisées forment les futurs artisans; des musées, aménagés à l'intérieur d'anciens palais, font connaître les techniques et les productions de chaque ville ou région. Très pratiqué en milieu rural, l'artisanat marocain est également une activité urbaine : les grandes villes sont aussi des centres artisanaux; parmi elles, Fès occupe une place de choix.

L'**artisanat berbère** a pour objet le mobilier du cultivateur ou du nomade, les quelques ustensiles et outils indispensables à sa vie, les articles composant sa parure. Croyances religieuses, moyens de réalisation rudimentaires : il n'utilise, dans la décoration, que des motifs géométriques.

Les **«arts mobiliers» citadins,** en revanche, font largement appel à la décoration florale. Les procédés, plus évolués, permettent un plus grand raffinement. Après s'être nourri, jusqu'au 16e s., d'apports andalous, l'artisanat urbain accuse, depuis, un caractère local très net. Les traditions se sont maintenues dans les arts de la céramique, du métal, du bois et du cuir; mais les tapis, les étoffes, les broderies, ont subi une influence orientale tributaire de l'établissement des Turcs en Afrique du Nord.

L'ART DU TAPIS

Objet de première utilité sous la tente du nomade, parure de la demeure citadine, le tapis joue un rôle essentiel dans l'habitation marocaine. Il est fait de laine, symbole — comme le soulignent certaines coutumes — de protection et de bonheur. Le poil de chèvre ou de chameau entre parfois dans la composition des tissages. Exécutés sur des métiers rudimentaires de haute lisse (verticaux), tapis ruraux et tapis citadins sont à points noués. Des teintures chimiques ont remplacé, pour les tons de rouge la garance et la cochenille (carmin), pour les jaunes la gaude, pour les bleus l'indigo.

Les tapis berbères. — La confection des tapis ruraux est une activité familiale très ancienne; dans les écoles et les coopératives spécialisées, les traditions du tissage sont scrupuleusement respectées. Les tapis berbères sont de haute laine, à telle enseigne que le dessin disparaît parfois dans l'enchevêtrement des brins et ne devient visible que lorsque le tapis est à demi-usé; c'est le cas des tapis Zaïane.

Les motifs décoratifs (losanges, rectangles, chevrons) sont souvent disposés par bandes transversales. A l'inverse des tapis citadins, les tapis berbères ne sont que rarement ornés d'un encadrement. Les tons, peu nombreux, sont juxtaposés, jamais fondus.

Moyen Atlas. — La plus grande variété de tapis berbères se trouve dans le Moyen Atlas, où la tradition du tissage se perpétue notamment à Azrou. Destinés à protéger, sous la tente, de l'humidité et du froid, tenant lieu de matelas, ils sont pour la plupart grands et très épais. Leur fond est généralement blanc dans le centre du Moyen Atlas, coloré à l'Ouest. Se rattachent à la tradition du Moyen Atlas, les :
- **Beni Mguild** (p. 53).
- **Zaïane** (Tarmilate-Khenifra) : sombres, ornés de grands losanges, ils sont réputés, mais leur tissage est en régression.
- **Zemmour** (Meknès-Rabat) : leur fond est généralement rouge. **Zaër** (Sud de Rabat).
- **Marmoucha** (Est de Boulemane) : sur les fonds blancs s'inscrit un décor chargé, dans des tons sombres, bruns ou fauves.
- **Aït-Yakoub** (région de Taza) : fonds rouges, dessins blancs, bleus, orange et noirs.
- **Beni-Ouarraïn** (Sud de Taza) : de rares taches noires tranchent seules sur la laine blanche.

Tous ces tapis sont également tissés dans les grandes villes.

Haut Atlas et région d'Ouarzazate. — Tissés par des sédentaires, ils ont une vocation plus décorative qu'utilitaire. Plus petits que les précédents, ils sont d'un tissage plus fin; leur laine est plus courte, leur aspect moins mat. Ils présentent généralement des tons assez vifs : orange, rouge, jaune... Les **Aït-Ouaouzguit** et les **Glaoua** (Tazenakht, Ouarzazate, région de Marrakech) comptent parmi les plus connus. Leur fond est habituellement noir.

Haouz (à l'Ouest de Marrakech). — La tradition du tissage des tapis a été introduite dans cette région au 17e s. par des nomades sahariens, les Bou Sbaâ. Les tapis **Chichaoua** sont célèbres pour leurs fonds aux chaudes colorations allant du rouge foncé au bois de rose. Ils portent souvent un motif en zigzag à chaque extrémité; d'autres sont unis, ou entièrement ornés de dessins géométriques; certains d'entre eux, anciens, offrent la particularité d'être parsemés de personnages, d'animaux, d'objets usuels, de signes mystérieux.

Maroc Oriental (région de Taourirt-Oujda). — Les **Beni-Bouyahia** et les **Beni-Bou-Zeggou** présentent, sur un vaste champ rouge, des dessins à dominantes vertes et bleues.

Le tapis de Rabat. — C'est le seul tapis marocain d'origine citadine. Selon la légende, il serait dû à une cigogne qui — retour d'Orient — aurait laissé choir dans le patio d'une maison de Rabat un fragment de tapis : des femmes l'auraient ramassé et reproduit. En fait, on ignore comment ce type de tapis d'inspiration orientale est apparu au Maroc; il est, de toute manière, de création beaucoup plus récente que les tapis berbères. Comme ceux de Kairouan, il rappelle certains tapis d'Asie Mineure.

Le «Rabat» se caractérise par son fond uni — rouge ou rose pour le type traditionnel, de couleurs variables (souvent bleue) pour le tapis moderne «genre Rabat» — décoré en son centre d'un motif en forme d'étoile et bordé de bandes, toutes de couleurs différentes, aux dessins géométriques et floraux. Aux deux extrémités du champ central, un motif rappelle l'arc du mihrab figurant sur les anciens tapis de prière. Noué sur chaîne de laine, ou de coton, le tapis de Rabat se présente sous plusieurs qualités, tributaires du nombre de nœuds au m² : 72 900 pour la qualité moyenne, 90 000 pour la supérieure; plus remarquables encore sont les pièces (entièrement en laine) qui en comptent 160 000.

Pour l'estampillage et les formalités douanières concernant les tapis, voir p. 36.

TENTURES ET ÉTOFFES

Les couvertures et les tentures berbères, tissées sur les mêmes métiers que les tapis, sont faites de laine, parfois de poil de chèvre ou de chameau; elles présentent des figures géométriques (losanges, chevrons, rectangles imbriqués) aux coloris très soutenus, répartis en compartiments à l'intérieur de bandes transversales parallèles, sur des fonds unis. Les femmes des montagnes tissent aussi la rude toile noire dont sont faites les tentes, des tapis de selle, et de lourdes étoffes rayées.

Dans le **Moyen Atlas**, les préférences vont aux tons bruns, ocre, rouges, violets, bleus. On y trouve les célèbres **« hambel »**, qui garnissent — à l'intérieur — le bas de la tente, et sont utilisées comme couvertures : longues et étroites, à tissage ras, elles sont formées de bandes de largeurs différentes, pour certaines décorées de motifs dont la polychromie s'inscrit sur un fond noir. Généralement blanches, les **« hendira »** — pièces d'étoffe rectangulaires au tissage serré que les montagnardes jettent sur leurs épaules en guise de manteau — sont coupées transversalement par quelques larges raies ornées de motifs de couleur, auxquelles correspondent, sur l'autre face du tissu, des lignes de franges. Dans le **Haut Atlas**, les « hambel », tissées sur chaîne en poil de chèvre, présentent des bandes noires, rouges et jaunes avec quelques motifs brodés; on peut les trouver à **Ouarzazate**, ou sur les souks de la vallée du Dadès. La « hendira » du Haut Atlas se caractérise par ses rayures blanches et noires, ces dernières rehaussées de pointillés blancs ou de couleurs.

On fabrique aussi des « hambel » à **Marrakech**; mais les plus connues sont celles de **Salé**, à tissage ras et traversées de bandes rouges à points noués décorées de dessins géométriques bariolés. Les artisans d'**Ouezzane** produisent des tissus pour djellabas. Les couvertures bigarrées de **Boujad**, ou **« bizarra »**, à rayures serrées, sont célèbres pour leurs couleurs très vives. On trouve en **pays zaïane** une couverture blanche rayée de noir et d'écru.

La confection des soieries, à **Fès**, est un peu tombée en désuétude. Les femmes portent encore, pour les grandes fêtes, d'épaisses ceintures de soie, à larges rayures ou à motifs polychromes. Quelques artisans perpétuent la tradition du tissage des brocarts *(p. 86)*.

LA BRODERIE

Utilisée dans la confection de nappes, de coussins, d'écharpes, de ceintures, de caftans..., la broderie entre dans le cadre d'un commerce de luxe. Celle de **Fès**, réputée pour sa finesse, la plupart du temps monochrome, reproduit des motifs « arborescents » aux éléments géométriques. Celle de **Meknès** s'en distingue par ses vives couleurs. Dans la broderie de **Rabat**, un simple point plat comble les motifs disposés en bouquets ou en guirlandes. A **Salé**, points nattés et points de croix s'allient dans des dessins clairs. Azemmour et Tetouan ont aussi un nom dans cet artisanat.

LA CÉRAMIQUE

Les poteries berbères. — On les a comparées aux poteries égéennes du 3e millénaire avant J.-C. Généralement modelées par les femmes, sans l'aide d'un tour, ces poteries sont polies à la pierre, puis séchées au soleil; certaines sont décorées au pinceau avant d'être cuites en plein air sur des feux de broussailles ou de branches. Marmites ou pots ventrus, coupes montées sur un pied étroit, cruches, jarres, vases en forme d'amphores, toutes sont galbées avec gaucherie. Le décor (chevrons, losanges, damiers, pointillés, arcades accusant la ligne de renflement) est appliqué sur l'argile claire ou ocre, ou sur un enduit blanc. Les plus belles sont fabriquées chez les **Tsoul** au Nord de Taza, dans le **Zerhoun** et dans le **Rif** (Oued-Laou, près de Tetouan).

Les poteries du Haut Atlas (région au Sud de Marrakech) se caractérisent par leur couleur ocre; celles d'**Amizmiz** ont belle allure, avec leur simple feston noir.

(D'après photo H. Terrasse.)

Poterie berbère.

Dans le Sud (Anti-Atlas, jbel Bani), les hommes façonnent l'argile en se servant d'un tour sommaire actionné avec le pied; les objets sont rarement décorés. Aux environs de Zagora (**Tamegroute**), on fabrique des poteries vernissées vertes. A **Ouarzazate**, sur la pâte blanchâtre sont exécutés quelques dessins marron.

Les céramiques citadines. — Un peu partout, les potiers confectionnent des objets d'usage courant : pots, cruches, écuelles, plats à couscous, tajin (Salé), sans ornements ou tachetés de quelques dessins faits au goudron (Fès, Tetouan). A Fès et à Meknès sont fabriquées les tuiles rondes vernissées, de couleur verte, qui couvrent la plupart des monuments.

Les céramiques citadines sont surtout ornementales. Outre les plaques qui servent à confectionner les zelliges *(p. 20)*, l'artisanat urbain produit de très belles poteries qui utilisent dans leur ornementation des motifs floraux d'inspiration orientale en dépit de l'influence andalouse qui a marqué la tradition hispano-mauresque.

Plusieurs villes sont réputées dans la fabrication des céramiques vernissées. **Fès** en est le berceau et la capitale. Vases, pots à couvercle, plats ronds, jattes, sont de formes simples et peu variées; leur décor, en croix ou rayonnant, est en revanche de composition recherchée : motifs végétaux, géométriques et épigraphiques s'y rencontrent; mais aussi des plumes, et même des bateaux. Fès triomphe avec ses céramiques à décor bleu sur émail blanc. Les céramiques de **Meknès** se reconnaissent aux palmes ou rinceaux et aux feuilles dentelées et nervurées. Les poteries de **Safi**, dues à une récente émigration d'artisans fassi, sont blanches et décorées de bleu; Safi produit aussi des faïences à reflets métalliques *(p. 135)*.

(D'après photo H. Terrasse.)

Poterie de Fès.

LE TRAVAIL DU MÉTAL

La ferronnerie. — Le travail du fer n'est pas pratiqué par les Berbères. Les belles grilles en fer forgé qui tiennent lieu de portes, embellissent les pièces des riches demeures, ou remplacent le moucharabieh *(voir p. 20)*, sont l'œuvre d'artisans citadins attachés à la tradition andalouse. Dans le souk des Forgerons à **Marrakech**, se fabriquent les lustres, les lanternes, des cadres de miroirs, des supports de plateaux, des devants de feu, des ferrures...

Tetouan, Salé, Fès, Azrou, doivent également être citées. **Meknès** est spécialisée dans la production des objets en fer noirci, damasquiné d'argent.

La dinanderie. — Le grand centre en est **Marrakech**.

La technique du cuivre fondu et tourné a été remplacée par celle du coulage. La **ciselure**, toujours superficielle, est effectuée au burin. Le **damasquinage**, art délicat venu de Damas, consiste à incruster dans le métal des fils lisses ou torsadés en cuivre, en argent, en or; il est utilisé dans la décoration d'éperons, d'étriers, de gardes de sabres.

Martelé et **repoussé**, le cuivre — à partir du 15e s. — revêt les portes extérieures de larges plaques décorées d'arabesques et d'inscriptions.

Le travail du **maillechort** (alliage de cuivre, de zinc et de nickel, dont l'éclat blanc rappelle celui de l'argent) est une spécialité de **Marrakech** et de **Fès**.

Au plateau rond qui, monté sur pieds ou posé sur un trépied de fer, atteint les dimensions d'une table (tables à thé, à diffas), font cortège les vases, aiguières, théières, bouilloires, braseros, boîtes à thé ou à sucre, lanternes (décor ajouré, rehaussé de verres de couleurs), chandeliers, brûle-parfums...

Les bijoux. — Ils furent longtemps l'œuvre d'artisans juifs, émigrés d'Espagne. Certains colliers, parures de tête ou ceintures, sont faits de minces plaques découpées et assemblées par des chaînettes, ou soudées. De nombreuses pièces sont obtenues par moulage, puis gravées ou ciselées. Le **filigrane** (fils de métal torsadés, aplatis et enroulés en de fins motifs ajourés) est employé par les bijoutiers d'Essaouira et de Tiznit. La **nielle** (incrustation d'émail noir), fréquente dans les pièces anciennes, se perpétue sur le versant Sud de l'Anti-Atlas. La technique du **cloisonné**, importée d'Andalousie (motifs en émail ou en pâte de verre de couleur, sertis de minces parois de métal), s'est conservée dans le Sous.

Bijoux citadins. — Ils sont généralement en or finement ciselé de motifs, floraux pour la plupart, très légèrement creusés; rehaussés de pierres précieuses souvent en cabochons (émeraudes, diamants, grenats, rubis très clairs dits «de Fès»), ils peuvent atteindre une grande magnificence. Ceux de **Fès**, d'**Essaouira**, de **Marrakech** et de **Meknès** sont renommés.

Les fibules (simples ou formées de deux éléments reliés par une chaîne), les grands pendentifs d'oreilles que l'on accroche dans les cheveux, les ornements frontaux rappelant les ferronnières de la Renaissance, les bijoux «de poitrine» (plaques d'or enchassées de pierres, ou larges colliers en dégradé formés de rosaces assemblées par des boules en or), sont portés seulement dans les grandes fêtes.

Le **lebba** (collier très ancien fait de longs pendants couvrant la poitrine) et le **taj** (diadème composé de plaques décorées s'articulant sur des chaînettes ou des charnières, ou bien posées sur un bandeau enrichi de perles) parent l'épousée dans les grands mariages.

Bijoux «berbères». — A la campagne, dans le Sud surtout, le goût pour la parure est très vif, et les bijoux berbères ont eux aussi leur somptuosité. Les plus beaux sont en argent, d'autres sont en bronze; mais, si humble soit le métal, et malgré la profusion des breloques, ils gardent toujours une grande noblesse. Ils sont d'une exceptionnelle pureté de lignes, avec leurs dessins géométriques et parfois quelques motifs floraux. La verroterie et la cire de couleur y remplacent souvent les gemmes et l'émail.

On retrouve un peu partout, portée par les enfants, la main bénéfique, ou **fica** (pouce plaqué contre les autres doigts).

La **fibule** fixe le drapé sur l'épaule ou retient le rectangle de tissu servant de manteau; c'est un triangle massif, ciselé et orné de cabochons de verroterie souvent carrés.

Pendants d'oreilles, frontaux, bijoux de tête ou de poitrine envahissent le front, le cou, le buste : triangles ciselés, perles de métal lisse ou filigrané, chaînes, pièces de monnaie anciennes, boules d'ambre ou de corail, se mêlent à des bandes de tissu ou à des cordelières de laine.

Le simple collier d'ambre, aux vertus bénéfiques, est très couramment adopté.

Dans l'extrême Sud, on trouve un type de boucle d'oreille faite d'un immense cercle; on ne porte plus guère les anneaux de cheville.

Fibule berbère.

Les bracelets, contrastant avec les autres bijoux par leur sévérité, sont larges et épais, décorés de côtes bombées ou garnis de pointes pyramidales; la **nbala** de l'Anti-Atlas, à charnières, présente des motifs colorés cloisonnés en filigrane.

Cet art du bijou d'argent s'est concentré dans le Sous : **Tiznit, Inezgane**; **Taroudannt** est connue pour son souk des bijoutiers où sont vendues de belles pièces anciennes. On trouve à Goulimime des bijoux sahariens.

Les armes. — Les artisans de **Tiznit, Marrakech, Fès** et **Meknès** exercent leur habileté sur la décoration des armes. La plus typique est la **koumiya**, poignard à lame recourbée que, les jours de fête ou de souk, paysans et montagnards portent en bandoulière par-dessus la djellaba; son manche et son fourreau en cuivre ou en argent ciselé en font un véritable bijou. Les vieux fusils à pierre — ou **moukkahlas** —, avec leur crosse ouvragée et leur canon parfois bagué de cuivre ou d'argent, apparaissent encore dans les fantasias *(p. 33)*. Les boîtes à poudre, rondes, triangulaires ou en forme de poire, portent un décor très fouillé.

On peut acheter de magnifiques armes anciennes à **Taroudannt**.

LE CUIR

Les objets de cuir viennent en tête dans l'exportation des produits de l'artisanat marocain. C'est une tradition ancienne qu'exploitent surtout Fès, Marrakech, Rabat, Meknès, Tetouan, Tanger. **Fès**, qui assure à peu près la moitié de la production, fournissait déjà en peaux de chèvres l'Europe du Moyen Age. Plusieurs villes possèdent encore leur quartier des tanneurs avec son enclos pavé de cuves colorées et nauséabondes.

Les babouches, jaunes ou blanches pour les hommes, de couleurs variées et brodées de fils de soie, d'or ou d'argent pour les femmes, sont à bout pointu chez les citadins, à bout carré pour les paysans; dans le Moyen Atlas, et surtout dans les pays zemmour et zaïane, elles s'ornent de rondelles en feutre. La **chekkara**, sacoche à franges, est portée en bandoulière par les hommes de la campagne et fait pendant au poignard. On trouve des selles de chameaux à Marrakech, Casablanca, Rabat et Fès; des soufflets à Fès et à Marrakech. Les poufs, les liseuses, portefeuilles, sacs, coffrets, sont surtout destinés à l'exportation. Le cuir peut être repoussé **(Rabat)**, ou encore excisé **(Marrakech)**; souvent, il s'orne de broderies en soie, ou d'incrustations de lanières de couleurs **(Tetouan)**.

Le mot «**maroquin**», par lequel on a désigné à partir du 16ᵉ s. le cuir provenant du Maroc (peau de chèvre ou de mouton tannée avec des produits d'origine végétale comme le sumac ou la noix de galle), a donné naissance au terme maroquinerie.

LE BOIS

On travaille le cèdre à l'odeur caractéristique, le thuya, l'arar, le chêne, et — en incrustations — le citronnier, le noyer, l'ébène, l'acajou. La sculpture sur bois, mise à l'honneur par les Mérinides dans les parements muraux, corniches, consoles, linteaux, plafonds de cèdre, est un art dont la pratique se raréfie. A **Tetouan, Salé, Essaouira, Meknès**, on confectionne toutefois des arcs de portes ou d'alcôves, des lustres de mosquées, et on perpétue la tradition de la stalactite; on peint de grands panneaux destinés à parer les portes intérieures et les plafonds. Les motifs, généralement floraux, qui ornent les armoires, les étagères et certains coffres, prennent — légèrement soulignés de blanc ou de noir — plus de relief.

A Fès, Meknès, Tetouan, la fabrication de moucharabiehs (p. 20) est encore importante.

Les coffres sont l'une des pièces essentielles du mobilier : coffres de Fès, très sobres, en thuya ou en arar et aux ferrures ouvragées; coffres de Meknès — qui ont inspiré ceux de Rabat et de Salé — très sculptés, sans ferrures, en cèdre prenant une belle patine rose-dorée; coffres de Marrakech, au couvercle parfois en dos-d'âne, peints dans des tons légers, ou tapissés de cuir; coffres de Tetouan, aux motifs de couleurs vives peints sur fond rouge.

Les forêts du Moyen Atlas fournissent aux artisans d'**Azrou** le cèdre dans la masse duquel ils taillent des animaux, des coupes, des vases. Les incrustations sur bois et la marqueterie d'**Essaouira** sont très connues (voir p. 76). Dans les souks, des tourneurs sur bois font naître en un tourne main des manches de brochettes, des pieds de tables...

LA VANNERIE

On tresse le roseau, le jonc, le raphia, l'alfa, le doum; on tisse sur des métiers horizontaux les nattes de jonc, de doum ou de raphia, qui recouvrent le sol sous la tente, dans les maisons et les mosquées. **Salé** est le centre de cet artisanat. Couffins géants, immenses hottes, chapeaux rifains, chapeaux de Khemissèt (portés par les vendeurs d'eau), corbeilles à couvercle conique — ou «**tbika**» — (dans lesquelles on entrepose les dattes, le pain, les gâteaux), corbeilles rondes et plates que les femmes du Sud posent sur leur tête pour transporter le linge, les herbes et les dattes, sont parmi les objets les plus originaux.

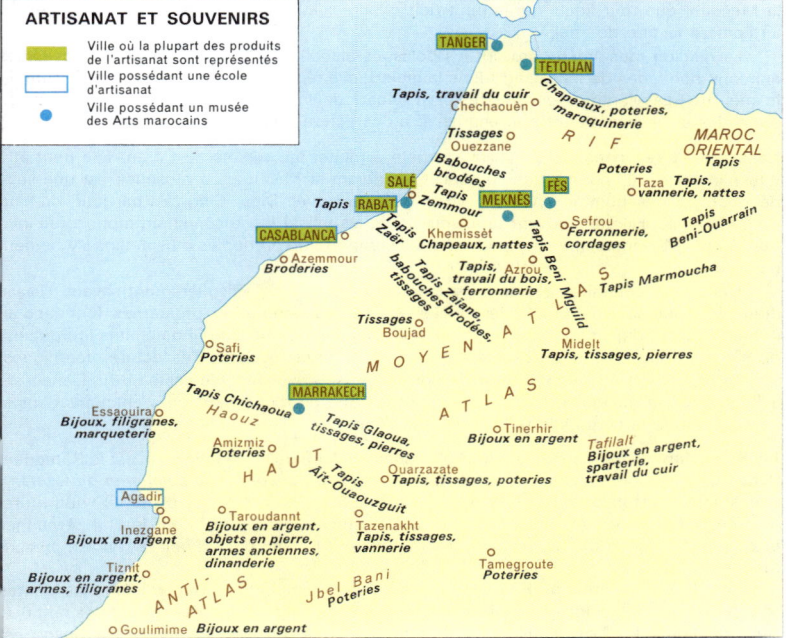

LA VIE MAROCAINE

A moins de trois heures de vol de Paris, le Maroc offre au touriste européen un contraste continuel et un total dépaysement : blancheur des cités du Nord, et — dans le Sud — ocre des ksour et des kasbas; minarets ensoleillés et pénombre des souks; rues grouillantes des villes et solitudes du désert; femmes au visage voilé et jeunes filles en jupes courtes; complets-veston et djellabas; à côté d'usines modernes, artisans exerçant leurs métiers millénaires; grands barrages et norias primitives; piscines à la mode et fontaines sacrées; audacieux immeubles ou palaces côtoyant de mystérieuses médinas; tentes de pasteurs semi-nomades plantées aux portes même de Rabat.

Les Marocains allient à une certaine réserve un sens exceptionnel de l'hospitalité.

L'ISLAM

Islam est le nom donné par les musulmans à leur religion; il signifie soumission à la volonté de Dieu. Ce dieu, c'est Allah, « et Mahomet est son Prophète ».

Chez les musulmans, la foi confère au croyant une sorte de primauté sur les non-croyants, et la religion marque assez fortement la vie du pays. Seules, peut-être, quelques très grandes villes échappent partiellement à la règle. La constitution marocaine proclame l'Islam religion officielle.

Mahomet. — Né à la Mecque vers 570, berger dans son enfance et plus tard conducteur de caravanes, formé à la réflexion par le silence du désert, il a ses premières visions de prophète à 40 ans. Pendant une dizaine d'années, il prêche à **la Mecque**; mais sa profession de foi : « il n'y a qu'un seul Dieu » est mal accueillie. Il doit fuir à **Médine** où il regroupe ses premiers fidèles : cette émigration, l'**Hégire**, qui eut lieu le 20 septembre 622 (mais que la tradition situe le 16 juillet de la même année), marque le début de l'ère musulmane. Mahomet déclare transmettre la parole de Dieu; ainsi l'ont fait Abraham, Moïse et Jésus, qu'il révère comme ayant apporté les premières lueurs de la vraie lumière. Son enseignement se répand rapidement : à sa mort, en 632, les progrès réalisés par l'Islam sont déjà considérables.

Le Coran. — C'est, rapportée verset par verset, la parole même d'Allah révélée à Mahomet. Ces révélations furent rassemblées par les fidèles sans souci de chronologie, en chapitres ou **sourates** classés par ordre de longueur. Code religieux, civil et social, le Coran régit la vie des croyants. Il est enseigné dans les écoles «coraniques» par un **fqih** (à la fois maître d'école et jurisconsulte); les musulmans apprennent à le psalmodier dès l'enfance.

La **Sunna** ou «tradition», série de récits — parfois légendaires — de la vie de Mahomet, précise certains points obscurs du Coran, complète les préceptes contenus dans celui-ci, traite des questions de la vie courante.

Les «cinq piliers». — Le Coran prévoit cinq obligations essentielles. Ce sont : la **chahada**, profession de foi; la prière, cinq fois par jour; le jeûne du Ramadan; l'aumône légale; enfin, le pèlerinage à la Mecque, que tout fidèle qui le peut doit effectuer au moins une fois dans sa vie, et qui lui confère le titre de «hajj».

Lecture du Coran.

La religion musulmane proscrit les boissons alcoolisées, la viande de porc, et celle des animaux non vidés de leur sang (donc le gibier); elle réprouve les jeux de hasard, l'usure, et le meurtre. Les femmes doivent rester à l'écart de la vie publique. L'Islam comporte en outre des exigences, quant à la charité et au caractère méprisable de certains biens.

Le culte et les rites. — La **prière** consiste à réciter les versets du Coran. Elle peut être dite n'importe où, pourvu que l'on soit tourné vers la Mecque. La mosquée est une salle de prière où les hommes peuvent venir dialoguer avec Dieu. Cinq fois par jour, du haut du minaret, le **muezzin** (souvent un disque dans les villes) lance son chant monocorde invitant à prier. La prière solennelle du vendredi comporte un prône; les musulmans s'y rendent nombreux.

L'Islam ne connaît ni clergé, ni sacrements. Un fidèle particulièrement savant, l'**imam**, dirige la psalmodie du Coran; les fidèles, debout, à genoux ou prosternés font face au mihrab, niche indiquant la direction de la Mecque; pas de musique ni de chants liturgiques on n'entend que les murmures des oraisons, et la parole scandée des lectures coraniques.

La prière doit être dite en état de pureté. Ainsi, s'expliquent le geste de se déchausser à l'entrée de la mosquée, la présence d'une vasque ou d'une fontaine à ablutions dans la cour : la propreté corporelle reflète celle de l'âme.

Le Ramadan. — La manifestation la plus spectaculaire de la vie religieuse est le Ramadan. Pendant le 9ᵉ mois de l'année mahométane *(voir page ci-contre, le calendrier musulman)*, une abstinence totale doit être observée entre le lever et le coucher du soleil : nourriture, boisson, tabac; «ne cohabitez pas avec vos femmes», est-il écrit. Pour la nuit : «mangez et buvez, jusqu'à ce que je distingue pour vous un fil blanc d'un fil noir, à l'aube», prescrit Mahomet.

Le 27ᵉ jour du mois de Ramadan, les enfants observent leur premier jeûne; les fillettes sont, pour la circonstance, maquillées et parées de leurs plus beaux vêtements; la nuit précédente, appelée **«Nuit du Destin»** ou «Nuit Sublime», on illumine toutes les mosquées

La lettre et l'esprit. — Dans les villes, les conditions actuelles de la vie ne permettent pas d'interrompre toute activité à heures fixes; néanmoins, les rites sont assez fidèlement respectés. Dans les campagnes, il n'est pas rare de voir, en plein champ, un homme agenouillé sur un tapis, accomplissant les exercices du culte. Le Ramadan, malgré les difficultés qu'il entraîne, est toujours scrupuleusement observé. Nombreux sont les pèlerins qui font le voyage de la Mecque.

En revanche, dans les tribus berbères — surtout en montagne — le culte n'est pas partout pratiqué avec la même rigueur. Des croyances populaires viennent s'adjoindre à la religion; pour la plupart d'origine pré-islamique, elles sont condamnées par l'Islam, qui interdit par exemple la pratique d'offrandes aux génies ou «jnoun» qui peuplent des lieux mystérieux.

(D'après photo Jacques Belin.)

Marabout.

Le culte des saints est très développé; porteurs de la baraka (bénédiction), ceux-ci continuent après leur mort à exercer une influence bénéfique, et leur tombeau ou **marabout** (ce terme désigne à la fois l'édifice et le personnage) est le but de grands pèlerinages *(voir p. 33)*. Parfois, des communautés religieuses se sont formées autour du marabout. Ces confréries ont pour siège une **zaouïa**; elles sont encore nombreuses, et certaines ont joué un rôle notable dans l'histoire du pays.

Les **chorfa** (au singulier **chérif**), descendants de Mahomet, sont considérés comme des «sages» et — puissants ou pauvres — font l'objet d'une vénération particulière. La dynastie alaouite est une dynastie chérifienne.

Les grandes dates de la vie religieuse. — En plus du mois de Ramadan, quelques grandes fêtes jalonnent l'année musulmane.

Le calendrier musulman. — La vie civile est régie au Maroc par le calendrier grégorien, mais la vie religieuse se règle sur le calendrier musulman. Celui-ci a son point de départ le 16 juillet 622 *(voir p. 26)*. L'année hégirienne, qui est une année lunaire, se compose de 12 mois. Elle est plus courte que l'année solaire et progresse sur celle-ci d'une dizaine de jours par an.

Ainsi, le mois du Ramadan et les grandes fêtes religieuses sont-ils mobiles par rapport à notre calendrier.

Principales fêtes religieuses. — Elles sont, dans la plupart des foyers, célébrées avec beaucoup de ferveur. Toutes donnent lieu à des manifestations traditionnelles.

Le 1ᵉʳ Moharram : c'est le Nouvel An musulman («moharram» est le nom du 1ᵉʳ mois de l'année hégirienne).

L'Achoura : le 10 moharram. Journée de l'aumône, c'est à la fois une occasion de réjouissances (carnavals, mascarades) et — pour certains — une tradition de deuil (en souvenir de l'assassinat de Hussein, petit-fils du prophète, on se rend dans les cimetières).

On offre des jouets aux enfants, pour qui l'Achoura est un jour d'allégresse.

Le Mouloud : instauré au 6ᵉ s. de l'Hégire, le Mouloud commémore la naissance de Mahomet; c'est donc aussi un peu la fête des enfants. On sert des fruits secs; dans certaines familles, on déguste le plat préféré du prophète : la «Assida», bouillie de semoule agrémentée de beurre et de miel. La nuit précédente se passe en festivités; les mosquées sont illuminées.

Le Mouloud est marqué par une grande ferveur populaire.

La Chabana : c'est la veille du 1ᵉʳ jour de Ramadan, qui lui-même correspond à l'apparition de la lune nouvelle. Cette fête tient son nom du mois à la fin duquel elle a lieu (8ᵉ mois : Chaâbane).

Elle a aujourd'hui perdu de son importance.

L'Aïd es Seghir («petite fête») marque la fin du Ramadan.

La veille, les murs sont reblanchis. On reprend les habitudes normales de vie et en particulier, si on le peut, un substantiel petit déjeuner (soupe à base de semoule parfumée d'anis, et accompagnée de gâteaux au miel). Ce jour est l'occasion de réjouissances domestiques, dans lesquelles la nourriture tient une large place.

Une prière solennelle est dite. L'aumône fait partie des obligations de la fête.

L'Aïd el Kebir («grande fête») commémore le sacrifice d'Abraham. Chaque famille sacrifie traditionnellement un mouton, dont la viande composera bien sûr les repas de la journée et du lendemain. La peau de l'animal est offerte. Cette fête peut être comparée, en importance, au Noël des chrétiens.

L'Aïd el Kebir marque aussi l'époque du pèlerinage à la Mecque.

Si vous êtes intéressé par ces manifestations religieuses, renseignez-vous sur place, auprès des services officiels de tourisme, pour savoir si l'une ou l'autre d'entre elles doit avoir lieu durant votre séjour.

VIE QUOTIDIENNE ET FOLKLORE

Il suffit de pénétrer dans un souk ou de s'enfoncer tant soit peu dans la campagne, pour sentir combien le folklore et la vie quotidienne s'interpénètrent ici.

Les enfants. — Ils ont des yeux noirs et profonds, sur le visage un sourire toujours prêt à naître. Ils sont partout : près de la moitié de la population a moins de 15 ans. Même très jeunes, ils ont pour les cigarettes un vrai penchant; mais les livres, les journaux, les cahiers, les crayons exercent sur eux une véritable fascination. Guides d'occasion, interprètes, intermédiaires débrouillards, porteurs de petits colis, organisés ou opérant seuls, ils font toujours montre de bonne volonté et de gentillesse. Dans l'espoir d'un pourcentage sur un achat, ou pour un «fabor» (pourboire) de quelques pièces, ils proposent leurs services avec une volubilité et une persévérance qui viennent souvent à bout des résistances les plus fermes. Une fois agréés, ils vous prennent en charge, vous révèlent ce que leur ville a de curieux, vous parlent de leur école et de leurs projets. Les fillettes font dans la rue des apparitions furtives et gardent, dans les villes, une réserve de bon ton. Les petites paysannes, quant à elles, ou les jeunes montagnardes, se dérident aux premiers sourires.

En ville

L'Islam a multiplié les créations urbaines, qui favorisaient le développement du commerce et l'épanouissement de la vie spirituelle et intellectuelle. De nos jours, la plupart des villes du Maroc comptent deux parties distinctes : la médina et le quartier moderne.

La médina. — Une médina se serre autour de ses mosquées, ou de ses médersas, du marché, du hammam, des fontaines. Elle se cloisonne en quartiers selon la fortune, l'activité, l'origine de ses habitants; c'est ainsi que l'on trouve dans les villes une zone commerçante, les souks — eux-mêmes compartimentés par métiers —, et le **mellah**, ancien quartier juif.

La visite d'une médina offre un spectacle étonnant. Un enchevêtrement de venelles étroites, tortueuses, voûtées, tour à tour désertes ou animées; des places que sillonnent en agitant leur clochette les porteurs d'eau, où le conteur public voisine avec l'arracheur de dents, et où le sol constitue souvent le plus rudimentaire des étals.

Pour l'habitant de la médina, la rue n'est pas seulement un lieu de passage : c'est aussi celui des rencontres, des longues conversations, des échanges; observer, écouter, donner son avis, y est aussi important que de traiter une affaire.

Les souks. — Emplis à toute heure du jour d'un flot pressé de piétons, dans lequel — au cri répété de «balek» (attention !) — portefaix, âniers, cyclistes, se fraient un passage, les souks constituent la grande attraction des villes marocaines. Le long de ruelles souvent couvertes de claies qui tamisent le soleil, des boutiques uniformes se succèdent : échoppes closes par un simple volet, exiguës, encombrées de marchandises, et où l'acheteur ne pénètre pas. A l'intérieur, accroupi sur un tapis ou une peau de mouton, l'artisan se livre à son métier.

A chaque spécialité, correspond une rue, un quartier. Il y a le souk aux tapis; ceux des potiers, des forgerons, des teinturiers tendu d'écheveaux bariolés comme des oriflammes; celui des menuisiers qui sent bon le citronnier, le thuya et le cèdre; celui du cuir, celui des babouchiers; celui de la viande, des

(D'après photo Jacques Belin.)

Un porteur d'eau.

épices, celui des herbes embaumant la menthe fraîche qui servira à préparer le thé; le souk au henné où, à côté des fioles contenant les ingrédients destinés à la confection domestique de produits de maquillage, sont vendues les feuilles sèches qui, pilées, fournissent une poudre avec laquelle femmes et fillettes se teignent les cheveux et l'intérieur des mains.

Dans ce déballage hétéroclite, il est parfois malaisé de distinguer le meilleur du pire. On pourra en tout cas difficilement se soustraire à la loi du marchandage, qui est ici un rite et qui, manié avec art et délicatesse, vous attirera la considération de votre interlocuteur. Il se fait parfois devant un thé à la menthe obligeamment offert.

La **kissaria** (le mot viendrait du latin Caesareum : marché «de César»), domaine des étoffes, des vêtements, de la passementerie, était originellement une halle fermée où l'on vendait les marchandises importées, en particulier les tissus. Les **fondouks**, inspirés des caravansérails orientaux, servent d'entrepôts et abritent quelques artisans *(voir p. 84)*.

Les lieux de rencontre. — Outre la mosquée, il y a le **hammam** (bain), réservé aux hommes ou aux femmes, selon les heures; comme dans les thermes antiques auxquels il s'apparente, on y peut discuter une affaire ou deviser des événements du quartier. Les cafés ne sont fréquentés que par les hommes. Les terrasses des maisons sont le domaine des femmes. Le vendredi, les musulmans se rendent nombreux dans les cimetières.

La maison. — Palais ou modeste logis, la maison ne révèle à l'extérieur qu'un mur percé de quelques minuscules fenêtres grillagées. Dans les riches demeures, une belle porte de bois s'ouvre sur un long couloir sombre précédé d'une entrée en chicane et conduisant au salon de réception, donnant sur un patio; là, s'arrête l'étranger.

La ville moderne. — Le 20ᵉ siècle a donné naissance à un type de villes, élevées à l'écart des médinas, où, le long de larges avenues se coupant à angle droit, les bâtiments officiels néo-mauresques alternent avec des maisons de commerce, des banques. Par derrière, au milieu des jardins, s'élèvent les villas. Dans ces villes, qui continuent à subir de profondes transformations, des conditions nouvelles d'existence liées aux activités modernes ont tendance — hors du cadre familial surtout — à se substituer aux modes de vie traditionnels.

A la campagne

A la campagne, la vie quotidienne offre, pour les sédentaires, les nomades et les semi-nomades *(voir p. 53)* des traits tout à fait différents.

L'habitat. — L'habitation du paysan et du montagnard est généralement humble et exiguë. Si on excepte — dans le Sud — les kasbas, les parties fortifiées des ksour et les hautes maisons décorées de Tafraoute et de la vallée des Ameln, elle est presque toujours très basse. On y retrouve souvent le plan carré avec cour centrale. Construite avec des matériaux pris sur place, elle se fond dans le paysage.

Habitations à toit incliné. — En chaume, en jonc, ou en écorces, parfois en tuiles, ce type de toit se rencontre surtout dans le Nord.

Dans les régions atlantiques, on trouve fréquemment, sur les terres riches, des maisons bâties en pierre.

La **nouala**, habitation du sédentaire, est une hutte conique ou rectangulaire de roseaux ou de branchages entrecroisés formant une double paroi comblée de torchis; elle est couverte de chaume; à l'intérieur, une seule pièce au sol de terre battue sur lequel est jetée une natte; les noualas se groupent à l'abri d'une haie de jujubiers (buissons épineux) afin d'éviter que la basse-cour ne se disperse dans la campagne.

La maison rifaine, robuste, en pierres grossières, est souvent fermée sur une cour où sont parquées les bêtes; en haute montagne, elle est rectangulaire, étroite, couverte d'un toit de planches et de chaume, abritée extérieurement par des branchages du côté le plus exposé aux intempéries.

Habitations à toit plat. — Elles couvrent à peu près tout le reste du pays. Dans le Maroc central et sur les versants Nord du Haut Atlas, on trouve de pauvres maisons en pierre, couvertes de terre battue, qui semblent à demi enfouies dans

Village chleuh.

le sol. Les villages **« chleuhs »**, bâtis en terrasses, strient les flancs montagneux; leurs maisons à étage (le rez-de-chaussée est réservé aux animaux) sont surmontées d'une galerie ouverte où sèchent les récoltes.

On rencontre dans la région de Bin-el-Ouidane (Moyen Atlas) des fermes fortifiées qui annoncent les irherms du Sud *(voir p. 157).* Du versant Sud du Haut Atlas aux confins sahariens, se succèdent les ksour et les kasbas *(voir p. 17, et p. 69 et 92).*

La tente ou « khaïma ». — Seule habitation des véritables nomades: « hommes bleus » de l'extrême Sud et pasteurs du Maroc oriental, elle double chez les semi-nomades une maison très rudimentaire.

Deux poteaux portent une perche transversale sur laquelle est disposée une pièce d'étoffe brune ou noire, aux

Ferme fortifiée.

longues bandes tissées le plus souvent avec des poils de chèvre ou de chameau. La tente est tendue par des piquets; le vide laissé entre le sol et le tissu, pour éviter que celui-ci ne s'abîme, est comblé par des broussailles. Le « mobilier », sommaire, comporte des tapis, couvertures, nattes, ustensiles en terre ou en bois, sacs contenant les provisions. Une natte divise parfois la khaïma en deux parties.

Si l'on excepte les plaines atlantiques, l'habitat rural est rarement dispersé. Groupées en cercle, les maisons ou les tentes forment des **douars**.

« La laine et le grain ». — La vie paysanne est rythmée par les travaux saisonniers et les déplacements des troupeaux. Premiers labours, semailles, repiquage, moissons, vannage, donnent lieu à des fêtes marquées de rites compliqués et empreintes de superstition.

La femme, « poutre maîtresse de la tente », aide à la moisson, transporte la récolte, va chercher l'herbe, le fourrage, les branchages pour le feu, puise l'eau, pile le grain, tisse les tapis, les couvertures, les vêtements, tourne les poteries.

Le **souk de campagne**, marché et lieu d'échanges, représente la seule possibilité de rencontres entre des gens souvent isolés dans des régions vastes. Cette importance apparaît dans le choix de son emplacement (carrefour de pistes ou de routes, gués, ponts, débouché d'un col, lieux saints) et, pour un souk important, dans les distractions qu'il comporte parfois (chants, danses, conteurs publics...). Il se tient en plein air, sur la place ménagée à cet effet dans les petites bourgades, au pied des villes, ou en rase campagne, faisant surgir dans des endroits déserts une agglomération éphémère. Il est en général hebdomadaire, d'où le nom de nombreuses localités ou lieux-dits : Souk-Tnine (« marché du lundi »), Souk-el-Arba (« marché du mercredi »), etc. Le souk commence tôt le matin, se termine tard dans la matinée. Dans le Sud, il est surtout fréquenté par les hommes. Les souks de campagne offrent un spectacle très coloré. Cheminant le long des routes et des pistes, affluent vers lui ânes, mulets, dromadaires portant les couffins dans lesquels on a entassé les produits de l'élevage et de la terre, et qui serviront au retour à rapporter les achats : articles d'épicerie, objets manufacturés, tissus, outils. Sur le souk, règne une animation extraordinaire; tout un petit monde circule, s'immobilise, parlemente, se remet en mouvement parmi le bétail, les tas de fruits et de légumes, les couffins; un déballage d'objets hétéroclites jonche le sol : poteries traditionnelles, ustensiles en matière plastique, bouteilles de shampooing, morceaux d'antimoine pour la préparation du khôl; le pharmacien ambulant, un peu magicien, y vend ses plantes guérisseuses et ses talismans.

Bourricots et dromadaires. — On ne peut parler de la vie rurale sans évoquer la silhouette trottinante ou harassée du «bourricot» marocain, de petite taille, robuste, docile, travaillant aux champs, transporteur à tout faire, et véhicule d'élection. On le rencontre partout, au long des routes de campagne ou aux abords des villes, avançant à pas menus, talonné par son maître, tenant bon sous d'énormes fardeaux.

Le cheval marocain, vaillant, sobre et résistant, se rencontre surtout dans le Moyen Atlas; il est la fierté du montagnard, un signe de richesse, et participe avec panache aux fantasias. Le dromadaire, «vaisseau du désert», fortune des pays du Sud, affronte sans broncher le soleil et la soif.

Mais de nos jours la bicyclette, le cyclomoteur, la camionnette concurrencent ces modes de transport traditionnels.

La vie familiale

Séparée de la vie publique, elle juxtapose deux mondes vivant de façon cloisonnée : celui des hommes et des grands adolescents d'une part, celui des femmes et des enfants de l'autre.

La femme sort, reçoit, règne sur la maison et — à l'égal de l'homme — possède le droit de vote; mais, même si une évolution se fait sentir dans les grandes villes, le poids des décisions du chef de famille reste déterminant.

Les grands moments. — Le mariage est, avec la naissance, l'événement familial célébré de la façon la plus spectaculaire. On se marie jeune; l'époux apporte une dot. Suivant les régions ou les tribus, les festivités célébrant le mariage diffèrent; mais elles se déroulent sur plusieurs jours, selon un cérémonial compliqué et fastueux; des femmes, engagées pour la circonstance, accompagnent la jeune fille dans ses allées et venues, la fardent, l'aident à revêtir ses différents costumes, ponctuent de leurs you-you les diverses phases de la fête. On ne se contente pas de présenter les cadeaux faits aux époux, mais on expose la mariée elle-même, parée comme une divinité.

La circoncision, qui a lieu entre 7 et 13 ans, est l'occasion d'une fête.

La nourriture. — Les Marocains sont généralement très sobres dans leur nourriture quotidienne. Celle-ci est à base de légumes, de semoule de couscous, de poulet, de mouton, de fruits (oranges, dattes...), de lait. On ne mange généralement pas de fromage. Chez les nomades, le lait et les dattes tiennent une place importante. La **kessra** — pain rond et plat comme une galette, fait de blé dur, d'orge ou de seigle suivant les régions, et souvent pétri à la maison — est partout présente.

(D'après photo O.N.M.T.)

Théière.

C'est le mouton qui est le plus consommé : en brochettes, rôti en «**méchoui**», ou en ragoût, il est de toutes les réjouissances. Le poulet fait l'objet de maintes préparations : farci de semoule, de miel, d'amandes, de raisins secs, ou en ragoût, accommodé avec du citron, des olives, des pruneaux. Les recettes de ragoûts ou **touajen** (au singulier **tajine**) de poulet, de mouton, de pigeon, de légumes, varient à l'infini; mijoté dans une daubière en cuivre, le tajine est servi dans un plat rond en terre vernissée surmonté d'un couvercle pointu, et qui a donné son nom au mets.

Le **couscous** marocain n'est pas très relevé; on l'accompagne d'un bouillon aromatisé; il est servi avec des pois chiches et des raisins. L'**harrira** est une soupe substantielle à base de bouillon de viande auquel on ajoute pois chiches, fèves, lentilles, légumes frais, oignons, œuf, farine, gingembre, coriandre, safran, poivre, beurre... La **pastilla**, sorte de gâteau mi-salé, mi-sucré, fait d'une savante pâte feuilletée fourrée de pigeon haché, d'œuf, de raisins, d'amandes, d'épices, et saupoudré de sucre et de cannelle, est le fleuron de la cuisine marocaine; elle demande de longues heures de préparation et beaucoup d'art. Les pâtisseries — **cornes de gazelles** où domine la pâte d'amande, et gâteaux au miel — sont très sucrées.

La boisson nationale est le **thé à la menthe** (thé vert et menthe fraîche), dont la préparation se fait devant les convives selon des rites immuables, qui se sert bouillant et déjà sucré, et dont il est de règle de boire plusieurs verres. Dans les foyers modestes, l'une des dépenses principales est représentée par le thé et le pain de sucre. On ne boit généralement pas en mangeant.

Les grands repas ou **diffas** comportent toujours le même cérémonial. Les plats sont apportés et gardés chauds dans de grands récipients ronds en vannerie, en cuir clouté, en cuivre, ou en argent, montés sur trois pieds sculptés, et coiffés d'un couvercle conique. Les serviteurs passent une aiguière et un bassin de cuivre, et versent de l'eau sur les doigts des convives qui puiseront à tour de rôle dans le plat commun posé sur une table basse. Les Marocains se servent de la «fourchette d'Adam» avec dextérité, n'utilisant que le pouce, l'index et le médius. Le premier plat est généralement la pastilla, puis viennent le méchoui, les différents touajen, le couscous, et enfin les pâtisseries. Les convives se rincent à nouveau les mains avant de déguster le thé à la menthe, conclusion obligatoire de toute diffa.

Le vêtement et la parure

Le vêtement marocain varie selon les régions, en fonction de traditions locales plus que d'un genre de vie; il n'est tributaire d'aucune mode.

Dans les villes modernes, l'habillement «à l'Européenne» gagne du terrain; mais on porte encore beaucoup les vêtements traditionnels. Le plus courant est la **djellaba**, adoptée par les femmes comme par les hommes; c'est un vêtement long, à manches, ample mais droit, un «couvre-tout»; les hommes le passent sur une chemise de laine ou sur leur costume et en rabattent souvent la capuche sur le **tarbouche**, coiffure tronconique que les Européens ont appelée «fez». La djellaba, en tissu lourd ou en gabardine légère, est toujours de couleur discrète. La **gandoura** est une sorte de tunique sans manches, généralement blanche. Le **litham**, blanc ou couleur de la djellaba, voile encore fréquemment le bas du visage féminin et ne laisse voir que les yeux; dans le Nord du pays, il se réduit souvent à un simple mouchoir plié en triangle et noué derrière la tête par-dessus la capuche. Moins pratique que la djellaba, le **haïk** — blanc dans le Nord, sombre dans le Sud, et fait d'une longue pièce de tissu savamment drapée dont un pan voile le visage — a tendance à être abandonné. Le **caftan**, qu'une mode a importé en Europe, est la toilette des citadines; boutonné devant, tout du long, par de petites boules serrées, fendu sur les côtés, il peut être fait — pour les grandes occasions — dans un riche tissu (velours, soie, brocart...), et gansé de doré ou d'argent. Les Marocaines le portent avec une ceinture brodée.

(D'après photo O.N.M.T.)
« Homme bleu ».

Les paysans et les hommes des montagnes se vêtent d'une tunique claire en laine, serrée par une ceinture. Par-dessus, ils portent une djellaba, chinée ou rayée, écrue ou brune selon la saison; plus rarement le **burnous**, sorte de cape très large, au capuchon pointu. Les nomades que l'on rencontre aux confins du désert (plus particulièrement à Goulimime) sont revêtus d'une pièce de cotonnade indigo qui en déteignant colore la peau en bleu, d'où leur surnom «d'hommes bleus»; ils portent un turban, bleu ou noir, dont les pans enveloppent le cou et forment un litham qui les protège contre les vents de sable.

Femme de la région du Ziz.

Les drapés noirs des femmes des oasis (Tafilalt, vallée du Drâa) les dissimulent au point de ne laisser entrevoir qu'un œil. Légèrement plus au Nord (Ziz, région du Dadès), elles mêlent au noir des rouges, des oranges, des jaunes, des violets profonds; le morceau de tissu de couleur vive dont elles ramènent les pans au-dessus de leur tête et qu'elles maintiennent par un bandeau ceignant le front, fait un peu penser aux anciennes coiffures égyptiennes.

Le costume de certaines tribus du Haut Atlas atteint une rare noblesse : la rigide **hendira** *(voir p. 23)*, et la coiffe conique de tissu noir maintenu par des torsades de laine multicolores, dessinent la silhouette des femmes Aït-Haddidou qui vivent sur les Hauts-Plateaux.

Les montagnardes du Moyen Atlas affectionnent les tissus brochés ou les imprimés fleuris et bariolés.

(D'après photo Ittah, Casablanca.)
Femme Aït-Haddidou.

Le costume des femmes du Rif ne ressemble à aucun autre : l'élément principal en est la **fouta**, rectangle de coton à rayures rouges, blanches, bleues, qu'elles s'enroulent autour des hanches ou des épaules; emmitouflées — même au gros de l'été — dans de grandes serviettes éponge sur lesquelles elles posent leur immense chapeau de paille à cordelières et pompons bleus, énormes sous leur fouta qui recouvre une épaisseur impressionnante de jupes et de ceintures, les jambes prises dans des guêtres de chiffons ou de cuir brun que maintient un laçage croisé et qui les protègent des herbes coupantes, elles ont à défaut de grâce une allure des plus pittoresque.

Les femmes berbères gardent généralement le visage découvert.

Les bijoux marquent la condition des femmes. Dans le Sud, elles les gardent pour vaquer à leurs occupations; elles les accumulent ou revêtent les plus beaux lors d'une grande occasion. *Voir p. 24.*

(D'après photo O.N.M.T.)
Une Rifaine.

Le maquillage est très à l'honneur. Pour se colorer le teint, les sourcils, les cheveux, les ongles, les paumes des mains, on utilise le **henné**, auquel on accorde volontiers un pouvoir bénéfique. Le **khôl**, pommade à base d'antimoine, avive l'éclat des yeux. Les femmes berbères se dessinent sur le front et sur le menton des traits noirs ou de fins dessins géométriques, sur les joues de grosses taches rouges ou des pointillés; elles utilisent pour cela le henné, la suie, le safran, du miel coloré de rouge. Ces motifs sont parfois exécutés en tatouages.

La musique et la danse

La musique marocaine, que notre oreille d'Occidentaux a tendance à confondre avec les autres musiques d'origine orientale dans une même mélopée, a son caractère propre et ses diversités. Elle ignore la polyphonie (voix et instruments s'expriment à l'unisson) et le rythme y joue un rôle essentiel.

La musique « andalouse ». — D'origine persane, la musique « andalouse » s'est introduite au Maroc après le 10e s., et s'y est implantée à la faveur de la reconquête de l'Espagne par les chrétiens. Alors que la musique occidentale a ramené à deux (majeur et mineur) le nombre de modes, la musique andalouse en compte encore onze. Elle a retenu plusieurs gammes grégoriennes.

C'est une musique raffinée, réservée à un milieu cultivé, généralement chantée dans un arabe littéraire très pur. Sa forme la plus noble est la **nouba**, constituée d'une succession invariable de morceaux soumis chacun à un rythme donné ; à des moments déterminés correspondent des thèmes précis : la nouba célèbre à telle heure l'humanité, à telle autre la nature, le lever du soleil...

Codifiée au 17e s. par le maître andalou El Haïk établi à Tetouan, cette musique s'est transmise jusqu'à nous de façon purement auditive. Les centres en sont Tetouan, Fès et Rabat.

Les instruments, pour la plupart à cordes (frottées ou pincées) sont assez limités : violons, altis, luths, **rebab** (la viole médiévale) le plus souvent à deux cordes et dont l'archet est recourbé comme un arc. Le **tar** — très semblable au tambour basque — et le **derbouka** (cylindre renflé et tendu de peau à l'une de ses extrémités) sur lequel on tape des deux mains, sont les seuls instruments de percussion utilisés par les orchestres andalous.

La **griha** (improvisation) représente une forme populaire de la musique andalouse ; les paroles — en arabe dialectal — prennent le pas sur la musique, et sont ponctuées de battements de mains.

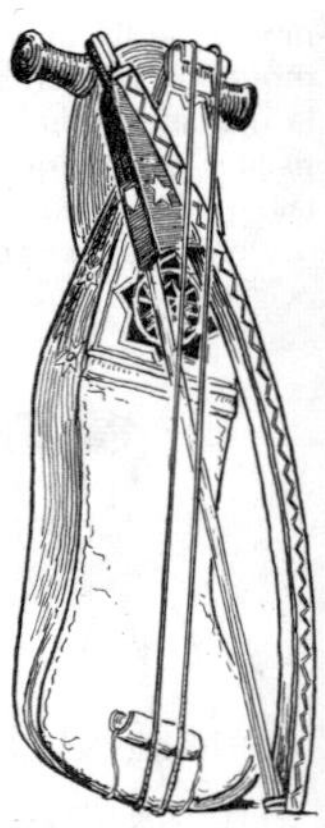

La musique berbère. — Elle est étroitement liée à la danse. Les instruments sont très simples : flûte de roseau ou **awada** ; **rebab** caractéristique du Sous, à corde unique et à caisse ronde et plate, recouverte de peau et curieusement barrée d'un faisceau de cordes ; la

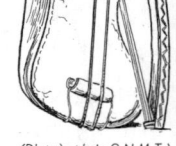

(D'après photo O.N.M.T.)

Rebab.

populaire **guembri**, minuscule guitare ronde à long manche et ne comportant souvent que deux cordes. Le **bendir**, tambourin dont la peau tendue sur une seule face prend à proximité d'un feu une résonnance plus grande, marque le rythme par sa sonorité et par les mouvements que lui imprime l'instrumentiste.

Les danses. — Leur diversité est très grande. Exécutées dans les villes par des danseuses professionnelles, elles sont à la campagne la manifestation d'un authentique folklore, et c'est un spectacle de choix que de pouvoir assister à l'une d'entre elles, en plein air dans un village.

Leur caractère de réjouissance se double d'une valeur incantatoire ; elles sont pratiquées à l'occasion des moussems, des fêtes familiales, marquent une pause dans les besognes quotidiennes, appellent la pluie, rendent grâce après une bonne récolte.

L'**ahouach** appartient au Haut Atlas et à la vallée du Dadès ; elle a souvent pour cadre la cour d'une kasba — parée pour la circonstance de tapis berbères —, a lieu de nuit à la lueur de grands feux, et peut durer jusqu'à l'aube ; elle est exécutée par les femmes vêtues de robes chatoyantes et bariolées, qui font tout d'abord cercle autour des hommes rassemblés auprès du feu ; ceux-ci, après avoir donné le thème musical, commandent le rythme et scandent la mélopée à l'aide de leurs bendirs ; les danseuses se disposent ensuite sur deux files qui se renvoient les phrases mélodiques. *Des spectacles d'ahouach sont donnés dans la kasba de Tiffoultoute.*

L'**ahidous** se danse dans le Moyen Atlas (régions d'Oulmès, de Khenifra...), mais aussi dans le Haut Atlas (tribus des Aït-Haddidou, des Aït-Bougmez). C'est une danse chantée ; hommes et femmes y participent. Les danseurs disposés en cercle exécutent, avec un léger balancement, des mouvements d'avant en arrière ou de côté. Les femmes sont, dans le Moyen Atlas, parées de robes très claires.

La **guedra**, dansée dans le Sous et dans l'extrême Sud — en particulier par les « femmes bleues » de Goulimime — est une manifestation qui s'adresse surtout à des initiés ; la principale exécutante, couverte de voiles dont elle se défait peu à peu, accomplit à genoux des mouvements compliqués de la tête, du buste et des mains ; le rythme — d'abord très lent et

Tente d'apparat.

qui va s'exaltant jusqu'à la frénésie — est donné par un tambour de terre cuite, en forme de marmite (« guedra »), tendu d'une peau décorée.

Les **Gnaouas**, descendants d'esclaves soudanais et de la garde noire de Moulay Ismaïl, se produisent surtout à Marrakech, sur la place Jemaa el Fna. Leur numéro se situe à la limite de l'acrobatie. Ils font usage de crotales (ou « qarakeb »), sortes de castagnettes en fer, faites d'une tige renflée en forme de coque à chaque extrémité.

Vêtus de vert et de rouge, les acrobates de la **confrérie de Sidi Ahmad – Ou Moussa**, originaires de l'Anti-Atlas (région de Tiznit-Tafraoute) exécutent leur numéro place Jemaa el Fna et... dans plusieurs cirques du monde.

Des groupes de danseurs, venus des différentes régions du Maroc, se trouvent réunis chaque année au festival de Marrakech *(voir p. 100)*.

Moussems et fantasias

A côté des grandes fêtes religieuses ou civiles qui marquent la vie du pays tout entier *(voir p. 27 et p. 37)*, de nombreuses manifestations locales mêlent le sacré et le profane.

Les **moussems** sont de grands rassemblements populaires autour du tombeau d'un saint personnage ou marabout. Ils coïncident avec une fête religieuse (le Mouloud en particulier) ou avec une fête agricole. Un moussem dure généralement trois jours; on y vient parfois de très loin. Il voit surgir un véritable village de tentes, dont certaines sont de vraies tentes d'apparat, avec leur toit conique de toile claire, et leur décoration de figures géométriques noires disposées en frises concentriques.

Le moussem est une fête totale, qui tient à la fois du pèlerinage, du spectacle folklorique et de la foire agricole. Les manifestations d'ordre religieux y occupent une place importante; on récite en commun des prières, les «fqihs» (lettrés) commentent le Coran; les sacrifices auxquels on procédait autrefois en l'honneur du marabout sont en voie de disparition. Une large part est également faite aux réjouissances : les conteurs publics charment l'auditoire, la musique et la danse se donnent libre cours, on festoie sous les tentes. L'activité commerciale est intense.

La **fantasia**, l'un des hauts moments de la fête, a lieu sur une vaste place. C'est la scène classique et spectaculaire des cavaliers lancés à bride abattue, tirant en l'air avec leurs vieux moukkahlas qu'ils brandissent ou font tournoyer au-dessus de leur tête, se succédant par vagues dans un nuage de poudre et de poussière; les chevaux arborent ce jour-là de superbes harnachements.

Les **fêtes agricoles**, réglées sur le calendrier solaire, marquent le déroulement saisonnier de la vie rurale.

El Ansara, équivalent de notre fête de la St-Jean, d'origine païenne et rurale, mais aujourd'hui célébrée aussi dans les villes, mérite une mention particulière pour ses feux de joie, ses grands repas familiaux et, dans les rues, ses larges aspersions d'eau.

Principales manifestations folkloriques *(1)*

LIEU *(2)* ET ÉPOQUE	NATURE DE LA MANIFESTATION
Région d'El-Jadida :	
— Moulay-Abdallah ⑭.... Août ou septembre	Moussem; importantes fantasias.
Erfoud ㉗......... Fin septembre-début octobre	Fête des Dattes.
Région de Fès :	
— Fès ⑰........... Printemps	Fête du sultan des Tolba *(p. 86)*.
Septembre ou octobre	Moussem de Moulay Driss El Azhar; groupes folkloriques.
— Sefrou ⑰.............. Juin	Fête des Cerises *(p. 139)*.
— Tissa ⑦....... Fin septembre-début octobre	Fête du Cheval.
Goulimime ㉜....... Juin ou juillet	Moussem; grande foire aux chameaux *(p. 88)*.
Haut Atlas :	
— Imilchil ⑯......... Septembre	Célèbre moussem des Fiancés : la coutume veut que les jeunes gens et les jeunes filles de la tribu des Aït-Haddidou s'y choisissent pour époux. Costumes caractéristiques *(voir p. 31)*; danses.
Région de Marrakech :	
— Marrakech ㉔..Fin mai-début juin	Festival national du folklore *(p. 100)*.
— Zaouïa de Moulay-Brahim ㉙.Avril (près d'Asni)	Moussem.
— Douar Laouina........ En été (à une vingtaine de km au S.-O. de Marrakech)	Moussem de Moulay Ahmed ben Elouafi; fantasias.
— Setti-Fatma ㉔.......... Août	Moussem; folklore de la vallée de l'Ourika.
— Zaouïa de Sidi-Bou-Othmane ㉘. Septembre	Moussem; danses.
Région de Meknès :	
— Meknès ⑯ A l'époque du Mouloud *(voir p. 27)*	Moussem de Sidi Aïssa : grand rassemblement de la confrérie des Aïssaouas *(p. 111)*; processions, illumination des monuments.
— Moulay-Idriss ⑯. Août-septembre	Grand moussem; le plus important du Maroc *(p. 118)*.
Région d'Ouarzazate-Tinerhir :	
— El-Kelâa-des-Mgouna ㉖. . Mai	Fête des Roses *(p. 93)*.
Salé ⑮ . . . Veille du Mouloud *(p. 27)*	Procession des Cires *(p. 138)*.
6ᵉ jour du Mouloud	Moussem de Sidi Abdallah *(p. 138)*.
Tan-Tan ㉛.................. Mai	Moussem de Sidi Mohammed Laghdaf.
Région de Tetouan :	
— Mdiq ⑥⑦........... En été	Moussem au bord de la mer; fête de l'eau; grand méchoui; femmes en costume rifain *(p. 31)*.
Région de Tiznit :	
— Illigh ㉝.............. Août (à 52 km au Sud-Est de Tiznit)	Moussem de Sidi Ahmed ou Moussa.

(1) Pour connaître les dates exactes de ces manifestations et obtenir la liste des autres fêtes de l'année, se renseigner dans les bureaux officiels de tourisme ou auprès des Autorités locales.

(2) Le chiffre inscrit dans un cercle indique le numéro du pli de la carte Michelin.

RENSEIGNEMENTS PRATIQUES

A QUELLE ÉPOQUE VISITER LE MAROC ?

Toutes les périodes de l'année ont leur charme, suivant les régions visitées, tant il est vrai que le Maroc est « le pays des quatre saisons ».

Au printemps, plus particulièrement en mai, la campagne marocaine revêt son plus bel aspect. Les paysages sont étonnamment verdoyants; les vastes étendues découvertes du Maroc central, les maquis de la région méditerranéenne, les forêts du Moyen Atlas sont alors égayés d'innombrables fleurs; la température est douce, le ciel limpide; les hautes cimes conservent encore leur parure neigeuse. Les pistes et les cols redeviennent praticables.

L'été, surtout quand souffle le « chergui », n'est agréable que le long des côtes et sur les hauteurs de l'Atlas. Dans le reste du pays, on ne peut guère circuler que tôt le matin ou en fin d'après-midi. Pourtant, cette saison a ses partisans : les amoureux de la canicule; tous ceux aussi qui veulent connaître les plaines brûlées de l'Afrique sous le soleil ardent et, dans les villes, le violent contraste de l'ombre et de la lumière.

En automne, septembre et octobre — malgré quelques averses — offrent également beaucoup d'attraits. Cette courte période représente, pour l'ensemble du pays, la délicieuse prolongation d'un été dont les rigueurs se sont adoucies.

L'hiver est la grande saison du Sud marocain. L'air sec permet de supporter sans gêne des nuits souvent glaciales et, dans la journée, un soleil éclatant réchauffe rapidement l'atmosphère. La région de Marrakech attire de nombreux touristes. Il neige suffisamment dans le Haut Atlas et dans le Moyen Atlas pour assurer le succès des champs de ski de l'Oukaïmeden et du Mischliffen… et pourtant, on se baigne à Agadir.

OÙ SE RENSEIGNER ?

On peut, avant le départ, consulter les Délégations nationales du ministère du Tourisme marocain. A **Paris** : 161 rue St-Honoré (1er), ☏ 260 64 78. **Belgique** : 21 A rue du Luxembourg, Bruxelles 4, ☏ 13 12 86. **Suisse** : 67 rue du Rhône, Genève, ☏ 19 41 22. **Espagne** : Edificio España 34 A, Madrid, ☏ 241 25 63.

Le Touring Club de France (65 avenue de la Grande-Armée, Paris 16e, ☏ 727 89 89), l'Automobile Club de France (6 et 8 place de la Concorde, Paris 8e, ☏ 265 34 70), et les Clubs Automobile régionaux fournissent également les renseignements les plus récents et se chargent, pour leurs adhérents, de certaines formalités.

L'Office central de Tourisme marocain est installé à **Rabat** : 22 avenue d'Alger, ☏ 212 52. Dans la plupart des villes marocaines, il existe une Délégation du Ministère du Tourisme (Office National Marocain du Tourisme) ou un bureau de Syndicat d'Initiative, souvent les deux; ils sont désignés sur les plans de ce guide, par les lettres D.M.T. ou S.I.

Dans les petites villes, s'adresser aux Autorités locales (pacha, caïd).

MOYENS D'ACCÈS

Avion. — De nombreuses liaisons entre la France et le Maroc sont assurées par Air France (à Paris : 119 avenue des Champs-Elysées, 8e; ☏ 535 61 61) et Royal Air Maroc (à Paris : 34 avenue de l'Opéra, 2e; ☏ 742 10 36). *Voir tableau et carte ci-dessous.* Durée moyenne des vols Paris-Casablanca : 2 h 45 mn.

Plusieurs services quotidiens assurés par la compagnie Iberia relient Melilla à Malaga.

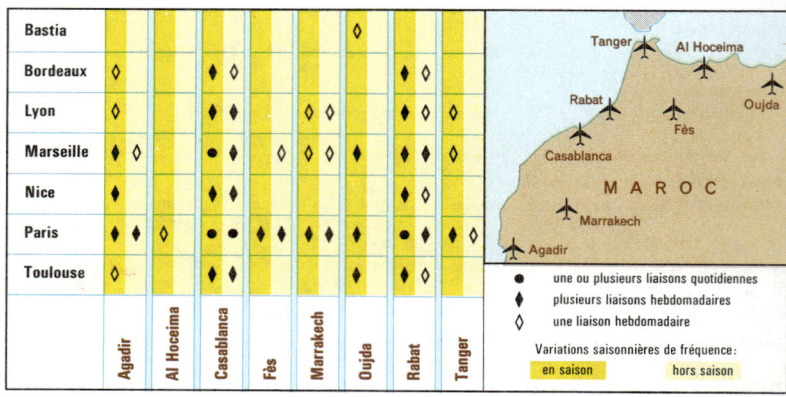

En outre, la compagnie Royal Air Inter (filiale de Royal Air Maroc) effectue des vols intérieurs entre les principales villes du pays. Aéroports desservis : Agadir, Al Hoceima, Casablanca, Fès, Marrakech, Ouarzazate, Oujda, Rabat, Tanger, Tetouan. Renseignements : à Casablanca, aéroport d'Anfa, ☏ 537 82; ou auprès des agences de Royal Air Maroc.

Voiture. — Au départ de Paris, il faut compter environ quatre jours pour gagner le Maroc. Pour la traversée de l'Espagne, utilisez la carte Michelin nº 990 au 1/1 000 000, le guide vert Espagne qui propose des itinéraires de voyage rapides, mais intéressants, ainsi que le guide rouge Michelin España-Portugal de l'année (hôtels, restaurants, plans de villes).

Le passage au Maroc se fait par l'un des « car-ferries » indiqués page ci-contre.

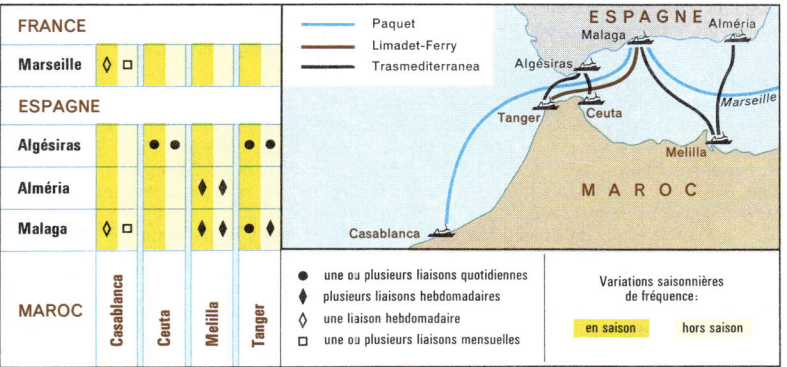

Bateau. — Plusieurs compagnies effectuent la traversée — avec passage des voitures — entre la France ou l'Espagne, et le Maroc.

Paquet. — **Marseille-Casablanca** (avec escale à Malaga). Service assuré par le paquebot «Massalia». De novembre à mars, l'escale à Malaga se fait dans le sens Casablanca-Marseille seulement. Traversée : 2 jours. En avril, mai, juin et octobre, escale supplémentaire à Palma, dans le sens Marseille-Casablanca; traversée : près de 3 jours. Il est recommandé de réserver sa place, en saison 4 ou 5 mois à l'avance, le reste du temps de 2 à 3 mois à l'avance.

Renseignements : à Paris, 5 bd Malesherbes (8e), ℡ 266 57 59; à Marseille, 70 rue de la République (2e), ℡ 91 90 30; à Casablanca, 65 av. de l'Armée-Royale, ℡ 619 41.

Limadet-Ferry. — **Malaga-Tanger.** Liaison assurée par le car-ferry «Ibn Batouta». Durée de la traversée : 5 h. En saison, il est conseillé de réserver sa place environ 3 semaines à l'avance. Chaque année, au cours du 1er trimestre, service interrompu durant près de 2 mois.

Renseignements et réservations auprès de l'agence Worms, 45 boulevard Haussmann Paris (9e), ℡ 260 35 20. A Malaga, s'adresser à Limadet-Ferry, Muelle Heredia 8, ℡ 22 33 05. A Tanger, Limadet-Ferry, 13 rue du Prince-Moulay-Abdellah, ℡ 336 25.

Mafer-Trasmediterranea. — **Algésiras-Tanger.** Durée de la traversée : 1 h 30 mn. S'adresser : à Paris, à l'agence Worms *(voir ci-dessus);* à Algésiras, à la compagnie Aucona, Segismundo Moret 1, ℡ 67 28 90; à Tanger, à Intercona, 39 rue du Mexique, ℡ 382 20.

Trasmediterranea. — **Algésiras-Ceuta** (1 h). **Malaga-Melilla** (8 h). **Almería-Melilla** (8 h).

S'adresser à la compagnie Aucona : à Algésiras *(voir ci-dessus);* à Almería, Parque José Antonio 26, ℡ 21 40 52; à Malaga, Juan Diaz 4, ℡ 21 43 62; à Ceuta, General Franco 6, ℡ 51 24 16; à Melilla, General Marina 1, ℡ 68 24 29.

FORMALITÉS ET DOUANE

Les formalités administratives et douanières risquant d'être modifiées dans leurs détails, nous conseillons à nos lecteurs de se renseigner peu de temps avant le départ.

Au moment où nous mettons sous presse, les pièces exigées et les formalités sont les suivantes :

Pièces d'identité. — Passeport en cours de validité (c'est-à-dire datant de moins de 5 ans), donnant le droit de séjourner durant une période inférieure à 90 jours. Les enfants de moins de 15 ans peuvent figurer sur le passeport de la personne les accompagnant.

Vaccinations. — Aucune vaccination n'est normalement exigée.

Titres de circulation. — **Véhicules** de tourisme : pour un séjour de 6 mois, tous les permis sont valables. Toutefois, le permis de conduire international ou le permis français à trois volets est nécessaire si on passe par l'Espagne. La voiture doit porter la plaque réglementaire de nationalité.

Caravanes : carnet de passage en douane (à demander au Touring Club de France ou dans les Automobile Clubs); inventaire (en double exemplaire) des objets de valeur.

Bateaux à moteur : se munir des pièces exigées en France pour la catégorie de l'embarcation; se procurer un carnet de passage en douane; dès le débarquement, demander un permis d'escale délivré par le commissaire du port (validité : 72 heures).

Assurance accidents. — La carte internationale d'assurance automobile, dite «carte verte», est valable à condition qu'elle porte la mention Maroc (s'assurer que la compagnie par laquelle elle a été établie a un correspondant dans ce pays). Une assurance aux tiers, contractée à la frontière (bureau de la douane), peut remplacer ce document; prix variable selon la durée du séjour : environ 110 DH pour un mois.

Service d'assistance. — «Mondial-Assistance» (Automobile Club de France), les Automobile Clubs régionaux, et le Touring Club de France fournissent à leurs adhérents des garanties d'assistance, en cas de maladie ou d'accident en pays étranger. Se renseigner auprès de ces organismes *(voir adresses p. 34).*

Chèques-essence. — Ils donnent droit à une réduction de 30%. Seuls peuvent en acquérir les touristes étrangers séjournant au Maroc plus de 3 jours et circulant avec leur propre véhicule. Sur présentation du passeport et de la carte grise, en France le Crédit Lyonnais (19 bd des Italiens, Paris, 2e, ℡ 073 18 90), au Maroc les agences ou les correspondants de la Banque Marocaine du Commerce Extérieur, délivrent des chèques-essence jusqu'à concurrence de 20 à 30 DH par jour suivant la puissance du véhicule, et pour un maximum de

30 jours. Les chèques achetés avant le départ doivent être déclarés à la douane. Les chèques acquis au Maroc ne peuvent être payés en dirhams. Seul l'organisme émetteur peut rembourser (déduction faite de la commission bancaire) les chèques non utilisés.

Location de voitures. — Elle se pratique beaucoup au Maroc.

Les compagnies Avis (26 place Dupleix, Paris, 15e, ☎ 567 14 75; 19 avenue de l'Armée-Royale à Casablanca, ☎ 724 24), Europcars (11 rue du Champ-de-Mars, Paris, 7e, ☎ 555 03 38; 144 avenue de l'Armée-Royale à Casablanca, ☎ 26 59 60), et Hertz (27 rue St-Ferdinand, Paris, 17e, ☎ 754 23 39; 25 rue de Foucauld à Casablanca, ☎ 754 36), sont parmi les plus importantes. Les conditions et les prix sont sensiblement les mêmes qu'en France. Le permis de conduire à 3 volets est exigé.

Le Touring Club de France fait bénéficier ses adhérents d'une remise de 10% sur le prix de location. Air France et Royal Air Maroc consentent des forfaits avion-auto.

Change. — Le **dirham (DH)** est l'unité monétaire; il est divisé en 100 francs marocains, ou centimes. En avril 1974, 1 DH valait environ 1,10 F français.

A cette même époque, les touristes français pouvaient emporter, par personne, 5 500 F en argent liquide ou en chèques de voyage. La réglementation du contrôle des changes pouvant être modifiée, il est toutefois conseillé de consulter les banques en temps voulu.

Les dirhams ne peuvent être ni importés, ni exportés; les devises doivent donc être changées au Maroc : à l'arrivée à l'aéroport ou à la gare maritime, dans les banques de toutes les villes marocaines, et dans la plupart des hôtels (en quantité limitée).

— **En entrant au Maroc** : on est tenu de déclarer les devises, chèques de voyage, chèques-essence *(voir p. 35)*, etc..., lorsque ceux-ci dépassent une valeur de 5 000 DH.

— **A la sortie du pays** : les touristes doivent justifier de la provenance des dirhams qui sont en leur possession, et présenter à cet effet les reçus correspondant aux opérations de change effectuées au cours du séjour (montant des dirhams achetés, nature et montant des devises échangées). Les dirhams non dépensés peuvent être alors reconvertis en devises étrangères, dans la limite de 50% du total des sommes portées sur ces reçus. Il est donc indiqué, durant le séjour, de ne changer de l'argent qu'au fur et à mesure des besoins.

Passage des tapis. — L'importation, en France, des tapis de laine à points noués est contingentée. Sous cette réserve, on peut bénéficier d'une franchise de droits de douane, à condition que les tapis soient estampillés et accompagnés d'un certificat d'origine visé par la douane marocaine, avec imputation sur le contingent. Le certificat d'origine s'obtient auprès de la Direction de l'Artisanat, à Rabat. A leur entrée en France, les tapis sont soumis à une taxe de 0,44% + 20% de T.V.A. Les coopératives artisanales et les magasins se chargent le plus souvent eux-mêmes de l'expédition et des formalités douanières.

HÔTELS - RESTAURANTS - TERRAINS DE CAMPING

Les hôtels. — Le pays possède plus de 300 hôtels classés de 1 à 5 étoiles. D'une façon générale, on peut considérer que le bon confort commence à la catégorie 3 étoiles B, le luxe à la catégorie 4 étoiles B. A côté des établissements de grand luxe dans lesquels air conditionné, salon marocain, piscine, jardins plantés d'espèces rares justifient un coût de séjour élevé, apparaissent actuellement des hôtels confortables mais moins coûteux.

La chaîne d'Etat Maroc-Tourist (1 place Lumumba à Rabat, ☎ 340 95) gère — dans le Nord du pays principalement — plusieurs hôtels assez luxueux ou de grand confort. Les Grands Hôtels du Sud (d'un confort équivalent), appartenant à la société semi-privée Diafa (9 rue Omar El Jadidi à Rabat, ☎ 259 01), jalonnent les grands itinéraires touristiques du Sud du pays; ils sont originalement installés, dans des bâtiments construits dans le style des kasbas. Pour les établissements faisant partie de ces deux chaînes, la réservation se fait obligatoirement auprès du siège des sociétés.

Si le choix est assez large dans le Nord, dans les grandes villes et le long des côtes, le nombre de chambres reste limité dans le Sud qui, en outre, est une zone très fréquentée par les groupes organisés. Dans cette région, plus qu'ailleurs encore, il est vivement recommandé de réserver le plus longtemps possible à l'avance.

Les Délégations du ministère du Tourisme marocain distribuent un guide des hôtels, indiquant la catégorie, le nombre de chambres, le confort, l'équipement, les prix des établissements classés *(dernière édition : 1974)*. La carte Michelin n° **169** signale toutes les possibilités de logement, sans distinction de confort, ni souci de sélection.

Restaurants. — Bien que la cuisine marocaine soit excellente et parfois très raffinée *(voir p. 30)*, il existe peu de restaurants «gastronomiques». Dans les grandes villes, on trouve des établissements, des plus luxueux aux plus modestes, servant des repas typiques du pays. Certains hôtels, généralement d'assez grand standing, proposent deux menus : l'un français, l'autre marocain. Rabat, Casablanca, Tanger, Marrakech possèdent de nombreux restaurants français. En revanche, dans les agglomérations de moindre importance et dans le Sud surtout, la seule possibilité de restauration se limite souvent au menu ou à la carte de l'hôtel, qui propose une cuisine «internationale». Sur la route, il est très rare de trouver un restaurant isolé ou situé dans un village.

Les mets s'accompagnent du délicieux vin gris de Boulâouane, d'un Valpierre (rouge ou blanc), d'un Chaud-soleil (rouge ou blanc), d'un Sidi-Larbi (rouge), d'un Cabernet (ce cépage français a été introduit avec succès au Maroc), ou d'autres vins locaux comme celui des Beni-Snassen. Aux amateurs d'eau, il est conseillé de consommer de l'eau minérale : Oulmès (gazeuse) et Sidi Harazem (non gazeuse). La boisson typique du pays est le thé à la menthe.

Les terrains de camping. — La réglementation concernant le camping est très souple au Maroc. Il est toutefois vivement recommandé de s'installer sur un terrain aménagé et gardé. Certains ne sont ouverts qu'une partie de l'année. Aucune carte d'adhérent n'est demandée.

A Paris la Délégation nationale du ministère du Tourisme marocain, au Maroc les bureaux de tourisme fournissent toutes précisions sur les différents terrains.

VISITES

Il est conseillé, lorsqu'on visite une ville marocaine, de pénétrer au plus tôt dans la médina. A l'exception de Marrakech, où une partie de la visite peut se faire en voiture, les médinas se parcourent à pied. A l'entrée de celles-ci, les touristes se verront vraisemblablement assaillis par une nuée de guides, grands et petits, qui se disputeront la faveur de les piloter. Se confier à l'un d'eux facilite bien souvent la visite. La somme qu'ils vous réclameront (établir celle-ci à l'avance) ne sera pas excessive; et, s'ils ne sont pas toujours en mesure de vous fournir toutes les explications demandées, ils vous laisseront tout le loisir de flâner et feront preuve de beaucoup de gentillesse et de bonne volonté. Toutefois, ayez soin d'imposer à ces cicérones l'ordre de visite que nous vous conseillons.

Il est cependant préférable de s'assurer les services d'un guide officiel, auprès des bureaux de tourisme ou de certains hôtels (pour 1/2 journée : 15 DH, pour une journée : 25 DH).

L'entrée des mosquées est rigoureusement interdite aux non-musulmans. Il est possible, en revanche, de pénétrer dans les médersas. Pour la visite des monuments, on ne paie généralement pas de droit d'entrée; une rétribution au gardien est de mise (1 DH).

Les petites villes revêtent un aspect particulièrement pittoresque les jours de souk (voir p. 29); ceux-ci sont indiqués au début de la description de chacune d'elles.

DIVERS

Jours fériés. — Les magasins se trouvant **hors de la médina**, ainsi que les bureaux sont fermés : le dimanche; les jours de grandes fêtes religieuses (voir p. 27); le 3 mars, fête du trône (on célèbre à la fois l'indépendance le 2 mars 1956, et l'avènement du roi Hassan II le 3 mars 1961); le 1er mai; le 9 juillet, anniversaire du roi et fête de la jeunesse; le 18 novembre, retour de Mohammed V (1955). **Dans les souks,** les boutiques sont fermées les jours de fête, mais restent ouvertes le dimanche. Le vendredi, jour de prière solennelle, un bon nombre d'entre elles sont fermées l'après-midi.

Horaires. — La vie est réglée sur l'heure solaire, c'est-à-dire que lorsqu'il est 12 h en France, il n'est que 11 h au Maroc : en arrivant dans le pays, retardez votre montre d'une heure.

Quelques horaires moyens de travail (souvent, une permanence est assurée le dimanche) :
- bureaux de tourisme : de 8 h 30 à 12 h et de 14 h 30 à 18 h.
- banques : de 8 h à 11 h 30 et de 14 h à 16 h (fermé le samedi).
- postes : de 8 h 30 à 18 h 30, sans interruption dans les grandes villes, avec une interruption de 12 h à 15 h dans les autres localités (fermé le dimanche).
- magasins : de 8 h 30 à 12 h et de 14 h 30 à 19 h (alimentation : vers 20 h-21 h).
- restaurants : les heures des repas sont sensiblement les mêmes qu'en France.

Pourboires. — Au café, le service (de 10 à 15%) n'est pas compris dans le prix des consommations. En revanche, il est inclus dans les notes d'hôtels. Il apparaît, accompagné d'une taxe de 7,5%, sur les notes de restaurants. Mais, la pratique des petits pourboires stimule, comme partout, les bonnes volontés (femme de chambre, concierge, bagagiste...).

La personne qui s'occupe du vestiaire, l'ouvreuse, attendent une légère rétribution (0,50 DH). Pour les courses en « petits » taxis (que l'on emprunte dans les villes exclusivement), il convient d'ajouter environ 10% à la somme demandée (s'entendre à l'avance sur le prix). Vous pourrez donner de 10 à 15% de gratification, en plus du tarif officiel, au guide agréé qui se sera montré particulièrement zélé. Enfin, les gardiens de parking improvisés ne doivent pas vous réclamer plus de 0,50 DH pour la nuit, ou la demi-journée.

Courant électrique. — La tension est en général de 110 volts.

Photographie. — Les Marocains se prêtent souvent d'assez bonne grâce à la pose; vous devrez parfois gratifier leur bonne volonté. Mais soyez discrets et, en face d'un refus ou d'une réticence, n'insistez jamais. Attention à la poussière qui oblige à protéger l'objectif. Il est prudent d'avoir un film ou un rouleau de pellicule d'avance.

Sur la route. — Voir p. 38.

N'oubliez pas... D'emporter de bonnes lunettes de soleil à verres filtrants, et quelques vêtements chauds; de faire provision de carnets ou de crayons, qui feront la joie des enfants; d'avoir sur vous des cigarettes brunes qui seront toujours bien accueillies par le paysan qui vous aura indiqué votre chemin, et même... des comprimés d'aspirine qui semblent être particulièrement appréciés par certaines montagnardes (dans le Moyen Atlas notamment).

QUELQUES PRIX (1974)

Les touristes français peuvent prévoir au Maroc un budget sensiblement équivalent à celui que nécessiterait un voyage en France, dans des conditions comparables.

Essence (le litre) :
  ordinaire 1,21 DH
  super 1,31 DH
Course en « petit » taxi (tarif urbain) :
  pour une petite course . . . environ 1,50 DH
Repas (prix moyen) :
– dans un restaurant ou un hôtel de bon ou de grand standing . 20 à 60 DH
– dans un restaurant modeste . 10 à 20 DH
Camping, par nuit (redevance moyenne) :
– par personne . . . . . . 1 à 1,50 DH
– tente . . . . 1 à 1,50 DH
– véhicule . . . . 1 à 1,50 DH
– caravane et véhicule . . . environ 3 DH
Vin (au restaurant, ... 4 à 8 DH
la 1/2 bouteille)
Eau minérale du pays . . . . . 0,80 DH
(la bouteille)
Bière (la canette) . . . . . 1,50 à 2 DH

Café . . . . 0,80 à 1,50 DH
Thé à la menthe (le verre) . . . . 0,80 DH
Cigarettes :
– marocaines brunes . . . . 1,20 DH
  (Casa Sports, Kébir)
– marocaines blondes (Anfa, Riad, . . 2 DH
  Koutoubia, Marquise...)
– américaines . . . . 3,50 DH
journal français . . . . 0,90 DH
journal marocain (en français) . . . 0,40 DH
Affranchissement :
– pour la France . . . carte postale 0,50 DH
                            lettre 0,70 DH
– pour le Maroc . . . carte postale 0,20 DH
                            lettre 0,25 DH
Tapis (prix moyen au m²):
– Rabat . . . . 400 à 500 DH
– berbères . . . . 300 à 350 DH

PROGRAMMES DE VOYAGE

Sur la route

Le code de la route est le même qu'en France. Le Maroc a adopté la signalisation internationale; celle-ci est faite en arabe et en français. Les pénalités sanctionnant les infractions peuvent être très lourdes.

Pour circuler dans le pays, utilisez la carte Michelin n° 169 au 1/1 000 000°, comprenant plusieurs agrandissements au 1/600 000°. Celle-ci donne notamment des précisions sur l'importance des routes et des pistes, leur classification (principales : P, secondaires : S, tertiaires), leur viabilité, les difficultés qu'on peut y rencontrer; elle indique les périodes d'enneigement possible sur certains tronçons, les gués ou autres passages d'oueds, les distances séparant les localités, les parcours pittoresques; elle signale les postes d'essence, avec ou sans mécanicien. Les principales marques de carburants sont présentes au Maroc.

Le réseau routier. — Assez dense dans le Nord, et satisfaisant dans l'ensemble, il permet — par l'abondance des longues lignes droites — des vitesses élevées. Restez toutefois vigilant, même lorsqu'un signal «Stop» vous donne la priorité. Méfiez-vous des charrettes, des cyclistes (que ne signale aucun éclairage), et des enfants. N'oubliez pas non plus que si les Marocains marchent généralement sur les bas-côtés, leurs animaux se montrent souvent moins respectueux du code de la route, et qu'ils témoignent d'une certaine répugnance à se ranger. Tout ceci, surtout aux abords des souks de campagne et des zones urbaines (en particulier vers le soir).

Les pistes. — Beaucoup d'entre elles, régulièrement entretenues, constituent des voies de circulation fort acceptables, pendant la saison sèche. En période de pluie, d'enneigement ou de fonte des neiges, ou simplement lorsque le sol est un peu détrempé à la suite d'une averse, les terrains glissants, les éboulis rendus plus nombreux par l'absence de végétation, et les oueds en crue peuvent créer des difficultés insurmontables. Une règle d'or, avant d'entreprendre ce genre de parcours : se renseigner toujours localement sur l'état des pistes, et ne jamais s'y engager par temps douteux.

Les passages à gué forment souvent des cassis et doivent être abordés lentement; n'hésitez pas à descendre de voiture pour sonder l'état du sol et la hauteur de l'eau; lorsque la profondeur du gué est douteuse, le demi-tour est le meilleur parti à prendre.

Les longues étapes sur pistes posent aussi le problème du ravitaillement en vivres, en eau potable et en essence; ne comptez, dans ce cas, que sur votre propre prévoyance. Il est également prudent de se munir d'une trousse de pharmacie contenant notamment un sérum contre les morsures de scorpions et de serpents; les pharmaciens, et — à Paris — l'Institut Pasteur Production, 36 rue du Dr Roux (15e), ☏ 273 32 20, vous indiqueront, suivant la région où vous allez, quels sont les sérums à emporter.

La poussière est un élément dont il faut tenir compte; seules des housses en plastique préserveront effets et objets, même placés «bien à l'abri» à l'intérieur des bagages.

Soyez attentif aux indications détaillées que nous donnons pour certains itinéraires, car sur les pistes l'absence de signalisation est quasi-totale.

Enfin, calculez largement le temps nécessaire aux excursions, et partez suffisamment tôt le matin pour pouvoir faire une pause au moment de la forte chaleur, et pour être rentré à la tombée du jour.

Sur les routes comme sur les pistes, il est fortement déconseillé de rouler de nuit; même sur les grands axes, des pierres peuvent constituer un obstacle visible au dernier moment, et extrêmement dangereux.

Vos pneus. — Assurez-vous, avant d'entreprendre votre voyage, que vos pneus sont en parfait état. Le passage de 2 pneus de rechange est autorisé, à titre d'importation temporaire. Avec des pneus Michelin XAS ou ZX, vous

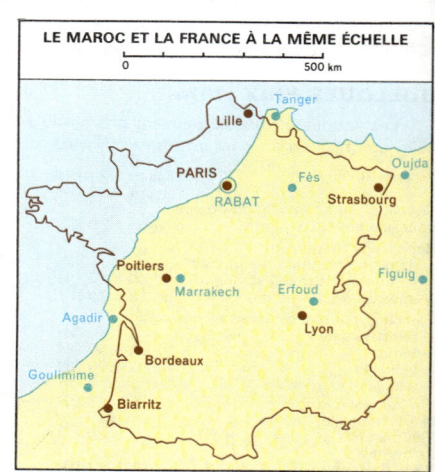

roulerez dans d'excellentes conditions, même sur pistes. Il est conseillé : de surgonfler d'environ 300 grammes pour les trajets sur sols caillouteux; de réduire la pression de gonflage pour les parcours en terrain très sablonneux, à vitesse réduite (ne pas oublier de ramener ensuite les pneus — une fois refroidis — à leur pression normale).

En cas de difficulté, la Chérifienne du Pneu Michelin à Casablanca (angle de la rue Dinant et de la rue Saint-Saëns, ☎ 417 30) peut vous renseigner et vous conseiller.

Votre voiture. — Pour faire effectuer une réparation importante, ou se procurer des pièces de rechange, on peut s'informer auprès des succursales, concessionnaires ou agents de grandes marques d'automobiles, dont nous donnons ci-dessous l'adresse à Casablanca.

— BRITISH-LEYLAND : Afric-Auto, 147 rue Mostafa el Maâni, ☎ 792 85.
— CHRYSLER-SIMCA : S.I.A.R.A., 133 rue Mohammed Smiha, ☎ 729 66.
— CITROËN : Citroën-Maroc, 60 bd Yacoub el Mansour, ☎ 25 16 11.
— FIAT : Afric-Auto, 147 rue Mostafa el Maâni, ☎ 792 85.
— FORD : Auto-Hall, 44 av. Lalla Yaqoute, ☎ 22 41 74.
— GENERAL-MOTORS : Sté de Vente de Véhicules Automobiles, 193 av. de l'Armée-Royale, ☎ 26 49 91.
— MERCEDES-BENZ : Auto-Nejma-Maroc, 57 bd Ba Hmad, ☎ 433 98.
— PEUGEOT : MADEN, 113 bd de Paris, ☎ 22 38 05.
— RENAULT : Renault-Maroc, place de Bandoeng, ☎ 22 41 91.
— VOLKSWAGEN : Centrale Automobile Chérifienne, 84 av. Lalla Yaqoute, ☎ 26 69 21.

Les pistes sont souvent impraticables pendant la saison des pluies, qui s'étire de novembre à fin avril, avec un léger répit en janvier-février.

Les passages à gué risquent alors d'être noyés.

Il en est de même lors de la fonte des neiges.

Attention aussi à l'enneigement, avec lequel il faut compter en montagne, de décembre à mai.

Les périodes de risques d'enneigement, ainsi que l'emplacement des gués, sont indiqués sur la carte Michelin n° **169**.

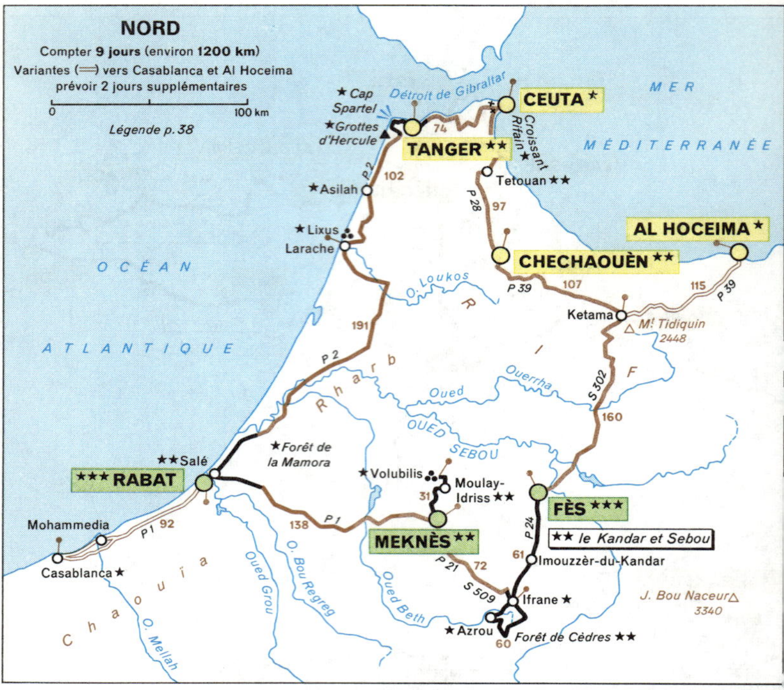
NORD
Compter 9 jours (environ 1200 km)
Variantes (═) vers Casablanca et Al Hoceima prévoir 2 jours supplémentaires
0
100 km
Légende p. 38
★ Cap Spartel
★ Grottes d'Hercule
Détroit de Gibraltar
CEUTA ★
MER
MÉDITERRANÉE
Croissant Rifain ★
TANGER ★★
74
Tetouan ★★
P 2
102
★ Asilah
P 28
97
★ Lixus
Larache
AL HOCEIMA ★
CHECHAOUÈN ★★
OCÉAN
O. Loukos
P 39
107
115
P 39
R
Ketama
Mt Tidiquin 2448
191
ATLANTIQUE
I
F
P 2
Rharb
Oued
Ouerrha
S 302
OUED SEBOU
160
★ Forêt de la Mamora
★★ Salé
★★★ RABAT
★ Volubilis
Moulay-Idriss ★★
31
FÈS ★★★
★★ le Kandar et Sebou
Mohammedia
P 1
92
138
P 1
MEKNÈS ★★
P 24
61
Casablanca ★
Oued Grou
O. Bou Regreg
P 21
72
Imouzzèr-du-Kandar
Chaouïa
Oued Beth
S 509
Ifrane ★
J. Bou Naceur 3340
O. Mellah
★ Azrou
60
Forêt de Cèdres ★★

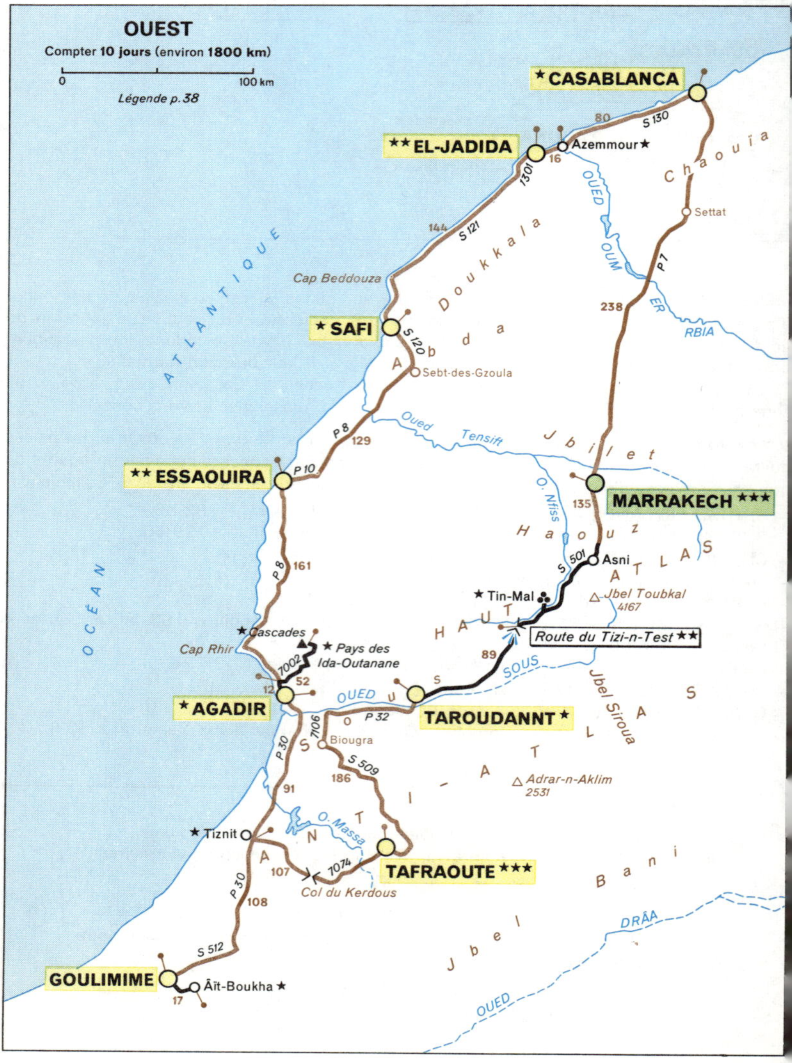
OUEST
Compter 10 jours (environ 1800 km)
0
100 km
Légende p. 38
★ CASABLANCA
80
S 130
★★ EL-JADIDA
Azemmour ★
16
130 l
Chaouïa
OUED
Settat
144
S 121
ATLANTIQUE
Doukkala
OUM
P 7
Cap Beddouza
238
ER
RBIA
★ SAFI
S 120
Abda
Sebt-des-Gzoula
Oued
Tensift
Jbilet
P 8
129
★★ ESSAOUIRA
P 10
O. Nfiss
135
MARRAKECH ★★★
Haouz
P 8
161
S 501
Asni
ATLAS
OCÉAN
★ Tin-Mal
Jbel Toubkal 4167
HAUT
★ Cascades
Route du Tizi-n-Test ★★
Cap Rhir
★ Pays des Ida-Outanane
89
7002
SOUS
52
12
OUED
S
★ AGADIR
TAROUDANNT ★
P 32
Jbel Siroua
P 30
7106
Biougra
S 509
ATLAS
186
Adrar-n-Aklim 2531
91
ANTI
O. Massa
★ Tiznit
TAFRAOUTE ★★★
107
7074
P 30
Col du Kerdous
Bani
108
DRÂA
Jbel
S 512
GOULIMIME
Äit-Boukha ★
17
OUED

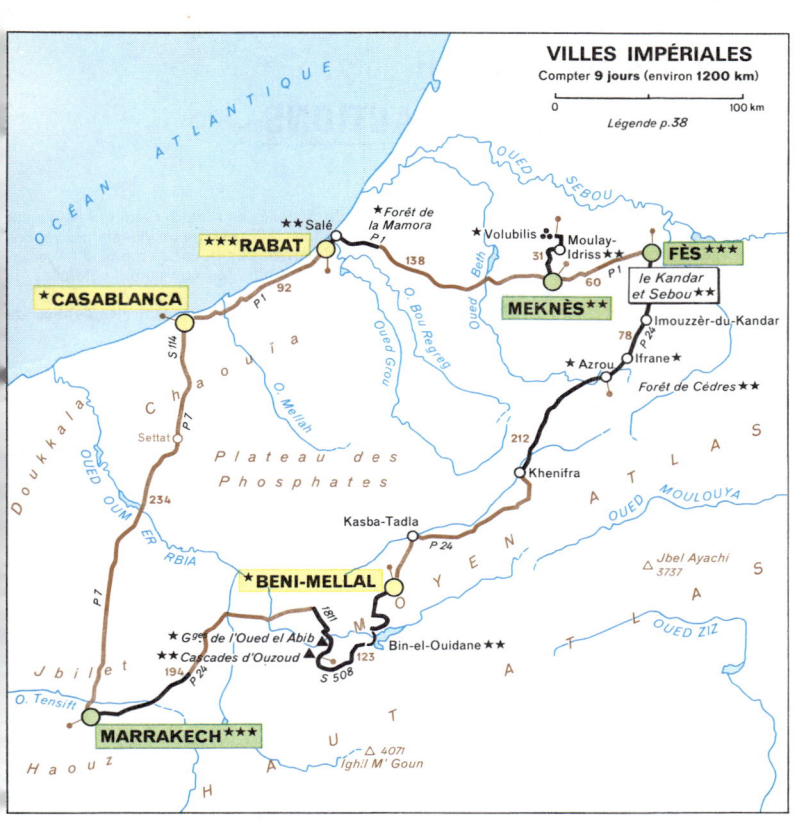

VILLES IMPÉRIALES
Compter **9 jours** (environ **1200 km**)

Légende p. 38

- OCÉAN ATLANTIQUE
- ★★★ **RABAT**
- ★ **CASABLANCA**
- ★★ Salé
- ★ Forêt de la Mamora
- ★ Volubilis
- Moulay-Idriss ★★
- ★★★ **FÈS**
- **MEKNÈS** ★★
- le Kandar et Sebou ★★
- Imouzzèr-du-Kandar
- ★ Azrou
- Ifrane ★
- Forêt de Cèdres ★★
- OUED SEBOU
- Oued Beth
- Oued Bou Regreg
- O. Mellah
- O. Gou
- Chaouïa
- Dukkala
- Settat
- Plateau des Phosphates
- OUED OUM ER RBIA
- OUED MOULOUYA
- Khenifra
- Kasba-Tadla
- MOYEN ATLAS
- Jbel Ayachi 3737
- OUED ZIZ
- ★ **BENI-MELLAL**
- ★ G^{ges} de l'Oued el Abib
- ★★ Cascades d'Ouzoud
- Bin-el-Ouidane ★★
- Jbilet
- O. Tensift
- Haouz
- **MARRAKECH** ★★★
- HAUT ATLAS
- △ 4071 Ighil M'Goun

CENTRE-SUD
Compter **11 jours** (environ **2400 km**)

Légende p. 38

- Plateau des Phosphates
- OUED OUM ER RBIA
- O. MOULOUYA
- Kasba-Tadla
- MOYEN ATLAS
- **MIDELT**
- Cirque de Jaffar ★★
- △ Jbel Ayachi 3737
- **BENI-MELLAL** ★
- Afourèr
- ★ G^{ges} de l'Oued el Abib
- ★★ Cascades d'Ouzoud
- Bin-el-Ouidane ★★
- G^{ges} du Ziz
- Vallée du Ziz
- Ksar-es-Souk
- ★ Source bleue de Meski
- Jbilet
- **MARRAKECH** ★★★
- Haouz
- V^{ée} de l'Ourika
- ★★ Route du Tizi-n-Tichka
- Telouèt ★★
- Oukaïmeden ★★
- △ Jbel Toubkal 4167
- Aït-Benhaddou
- Skoura ★★
- G^{ges} du Todra ★★
- G^{ges} du Dadès
- △ 4071 Ighil M'Goun
- **TINERHIR** ★★
- Route des Kasbas ★★
- El-Kelâa-des-Mgouna ★
- **ERFOUD**
- Jbel Ougnat
- le Tafilalt ★★
- ★ Tiffoultoute
- V^{ée} du Dadès
- **OUARZAZATE**
- Jbel Sarhro
- Agdz
- ANTI-ATLAS
- Vallée du Drâa ★★
- Igdâoun ★
- Tinezouline ★
- O. Rheris
- O. ZIZ
- O. Daoura
- **ZAGORA**
- Tamegroute ★
- Mhamid
- Oulad Driss ★
- J b e l B a n i
- OUED DRÂA

LIEUX DE SÉJOUR
SPORTS ET DISTRACTIONS

Nous donnons pages 44 et 45 deux tableaux distincts disposés en regard. Celui qui figure sur la page de gauche permet à chacun de choisir un lieu de séjour selon le type de villégiature répondant le mieux à ses goûts, les services et l'équipement qu'il entend y trouver, le mode d'hébergement qu'il désire adopter. Le second tableau, sur la page de droite, fait connaître l'agrément de chaque localité et les sports que l'on peut y pratiquer.

Les lieux de séjour dont le nom est imprimé en bleu dans ces tableaux sont des centres de sports d'hiver.

ÉQUIPEMENT

Desserte aérienne. — Le signe ✈ indique que la localité se trouve à proximité d'un aéroport desservi par des vols internationaux ou intérieurs, au moins une fois par semaine. *Voir aussi p. 34.*

Port. — Nous signalons ici tous les endroits abrités possédant des installations suffisantes pour accueillir les bateaux de plaisance.

Bureaux de tourisme. — La lettre T indique la présence d'une Délégation du Ministère du Tourisme ou d'un Syndicat d'Initiative.

HÉBERGEMENT

Hôtellerie. — Les signes ●●● (important), ●● (moyen) et ● (faible) donnent une idée des capacités d'hébergement de la localité. Nous donnons p. 36 quelques renseignements sur les hôtels.

Camping. — *Voir p. 36.*

Locations. — On pourra se faire une idée des ressources en locations meublées pour touristes, grâce aux signes ●●● (nombreuses), ●● (moyennes), ● (faibles).

La chaîne hôtelière Maroc Tourist dispose d'appartements meublés, de bungalows ou de chalets, notamment à Al Hoceima, Smir-Restinga et Ketama ; réservations auprès de : Maroc Tourist, 1 place Lumumba, BP 408 à Rabat, ☏ 340 95.

Clubs et villages de vacances. — Nous signalons l'existence de « villages » ou d'ensembles hôteliers appartenant à des clubs ou à des organismes de vacances, et acceptant ou non les touristes de passage. C'est avec ce type d'organisation que le Maroc s'est ouvert au grand tourisme de séjour. Cette formule y est restée très en faveur.

Les lettres figurant dans cette colonne, p. 44, désignent respectivement :
A : Club Méditerranée, place de la Bourse, Paris (2e), ☏ 266 52 52 ;
B : Holiday Club ;
C : Villages de Vacances Touristiques (V.V.T.), 5 bd de Vaugirard, Paris (15e). ☏ 734 26 06.

AGRÉMENT

Casinos. — Seules Marrakech, Mohammedia et Tanger possèdent un casino où le jeu est autorisé.

SPORTS

Sports de l'eau. — Les hôtels confortables ont généralement leur propre **piscine**, et les établissements de luxe en possèdent de fort belles.

La **voile** est très pratiquée. Nous n'indiquons que les clubs de voile affiliés à une fédération. Pour tous renseignements, s'adresser à la Fédération Royale Marocaine du Yachting à Voile, D.I.A.F.A., Zankat al Mansour ad Dahbi à Rabat, ☏ 337 72.

Le signe ⌕ désigne les stations possédant un club affilié à une fédération de **ski nautique**. Renseignements auprès de la Fédération Royale Marocaine de Ski Nautique, port de Casablanca, ☏ 277 75.

La **chasse sous-marine** est très fructueuse au large des côtes marocaines. Nous n'indiquons toutefois que les endroits où elle est le plus pratiquée. La côte rifaine, restée longtemps ignorée, est particulièrement riche en poissons ; le mérou y domine. Les eaux de l'Atlantique présentent au Maroc la particularité de renfermer à la fois des espèces vivant en milieu froid et d'autres, spécifiques des mers tropicales ; on y trouve l'ombrine, la perche de mer, le congre, le mulet, la raie ; le maigre, qui se pêche surtout au large de Rabat, reste la plus grosse prise.

Un permis délivré après contrôle médical, et une assurance spéciale (responsabilité civile) sont exigés. S'adresser au Groupe d'Etudes et de Recherches sous-marines, jetée Moulay Youssef, port de Casablanca, ☏ 2748 96.

Pêche. — La **pêche en eau douce** est réglementée, et les périodes durant lesquelles elle est autorisée diffèrent selon les espèces. Elle est surtout pratiquée dans les oueds et les lacs du Moyen Atlas (environs d'Azrou, Ifrane, Imouzzer-du-Kandar, Khenifra, plan d'eau de Bin-el-Ouidane). Les oueds du Haut Atlas, dans l'arrière-pays de Marrakech, sont également poissonneux. Les truites « fario » et « arc-en-ciel » peuplent les oueds et les plans d'eau « à salmonidés ». Les petits lacs du Moyen Atlas renferment des brochets qui sont parmi les plus gros du monde (certains atteignent 20 kg) ; dans ces lacs « à brochets », on trouve aussi la perche, le black-bass, le sandre, la carpe, le gardon, le barbeau (en abondance à Bin-el-Ouidane)...

Les lacs sont fréquemment bordés de bancs d'herbes qui rendent difficile la pêche depuis la rive ; une embarcation légère, autoportable, est souvent nécessaire.

Pour tous renseignements sur la réglementation de la pêche au Maroc et sur l'obtention des permis, s'adresser à la Direction des Eaux et Forêts, Ministère de l'Agriculture à Rabat, ☏ 276 94 ; ou au Fishing-club du Moyen Atlas, 44 avenue Hassan II à Fès, ☏ 228 32.

La pêche en mer est particulièrement féconde ; en Méditerranée, au large de Nador, d'Al Hoceima et du Cabo Negro ; dans l'Atlantique, vers Agadir, et Tan-Tan à l'extrême Sud. On trouve le loup, le mulet, la dorade, la raie, l'ombrine, le chien de mer, le maquereau, la sardine ; en mai, juin et septembre, à hauteur d'Agadir, d'Essaouira, de Safi, et surtout au Nord de Rabat, le thon rouge est capturé à la madrague ; au Nord, on rencontre une variété d'espadon ; du côté d'El-Jadida, et entre Casablanca et Rabat, on pêche le homard. Renseignements auprès de l'Office National de Pêche, rue du Chevalier-Bayard à Casablanca, ℡ 405 51.

Chasse. — Les régions les plus giboyeuses sont celle d'Essaouira, extrêmement boisée, où se rencontrent le lièvre, le perdreau, le sanglier ; celle d'Agadir (tourterelles), et le Sous en général (perdreaux) ; celle de Safi (cailles) ; les environs d'Asni où on trouve aussi le mouflon ; plus au Nord, les forêts de la région de Tarmilate (lièvres, perdreaux, grives) ; le secteur d'Azrou (lièvres, perdreaux, cailles, grives, sangliers), Imouzzer-du-Kandar, Sefrou (sangliers) ; les environs de Ketama (sangliers), et tout le Rif. La forêt de la Mamora abrite une réserve royale de chasse.

Une réserve touristique ayant pour centre **Arbaoua** et couvrant 35 000 ha entre Larache, Ksar-el-Kebir et Moulay-Bousselham, a été aménagée à l'intention des touristes étrangers, exclusivement. Les chasses y sont organisées. Le domaine d'Arbaoua, qui comprend des forêts et des zones de plaines marécageuses, renferme une grande variété de gibier : sangliers, lièvres, lapins, perdreaux, cailles ; gibier d'eau et de migration (canards, bécasses, bécassines).

La saison de la chasse débute en septembre ou octobre, selon les années, pour se clore début mars ; à l'intérieur de cette période, les dates d'ouverture et les jours autorisés varient selon le type de gibier ; on peut chasser la caille jusqu'à début avril, la tourterelle jusqu'à fin juin.

Formalités. — L'importation des armes à canon rayé est interdite ; celle des munitions est limitée à dix cartouches. Il faut être en possession : d'une autorisation d'importation de fusil de chasse (validité : un mois, non renouvelable) ; d'un permis de chasse touristique (fournir son permis national - ou à défaut une photocopie - et trois photos d'identité). Une assurance spéciale couvrant la responsabilité civile est obligatoire (coût : 20 à 30 DH) ; celle-ci doit être contractée auprès d'une compagnie installée au Maroc. Outre les pièces mentionnées ci-dessus, une autorisation du ministère du Tourisme, ainsi qu'une licence particulière de chasse en forêt (délivrée par les Eaux et Forêts) sont indispensables pour chasser dans la réserve d'Arbaoua.

Si on gagne le Maroc par l'Espagne, un passavant descriptif de l'arme doit être fourni.

Pour les chiens, il est demandé un certificat récent de bonne santé établi par un vétérinaire, et un certificat de vaccination antirabique datant de plus d'un mois et de moins de huit mois (ce dernier est exigé si on traverse l'Espagne, ainsi qu'au retour en France).

Il est vivement conseillé de s'inscrire à une organisation de chasse ; les formalités peuvent ainsi être effectuées avant le départ, et se trouvent grandement facilitées. S'adresser :
- à M. Laraichi, Directeur des Chasses touristiques, 5 rue Caillé à Rabat, ℡ 278 18, qui peut se charger des démarches au Maroc, et envoyer les pièces nécessaires (coût du dossier : 100 DH) ;
- à Paris : à la Continental American (7 place Vendôme, 1er, ℡ 742 99 69) ou à l'agence Orchape (6 rue d'Armaillé, 17e, ℡ 380 30 67), qui organisent des séjours de chasse au Maroc.

Les démarches doivent être entreprises au moins un mois à l'avance.

Sports d'hiver. — On peut skier de fin novembre à fin mars. Le Maroc possède deux centres de sports d'hiver équipés. Dans le Haut Atlas, la station d'Oukaïmeden *(p. 126)*, facilement accessible au départ de Marrakech : 1 télésiège, 4 remonte-pentes, école de ski. Dans le Moyen Atlas, le Mischliffen-jbel Hebri *(p. 65)* : 3 remontées mécaniques ; hôtels à Azrou et à Ifrane.

Se renseigner auprès de l'Office central de Tourisme à Rabat *(voir p. 34)* ou à la Fédération Royale Marocaine de Ski et Montagne, parc de la Ligue Arabe à Casablanca, ℡ 2241 65.

LIEUX DE SÉJOUR

Voir explications

	Renvoi à la carte Michelin n° 169	Page du guide	Situation			Équipement						Hébergement			
			Altitude (1)	Bois à proximité	Centre d'excursions = E	Desserte aérienne	Port	Bureau de tourisme = T	Parc public	Médecin	Pharmacien	Hôtellerie	Camping = C	Locations	Clubs ou villages de vacances (2)
Agadir	㉒㉓	47	–	–	E	✈	⚓	T	–	☤	℞	●●●	C	●●	A
Al Hoceima	⑦⑧-④	50	–	🌲	–	✈	⚓	T	🌳	☤	℞	●●	C	●	A
Arbaoua	⑥-①	43	130	🌲	–	–	–	–	–	☤	–	●	C	–	–
Arhbalou (3)	㉔-㊴	–	1025	🌲	E	–	–	T	–	–	–	–	–	●	–
Asni	㉔-㊴	51	1150	🌲	E	–	–	–	–	☤	–	●	–	–	–
Azrou (4)	⑯⑰-⑫	53	1250	🌲	E	–	–	T	–	☤	℞	●	–	–	–
Cabo Negro	⑦	153	331	🌲	E	✈	–	–	–	☤	–	●	–	●●	A
Casablanca	⑭-⑪	58	–	–	–	✈	⚓	T	🌳	☤	℞	●●●	C	–	–
Ceuta	⑦	66	–	🌲	–	–	⚓	T	🌳	☤	℞	●●	–	–	–
El-Jadida	⑭	72	–	🌲	–	–	⚓	T	🌳	☤	℞	●●	C	●	–
El-Jorf-Lasfar	⑭	–	–	🌲	–	–	–	–	–	–	–	–	C	–	–
Essaouira	㉒㉓	75	–	🌲	–	–	⚓	T	–	☤	℞	●●	–	●	–
Fès	⑰-②	78	415	–	E	✈	–	T	🌳	☤	℞	●●●	C	–	–
Ifrane (4)	⑰-⑫	88	1650	🌲	E	–	–	T	🌳	☤	℞	●●	C	●●	–
Inezgane	㉓	–	–	🌲	E	✈	–	–	–	☤	℞	●●	–	–	–
Ketama	⑦-③	95	1500	🌲	E	–	–	–	–	☤	–	●	–	●	–
Marrakech	㉔-㊴	99	453	🌲	E	✈	–	T	🌳	☤	℞	●●●	C	–	A
Mdiq	⑥⑦	153	–	–	E	✈	⚓	–	–	–	–	●	C	●	C
Meknès	⑯-⑪⑫	109	552	–	E	–	–	T	🌳	☤	℞	●●	C	–	–
Melilla	⑧⑨	116	–	–	–	✈	⚓	T	🌳	☤	℞	●●	–	–	–
Mohammedia	⑮-⑪	118	–	🌲	–	–	⚓	T	🌳	☤	℞	●●	C	●	–
Oualidia	⑬	–	–	🌲	–	–	–	T	–	–	–	–	C	–	–
Ouarzazate	㉕-㊵	120	1160	–	E	✈	–	T	–	☤	℞	●●	C	–	A
Ouirgane	㉔-㊳㊴	155	1000	🌲	E	–	–	–	–	–	–	●	–	–	–
Oukaïmeden	㉔-㊴	126	2650	–	–	–	–	–	🌳	–	–	●	C	–	–
Rabat et Salé	⑮-⑫	127-137	–	🌲	–	✈	⚓	T	🌳	☤	℞	●●●	C	–	–
Safi	⑬	134	–	–	–	–	⚓	T	🌳	☤	℞	●●	C	–	–
Sidi-Ifni	㉜	–	–	–	–	–	–	–	🌳	☤	℞	●	–	–	–
Skhirat Plage	⑫	–	–	🌲	–	–	–	T	🌳	☤	–	–	–	–	–
Smir-Restinga	⑦	153	–	🌲	E	✈	–	T	–	☤	℞	●●	C	●●	AB
Tanger	⑥	141	–	🌲	E	✈	⚓	T	🌳	☤	℞	●●●	C	●●●	A
Taroudannt	㉓	146	256	🌲	E	–	–	–	🌳	☤	℞	●●	–	–	–

(1) Au-dessus de 100 m seulement.
(2) Les lettres figurant dans cette colonne permettent — en se reportant à la p. 42 — de connaître le nom du club ou village de vacances.
(3) Sports d'hiver à Oukaïmeden.
(4) Sports d'hiver au Jbel Hebri — Mischliffen.

Quelques excursions recommandées (consulter aussi la carte p. 4 et 5) au départ de

Agadir. – Tafraoute *** – Tiznit * et Goulimime – Taroudannt *.
Arhbalou. – Marrakech *** – Oukaïmeden ** – Le Tizi-n-Test **.
Asni. – Marrakech *** – Oukaïmeden ** – Le Tizi-n-Test **.
Azrou. – Fès *** – Meknès ** – Forêt de Cèdres **.
Cabo Negro. – Tanger ** – Tetouan ** – Chechaouèn **.
Essaouira. – Marrakech *** – Tafraoute *** – Agadir * – Tiznit *.
Fès. – Kandar et Sebou ** – Forêt de Cèdres ** – Meknès ** – Taza * et le Tazzeka **.
Ifrane. – Fès *** – Meknès ** – Forêt de Cèdres **.
Inezgane. – Tafraoute *** – Tiznit et Goulimime – Agadir * – Taroudannt *.
Ketama. – Fès *** – Chechaouèn ** – Lalla-Outka ** – Al Hoceima *.
Marrakech. – Oukaïmeden ** – Cascades d'Ouzoud **.
Mdiq. – Tanger ** – Tetouan ** – Chechaouèn **.
Meknès. – Fès *** – Volubilis * – Moulay-Idriss ** – Forêt de Cèdres **.
Ouarzazate. – Vallée du Drâa ** – Route des Kasbas ** et Tinerhir **.
Ouirgane. – Marrakech *** – Oukaïmeden **.
Smir-Restinga. – Tanger ** – Tetouan ** – Chechaouèn **.
Tanger. – Chechaouèn ** – Tetouan ** et le Croissant Rifain * – Lixus *.
Taroudannt. – Tafraoute *** – Le Tizi-n-Test ** – Agadir *.

Pour calculer les distances, consultez la carte Michelin n° 169, ainsi que les schémas figurant dans ce guide, p. 47 à 161. Pour les descriptions, se reporter à l'index alphabétique en fin de volume.

SPORTS ET DISTRACTIONS

Agrément				Sports										
Site particulièrement agréable	Localité pittoresque	Plage	Cabaret ou night-club	Piscine	Voile	Ski nautique	Chasse sous-marine	Pêche en eau douce	Chasse	Tennis	Equitation	Tir aux pigeons	Golf et nombre de trous	
◊	–	●	♪@♫	⌐	⌂	⌐	⚓	~	♦	✕	♘	–	9	Agadir
◊	–	●	♪@♫	⌐	–	⌐	⚓	~	♦	✕	–	–	–	Al Hoceima
–	–	–	–	–	–	–	–	~	♦	–	–	–	–	Arbaoua
◊	–	–	–	⌐	–	–	–	~	♦	–	–	–	–	Arhbalou (3)
◊	–	–	–	⌐	–	–	–	~	♦	–	–	–	–	Asni
◊	–	–	–	⌐	–	–	–	~	♦	–	–	–	–	Azrou (4)
◊	–	●	♪@♫	⌐	–	–	⚓	–	♦	✕	–	–	–	Cabo Negro
–	–	●	♪@♫	⌐	⌂	⌐	–	~	–	✕	♘	⚐	9	Casablanca
–	–	●	♪@♫	⌐	⌂	⌐	⚓	–	–	–	–	⚐	–	Ceuta
◊	◊	●	♪@♫	⌐	⌂	⌐	⚓	–	♦	✕	♘	–	–	El-Jadida
–	–	–	–	–	–	–	–	–	♦	–	–	–	–	El-Jorf-Lasfar
◊	◊	●	–	⌐	–	–	⚓	–	♦	✕	–	–	–	Essaouira
◊	–	–	♪@♫	⌐	–	–	–	–	♦	✕	♘	–	–	Fès
–	–	–	–	⌐	–	–	–	~	♦	✕	♘	⚐	–	Ifrane (4)
–	–	–	♪@♫	⌐	–	–	⚓	–	♦	✕	–	–	9	Inezgane
◊	–	–	–	⌐	–	–	–	~	♦	✕	♘	–	–	Ketama
◊	◊	–	♪@♫	⌐	–	–	–	~	♦	✕	♘	⚐	18	Marrakech
–	–	●	♪@♫	⌐	–	–	⚓	–	♦	–	–	–	–	Mdiq
–	◊	–	♪@♫	⌐	–	–	–	–	♦	✕	♘	–	9	Meknès
–	–	●	♪@♫	⌐	–	–	–	–	–	✕	–	–	–	Melilla
–	–	●	♪@♫	⌐	⌂	⌐	–	–	♦	✕	♘	–	18	Mohammedia
◊	–	●	–	–	–	–	⚓	–	♦	–	–	–	–	Oualidia
–	–	–	♪@♫	⌐	–	–	–	–	♦	–	–	–	–	Ouarzazate
◊	–	–	–	⌐	–	–	–	~	♦	–	–	–	–	Ouirgane
◊	–	–	–	–	–	–	–	–	♦	–	–	–	–	Oukaïmeden
–	◊	●	♪@♫	⌐	⌂	⌐	–	–	♦	✕	♘	–	18	Rabat et Salé
–	◊	●	♪@♫	⌐	–	–	–	–	♦	✕	♘	⚐	–	Safi
–	–	●	–	–	–	–	–	–	♦	✕	–	–	–	Sidi-Ifni
–	–	●	♪@♫	⌐	–	–	–	–	–	✕	♘	–	–	Skhirat Plage
◊	–	●	♪@♫	⌐	⌂	⌐	⚓	–	♦	✕	♘	⚐	–	Smir-Restinga
◊	◊	●	♪@♫	⌐	⌂	⌐	⚓	–	♦	✕	♘	⚐	18	Tanger
–	◊	–	♪@♫	⌐	–	–	–	–	♦	✕	♘	–	–	Taroudannt

LES PLAGES

Nombreuses et variées, elles possèdent encore le rare privilège de pouvoir offrir une relative solitude.

Le **littoral méditerranéen**, rocheux, est découpé de très belles baies et de séduisantes calanques ; celles-ci sont isolées les unes des autres en raison d'un relief très morcelé, et séparées de l'arrière-pays par le Rif qui se termine le plus souvent en falaises à pic sur la mer.

La mise en valeur de cette côte Nord se limite pour l'instant à quelques secteurs bien localisés. Al Hoceima, qui allie au charme de ses anses rocheuses l'agrément de ses plages de sable et d'une mer limpide, est devenue en quelques années une station réputée. Plus à l'Ouest, sur la partie de côte — beaucoup moins tourmentée — comprise entre Tetouan et le détroit de Gibraltar s'égrènent, le long d'immenses plages de sable doucement incurvées, des ensembles balnéaires récents (voir p. 153, « Le Croissant Rifain »). Tanger reste l'une des grandes stations climatiques et balnéaires du Maroc.

Les **rivages de l'Atlantique** présentent — dans le Nord du pays — une suite à peu près ininterrompue de plages de sable, plates et rectilignes, et de petites stations ou installations balnéaires pour la plupart satellites de Rabat et de Casablanca. La « barre » se fait fortement sentir sur une grande partie de cette côte, au point d'être dangereuse par endroits. De nombreuses et luxueuses piscines pallient cet inconvénient.

De création plus ancienne que les grands ensembles de la côte méditerranéenne ou d'Agadir, El-Jadida — avec sa très belle plage de sable bien abritée — propose la pratique de tous les sports de l'eau, et des possibilités de distractions ; Essaouira est un agréable centre balnéaire.

En allant vers le Sud, la côte — aux approches d'Agadir — est le paradis des amateurs de petites criques. Agadir, où l'on se baigne toute l'année, soutient brillamment sa réputation. Au-delà, ce sont les longues plages du grand Sud, à peu près privées de végétation, et encore dépourvues d'installations.

SIGNES CONVENTIONNELS

Curiosités

*** Vaut le voyage	**MARRAKECH**	
** Mérite un détour	**El-Jadida**	*Gorges du Todra*
* Intéressant	**Asilah**	*Cap Spartel*
A voir éventuellement	Oujda	*Cascade de Mizab*

Les caractères penchés désignent des curiosités naturelles.

Plans de ville / Cartes / Plans de ville

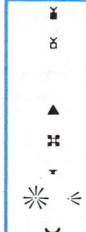

- Itinéraire de visite
- Variante ou excursion
- Parcours à faire à pied
- Autre itinéraire décrit
- Point de départ de la visite
- Lieu de stationnement recommandé pour la visite
- Lettres localisant une curiosité sur un plan
- Mosquée - zaouïa
- Marabout - koubba
- Église - Chapelle
- Autre curiosité
- Ksar ou kasba
- Table d'orientation
- Panorama - Vue
- Barrage - Phare
- Ruines

Voirie

- Route
- Sentier
- Kilométrage
- Col
- Rue de traversée
- Rue à chaussées séparées
- Rue bordée d'arbres
- Rue à sens unique
- Rue en construction
- Rue impraticable
- Rue en escalier
- Passage sous voûte, tunnel, porte
- Passage de la route : à niveau, au-dessus, au-dessous de la voie ferrée
- Voie ferrée - gare
- Télébenne, télésiège
- Gué non aménagé

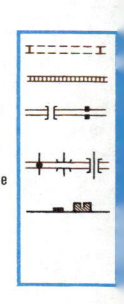

Repères

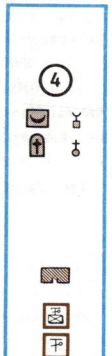

- Plan de ville dans ce guide
- Accès de ville : N° en concordance entre plans, textes et cartes
- Mosquée - Marabout, koubba
- Église - chapelle
- Borj, fort
- Ksar ou kasba
- Ruines
- Bâtiment public (et son entrée principale)
- Poste restante, télégraphe, téléphone
- Téléphone
- Hôpital
- Cimetière musulman, chrétien israélite
- Office de tourisme
- Marché couvert
- Jardin public, privé
- Bois
- Palmeraie - Cédraie
- Refuge de montagne
- Statue - Fontaine
- Château d'eau - Usine
- Phare - Station radio
- Barrage - Mine
- Hippodrome
- Piscine - Golf
- Embarcadère
- Aéroport
- Frontière

14 280 h.	Population totale		
AR	Aller et retour	Préfecture ou Gouvernement de province	
G	Gendarmerie royale	P Police	P 10 Route principale
H	Services municipaux	POL. Police	S 205 Route secondaire
J	Palais de justice	T Théâtre	3468 Route tertiaire
M	Musée	U Université	M.F. Maison forestière
		Fès (R. de) Rue commerçante	Afourèr Localité repère
			△ 1051 Cote d'altitude

Plan complet — Quartier touristique
Dessin détaillé comportant toutes les rues et de nombreux repères.

Teinte bistre foncé

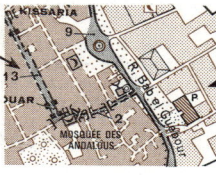

Schéma de ville — Quartiers périphériques
Dessin généralisé donnant les grands axes et la physionomie d'ensemble.

Teinte bistre clair

VILLES CURIOSITÉS RÉGIONS TOURISTIQUES

classées dans l'ordre alphabétique

AGADIR ★

Carte Michelin n° 169 - pli 23 — 61 192 h. — *Lieu de séjour, p. 44.*

A l'aube du 1ᵉʳ mars 1960, Agadir, anéantie par un tremblement de terre semblait frappée à mort. Or, depuis plusieurs années, la ville a retrouvé et dépassé son activité d'avant la catastrophe. Marché agricole du Sous gros producteur de primeurs et d'agrumes, foyer d'industries pour les produits de la pêche et de l'agriculture, premier port de pêche du Maroc, elle affirme sa fonction de capitale régionale. Agadir, le grand centre balnéaire marocain est aussi un lieu de séjour particulièrement commode pour rayonner dans le Sud-Ouest du pays.

UNE PERCÉE DIFFICILE

Débuts prometteurs. — L'origine de la ville est assez obscure, mais pas son nom : Agadir est un mot berbère, probablement d'origine phénicienne, signifiant grenier fortifié; ce terme se rencontre fréquemment dans la toponymie du Sud-Ouest marocain. Au début du 16ᵉ s., les Portugais établissent entre la colline de la kasba et la mer un comptoir et une forteresse qu'ils appellent Santa Cruz de Cap Guer; ils en sont chassés en 1541 par Mohammed ech Cheikh, le fondateur de la dynastie saadienne. Trente ans plus tard, son successeur édifie la kasba pour s'opposer à un retour éventuel des Chrétiens.

Tout semblait désigner Agadir pour un destin brillant : rade naturelle bien protégée, heureuse situation au débouché de la plaine du Sous, relations faciles avec le Sud-Ouest marocain. De fait, la ville et le port occupaient une position de premier plan sous les Saadiens. Mais au 18ᵉ s., le sultan Mohammed ben Abdallah provoqua leur déclin en favorisant Essaouira *(voir p. 75).*

Le « coup d'Agadir ». — C'est donc une bien modeste bourgade que choisit Guillaume II pour y faire sa fameuse manœuvre d'intimidation. En 1911, l'empereur d'Allemagne envoya un navire de guerre, le « Panther », mouiller dans la baie d'Agadir « pour prêter, en cas de besoin, aide et secours à ses sujets ainsi qu'aux considérables intérêts allemands engagés dans les dites contrées » : c'était un épisode de la rivalité franco-allemande au Maroc. En France l'émotion fut grande; la guerre semblait sur le point d'éclater.

En fait le Kaiser cherchait moins à protéger les intérêts allemands dans le Sous qu'à imposer à la France un marchandage qui aboutit à la « convention du 4 novembre » par laquelle le gouvernement français cédait à l'Allemagne une partie du Congo et gardait les mains libres au Maroc.

L'essor. — Le développement de l'agriculture et de la pêche, l'exploitation minière de l'arrière-pays entraînent l'essor d'Agadir entre les deux guerres mondiales. Le port est aménagé, de nombreuses industries de conserves s'implantent autour de la ville qui, par ailleurs, s'ouvre au tourisme.

■ ANCIENNE KASBA ★ *visite : 3/4 h*

Partir du Syndicat d'Initiative; itinéraire d'accès indiqué sur le plan.

La route s'élève en corniche au flanc de la colline dont les terrains portent encore les traces d'un grand bouleversement. Elle se termine par une esplanade où l'on gare la voiture (altitude 200 m).

Le désastre de 1960. — Dans la nuit du 29 février 1960, vers 23 h 45, en moins de 15 secondes, la ville disparaissait sous les décombres. Le séisme n'était pourtant pas d'une très forte intensité, mais l'épicentre se trouvait à proximité immédiate de la cité et à une profondeur particulièrement défavorable. 15 000 morts, 20 000 sans abri, 3 650 immeubles détruits, tel était le bilan de la catastrophe. La kasba fut l'un des quartiers les plus touchés.

Les ruines. — Rien n'a pu être sauvé des habitations et de la mosquée de la kasba. Seuls quelques pans de la muraille avaient résisté. On décida de reconstruire ces remparts, mais à l'intérieur les bulldozers travaillèrent des mois à aplanir les décombres, ensevelissant sur place des milliers de cadavres. Dans cette immense nécropole, nul n'échappe à l'émotion. Au-dessus de la porte de la kasba, restée debout, on peut encore lire une inscription en néerlandais — les Hollandais avaient, au 18ᵉ s., un comptoir à Agadir sous la souveraineté du sultan — : « Crains Dieu et honore ton roi — 1746. »

Sous la porte, un escalier permet d'accéder au rempart. De là, **vue ★★** sur le port et la ville blanche trouée de grands espaces verts et ourlée par le ruban blond de la plage; au-delà s'étend la plaine du Sous bornée au loin par la masse grise de l'Anti-Atlas; au Nord, le Haut Atlas s'annonce par ses contreforts piqués d'arganiers *(voir p. 89).*

AGADIR★

■ LE NOUVEL AGADIR ★★ *visite : 1 h*

La reconstruction. — Fallait-il abandonner le site d'Agadir ? Étude faite, on décida d'éloigner la nouvelle ville de la zone dangereuse en l'installant plus au Sud. L'ampleur même de la catastrophe permettait de repenser l'agglomération sur des bases nouvelles. Ici, désormais, le béton fut roi. Les urbanistes tracèrent les plans de quartiers cohérents, séparés par de grands espaces verts, desservis par le réseau des voies pour automobiles et des chemins dallés pour piétons ; ils tirèrent parti des différents niveaux du terrain et disposèrent les immeubles de façon à ménager partout des points de vue sur la ville et la mer. L'éclairage nocturne lui-même fut diversifié et les fils électriques aériens bannis du centre de la ville.

Il faut oublier les villes traditionnelles pour aborder ces architectures audacieuses de béton qu'adoucissent de luxuriantes verdures. Certains quartiers, comme celui de la mosquée principale connaissent une réelle animation ; bien des vides restent à combler.

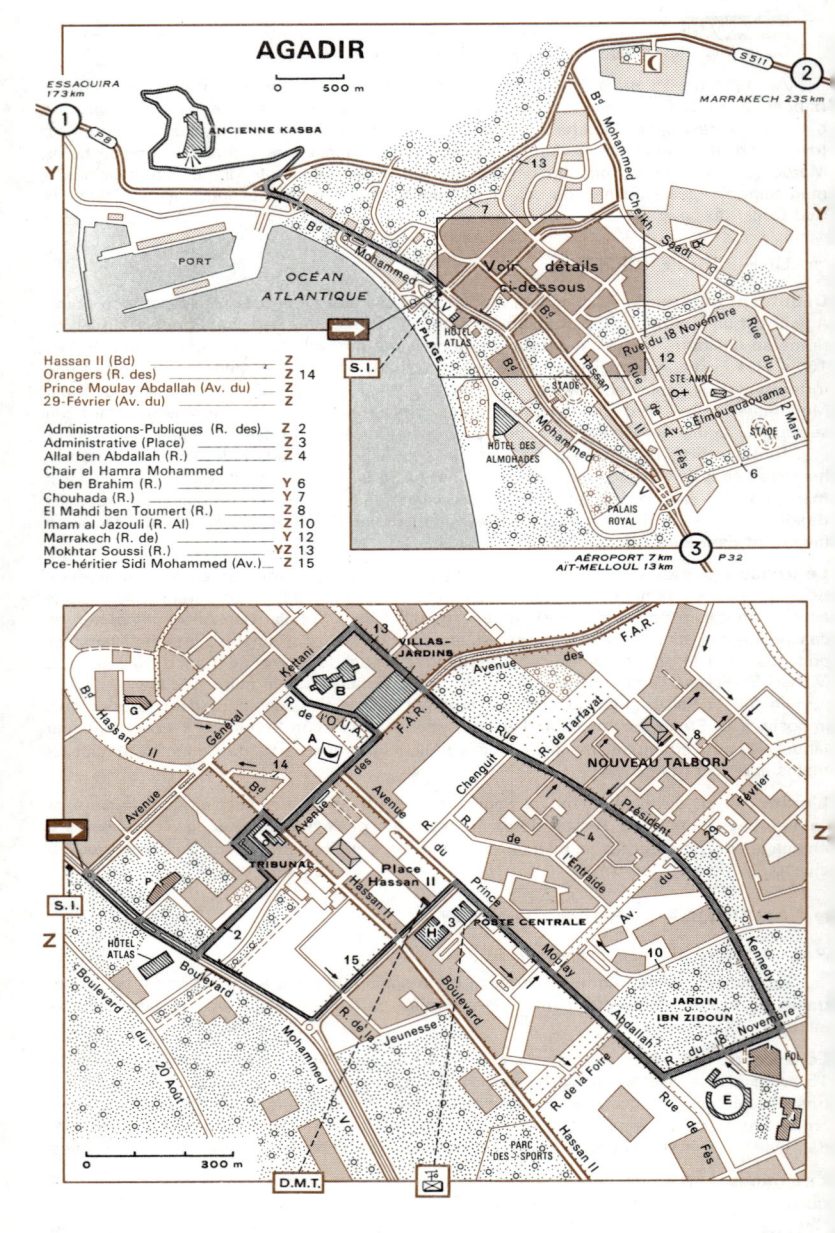

Hassan II (Bd)	Z
Orangers (R. des)	Z 14
Prince Moulay Abdallah (Av. du)	Z
29-Février (Av. du)	Z

Administrations-Publiques (R. des)	Z 2
Administrative (Place)	Z 3
Allal ben Abdallah (R.)	Z 4
Chair el Hamra Mohammed ben Brahim (R.)	Y 6
Chouhada (R.)	Y 7
El Mahdi ben Toumert (R.)	Z 8
Imam al Jazouli (R. Al)	Z 10
Marrakech (R. de)	Y 12
Mokhtar Soussi (R.)	YZ 13
Pce-héritier Sidi Mohammed (Av.)	Z 15

Centre urbain (Z). — *Partir du S.I., bd Mohammed V, et suivre en auto l'itinéraire indiqué sur le plan.*

On contourne d'abord le quartier des délégations ministérielles groupées autour du bâtiment de la Province (Z P) pour atteindre le **tribunal**★ : édifice remarquable avec ses différents niveaux, son ossature de béton agrémentée d'une tour circulaire extérieure. L'avenue des Forces-Armées-Royales mène à la **mosquée principale** (Z A) dont les lignes pures soulignent la blancheur ; elle s'emboîte en coin dans une place réservée aux piétons autour de laquelle s'ordonnent boutiques et cafés.

★AGADIR

Plus au Nord, un ensemble construit par l'architecte Zévaco retiendra l'attention : c'est d'abord une **école primaire** (Z B) pleine de fantaisie dont les 4 corps de logis s'articulent autour d'un bâtiment en forme de losange; ensuite un groupe de petites **« villas-jardins »** aux multiples combinaisons.

Après avoir traversé le quartier dense et vivant du nouveau Talborj, s'arrêter un instant au **jardin Ibn Zidoun**★ (Z), agréablement aménagé, qui offre des points de vue intéressants sur la ville. De l'autre côté de la rue du 18-Novembre, la curieuse **caserne des pompiers** (Z E) — autre œuvre de Zevaco — se signale par sa couronne de béton abritant engins et bureaux, et son allègre campanile.

Poursuivre par l'avenue du Prince-Moulay Abdallah et se garer près de la place Administrative.

La **Poste centrale**★ est également due à Zevaco. On a qualifié sa façade de béton de « boîte aux lettres traitée comme une sculpture monumentale ». L'aménagement intérieur fait une large place au cèdre pour les cloisons ajourées, les cabines, les écritoires, les sièges.

(D'après photo O.N.M.T.)

Agadir. — La poste.

L'**Hôtel de ville** (Z H) est de facture plus classique; sa masse cubique enferme un vaste patio ombragé sur lequel s'ouvrent couloirs et bureaux.

Au Nord-Ouest de ce bâtiment, légèrement en contrebas, s'étend la **place Hassan II**, réservée aux piétons : surfaces et volumes architecturaux en sont savamment agencés.

Reprendre la voiture et, par l'avenue du Prince-Héritier Sidi Mohammed, rejoindre le bd Mohammed V.

■ LE BORD DE MER ★ (Y)

Le quartier touristique et balnéaire, situé entre le bd Mohammed V et la mer, a fait l'objet d'un heureux aménagement. Le touriste pourra y admirer au passage quelques beaux morceaux d'architecture (hôtel Atlas, hôtel des Almohades).

La plage★. — 300 jours de soleil par an et une température particulièrement clémente ont fait la réputation de la plage d'Agadir, bordée d'un épais rideau d'eucalyptus, de pins et de tamaris fixant les dunes. Entre le port et l'estuaire de l'oued Sous, une baie aux eaux calmes et 6 km de sable fin permettent de se livrer toute l'année aux joies de la baignade, de la voile, de la pêche, du cheval et de bien d'autres distractions.

EXCURSIONS

Le pays des Ida Outanane★. — *64 km au Nord-Est, puis 1/4 h à pied AR.*

Les Ida Outanane sont une confédération de tribus berbères occupant, à l'extrême Ouest du Haut Atlas, une zone tourmentée de hauts plateaux calcaires qui plongent dans l'Atlantique aux environs du cap Rhir. Nichés sur les pentes et dans les profondes vallées, ils vécurent longtemps en marge du pouvoir central et échappèrent à l'emprise des grands féodaux voisins. Ils ne rallièrent le makhzen *(voir p. 162)* qu'en 1927.

Sortir d'Agadir par ① du plan. Abandonner 12 km plus loin la route d'Essaouira pour prendre, à droite, la 7002 vers Imouzzèr-des-Ida-Outanane.

On s'enfonce rapidement dans la montagne, striée de bancs calcaires impressionnants, piquetée d'arganiers et de doums (palmiers-nains). Au-delà d'Oulma on franchit un petit col qui débouche sur une vaste palmeraie entourée de pittoresques villages.

Gorges de l'asif n'Tarhat★. — Après avoir traversé l'asif Tamrhakht, la route s'encaisse brusquement entre les hautes murailles d'une vallée affluente, où règnent l'ombre et la fraîcheur. On longe la rivière dont les eaux vertes et limpides courent parmi les roches et les bouquets de palmiers.

Quittant le fond des gorges, la route les domine un moment avant d'atteindre un plateau bien arrosé où les palmeraies se succèdent. Accrochés aux pentes, un grand nombre de villages présentent leurs coulées de maisons à toit plat; ce sont des maisons de pierre et souvent une galerie peinte en rouge supportée par des pieux de bois blanchi vient égayer la sévérité des formes.

Imouzzèr-des-Ida-Outanane. — Centre de la confédération des Ida Outanane, dont les maisons blanches dominent une large dépression occupée par une palmeraie.

Devant la caserne, tourner à gauche pour emprunter la petite route goudronnée qui descend en lacets vers la palmeraie. A 3 km on arrive à un gué près duquel laisser la voiture. Continuer à pied (1/4 h AR) vers les cascades en suivant la rive droite de la rivière.

Cascades★. — Le chemin ombragé qui mène aux cascades serpente à travers les champs d'orge irrigués, les oliviers et les amandiers où nichent les tourterelles. On peut s'avancer jusqu'au pied des cascades qui jaillissent à plusieurs niveaux et s'écoulent le long des parois abruptes et lisses blanchies par les dépôts de tuf.

Rond-point d'Igui-n-Tama★. — *91 km au Nord par la P 8. Sortir d'Agadir par ① du plan. Description p. 89.*

49

AL HOCEIMA ★

Carte Michelin n° **169** - plis 8 et 4 — 18 686 h. — *Souk le mardi — Lieu de séjour, p. 44.*

Al Hoceima, coincée au bord de la Méditerranée par les montagnes du Rif, est longtemps restée à l'écart de la vie marocaine. Au début du Moyen Age il y avait là un petit royaume pratiquement indépendant, l'émirat de Nekor (du nom de l'oued qui avoisine la ville). Au début de ce siècle encore, cette région peuplée par les Beni Ouriaguel, fut le berceau de la puissance éphémère d'**Abd el Krim** : le chef de la révolte du Rif avait sa capitale à Ajdir, à 10 km au Sud-Est d'Al Hoceima.

Aujourd'hui les contraintes géographiques demeurent : port et ville n'ont qu'un rayonnement médiocre. Et pourtant, l'aménagement touristique de la baie ouvre pour Al Hoceima de nouveaux horizons.

La ville et le port. — La ville est agréable avec sa cascade de maisons blanches qui dégringolent, de terrasse en terrasse, des collines vers la mer. Elle est animée, même le soir, et, aux abords de la place du Rif où se tient un petit marché, les rudes burnous des montagnards se mêlent aux curieux chapeaux de paille des rifaines.

Le port en eau profonde est abrité par de hautes falaises. Une petite flotille y pratique la pêche au lamparo. De la jetée, on a une **vue** ★ remarquable de la ville et de la baie.

La baie ★. — Entre la pointe orientale du massif calcaire des Bokkoyas et le bloc volcanique des Beni Bou Idiz, la baie d'Al Hoceima déploie son demi-cercle à peu près parfait. L'un des trois îlots est le **peñon d'Alhucemas,** forteresse espagnole *(on ne visite pas)* qui, la nuit, ressemble à un grand vaisseau illuminé. Pour le voir il faut s'engager sur la P 39 qui escalade la montagne en dégageant d'admirables vues sur la mer.

Au carrefour d'Aït-Youssef-ou-Ali, prendre la direction de Melilla et dépasser Ajdir. La petite route, à gauche, qui descend vers le Club Méditerranée offre le plus beau **point de vue** ★ sur la baie, le peñon et la petite plaine irriguée où débouche le Nekor.

Le samedi on pourra pousser jusqu'à **Im-Zouren** *(18 km au Sud-Est d'Al Hoceima)* dont le souk est particulièrement coloré.

Routes, pistes et rues

décrites, intéressantes, praticables ?

Pour choisir votre itinéraire, consultez

la p. 46 : c'est la clé du guide.

ASILAH ★

Carte Michelin n° **169** - pli 6 — 14 074 h. — *Souk le jeudi.*

Asilah eut, comme nombre de villes de la côte atlantique, un passé tumultueux.

Le long de la plage peuplée d'énormes ancres noires, et de quelques thoniers, on a peine à évoquer les flottes guerrières que virent aborder ces rivages, et les navires des marchands génois, pisans, marseillais, catalans ou aragonais qui, au 14ᵉ s., venaient mouiller dans ces eaux.

Une ville très disputée. — Pour évoquer le passé d'Asilah, il faut remonter à l'époque où Zilis, bâtie sur un site punique, comptait déjà, au même titre que Tingis (Tanger), parmi les quelques dix villes du royaume de Maurétanie *(voir p. 96).* Une trentaine d'années avant notre ère, Octave, qui devait devenir empereur sous le nom d'Auguste, fit de Zilis une colonie romaine.

Avec la conquête arabe *(voir p. 14),* la ville devint le centre d'une principauté idrisside et subit plusieurs assauts des Normands avant de passer en 972 aux mains des Oméiyades de Cordoue.

Au 15ᵉ s. les Portugais, dont l'objectif est de jalonner la route de l'or qui à travers le Sahara arrive jusqu'en Afrique du Nord, s'emparent d'Asilah. Le 24 août 1471, leur flotte de près de 500 navires porteurs de 30 000 hommes enlève Asilah qui devient ainsi une tête de pont portugaise en terre marocaine.

Aux Portugais succèdent les Espagnols, et ce n'est qu'à la fin du 17ᵉ s., que le sultan Moulay Ismail leur reprend Asilah.

L'ascension d'un aventurier. — Originaire du pays Jebala dont il deviendra gouverneur, **Raissouli** est à 10 ans voleur de troupeaux. Après plusieurs années de geôle, il se fait brigand, enlève d'influents étrangers et ne leur rend la liberté qu'en échange de promesses de protection ou d'énormes rançons. Devenu un personnage redouté, il reçoit du sultan en 1908 le titre de pacha d'Asilah.

Tandis que sévit la Première Guerre mondiale, au Maroc Raissouli gagne la confiance de l'Espagne qui essaie d'utiliser auprès des populations son influence religieuse; car Raissouli se dit descendant du Prophète. Il obtient de son alliée des milliers de fusils et plusieurs millions de pesetas. Mais le pays reste insoumis. Dans ce même temps, il joue l'Allemagne gagnante et traite avec ses représentants à Tanger, qui lui promettent le trône du Maroc.

Raissouli est alors au faîte de sa puissance. «Les Berbères sont mes serviteurs, les Espagnols mes esclaves, les Français mes ennemis, les Allemands mes alliés», déclare-t-il.

En 1918, commence sa déchéance. Les Espagnols le chassent d'Asilah; le sultan le renie ; il est une gêne pour Abd el Krim lui-même, qui finit par le faire prisonnier. Raissouli meurt en 1925, misérable et abandonné.

★ASILAH

VISITE durée : 1 h 1/4

Laisser la voiture place Zelaka et suivre l'itinéraire indiqué sur le plan.

Au pied des murailles, que l'on suit jusqu'à Bab Homar, l'**avenue Hassan II** accueille **le marché**★ à l'ombre de ses eucalyptus.

Le marché d'Asilah doit sa physionomie paisible et riante à la noblesse des remparts qui lui servent de toile de fond; à ces paysannes coiffées du grand chapeau rifain, assises derrière leurs couffins emplis de semoule; à ces immenses hottes dans lesquelles on a transporté les produits de la campagne; au jaune éclatant des melons amoncelés au soleil; aux luisantes grenades...

La vieille ville et les remparts★. — Les remparts qui enserrent la ville ancienne furent construits à la fin du 15e s. par Alphonse V du Portugal. **Bab Homar**★ (appelée aussi porte de la Terre), percée dans une grosse tour ronde surmontée d'un écusson à demi effacé aux armes des rois du Portugal, permet de les franchir.

Asilah. — Au marché.

Le silence et la quiétude règnent le long des rues dallées aux maisons blanches dont les soubassements, les fenêtres, les portes, sont peints en bleu, en jaune, en vert.

Au fond de la place Sidi ben Hamdouch, à droite, s'élève la tour carrée (A) El Hamra (la Rouge) contre laquelle s'ouvre la porte de la Mer. On traverse la place Ibn Khaldoun et on atteint presque aussitôt la face Nord des remparts qui domine l'océan.

Un passage sous voûte précède la minuscule placette sur laquelle donne l'entrée du **palais de Raissouli**, élevé au début du siècle (on ne visite pas).

Au-delà de cette place, longeant toujours les remparts, une ruelle conduit à la pointe Nord-Ouest des fortifications, dans l'éblouissement de ses maisons très blanches, mal alignées, dont les murs presque nus sont percés de rares et minuscules fenêtres qu'orne une grille en fer forgé ou que protège un moucharabieh surmonté d'un auvent.

Au pied d'une tour crénelée, quelques marches, à droite, permettent d'accéder à un petit bastion d'où l'on découvre une jolie **vue** sur la côte et sur la flotille de pêche au mouillage. Légèrement en contrebas du bastion, face au large, un charmant **cimetière**★ est blotti contre la muraille; devant un marabout, les tombes alignent la fraîche décoration de leurs dalles en céramique multicolore.

Plus loin, on voit des fours de boulangers (B) où femmes et fillettes apportent les grands pains ronds et plats faits à la maison et qui seront cuits en commun.

ASNI

Carte Michelin n° **169** - plis 24 et 39 — Schéma p. 126 — 910 h. — Altitude 1150 m — Souk le samedi — Lieu de séjour, p. 44.

Cette bourgade du Haut Atlas occupe un joli **site**★, à proximité du jbel Toubkal qui ferme l'horizon au Sud. Deux rivières se réunissent non loin de là pour former l'asif Reraïa dont la large vallée est cultivée et plantée d'oliviers.

Au-dessus de la rivière, un pittoresque village berbère s'étage au pied d'une **kasba** rouge qui commandait le val d'Asni.

EXCURSIONS

Jbel Toubkal★★. — A 4 167 m d'altitude il est le point culminant de l'Afrique du Nord. Le massif dont il est le plus haut sommet ne s'abaisse nulle part au-dessous de 3 000 m. Il est constitué par des roches granitiques sombres, sans végétation ni glacier : seuls quelques névés subsistent dans les replis. La rudesse de ses grandes murailles est impressionnante.

ASNI

Imlil. — *17 km au Sud d'Asni. On peut se rendre en voiture jusqu'au pied du Toubkal par la piste 6038.* Dominant l'asif Reraïa puis l'asif n'Aït-Mizane, les cultures maraîchères, les oliviers et de grands noyers soulignent l'occupation humaine. Puis la vallée se rétrécit et devient plus sauvage tandis qu'on approche du hameau d'Imlil, terminus de la piste, à 1 740 m d'altitude.

Ascension du Toubkal. — *Les amateurs de randonnées trouveront au refuge d'Imlil, durant la belle saison, guides et mulets mais pas de ravitaillement (provisions à Asni). L'excursion complète exige environ 16 h de marche. D'Imlil au cirque d'Aremd : montée 1 h, descente 3/4 h (prendre la clé du refuge Neltner au hameau d'Aremd où habite le gardien); d'Aremd au refuge Neltner (alt. 3 207 m) où commence l'ascension proprement dite : montée 4 h, descente 2 h 30; du refuge Neltner au sommet : montée 5 h, descente 3 h.*

Jusqu'au refuge Neltner, le chemin muletier remonte la haute vallée de l'asif n'Aït-Mizane et passe près du marabout de Sidi-Chamharouch : ce «roi des jnoun génies)» est conjuré par des offrandes et honoré chaque été par un moussem.

Du sommet, **panorama**** immense sur les plus hautes cimes des pays Goundafa (à l'Ouest) et Glaoua (au Nord-Est), sur Marrakech et la plaine du Haouz au Nord, sur tout le pays brûlé du Sud dominé par la pyramide du jbel Siroua.

D'autres courses en montagne se font à partir d'Imlil :
  — *vers le lac d'Ifni (du flanc Sud du Toubkal) par le refuge Neltner;*
  — *vers le névé du Tazaghârt (à l'Ouest) par le refuge Lepiney;*
  — *vers l'Angour et l'Oukaïmeden (au Nord-Est) par le refuge de Tacheddirt.*

Pour tous renseignements concernant les randonnées dans cette région, s'adresser :
  — *au Grand Hôtel du Toubkal à Asni;*
  — *au Centre National des Sports de Montagne, à Oukaïmeden;*
  — *à l'Inspection Provinciale de la Jeunesse et des Sports, stade du Hartsi, Marrakech;*
  — *à la Fédération Royale Marocaine de ski et de montagne, parc de la Ligue Arabe, Casablanca.*

Gorges de Moulay-Brahim. — *41 km au départ d'Asni.* La S 501 pénètre dans les gorges de Moulay-Brahim, creusées par l'asif Reraïa dans les schistes noirs qui lui barrent l'entrée de la plaine du Haouz. Abrupt et sauvage, ce défilé que la route franchit par une corniche sinueuse doit son nom à un gros village groupé autour de la zaouia de Moulay-Brahim.

Zaouïa de Moulay-Brahim. — Le tombeau du saint est le but de nombreux pélerinages, surtout pour les femmes qui aspirent à être mères. On accède au village par une petite route qui s'élève au-dessus du val d'Asni. En poursuivant 200 m environ au-delà du village, sur la piste d'Aguergour, jusqu'à l'éperon rocheux qui domine la vallée, belle **vue**★ sur l'asif Reraïa, l'entrée des gorges de Moulay-Brahim et, au loin, sur le jbel Toubkal.

Tahanaoute. — *Souk le mardi.* A la sortie du défilé, ce typique village berbère s'étage au flanc de la vallée du Reraïa, en bordure de la zone fortunée du «dir» *(voir p. 55)*, qui bénéficie des eaux descendues de la montagne.

Circuit d'Oukaïmeden★★. — *192 km — 1/2 journée — Description p. 125.*

Ouirgane. — *15 km au Sud-Ouest — Description p. 155.*

AZEMMOUR ★

Carte Michelin n° **169** - pli 14 — 17 182 h. — *Souk le mardi.*

Azemmour sommeille au bord de l'estuaire où la marée contrarie le flot rouge de l'Oum er Rbia. Peut être est-elle l'antique Azama qui connut les Carthaginois puis les Romains. Les Portugais, en tout cas, laissèrent, au 16ᵉ s., la trace durable de leur occupation dans la citadelle qui domine le fleuve au Nord de la ville. Ancienne capitale des Doukkala, elle tira quelque profit de la pêche à l'alose jusqu'à ce que la construction des barrages de l'Oum er Rbia porte atteinte à cette activité. C'est aujourd'hui une ville paisible qui écoule les céréales, les légumes et les oranges de son arrière-pays.

Vue du pont★. — Du pont qui franchit l'oued, on découvre les murailles ocres et les blanches maisons d'Azemmour serrées les unes contre les autres en une longue façade qui se mire dans l'eau.

Remparts★. — *Visite : 1/2 h.*
La ville portugaise ne comprenait que la kasba. Ses remparts sont restés à peu près intacts flanqués de bastions encore armés de quelques vieux canons. L'enceinte de la médina fut élevée postérieurement par les Marocains.

Allal ben Abdallah (R.) 3
Mohammed Zerktouni (R.) 4

★AZEMMOUR

Après avoir franchi le pont, longer les remparts de la médina jusqu'à la place du Souk et continuer en voiture pour faire le tour de la kasba. Une petite route goudronnée conduit à l'angle Nord-Est des remparts où une plate-forme a été aménagée en parking. De là, on surplombe l'Oum er Rbia dont on aperçoit l'embouchure, au loin.

Un escalier, construit contre le rempart Nord, permet d'accéder au chemin de ronde d'où l'on domine les maisons de l'ancien mellah et de la kasba, blotties à l'intérieur des murs. Cette promenade sur les faces Nord et Ouest des remparts conduit jusqu'à **Dar el Baroud**, ancienne poudrière dont les ruines sont dominées par une grosse tour qui comporte encore une fenêtre gothique.

Plage. — *1,7 km.* Partant de l'angle Nord-Ouest de la place du Souk, une route traverse un bois d'eucalyptus et mène au **centre balnéaire de Haouzia** où bungalows et cafés s'édifient le long d'une belle plage de sable fin.

AZROU ★

Carte Michelin nº **169** - plis 16, 17 et Sud-Ouest du pli 27 — schéma p. 64 — 20 756 h. — *Souk le mardi* — *Lieu de séjour, p. 44.*

Non loin du piton volcanique qui lui a valu son nom *(voir p. 162)*, Azrou déploie ses maisons blanches dont les hautes toitures de tuiles vertes jettent une note insolite et charmante. Elle s'inscrit dans un site dégagé par l'oued Tigrigra entre les hautes pentes du Moyen Atlas et l'extrême avancée de la meseta marocaine *(voir p. 6)*. Elle se trouve à la croisée des deux grandes voies historiques du Maroc central, de Meknès au Tafilalt par Midelt, de Fès à Marrakech par Beni-Mellal. Cette situation privilégiée, un climat tempéré par l'altitude (1 250 m), la proximité des forêts de cèdres et des pistes de ski lui valent une quotidienne animation.

Marché principal de la tribu des Beni Mguild, lieu d'implantation d'une petite industrie qui exploite les ressources forestières environnantes, c'est aussi un centre d'artisanat très actif.

Coopérative artisanale. — *Visite de 8 h 30 à 12 h et de 14 h 30 à 18 h. Elle se trouve à gauche de la route de Khenifra (plaque indicatrice) immédiatement après la muraille de la kasba.*

Cet établissement comporte un atelier de ferronnerie; on y fabrique aussi des objets de bois taillés dans le cèdre ou l'acajou (figurines, vases, plats). L'**atelier de tapis** ★ tisse des tapis berbères du Moyen Atlas *(voir p. 22)*: les uns sont rasés et de couleurs vives où le rouge et l'orangé dominent, les autres à fond blanc discrètement rehaussé d'ocre ou de brun (parfois aussi de tons pastel) gardent une longue toison; ils ont en commun leur dessin exclusivement géométrique et l'absence de motifs d'encadrement.

Village berbère. — Un peu à l'écart de la ville, s'étage à flanc de montagne, un village berbère tout à fait caractéristique avec ses petites maisons de torchis à toit plat. On en a une pittoresque **vue** ★ d'ensemble à la sortie Ouest d'Azrou, juste avant le premier virage à gauche que fait la route de Khenifra.

★★ LE PAYS DES BENI MGUILD

Les Beni Mguild sont les membres d'une confédération de tribus berbères qui occupe une vaste région prenant en écharpe le Moyen Atlas central, depuis la vallée de la Haute Moulouya jusqu'aux plateaux situés au Sud de Meknès. Si beaucoup d'entre eux sont devenus sédentaires — certains même habitent de petites villes comme Azrou — une minorité pratique encore une forme de semi-nomadisme qui constitue une étape dans l'évolution de la vie montagnarde.

Une pression séculaire. — Comme leurs voisins Zaïanes, les Beni Mguild se rattachent au groupe des Berbères Sanhaja dont l'habitat originel était aux confins du désert. Depuis la fin du Moyen Age, une progression constante vers le Nord-Ouest les amène, à travers le Moyen Atlas, au contact de populations sédentaires peu à peu refoulées ou subjuguées : épisode classique de l'éternelle rivalité des nomades et des sédentaires. A l'aube du 20e s., les Beni Mguild ont achevé de conquérir leur espace actuel.

Nomadisme et transhumance. — Les Beni Mguild sont plus que des transhumants car les migrations saisonnières de leurs troupeaux s'accompagnent de celles des familles; ce ne sont pas non plus de vrais nomades car leurs parcours sont relativement peu étendus et les ramènent périodiquement à un habitat précaire mais fixe, qu'ils occupent une partie de l'année et où ils pratiquent une agriculture hâtive. Ces **semi-nomades** ont pour ports d'attache — vers 1 500 à 1 800 m d'altitude — les hautes vallées ou les petites dépressions humides de la montagne et des hauts plateaux. En automne et au printemps, ils s'y activent aux travaux des champs : c'est là que le tirhremt (grenier collectif) engrange la récolte d'orge et de blé et que de petites masures abritent les quelques personnes affectées à la garde du terroir.

Migrations saisonnières. — En hiver les Beni Mguild descendent en «azarhar», c'est-à-dire au pâturage de plaine où le troupeau trouve sa nourriture dans des conditions climatiques beaucoup moins rudes qu'en montagne. En été ils envahissent l'«azzaba» — alpages et clairières des forêts d'altitude. Ces déplacements constituent un spectacle étonnant car ce

AZROU★

sont parfois d'énormes cortèges de moutons et de chèvres que l'on voit circuler sur les drailles. Au campement, on dresse la «khaïma», la vaste tente berbère noire ou brune (voir p. 29).

Ainsi certains Beni Mguild du pays d'Aïn-Leuh se déplacent en été vers les alpages qui avoisinent le bourg et descendent passer l'hiver aux abords de l'oued Tigrigra ou même plus loin. Mais ces migrations vont s'amenuisant. La mise en culture des terres d'azarhar ne laisse guère de place aux troupeaux : l'élevage devient le fait des sédentaires. Déjà beaucoup de Beni Mguild ont acquis des terres et ne se déplacent plus, même s'ils vivent encore sous la tente.

VISITE

Carte Michelin nº 169 - plis 26, 27, 36, 37.

La route d'Ifrane à Midelt et celle d'Azrou à Khenifra traversent largement le pays des Beni Mguild. On aura également maintes occasions de rencontrer des groupes de semi-nomades en parcourant les itinéraires ci-après.

Forêt de Cèdres★★. — Page 64.

Circuit au Sud d'Azrou★★. — *Circuit de 195 km dont 40 km de piste souvent médiocre et quelquefois mauvaise — compter 5 à 6 h. Sortir d'Azrou par la route de Khenifra qui offre, à droite, une vue dégagée sur la plaine du Tigrigra et les plateaux qui l'encadrent. A Tiouririne emprunter la S 303 pour Aïn-Leuh.*

Aïn-Leuh. — Page 65.

Entre Aïn-Leuh et la vallée de l'Oum er Rbia on circule constamment entre 1 500 et 1 800 m d'altitude. La route offre des paysages variés : plateaux calcaires avec de curieuses roches en forme de champignons, cuvettes occupées par de petits lacs, très belles forêts de chênes-verts ou de cèdres. On rencontre plusieurs campements de Beni Mguild. Cette partie de l'itinéraire se termine par une descente en corniche au-dessus de la haute vallée de l'Oum er Rbia.

Au carrefour portant la mention «Aïn-Leuh 32 km», tourner à gauche et descendre dans la vallée. Passé le gué, prendre à gauche la piste montante jusqu'à un gros arbre isolé près duquel laisser la voiture.

Sources de l'Oum er Rbia★. — *1/2 h à pied AR.* Sources et cascades jaillissent entre les falaises calcaires dans un site impressionnant. D'une plate-forme située un peu en contrebas du sentier, juste avant les cascades, on voit bien les puissantes résurgences qui alimentent le plus grand fleuve du Maroc.

Reprendre la voiture, passer (à gauche) le pont sur l'Oum er Rbia et continuer tout droit.

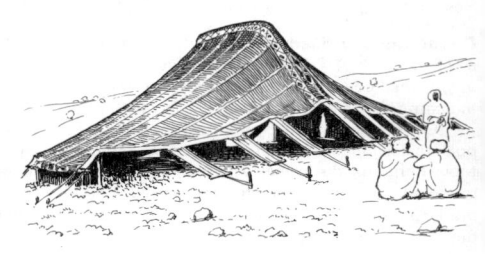

Khaïma.

La piste suit, en corniche, la rive de l'oued puis abandonne la vallée pour s'enfoncer dans la montagne boisée. Remarquer le type d'habitat mixte : tentes de nomades dressées auprès de petites maisons dont le toit à double pente est fait de planches de cèdre.

La piste fait place à une route goudronnée. Quelques kilomètres plus loin, carrefour : prendre la direction de l'aguelmame Azigza.

Aguelmame Azigza. — C'est un lac permanent logé dans une cuvette calcaire. De l'extrémité de la route goudronnée, vue sur le joli site de ce petit lac bleu cerné de chênes-verts.

De l'aguelmame à Khenifra, la route traverse encore de belles forêts de cèdres.

Khenifra. — Page 95.

Quitter Khenifra par la P 24, direction Azrou. Jusqu'à El Borj, la route remonte la vallée de l'Oum er Rbia. On quitte alors le pays zaïane pour retrouver le territoire des Beni Mguild.

Mrirt. — *Souk le jeudi.* Gros marché berbère particulièrement riche en chevaux.

Tout ce trajet de retour est dominé, à droite, par la corniche boisée du Moyen Atlas.

Aguelmame de Sidi-Ali★. — *55 km au Sud-Est d'Azrou par la P 21.*

On atteint l'aguelmame de Sidi-Ali par la route d'Azrou à Midelt, P 21, qui prend en écharpe le pays des Beni Mguild. *Une petite route, la S 332, s'embranche à gauche sur la P 21 et mène au bord du lac.*

Situé à plus de 2 000 m d'altitude, long de 3 km, il est dû à un barrage de roches volcaniques. On y pêche la truite, la carpe, la perche et le gardon. Sur les pentes en partie boisées qui l'entourent, des plaques de neige subsistent jusqu'au printemps, et les pâturages y attirent en été les pasteurs Beni Mguild. Sur la rive Est, le marabout de Sidi-Ali a donné son nom au lac.

Pour tout ce qui fait l'objet d'un texte ou d'une illustration dans ce guide (villes, sites, curiosités, rubriques d'histoire ou de géographie, etc.), reportez-vous à l'Index alphabétique, à la fin du volume.

BENI-MELLAL ★

Carte Michelin n° 169 - plis 16, 35 — 53 826 h. — *Souk le mardi.*

Entre le Moyen Atlas et la plaine céréalière du Tadla *(voir p. 7)*, s'allonge une étroite bande humide et riche appelée **« dir »** (ce mot, qui signifie «poitrail», illustre la manière brusque dont la chaîne montagneuse se termine sur la plaine). Là, Beni-Mellal est née de la présence de l'eau : les sources abondent autour de la ville, qu'enveloppent des plantations d'orangers et un vaste bois d'oliviers auxquels se mêlent des figuiers, des grenadiers, des abricotiers, des pêchers.

«Elle doit sa prospérité à ses immenses vergers dont les fruits s'exportent au loin», écrivait Charles de Foucauld en 1888. Les oranges de Beni-Mellal sont parmi les meilleures du Maroc.

Le barrage de Bin-el-Ouidane *(voir p. 56)* a modifié l'économie du Tadla et donné à cette petite ville une impulsion dont témoigne l'artère principale qu'emprunte la route P 24 où se succèdent les édifices publics, les coopératives, les banques.

★ LE TOUR DE L'OLIVERAIE

Circuit de 11 km — environ 1 h. Itinéraire indiqué sur le schéma ci-dessous.

La route s'embranche sur la P 24, à gauche, au grand carrefour que l'on rencontre après la Poste, lorsqu'on va dans la direction de Marrakech.

De vastes orangeraies précèdent le très joli **bois d'oliviers** qui est la parure de Beni-Mellal. Sillonné de ruisseaux et de séguias alimentés par des sources vauclusiennes, il constitue un lieu de promenade délicieux.

Âin-Asserdoun. — A 3,5 km de Beni Mellal, cette source limpide et fraîche, d'un débit moyen de 1 500 litres à la seconde, jaillit du rocher pour s'écouler dans un canal coupé de chutes, avant d'aller contribuer à l'irrigation des jardins et des vergers. Autour d'elle, un agréable jardin public a été aménagé.

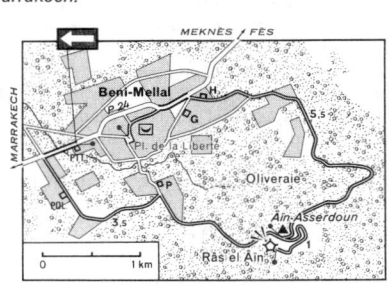

A hauteur de la source, prendre à droite une route en lacets.

Borj Râs el Âin. — Juché sur un piton boisé, il domine ce site noyé dans la verdure. Les pentes sont par endroits couvertes de **tikiout**, sorte d'euphorbe dont la tige renferme un suc laiteux très caustique.

A l'extrémité d'une plate-forme, le borj en partie ruiné se détache sur la plaine. De là, on découvre un très beau **panorama★** sur Beni-Mellal sertie de son oliveraie où pointent quelques cyprès; à perte de vue, la plaine du Tadla étale ses vergers et ses champs irrigués.

De retour à la source, prendre à droite.

On rentre dans Beni-Mellal par la nouvelle médina, puis on débouche sur la place de la Liberté, spacieuse et bordée d'arcades.

EXCURSION

Barrage et lac de Bin-el-Ouidane★★; cascades d'Ouzoud★★; gorges de l'oued el Abid★. — Circuit de 215 km, dont une trentaine de km de piste praticable seulement à la belle saison et lorsque le sol est très sec : se renseigner à Beni-Mellal et à Ouzoud. Compter une journée et prévoir éventuellement un pique-nique (seule possibilité de restauration : à Bin-el-Ouidane).

Sortir de Beni-Mellal par la P 24 en direction de Marrakech, et à Oulad-Moussa, prendre à gauche la route 1802. Celle-ci s'élève doucement en lacets, offrant dans sa partie en corniche des vues de plus en plus étendues sur la plaine du Tadla. Puis, dominée sur la gauche par le jbel R. Nim (2 411 m), elle franchit un petit col avant de s'enfoncer définitivement dans le Moyen Atlas.

Peu après le col, on découvre le lac artificiel de Bin-el-Ouidane. Çà et là, des fermes fortifiées, en pisé ou en pierre ocre, à toit plat fait de terre et de branchages, et cantonnées de tourelles carrées, annoncent les tirhremts *(p. 157)* du Sud.

BENI-MELLAL★

Barrage et lac de Bin-el-Ouidane★★. — L'énorme barrage «voûte» a été construit sur l'oued el Abid, en amont des très belles gorges *(voir ci-dessous)* que ce cours d'eau a creusées dans le Moyen Atlas. D'une longueur de 280 m à la crête, épais de 28 m à sa base et de 5 m au sommet, il présente une hauteur de 132 m.

L'immense lac de retenue (3 735 ha) s'inscrit dans un magnifique cadre de montagnes. Ses rives extrêmement sinueuses et en pente très douce, ses innombrables petits îlots ou promontoires, et un boisement intensif depuis la construction du barrage, ont ôté à ce paysage toute sévérité.

La capacité du lac-réservoir est de 1 500 millions de m^3. L'usine hydro-électrique installée au pied du barrage produit en moyenne 260 millions de kWh par an.

A 4 km en aval, le barrage d'Aït-Ouarda dérive, grâce à une galerie souterraine longue de 10,6 km percée sous le jbel Tazerkount, les eaux de décharge de cette usine. Celles-ci, après une dénivellation de 235 m viennent alimenter l'usine d'Afourèr dont la production moyenne annuelle est de 530 millions de kWh.

L'aménagement de l'oued el Abid a en outre permis de créer dans la plaine du Tadla un vaste réseau d'irrigation couvrant 65 000 ha sur la rive gauche de l'Oum er Rbia. Cette région est devenue l'une des plus riches du pays grâce à un système d'assolement qui fait alterner, entre autres cultures, le blé et surtout une variété de coton à longue fibre très appréciée.

De la petite route qui s'embranche sur celle d'Afourèr et descend vers le pied du barrage, on a une très bonne vue sur l'énorme muraille barrant la cluse aux versants calcaires boisés.

La route S 508 franchit en crête le barrage et s'élève au-dessus du lac en de nombreux lacets — dans un paysage tourmenté et rude —, offrant, sur plus de 6 km, des **vues★** de plus en plus larges sur l'immense étendue d'eau. Au loin, se profile la chaîne du Haut Atlas, enneigée durant une grande partie de l'année.

Après la traversée du plateau d'Azilal, on prend à droite la route 1811 qui, dans une région vallonnée et très verdoyante au printemps, conduit à la kasba d'Ouzoud, toute proche des cascades.

Cascades d'Ouzoud★★. — *Visite : 3/4 h. Se faire accompagner par l'un des guides qui se présentent (rétribution).*

Cette splendide chute d'eau de plus de 100 m de hauteur constitue l'une des attractions naturelles les plus remarquables de l'Atlas marocain. Elle permet à l'oued Ouzoud, torrent montagnard abondant en toutes saisons, de rejoindre le canyon de l'oued el Abid, à 1 km de là.

Un chemin glaiseux que les embruns rendent glissant, mais qui est jalonné de marches et facile à parcourir par temps sec, conduit parmi les oliviers au pied de la cascade. Ce sentier offre sur les chutes des points de vue de plus en plus rapprochés. On peut descendre presque au fond de la dépression où le torrent se précipite dans un bruit assourdissant.

Un autre sentier permet de remonter jusqu'en haut de la chute, d'où la vue sur le gouffre est impressionnante. Au bord de celui-ci, plusieurs petits moulins à blé installés dans d'étroites cabanes fonctionnent encore.

Dans les épaisses frondaisons qui bordent les cascades, le touriste aura la surprise d'apercevoir des singes en liberté.

Au cas où l'état des pistes rendrait impossible la poursuite de l'itinéraire par les gorges de l'oued el Abid, emprunter après avoir visité les cascades la variante de retour par Afourèr (voir p. ci-contre). Sinon, devant la kasba d'Ouzoud, prendre la piste qui fait suite à la route goudronnée.

Cascades d'Ouzoud.

Gorges de l'oued el Abid★. — Après avoir traversé un petit bassin cultivé et peuplé de pittoresques villages aux maisons ocre, on s'élève pour longer bientôt, de loin, l'oued el Abid. Ce torrent actif, principal affluent de l'Oum er Rbia, a creusé dans la partie occidentale du Moyen Atlas des gorges profondes de 400 à 600 m, dont la muraille se dresse sur la gauche, rouge et abrupte, mais dont on ne peut voir le fond.

Puis la piste mauvaise et étroite, tracée en corniche au-dessus des parois verticales, descend brusquement en des lacets impressionnants vers l'oued qu'elle franchit sur un pont métallique d'où on peut voir l'entrée du canyon.

Plus au Nord, on parcourt une région qu'occupent des champs de blé et de petits bois d'oliviers, et qu'animent quelques villages étagés sur les pentes.

On retrouve la route goudronnée à Moulay-Aïssa-Bendriss où on laisse à droite celle qui conduit à Aït-Attab.

La descente vers la P 24 qu'on prend à droite pour revenir à Beni-Mellal offre de larges vues sur la plaine du Tadla.

★ BENI-MELLAL

Variante de retour par Afourèr. — *Allongement de parcours de 32 km.*
Après la visite des cascades d'Ouzoud, revenir à Bin-el-Ouidane où, une fois franchi le barrage, on prend à gauche la route d'Afourèr. Celle-ci suit d'abord, dans un cadre très boisé, le cours de l'oued el Abid qu'elle domine. Après un parcours sinueux en montagne, on découvre brusquement la plaine du Tadla. La descente vers Afourèr offre une succession de **vues**★ quasi aériennes sur cette vaste étendue où les cultures découpent une infinité de petites bandes et où courent des canaux d'irrigation.

La P 24, à droite, ramène à Beni-Mellal.

Les estimations de temps indiquées pour chaque itinéraire correspondent au temps global nécessaire pour bien apprécier le paysage et effectuer les visites recommandées.

BOULÂOUANE (Kasba de) ★

Carte Michelin n° 169 - pli 14.

La région de Boulâouane est connue pour l'honorable vin gris qu'on tire de ses vignobles; ceux-ci ont trouvé leur terre d'élection le long du talus que forme le plateau des Rehamma au-dessus des plaines atlantiques.

Mais elle recèle aussi une **kasba** dont les ruines sont encore imposantes et le **site**★ remarquable. De quelque route qu'on arrive, on aperçoit de loin cet étrange château-fort juché sur un promontoire dominant une boucle de l'Oum er Rbia.

Légende... et histoire. — On raconte qu'à l'un des passages de Moulay Ismaïl *(voir p. 109)*, les gens de la région vinrent lui offrir, comme n'ayant rien de plus précieux, une ravissante jeune fille nommée Halima. Les charmes de la nouvelle favorite opérèrent si bien sur le terrible sultan qu'il la mena sur la plus haute tour de la kasba et lui dit : « Je te donne, à tes frères et à toi toutes les terres que tu peux apercevoir. » Boulâouane devint la résidence de Halima. A la mort de celle-ci, Moulay Ismaïl fit fermer le château et n'y revint plus.

On ne sait si Halima a jamais existé. Il est certain, en tout cas, que la kasba de Boulâouane fut bâtie par Moulay Ismaïl afin de tenir le pays en respect et pour assurer la levée de l'impôt dont on entreposait les prestations en nature dans les vastes magasins de la forteresse.

VISITE *durée : 1/2 h*

On atteint la kasba en auto en prenant la petite route signalisée qui se détache de la S 128. Gardien sur place.

1 km avant d'arriver, un coude de la route à gauche, offre la plus belle **vue**★ de la kasba, dont l'enceinte est bien conservée de ce côté.

Laisser la voiture devant la **porte** monumentale, très sobre, surmontée d'une inscription donnant le nom du sultan bâtisseur et la date de 1710.

Au pied de la tour d'où Halima découvrit son domaine, s'étendaient les appartements du château : il en reste peu de choses (patio dont les murs ont conservé des fragments de plâtre sculptés). A gauche, le minaret de la mosquée est resté debout. Une impression de grandeur et de solitude se dégage de ces ruines. Le tour partiel des remparts offre de belles **perspectives**★ sur la kasba et les méandres encaissés de l'Oum er Rbia.

(Photothèque Royal Air Maroc.)

Fantasia.

CASABLANCA ★

Carte Michelin n° 169 - plis 14 et 11 — 1 506 373 h. — *Lieu de séjour, p. 44.*

Si la plupart des villes marocaines portent le poids d'un long passé, celle-ci incarne le Maroc moderne et préfigure celui de demain. C'est une étape indispensable à la connaissance de ce pays. D'ailleurs, cette cité tapageuse ne laisse pas indifférent. On l'aime ou on la déteste, mais on subit nécessairement son dynamisme, on est étonné par la rapidité de sa croissance, on suppute son avenir.

TROIS NAISSANCES POUR UNE VILLE

Anfa. — Casablanca est une appellation moderne. Autour de la colline qui a gardé le nom d'Anfa, il y avait au Moyen Age une petite cité berbère. Son port trafiquait avec les Espagnols, les Portugais, les villes italiennes; il abritait aussi une flottille de corsaires.

C'est la course qui causa les malheurs d'Anfa : ses principales victimes, les Portugais, décidèrent de supprimer ce repaire. En 1468, la ville est mise à sac, brûlée, démantelée, vidée de ses habitants; pendant trois siècles ses ruines restent désertes.

Dar el Beïda. — La ville renaît à la fin du 18ᵉ s., sous l'impulsion du sultan Mohammed ben Abdallah. Mais elle a changé de nom. Sans doute à cause d'une grande bâtisse servant de repère aux voyageurs, on l'appelle Dar el Beïda — c'est-à-dire « Maison Blanche »; pour les Européens « Casa Blanca » suivant la formulation espagnole.

Au milieu du siècle suivant, la demande européenne de grains et de laines et l'avènement de la navigation à vapeur sollicitent l'expansion de Dar el Beïda (la ligne Marseille-Casablanca de la Cie Paquet date de 1862). Profitant de cette conjoncture favorable, Dar el Beïda compte à la fin du siècle environ 20 000 âmes et son port dispute à Tanger le premier rang. C'est pourtant bien peu de choses encore en regard du destin qui l'attend.

Casablanca. — Sous ce nom, qui prévaut désormais, le port et la ville vont réaliser leur grande mutation du 20ᵉ s.

En 1907, le gouvernement chérifien confie à une entreprise française la construction d'un petit port artificiel. C'est « la troisième naissance de Casablanca ». Mais c'est aussi l'occasion d'un incident sanglant qui provoque l'intervention armée de la France. A cette époque, des commerçants étrangers (Français surtout) affluent à Casablanca et commencent à bâtir en bordure de la médina.

En 1912, Lyautey décide — contre l'avis de plusieurs experts — de faire de Casablanca non seulement un grand port mais le centre économique du Maroc. L'architecte Prost est chargé d'édifier la ville nouvelle et d'en planifier le développement.

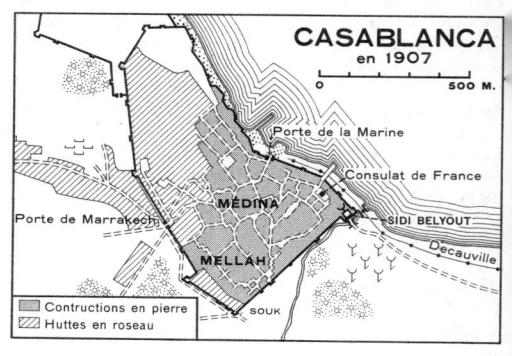

(D'après « l'Illustration » du 10 août 1907.)

Casablanca connaît désormais une croissance à l'américaine. Le grand commerce s'installe et les banques prospèrent. Avec l'apparition des industries, la ville attire de très nombreux ruraux. De 60 000 habitants en 1912 la population passe à 263 000 en 1936, 682 000 en 1952; elle approche le million en 1960 !

MÉTROPOLE ÉCONOMIQUE

Quelques chiffres. — Casablanca est aujourd'hui la plus grande ville du Maghreb, la troisième du continent africain. A l'intérieur de son énorme périmètre (113 km², plus que Paris intra-muros) vivent un million et demi d'habitants — parmi lesquels la plus importante communauté française à l'étranger. Cela représente plus de 4 fois la population de Fès ou de Marrakech et 10 % de la population totale du Maroc.

La ville groupe 51 % des entreprises industrielles, où dominent alimentation, métallurgie et textile. Elle consomme la moitié de l'énergie électrique du pays, elle compte le tiers des abonnés au téléphone, paie plus de la moitié de l'impôt sur les bénéfices. Siège de presque toutes les banques, elle draîne 50 à 60 % des disponibilités monétaires...

Ce gigantisme est directement lié à l'importance exceptionnelle du port *(détails p. 63)*. La ville dispose, en outre, de deux aéroports : Anfa pour les lignes intérieures, Nouasser pour les relations internationales.

La vie à Casa. — On comprendra qu'un tel rôle et un pareil essor aient favorisé ici l'éclosion d'un nouveau type de citadin, fortement marqué par l'influence de l'Occident. A ce Casablancais on reconnaît l'esprit d'entreprise, le parti-pris de modernisme et... l'indifférence au vacarme; quelque peu gouailleur, il a le quolibet facile et, tout compte fait, une grande bonhomie.

Industrieuse, Casablanca est animée d'une bruyante activité et d'une circulation intense. Cosmopolite, elle draîne une foule bigarrée qui vient de tous les lieux et même, pourrait-on dire, de toutes les époques. Moderne, elle offre tout ce qu'on peut demander de commodités et d'attraits à une grande ville : magasins, espaces verts, grands cafés, spectacles nombreux. La route de la corniche est l'agglomération joyeuse des piscines, des terrains de sport, des restaurants ou des guinguettes. La nuit, la ville brille de tous ses feux.

CASABLANCA
AGGLOMÉRATION

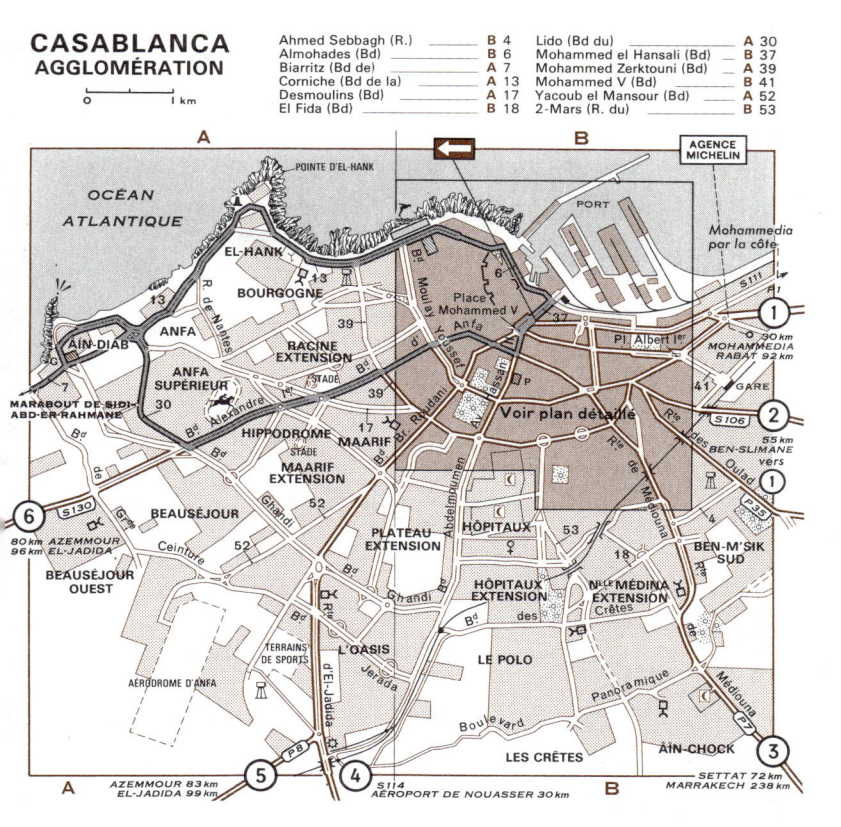

Ahmed Sebbagh (R.)	B 4	Lido (Bd du)		A 30
Almohades (Bd)	B 6	Mohammed el Hansali (Bd)		B 37
Biarritz (Bd de)	A 7	Mohammed Zerktouni (Bd)		A 39
Corniche (Bd de la)	A 13	Mohammed V (Bd)		B 41
Desmoulins (Bd)	A 17	Yacoub el Mansour (Bd)		A 52
El Fida (Bd)	B 18	2-Mars (R. du)		B 53

■ PRINCIPALES CURIOSITÉS

Circuit à faire en voiture — environ 1 h 1/2 — plan p. 60

Place Mohammed V (DY). — C'est le berceau de la ville moderne. Ici, sous les murs de la vieille médina il n'y avait, au début du siècle, qu'un terrain vague où se tenait le souk.

Il est devenu très vite le cœur de la cité. Les grandes artères y convergent, groupant aux abords de la place les bazars multicolores (boulevard Mohammed el Hansali), les palaces, banques, agences de voyages (avenue de l'Armée-Royale), les cinémas, brasseries et commerces de luxe (boulevard Mohammed V et rues adjacentes).

Partir par le bd Mohammed V, et gagner le bd Victor-Hugo (Sud-Est du plan).

Après avoir longé le palais du roi (FZ), on atteint la nouvelle médina. Par la rue qui descend à gauche de la Mahakma du Pacha, on débouche sur la place de la mosquée Mohammed V où on laissera la voiture.

Nouvelle médina★ (EFZ). — Le développement rapide de Casablanca avec ses besoins croissants de main-d'œuvre attira, de tout le pays, des milliers de gens en quête d'un emploi. Ils s'installèrent d'abord près de l'ancienne médina, puis autour de la ville, dans de misérables campements de fortune. Pour résorber ces bidonvilles, on éleva, en 1923, la nouvelle médina, où, tout en respectant le style et les habitudes traditionnels, les architectes obéirent aux règles de l'urbanisme moderne.

Les environs immédiats de la place de la Mosquée, et spécialement la partie de la médina située au Nord-Est de celle-ci, offrent de pittoresques ruelles bordées d'arcades sous lesquelles tiennent boutique marchands d'étoffes et de souvenirs; on verra le souk aux cuivres où les artisans façonnent et polissent chaudrons, plateaux et brûle-parfums. Pousser jusqu'à la petite place Moulay Youssef où se dresse la seconde mosquée de la médina.

La **Mahakma du Pacha** (FZ), bel édifice terminé en 1952, abrite à la fois les séances du tribunal et les réceptions du pacha. La décoration de ses cours et de ses 64 salles utilise toutes les ressources de l'art marocain : plafonds de cèdre, sculptures sur plâtre, carreaux de faïence, grilles de fer forgé. *(Entrée provisoirement interdite.)*

Reprendre la voiture et quitter la place par la rue Iman el Gastalani. Tourner à gauche dans le boulevard Victor-Hugo.

Le **parc Murdoch** (EZ) est un joli jardin bien ombragé.

Arrêter la voiture au rond-point de l'Europe.

Église N.-D.-de-Lourdes★ (DZ). — *Visite de 8 h 30 à 12 h et de 15 h à 19 h.*

Cette église moderne a été achevée en 1956 sur les plans de M. Dangleterre. C'est un haut vaisseau de béton brut. L'intérieur retiendra l'attention par la coloration de ses **verrières**★ qui contraste avec le revêtement de bois du chœur. En effet, outre les longues baies qui éclairent latéralement la nef principale, les murs des bas-côtés sont entièrement formés de panneaux de vitrail; sur fond «tapis marocain» sont illustrés, à gauche, le dogme de l'Immaculée Conception et les apparitions de Lourdes, à droite, les autres apparitions de la Vierge. Ces verrières sont dues à M. Gabriel Loire, maître-verrier à Chartres.

CASABLANCA CENTRE

0 — 300 m

Briand (R.-A.)	DY
Chénier (R.)	DY 12
Houmane el Fetouaki (Av.)	DY 24
Idriss Lahrizi (Av.)	DY 25
Mohammed V (Bd)	DEY
Paris (Bd de)	DY
Poincaré (R.)	DY
Abdelkrim Diouri (R.)	EY 2
Abderrahmane Sehraoui (R.)	DY 3
Bandœng (Pl. de)	FY 6
Chakib Arsalane (R.)	DX 10
Dar el Toubib (R.)	DY 14
Denoueix (Rd Pt)	FY 16
Fraternité (Pl. de la)	CY 20
Guedj (R. F.-et-M.)	DY 31
Hassan II (Rd Pt)	DZ 22
Jemaa es Souk (R.)	EY 27
Lafayette (R.)	FY 28
Luneville (R. de)	EZ 31
Mermoz (Pl.)	CY 34
Mers Sultan (Rd Pt)	DYZ 35
Mohammed el Hansali (Bd)	DY 37
Mohammed el Quorri (R.)	EY 38
Moulay Youssef (Pl.)	FZ 42
Oued el Makhazine (Pl.)	DY 43
Oulad Ziane (R. des)	EY 46
Paquet (Pl. Nicolas)	EY 47
Synagogues (R. des)	EY 49
Tnaker (R.)	DX 50
Victoire (Pl. de la)	EY 51
20-Août (Pl. du)	EY 55

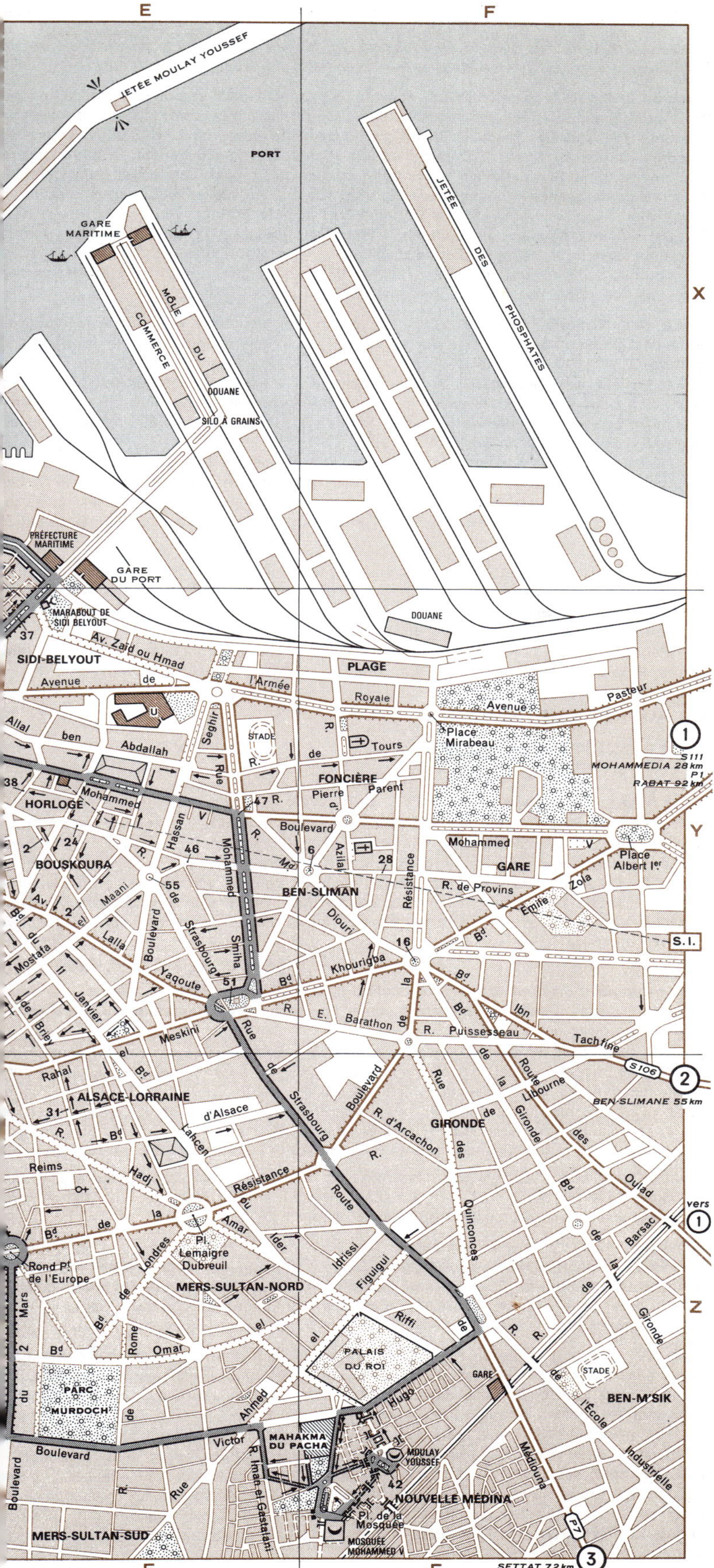

E
F
X
Y
Z
JETÉE MOULAY YOUSSEF
PORT
GARE MARITIME
MÔLE DU COMMERCE
DOUANE
SILO À GRAINS
JETÉE DES PHOSPHATES
PRÉFECTURE MARITIME
GARE DU PORT
MARABOUT DE SIDI BELYOUT
DOUANE
37
Av. Zaïd ou Hmad
SIDI-BELYOUT
PLAGE
Avenue de l'Armée Royale
Avenue Pasteur
Place Mirabeau
1
S111
MOHAMMEDIA 28 km
P1
RABAT 92 km
Allal ben Abdallah
Rue Seghir
STADE
R. de Tours
R. Pierre Parent
38
HORLOGE
Mohammed
47
FONCIÈRE
Boulevard Mohammed V
Place Albert Ier
Hassan
Rue Mohammed Smiha
R. Md d'Azilal
6
28
GARE
V
2
24
BOUSKOURA
46
55
BEN-SLIMAN
Résistance
R. de Provins
Emile Zola
Av. 2
Maani
Lalla
Boulevard
Strasbourg
Diouri
16
Bd
S.I.
Bd du
Mostafa
11 Janvier
Yaqoute
51
Bd
Khouribga
Bd
Bd
de Briey
R. E. Barathon
de la
R. Puissesseau
Bd Ibn Tachfine
Meskini
Rue de Strasbourg
el
Bd
S106
2
BEN-SLIMANE 55 km
Rahal
ALSACE-LORRAINE
Boulevard
Rue
Route de Libourne
31
R.
Bd
d'Alsace
R. d'Arcachon
GIRONDE
la Gironde
des
R.
Lancen
Hadj
Reims
Résistance
du
Route
des Quinconces
Bd
Oulad
vers 1
Bd de la
Amar
Barsac
Pl. Lemaigre Dubreuil
Rond Pt de l'Europe
Bd de Londres
Ider
Idrissi
MERS-SULTAN-NORD
Figuigui
de la
Mars
2
el
Riffi
de
R.
R. de
Gironde
Bd
Rome
Omar
el
PALAIS DU ROI
Ahmed
du
GARE
STADE
BEN-M'SIK
PARC MURDOCH
de
Hugo
de l'Ecole
Victor
MAHAKMA DU PACHA
Industrielle
Boulevard
R. Imam el Castalani
MOULAY YOUSSEF
Médiouna
Boulevard
R.
Rue
42
NOUVELLE MÉDINA
Pl. de la Mosquée
P7
MERS-SULTAN-SUD
MOSQUÉE MOHAMMED V
3
SETTAT 72 km
MARRAKECH 238 km

CASABLANCA★

Descendre l'avenue de Mers-Sultan jusqu'au rond-point et prendre à gauche le boulevard A.-Reitzer, traverser l'avenue Hassan II et prendre le boulevard Moulay Youssef.

Parc de la Ligue Arabe★ (CDYZ). — C'est le plus grand espace vert de Casablanca, magnifique promenade aux frais ombrages au milieu de la ville. En bordure du stade se trouve un monument à **Charles de Foucauld**. Cet officier de cavalerie entreprit en 1883 une aventureuse « reconnaissance au Maroc ». Déguisé en juif, il parcourut le Rif, franchit le Haut Atlas et atteignit l'extrême Sud marocain; les notes et croquis qu'il rapporta enrichirent considérablement les connaissances géographiques et ethnographiques sur le Maroc. Devenu prêtre, il devait mourir assassiné en 1916 à Tamanrasset, dans le Hoggar.

Dans la rue d'Alger, sur la droite, s'élève la **cathédrale** (DY) du Sacré-Cœur, dont la haute nef blanche est égayée par les taches vives des vitraux.

Tourner à droite pour rejoindre l'avenue Hassan II, belle artère qui descend vers la place des Nations-Unies où l'on garera la voiture.

Place des Nations-Unies★ (DY). — Elle groupe les bâtiments des principaux services administratifs, en un bel ensemble d'architecture musulmane moderne inspirée des traditions nationales.

A l'Ouest, une **fontaine** (DY A) monumentale a été récemment édifiée : à certaines heures on peut y admirer les jeux d'eau lumineux accompagnés de musique arabe, européenne et asiatique *(le vendredi, samedi, dimanche de 20 h 30 à 21 h 30 et le mardi, jeudi, vendredi, samedi, de 17 h 30 à 18 h 30).*

De l'autre côté de l'avenue Hassan II, la partie Est de la place est aménagée en un jardin public que bordent le très harmonieux **Palais de Justice** (DY J) et la Préfecture. Entre ces deux bâtiments, la statue du maréchal Lyautey a trouvé refuge derrière les grilles du Consulat de France : c'est une œuvre de François Cogné, le sculpteur du Clemenceau des Champs-Élysées à Paris

Préfecture (DY P). — Cet édifice se signale de loin par sa haute tour. Du haut de celle-ci (50 m) on découvre une **vue**★ circulaire sur la ville, le port et les environs. *Visite de 8 h à 18 h (9 h à 17 h pendant le mois du ramadan); ascenseur. S'adresser au concierge, à droite de l'entrée.*

Reprenant la voiture, continuer de suivre l'avenue Hassan II qui descend vers le quartier animé de la place Mohammed V.

■ AUTRES CURIOSITÉS

★ CIRCUIT DE LA CORNICHE
15 km — 1 h 1/2 — plan p. 59

Partir en auto de la place Mohammed V en direction du port.

Le boulevard Mohammed el Hansali est bordé par des bazars et la kissaria où, l'après-midi, se font des ventes à la criée; on laisse à droite le marabout de Sidi Belyout, tombeau du saint protecteur de la ville. Au carrefour de l'entrée du port prendre à gauche le boulevard des Almohades qui longe les anciens remparts dont on voit encore un bastion armé de vieux canons. Le boulevard Sour Jdid conduit juste en face de la piscine Orthlieb, l'une des plus grandes du monde, creusée dans le roc au-dessus de l'océan. *Laisser la voiture devant l'aquarium.*

Aquarium★ (CX). — *Visite de 8 h 30 à 12 h 30 et de 14 h 30 à 18 h 30; de 12 h à 17 h pendant le mois du ramadan. Fermé le lundi matin. Entrée : 1 DH.*

Des bassins lumineux encastrés dans les parois de la grande salle, présentent 50 espèces de la faune marine.

On remarquera les chiens de mer (bassin 1), de la famille des squales; les murènes au long corps souple tacheté (7); de nombreuses espèces de la famille des sparidés dont d'énormes dorades (9); les amusantes bécasses de mer, d'une famille proche de l'hippocampe (19); les rascasses à la peau pustuleuse (24); les aigles de mer, poissons plats en forme de losange dont le souple ondoiement évoque le vol d'un oiseau (33); quelques crocodiles du Cameroun à museau carré (44), et du Nil (47).

Reprendre la voiture. Continuer à longer l'océan, laisser sur la droite le phare et la pointe rocheuse d'**El-Hank**; se diriger vers Aïn-Diab, au-dessus de la belle plage bordée de nombreux établissements de bains et de tout un chapelet de piscines.

Aïn-Diab (A). — La station balnéaire d'Aïn-Diab, dont la pointe offre une jolie vue sur l'océan et la côte, possède une **plage** de sable fin aménagée. Autour d'elle, villas, hôtels, restaurants, cabarets et dancings, sont le rendez-vous des Casablancais. On pourra pousser le long de la côte, à 3 km, jusqu'au marabout très fréquenté de **Sidi-Abd-er-Rahmane**, sanctuaire vénéré, pittoresquement bâti sur un rocher accessible seulement à marée basse.

Anfa (A). — Sur la route du retour, Anfa est un élégant quartier résidentiel construit sur une colline dominant toute la ville. On appréciera les grandes avenues fleuries, les parcs verdoyants et surtout les splendides villas dont la variété illustre l'évolution des conceptions architecturales des années 30 à nos jours.

En janvier 1943, deux mois après le débarquement anglo-américain sur les côtes d'Afrique du Nord, Anfa vit se dérouler — entre le président Roosevelt et Winston Churchill — la **conférence de Casablanca**, au cours de laquelle la date du débarquement allié sur les côtes françaises fut fixée au printemps de l'année suivante. A cette occasion fut ménagée la difficile rencontre entre les généraux de Gaulle et Giraud. C'est également à Anfa que Roosevelt reçut secrètement le sultan Mohammed V pour s'entretenir avec lui de l'avenir du Maroc.

Contournant l'hippodrome on reviendra à la place Mohammed V.

★ CASABLANCA

L'ANCIENNE MÉDINA ET LE PORT

Ancienne Médina (DXY). — *Partir de la place Mohammed V et suivre à pied l'itinéraire indiqué sur le plan p. 60.*

Elle offre un contraste saisissant avec les artères modernes qu'on a parcourues jusqu'ici. Le voyageur qui ne peut visiter les médinas des grandes cités de l'intérieur du Maroc, aura au moins un aperçu de ce qu'était une ville musulmane dans les siècles passés.

Entrant par la rue Chakib Arsalane, on parcourt un labyrinthe de ruelles grouillantes de monde, bordées d'échoppes de commerçants et d'artisans. Revenant vers le Sud par le boulevard Tahar el Alaoui qui longe les vieux remparts, on remarque, à droite, l'amusant alignement des boutiques de barbiers. Franchir la muraille par la porte de Marrakech et prendre aussitôt à droite la rue Dar el Toubib.

Cette rue s'enfonce dans le **mellah** : bordée de boutiques de bouchers, elle est l'une des plus vivantes et des plus curieuses de cet ancien quartier juif. A son extrémité, suivre la rue des Synagogues puis tourner à gauche dans la rue Jemaa es Souk qui ramène à la place Mohammed V.

Port*. — Les conditions naturelles n'étaient guère, ici, favorables à la réalisation d'un grand port et les travaux commencés en 1907 *(voir p. 58)* étaient notoirement insuffisants. Tout était à faire lorsque Lyautey débarqua à Casablanca. L'obstination du Résident Général vint à bout de difficultés qui pouvaient paraître insurmontables (la houle emporta à plusieurs reprises les ouvrages en construction). Dès 1930, avec un trafic de 3 millions de tonnes, le port était connu dans le monde entier.

Depuis la fin de la Seconde Guerre mondiale, le tonnage a progressé de façon spectaculaire, malgré le transfert à Mohammedia *(p. 118)* de la plus grande part du trafic pétrolier.

Équipement actuel. — A l'abri d'une grande jetée de plus de 3 km (jetée Moulay Youssef) et de la jetée des Phosphates, près de 7 km de quais sont utilisés.

Au fond de la rade, la partie la plus ancienne est occupée par un bassin de plaisance, une forme de radoub et le port de pêche. Au-delà, 3 grands môles et la jetée des Phosphates se partagent l'essentiel des activités. Le plus étendu est le môle du Commerce où le silo à grains (40 000 t de capacité) a intégré depuis longtemps sa haute silhouette au paysage du port. Quant à la jetée des Phosphates, où aboutissent les convois de Khouribga, les installations de l'O.C.P. *(voir p. 10)* y déploient leurs 420 000 t de capacité de stockage : chacun des 8 portiques peut assurer une cadence de chargement de 600 t à l'heure.

Activité. — En 1972 le nombre des navires entrés et sortis approchait 9 800. Le tonnage total atteignait 15 106 000 t (Bordeaux, la même année : 13 836 000 t), ainsi répartis :
   12 359 000 t à l'exportation (dont 90 % pour les phosphates)
   2 747 000 t à l'importation.

De plus le port voit passer chaque année plus de 100 000 passagers.

Le Maroc a été doté avec Casablanca d'un port véritablement national : à lui seul il assure 70 % du trafic marocain. Il doit cette prépondérance à l'exportation des phosphates qui fait de lui le 1er port phosphatier dans le monde.

Au premier rang de l'Afrique, il semble appelé à un avenir plus brillant encore, puisque déjà on projette de doubler encore la surface de ses installations.

Pour visiter le port, il faut un laisser-passer qu'on peut obtenir à la Préfecture Maritime angle du bd Mohammed el Hansali et du bd des Almohades) : s'adresser au 5e étage, de 8 h 30 à 12 h et de 14 h 30 à 18 h. Attention : pour aller des môles à la jetée Moulay Youssef, il faut sortir du port et y rentrer ; conserver le laisser-passer.

C'est de la jetée Moulay Youssef qu'on a la meilleure **vue** sur le paysage portuaire et l'océan.

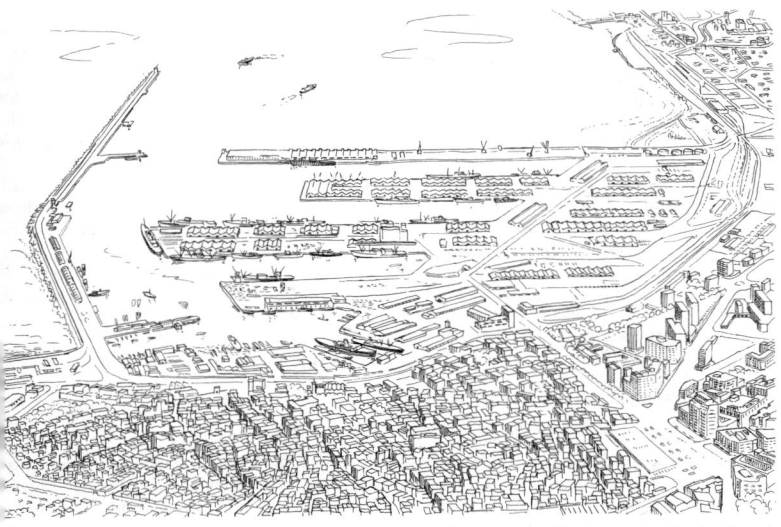

(D'après photo Flandrin, Casablanca.)

Casablanca. — Le port.

CASABLANCA★

EXCURSIONS

Cascade de Mizab. — *25 km, puis 1/4 h de marche AR. Sortir par ① du plan et, à 22 km de Casablanca, tourner à droite dans la petite route goudronnée qui longe un bois d'eucalyptus. 2 km plus loin, près d'un cimetière dominé par un marabout, emprunter la route de droite. Un peu plus loin, parking où laisser la voiture. Un sentier, à droite, conduit à une passerelle de bois. La franchir et tourner à gauche devant le restaurant «A Bagatelle», un escalier mène au pied de la cascade.* Celle-ci est formée par l'oued el Hasser, un affluent de l'oued Mellah. Elle coule avec abondance, même en plein été, dans un ravin d'une délicieuse fraîcheur, verdoyant et fleuri, paradis des tourterelles.

Mohammedia. — *28 km par la route côtière. Sortir de Casablanca par la S 111. Page 118.*

CÈDRES (Forêt de) ★★

Carte Michelin n° **169** - plis 16, 17 et 27.

Les cèdres de l'Atlas sont justement célèbres. Les peuplements les plus beaux et les plus importants se rencontrent dans le Moyen Atlas central, d'Ifrane au col du Zad où ils couvrent environ 75 000 ha; on en comptait bien davantage dans le passé, mais une exploitation désordonnée, aggravée par le pâturage excessif des chèvres, a causé des ravages jusqu'à ce qu'on se préoccupe — à partir de 1916 — de protéger la forêt. Ils s'accommodent de sols très divers mais redoutent la sécheresse; aussi fréquentent-ils principalement les versants exposés aux vents d'Ouest.

Les premiers cèdres apparaissent entre 1 500 et 1 600 m d'altitude et s'associent d'abord aux chênes zéens et aux chênes-verts. Plus haut, autour de 2 000 m, les cédraies sont dans toute leur splendeur. Leurs sous-bois, qui rappellent souvent un paysage de parc, se parent en avril de pivoines sauvages.

Ces seigneurs de la forêt ont un fût très droit qui peut atteindre jusqu'à 60 m de hauteur et 2 m de diamètre. Leur silhouette altière étale une ramure horizontale très caractéristique. Jeunes, ils se terminent par une flèche grêle produisant constamment des bourgeons; les vieilles cimes, au contraire, prennent une forme tubulaire. La longévité du cèdre est grande, et nombreux sont les sujets âgés de plus de deux siècles; certains arbres géants sont contemporains des sultans mérinides, c'est-à-dire qu'en France ils eussent été les témoins de la guerre de Cent Ans.

Le bois de cèdre — si apprécié dès l'Antiquité parce qu'imputrescible — embaume les souks de menuisiers dans toutes les grandes villes. Ébénistes et charpentiers l'emploient, et on sait le parti que les sculpteurs en ont tiré dans les palais, les médersas et les mosquées pour la décoration des plafonds, des linteaux et des auvents *(voir p. 25).*

Aux environs d'**Azrou** et d'**Ifrane** s'étend une belle forêt de Cèdres facilement accessible.

① ★ CIRCUIT DU MISCHLIFFEN

60 km au départ d'Azrou — environ 1 h 1/2

Sortant d'Azrou *(p. 53)* par la P 24 en direction de Fès, on circule à travers champs et vergers avant de se hisser jusqu'au rebord d'un plateau. De là, le **panorama ★** embrasse le Moyen Atlas, la plaine irriguée d'Azrou prolongée au Nord-Ouest par un moutonnement de collines volcaniques qui semblent aller battre la corniche du plateau d'El-Hajeb. Il est bientôt masqué par une forêt de très grands chênes, après quoi l'on débouche sur un terrain rocailleux qui monte en pente douce, sur la gauche, vers l'éminence volcanique du Koudiat

★★ Forêt de CÈDRES

Ifrane★. — *Page 88.*

A la sortie d'Ifrane, en vue du palais royal, prendre à droite la S 309 qui suit la limite inférieure de la forêt puis traverse un plateau aride. A une bifurcation, on emprunte la route 3206 *(signalisation : Mischliffen 9 km)* qui amorce aussitôt la montée vers le Tizi-n-Tretten bordé de cèdres sur les hauteurs. Du col (1 934 m), **vue** à gauche sur les grands sommets du Moyen Atlas (massif de Tichchoukt) par delà la dépression de l'oued Guigou. On pénètre bientôt dans une belle forêt de cèdres associés aux chênes et aux sapins.

Mischliffen★. — Une vaste cuvette herbeuse couronnée de cèdres compose le site du petit centre de sports d'hiver du Mischliffen où quelques chalets ont été aménagés.

Après le chalet du Ski-Club d'Ifrane, prendre à gauche la route en sens unique qui ramène à la 3206 qu'on reprendra en direction d'Azrou.

La route longe un vallon couvert de prairies très fréquentées par les troupeaux puis traverse en ligne droite un plateau tout bosselé de roches volcaniques au bout duquel se dresse le **Jbel Hebri** (2 104 m), cône volcanique couronné de cèdres.

Prendre à droite la P 21. La descente sur Azrou est très belle. La route serpente dans la cédraie parée ici de magnifiques sous-bois ; elle offre de remarquables **vues** sur la région d'Azrou.

② ★ CIRCUIT D'AÏN-LEUH

72 km au départ d'Azrou — environ 2 h 1/2

Quitter Azrou *(p. 53)* par la P 24, en direction de Fès. *Au bout de 4,5 km, prendre à droite la piste signalisée « cèdre Gouraud ».*

Cèdre Gouraud. — On s'élève rapidement jusqu'à la forêt où l'on rencontre de très beaux sujets — tel ce « cèdre Gouraud », à droite de la piste, reconnaissable à son énorme branche en forme de chandelier, qui atteint presque 10 m de circonférence à la base

Laisser à gauche, une première piste pour Aïn-Leuh et continuer jusqu'à la 3398. Cette route, revêtue au départ, présente par la suite plusieurs passages difficiles : on ne l'empruntera qu'avec précaution et par temps sec.

Les cèdres se raréfient peu à peu et ce sont les chênes-verts qui prédominent, avec d'agréables sous-bois. La route, qui suit longuement le sommet de la corniche du Moyen Atlas, procure de fréquentes échappées vers la droite : ces **vues**★ permettent d'apercevoir en contrebas Azrou, la vallée tourmentée du Tigrigra et, au loin, les hauteurs de la meseta marocaine *(voir p. 6)*. Après la traversée des vastes pâturages d'une plaine d'altitude, bordée de crêtes calcaires, on atteint la S 303 dans laquelle on tourne à gauche.

Aïn-Leuh. — Dans un virage on découvre Aïn-Leuh, blottie dans un vallon étroit, avec ses maisons brunes à toit plat et ses terrasses irriguées débordant de verdure. Ce gros bourg est un marché des Beni Mguild *(voir p. 53)* et un centre d'estivage ; on y travaille aussi le bois des forêts voisines.

En prenant *(1/4 h à pied AR)* un chemin qui se détache à droite de la S 303, à la sortie Sud d'Aïn-Leuh, on atteindra, à 400 m, une plate-forme naturelle d'où la **vue**★ est curieuse sur les terrasses étagées du vieux bourg.

A 2 km au Sud d'Aïn-Leuh, jolie cascade visible de la S 303.

Retour à Azrou par la S 303 puis la P 24.

A la sortie Nord d'Aïn-Leuh, descente rapide avec vue sur la forêt de Cèdres à droite et la plaine du Tigrigra devant soi. A partir de Tiouririne, on roule parallèlement à la corniche du Moyen Atlas dans un paysage de riches cultures, tandis qu'Azrou apparaît dans le lointain. Dans le dernier virage avant d'atteindre la ville, belle **vue**★ sur Azrou et son « village berbère ».

③ ★ PAYSAGE D'ITO

18 km au Nord-Ouest d'Azrou

Sortir par la P 21 en direction de Meknès. Après la traversée de la riche plaine irriguée de l'oued Tigrigra, la route s'élève en offrant de belles **vues** sur Azrou et son site. A 18 km d'Azrou, tandis que l'on suit en corniche le rebord du plateau d'El-Hajeb, un **panorama**★ se révèle à gauche sur la vaste dépression, barrée à l'horizon par les hauteurs boisées du Moyen Atlas, le paysage présente un chaos de petits reliefs : alignements de crêtes décapées par l'érosion, archipels de volcans éteints depuis le début du Quaternaire, fractures, coulées de laves. L'oued Tigrigra et ses affluents se fraient un passage à travers ce paysage dénudé qui, le soir sous l'éclairage rasant du soleil, prend un aspect fantastique qu'on a qualifié de lunaire.

Votre visite du Maroc sera plus facile
et plus intéressante si vous connaissez quelque peu :

— *les préceptes et les coutumes de l'Islam*
— *la physionomie du pays*
— *les traits dominants de son économie*
— *les grandes dates de son histoire*
— *l'originalité de son art*
— *la richesse de son artisanat*
— *quelques aspects de son folklore et de ses traditions populaires*
— *les spécialités culinaires.*

Lisez l'introduction de ce guide, p. 6 à 33.

CEUTA ★ Territoire espagnol

Carte Michelin nº **169** - pli 7 — 67 187 h. — *Lieu de séjour, p. 44.*

    Port espagnol sur la côte africaine, Ceuta occupe face à Gibraltar une position exceptionnelle, au seuil du détroit. La ville, bâtie dans un site remarquable, étage ses immeubles d'aspect européen sur l'isthme très étroit qui rattache le Monte Hacho au continent.

Ressources hôtelières : consulter le guide Rouge Michelin «España Portugal» de l'année.

Passage de la frontière. — *Pièces nécessaires :*

Pièce de police : *passeport en cours de validité.*

Titres de circulation : *permis de conduire international ou permis français à trois volets.*

Assurance : *si on utilise sa propre voiture, présenter la carte internationale d'assurance automobile, dite «carte verte», portant au dos la mention Espagne.*
Si on utilise une voiture immatriculée au Maroc, en l'absence de «carte verte», on devra souscrire au poste de la douane espagnole une assurance spéciale; prix : 60 pesetas; validité : 48 heures.

Monnaie et change : *on peut passer de l'argent marocain jusqu'à concurrence de 100 DH par personne. Le reste doit être laissé en dépôt — contre reçu — à la caisse du poste de la douane marocaine.*
Le taux officiel du change était, en 1973, de 13,3 pesetas pour 1 DH.

UN PEU D'HISTOIRE

    Le nom de Ceuta, en arabe Sebta, viendrait du latin Septem; c'est ainsi que se serait appelée la ville, en raison des sept monts de même hauteur, les «sept frères» (septem fratres) sur lesquels elle aurait été bâtie. Si l'époque à laquelle elle naquit demeure incertaine, on peut, sans remonter au déluge comme l'ont fait certains auteurs qui attribuent sa fondation à Sem, fils de Noé, reconnaître à Ceuta des origines très anciennes.

Au pays de Calypso. — Pour les Grecs, ces côtes, loin de commander un passage entre la Méditerranée et l'Atlantique, marquèrent longtemps la fascinante limite au-delà de laquelle s'étendait un monde inquiétant. Ils dotèrent ces lieux d'une auréole de légendes. Que l'on identifie au **jbel Musa** ou au monte Hacho la **colonne d'Hercule** de la côte africaine (celle de la côte européenne étant le rocher de Gibraltar), il n'en reste pas moins que le demi-dieu accomplit ici l'un de ses travaux. C'est, croit-on, sur ces rivages qu'aborda Ulysse, et c'est peut-être au pied même du jbel Musa que la nymphe Calypso retint pendant sept ans le héros de l'Odyssée.

Une position-clé. — Port d'Afrique du Nord le plus proche de l'Espagne, Ceuta fut au début du 8ᵉ s., le point de départ des premières incursions berbères en Andalousie, et elle vit pendant plusieurs siècles s'embarquer les expéditions musulmanes qui allaient défendre, au Nord du détroit, les terres d'Islam menacées par les poussées de la Reconquête chrétienne. Elle resta, jusqu'à l'arrivée des Portugais, alternativement soumise à l'autorité des califes d'Espagne et à celle des sultans du Maroc.

    Le contrôle du détroit de Gibraltar fut, au début du 15ᵉ s., l'une des premières étapes du Portugal sur la route des Grandes Découvertes. En 1415, le roi Jean Iᵉʳ décide d'occuper Ceuta et fait armer plus de 200 vaisseaux. Le 25 juillet, l'ordre de départ est donné et les navires cinglent vers l'Afrique. Après avoir essuyé une tempête, la flotte, commandée par le roi qu'accompagnent ses fils, se présente devant Ceuta. La ville, dont les habitants stupéfaits n'ont offert qu'une brève résistance, est enlevée le 21 août.

    Ceuta resta une place forte portugaise jusqu'en 1580.

L'Espagne en Afrique. — Lorsque, en 1580, Philippe II d'Espagne annexe le Portugal, la ville passe aux mains des Espagnols. Elle demeura dès lors en leur possession, malgré les efforts que firent pour la reprendre les sultans du Maroc.

■ MONTE HACHO ★

Circuit de 10 km — environ 1/2 h. A faire de préférence le matin — plan page ci-contre.

    La calle Independencia (Y), puis la calle del Recinto Sur (Z) conduisent, en suivant le front de mer, au pied du monte Hacho qui avance vers le large sa masse arrondie couronnée d'une citadelle.

    La route bien tracée, en corniche, fait le tour de la presqu'île, procurant de très belles vues, au Sud sur la côte du Rif occidental, au Nord sur le littoral espagnol et le rocher de Gibraltar. Elle s'élève rapidement au-dessus de la mer. A l'Est, sur l'extrême pointe de la presqu'île, un petit fortin situé en contrebas témoigne de l'occupation portugaise.

Arrivé à une bifurcation, tournant le dos au phare (accès interdit), prendre à gauche.

Ermitage de San Antonio. — *Laisser la voiture juste avant la pancarte portant l'indication «pente : 13 %».* Derrière cette pancarte, un escalier qui semble donner accès à une maison débouche sur la charmante place au fond de laquelle s'élève la chapelle de San Antonio. Sur une plate-forme, se dresse, dominé par un mât de navire, un monument érigé à la gloire des troupes nationalistes qui, en 1936, sous l'impulsion du général Franco s'embarquèrent du Maroc pour gagner l'Espagne; de là, on découvre une **vue**★★ magnifique : à gauche, la ville se déploie autour du port, ramassée sur son isthme largement incurvé; à droite, dans le lointain, se profile la côte espagnole.

De retour à la bifurcation, prendre à gauche, puis aussitôt après, à une fourche, encore à gauche, la route qui après avoir décrit une boucle autour du phare descend vers Ceuta.

Le versant Nord, plus boisé et moins sauvage que le versant Sud, domine le détroit.

CEUTA

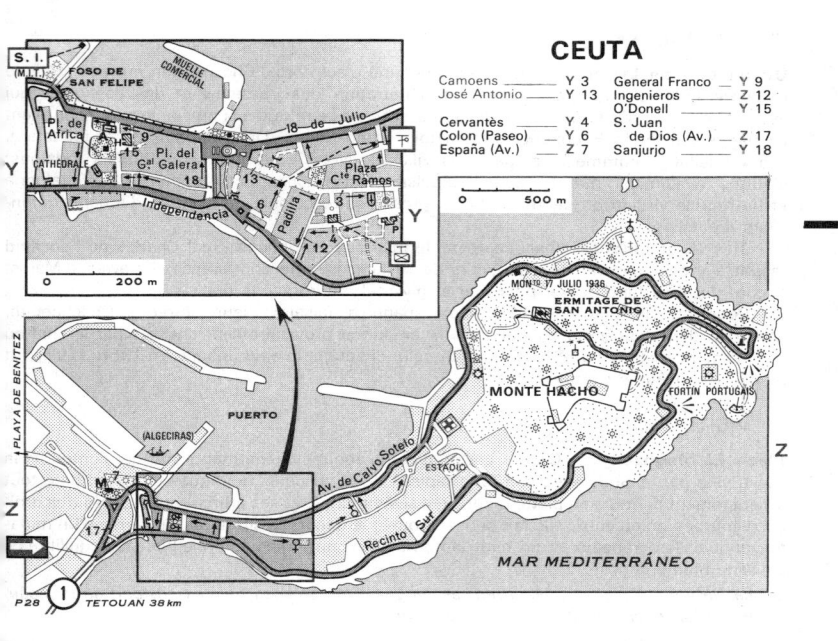

Camoens	Y 3	General Franco	Y 9
José Antonio	Y 13	Ingenieros	Z 12
		O'Donell	Y 15
Cervantès	Y 4	S. Juan	
Colon (Paseo)	Y 6	de Dios (Av.)	Z 17
España (Av.)	Z 7	Sanjurjo	Y 18

AUTRES CURIOSITÉS

Le port. — Débouché, sur la Méditerranée, de la riche ville de Fès et du grand axe commercial qui reliait les pays méditerranéens à Sijilmassa — «porte» de l'or venu d'Afrique Noire à travers le Sahara —, Ceuta fut durant tout le Moyen Age le point vers lequel convergeaient les échanges qui se faisaient entre l'Afrique et l'Europe occidentale. La présence d'un arsenal et d'importants chantiers navals venait encore accroître l'activité de ce port qui accueillait les navires vénitiens, génois, pisans, catalans, aragonais...

L'établissement des Portugais, au 15ᵉ s., tout au long de la côte atlantique, déplaça vers l'Ouest les grands courants commerciaux et changea la destinée de la ville qui joua dès lors un rôle essentiellement stratégique.

Ceuta, port franc, a vu, depuis le rattachement des territoires espagnols au royaume chérifien, diminuer une nouvelle fois son activité commerciale, mais la proximité de la côte européenne (moins de 30 km d'Algésiras) lui attire la clientèle de nombreux passagers (près de 900 000 en 1970). Sa rade très abritée le fait toujours rechercher comme escale. La nuit venue, Ceuta, actif port de pêche, voit s'animer toute une flottille d'embarcations équipées pour la pêche au lamparo.

Église de Nuestra Señora de Africa (Y A). — Elle fut construit au 18ᵉ s., sur l'emplacement d'une mosquée. A l'intérieur, on peut voir la statue de Notre-Dame d'Afrique — patronne de la ville — somptueusement parée, et tenant sur ses genoux un Christ gisant ; à la main gauche de la Vierge, est suspendu le bâton sur lequel, dit-on, s'appuyait le premier gouverneur de Ceuta, lorsque le roi Jean Iᵉʳ de Portugal lui donne l'investiture.

De l'autre côté de la place, la cathédrale date elle aussi du 18ᵉ s.

Foso de San Felipe. — Cet ancien fort portugais forme un ensemble de bastions, de murailles crénelées, de fossés et de glacis qui coupe à sa racine l'isthme de Ceuta, faisant communiquer les eaux du détroit avec celles de la Méditerranée. Saint Jean de Dieu, fondateur de l'ordre des Frères Hospitaliers, travailla en 1530 aux fortifications.

Musée archéologique (Z M). — *Visite de 9 h à 13 h et de 16 h à 18 h. Dimanches et fêtes le matin seulement. Fermé le lundi.*

Une salle abrite des sarcophages romains, des amphores puniques et phéniciennes, une collection de monnaies romaines.

2 km de galeries ont constitué au cours des siècles une défense efficace contre les envahisseurs.

CHECHAOUÈN ★★

Carte Michelin nº **169** - plis 7 et 2 — 15 362 h. — *Souk le lundi.*

En venant du Sud, on découvre brusquement à un détour de la route cette bourgade avec ses maisons étagées, blanches et ocres, ses innombrables petites fenêtres encadrées de clair, ses toits de tuiles rondes et rousses, qui en font un lieu d'élection pour les peintres.

La beauté de son **site**★ est liée au contraste entre la nudité de la paroi calcaire qui se dresse au-dessus de la ville, et la campagne verdoyante qu'irrigue l'oued Laou.

Fondée à la fin du 15ᵉ s. par un chérif — Sidi Ali ben Rachid —, Chechaoùen est un centre de vie religieuse soutenue par de nombreuses mosquées et le tombeau très vénéré de son fondateur.

C'est une ville où prévalent les activités dites «traditionnelles» : tapis et tissus de laine sont les productions essentielles de son artisanat.

Son nom, transcrit aussi en Chaouen, Chefchauen, Xauen vient d'un mot berbère signifiant «les Cornes», surnom donné à la montagne qui domine l'agglomération.

CHECHAOUÈN★★

Un bastion de la foi. — Conçue comme une place forte, Chechaouèn eut pour rôle de défendre l'intérieur du pays contre la pénétration des Portugais et des Espagnols qui avaient pris pied sur la côte. Elle devait aussi servir de refuge aux musulmans qui quittaient l'Espagne devant la Reconquête des «Rois Catholiques». Dès l'époque de sa fondation, elle accueillit — comme la plupart des villes du Nord — de nombreux réfugiés andalous; d'autres musulmans, que des édits d'expulsion avaient chassés d'Andalousie, de Catalogne et de Murcie vinrent au début du 17e s. grossir cette colonie qui compta d'ardents défenseurs de l'Islam.

Très longtemps, Chechaouèn resta fermée aux Européens. Seul Charles de Foucauld réussit à y pénétrer en 1883, au cours de sa fameuse «Reconnaissance» à travers le Maroc; encore dut-il se faire passer pour Juif et n'y fit-il étape qu'une nuit.

Pourtant, en octobre 1920, les Espagnols faisaient leur entrée à Chechaouèn, comprise dans leur zone d'influence. Ils en furent provisoirement chassés par le chef du soulèvement rifain, Abd el Krim lorsque celui-ci soumit le pays Jebala. En 1956, la ville fut rendue au royaume chérifien.

VISITE durée : 2 h

Place El Maghzen★. — C'est à cette place qu'aboutit la charmante rue qui contourne la vieille ville par le Sud. Avec son fond tapissé de minuscules boutiques que surmonte tout un étagement de murs en pierre ocre, avec ses marches, et ses arbrisseaux plantés très droit ou recourbés en arceaux, elle fait penser à quelque décor. La sobre masse carrée d'un minaret, auquel des créneaux et un haut lanternon font une fine couronne blanche, équilibre ce paysage bien composé.

Laisser la voiture place El Maghzen; en longeant les arcades peintes au fond de la place, à gauche, on gagne la place Uta el Hammam.

Place Uta el Hammam★. — Allongée, de forme irrégulière, cette place que domine un imposant décor de montagnes est bordée d'un côté par de minuscules boutiques, de l'autre par la Grande Mosquée et les vieilles murailles rongées de la kasba. Elle prend tout son intérêt les jours de marché.

Le **souk**★★ de Chechaouèn connaît une animation toute particulière. Tôt le matin, la ville commence à vivre; une foule colorée prend possession de la place : paysannes et montagnardes dans leur costume rifain *(voir p. 31)*, citadines voilées toutes drapées de blanc, hommes et jeunes gens revêtus de la djellaba écrue en été, brune en hiver. Vers onze heures, le souk bat son plein.

Dans une ruelle qui dévale vers l'entrée de la place à droite, un grand portail peint portant le n° 34 s'ouvre sur un minuscule **caravansérail** (A) : les jours de marché, ânes, mulets, chevaux, emplissent la cour carrée entourée d'arcades; de petites cellules au 1er étage peuvent abriter les hommes.

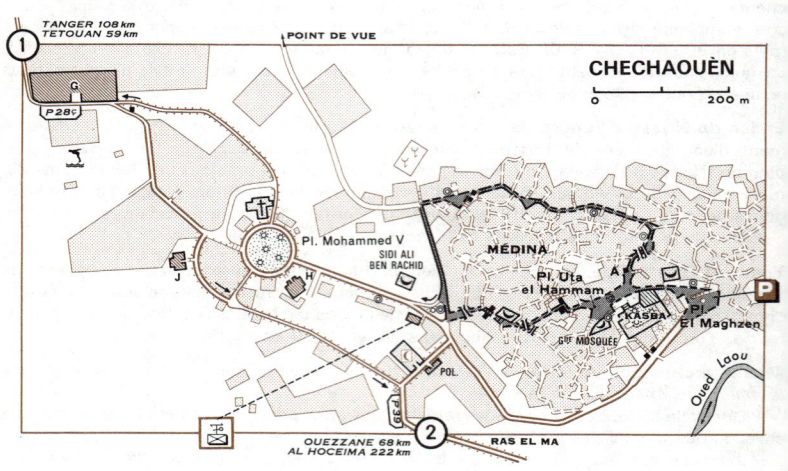

Kasba. — *Entrée place Uta el Hammam.* A l'intérieur de cette forteresse d'aspect européen, et dont les murs rougeâtres sont surmontés de créneaux effrités, des jardins plantés d'immenses palmiers, de figuiers, de rosiers et de fleurs, constituent au sortir de la place et de son marché, une oasis de tranquillité.

Dans le 1er jardin, sous une tour à droite, s'ouvre l'entrée des anciennes prisons; on voit encore suspendus de loin en loin à une chaîne qui court le long du mur, les colliers que l'on passait au cou des prisonniers.

Médina★★. — *En sortant de la kasba, prendre à gauche pour gagner le fond de la place Uta el Hammam et, laissant à gauche une ruelle en descente qui contourne la Grande Mosquée, emprunter la rue qui prend naissance dans l'axe de la place; et poursuivre l'itinéraire indiqué sur le plan.*

La médina de Chechaouèn ne ressemble à aucune autre. Sur les murs des maisons d'un ocre soutenu, peints à la chaux jusqu'à mi-hauteur dans des tons très légers, le blanc, les verts, les bleus et les mauves se marient en un extraordinaire fondu de couleurs qui de loin donne à la ville un curieux reflet bleuté. Cet enduit, renouvelé plusieurs fois dans l'année, a pour but d'éloigner les mouches et de servir de protection contre la chaleur.

★★ **CHECHAOUÈN**

Les ruelles, souvent en escalier ou coupées de paliers, se rétrécissent, s'élargissent, zigzaguent, formant d'innombrables recoins, au gré des maisons rarement alignées.

De loin en loin surgissent des minarets, carrés et massifs dans la nudité de leur pierre ocre ou grise, ou polygonaux, peints en blanc et délicatement décorés d'entrelacs.

Les réfugiés andalous ont marqué cette ville de leur empreinte. Des arcs polylobés enjambent les ruelles; des arcades ou même de véritables porches précèdent les portes, souvent cloutées; des corniches à ressauts soutiennent les auvents. Les fenêtres se parent de grilles en fer forgé peintes. La moindre fontaine est tapissée de zelliges, ou colorée de bleu vif ou de rouge foncé sur lequel se détache une blanche décoration en lambrequins *(voir p. 18)*.

Ras el Ma. — *3 km. Sortir de Chechaouèn par ② du plan, route d'Ouezzane. Environ 400 m après avoir franchi un petit pont, tourner à gauche.*

La route d'accès à cette source offre au fur et à mesure qu'elle s'élève des vues de plus en plus rapprochées sur Chechaouèn

Une rue de Chechaouèn.

et finit par très légèrement s'enfoncer dans la gorge à l'entrée de laquelle sont construites les dernières maisons de la ville.
Laisser la voiture sur l'esplanade.

Après avoir gravi quelques marches, puis tourné à droite, on arrive au pied de la source vauclusienne dont les eaux répandent la fertilité dans les jardins de Chechaouèn. A sa résurgence, le torrent dévale en cascades sur d'énormes rochers. De petits cafés se sont installés dans ce site ombragé.

Point de vue★. — *3 km au Nord. Sortir de Chechaouèn par la rue qui prend face à la poste et au bout de laquelle on tourne à gauche.* Au terminus de la route, en s'avançant un peu vers le rebord de la plate-forme, on découvre une large vue sur la ville et le pays Jebala.

DRÂA (Vallée du) ★★

Carte Michelin n° **169** - plis 25, 26.

Le Drâa naît, près d'Ouarzazate, de la réunion des oueds Dadès et Ouarzazate. Dans l'Antiquité, c'était encore un fleuve permanent et le plus long du Maroc. Mais aujourd'hui ses eaux se perdent dans les sables, après le coude qu'il fait à Mhamid; cependant il lui arrive, à la suite de crues exceptionnelles, d'atteindre son embouchure.

Une oasis de 200 km. — De la région d'Agdz jusqu'à Mhamid, le Drâa nourrit une oasis presque ininterrompue mais étroite. «Sur ses rives, le fond de la vallée est un jardin enchanteur : figuier, grenadier s'y pressent; ils confondent leur feuillage et répandent sur le sol une ombre épaisse; au-dessus se balancent les hauts panaches des dattiers. Sous ce dôme, c'est un seul tapis de verdure : pas une place nue, la terre n'est que cultures, que semis; elle est divisée avec un ordre minutieux en une infinité de parcelles, chacune close de murs de pisé; une foule de canaux la sillonnent, apportant l'eau et la fraîcheur.» Écrites il y a près d'un siècle par Charles de Foucauld, ces lignes ont conservé toute leur valeur.

Ses agriculteurs à la peau sombre ont été longtemps sous la coupe des grands nomades du désert dont certains gardent encore des propriétés dans les palmeraies.

Des villages fortifiés. — Pour tenter d'échapper aux razzias des nomades, les sédentaires de la vallée se sont groupés dans des **ksour** (singulier: ksar) protégés par de hautes murailles flanquées de tours de guet. Le ksar était une petite unité politique à forme démocratique, administrée par

(D'après cliché Sochepresse, Casablanca.)

Ksar dans la vallée du Drâa.

l'assemblée des chefs de familles, la jamaa. Une partie du ksar était propriété collective et comprenait, autour d'une place publique, le grenier, la bergerie, le puits, la salle de réunion, la mosquée, l'école coranique. Desservies par un réseau d'étroites ruelles souvent

DRÂA (Vallée du)★★

couvertes, les maisons familiales occupaient le reste de l'espace. Simples gourbis ou maisons à patio central décorées de motifs géométriques, elles étaient de boue séchée et de briques crues; quelquefois même le ksar abritait la famille et les gens d'un notable, et sa demeure prenait alors une allure de kasba (voir p. 92).

De nos jours la jamaa a perdu la plupart de ses prérogatives, l'insécurité a disparu. Certains ksour sont désertés, d'autres ont «éclaté», débordant des remparts devenus inutiles et à demi-ruinés : cependant les traditions restent si fortes qu'on voit peu d'habitations isolées et que les ksouriens relient entre elles par un mur les maisons nouvelles implantées hors de la vieille enceinte.

★★ DE OUARZAZATE A ZAGORA
164 km — environ 3 h

Quitter Ouarzazate au Sud par la P 31. La route s'insinue dans le jbel Tifernine, extrémité orientale de l'Anti-Atlas.
Le **paysage**★ presque exclusivement minéral voit les roches noires ou vertes aux reflets brillants faire place dans le Tizi-n-Tinififft (1 660 m) à des teintes plus adoucies; aux lourdes falaises, aux versants burinés, succèdent des vallées sans eau; les reliefs se noient peu à peu sous de longs talus d'éboulis. Par une impressionnante descente, la route rejoint la vallée du Drâa.

Agdz. — Dans un site remarquable, ce bourg est dominé par sa citadelle rouge et le curieux piton du jbel Kissane.

La route suit désormais la vallée, ménageant de nombreux points de vue sur l'oued envahi de lauriers-roses, les palmeraies et quelque 50 ksour qui se succèdent jusqu'à Zagora. Certains sont très ouvragés. D'autres, très simples, atteignent une espèce de perfection : leurs lignes s'inscrivent admirablement dans le paysage tabulaire, leurs volumes constituent d'heureux équilibres et jouent subtilement avec l'ombre et la lumière.

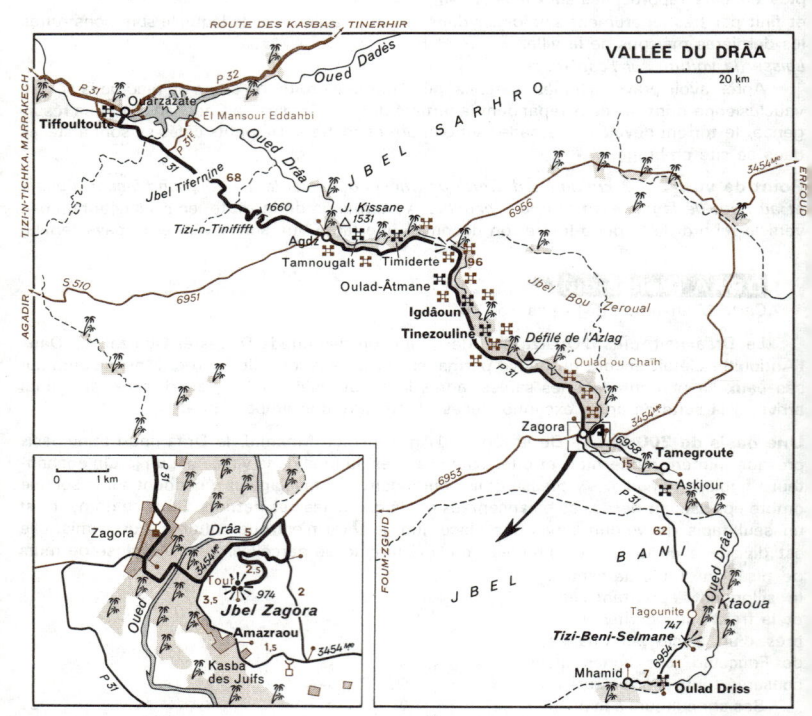

Après les maisons crénelées des ksour de **Tamnougalt** on remarque, à l'écart de **Timiderte**, une ancienne kasba du Glaoui.
Peu après la route s'élève, offrant des **vues**★ vers l'arrière sur l'enfilade des palmeraies dominées par le crêt étagé du jbel Kissane, et sur le massif désolé du Sarhro.

Oulad-Âtmane. — La masse assez ruinée de son architecture occupe une position dominante à droite de la route.

Igdâoun★. — Ce remarquable ksar (à gauche) attire l'attention par son étendue et la hauteur de ses tours en forme de pyramide tronquée.

Tinezouline★. — *Souk le lundi.* L'oasis groupe un grand nombre de villages; Rbat Tinezouline est le plus étendu et comporte même à son extrémité Sud une belle kasba qui fut la résidence d'un cheikh important.

Passé le **défilé de l'Azlag,** aux hautes parois déchiquetées, la vallée s'épanouit à nouveau. Remarquer le curieux **cimetière berbère** — pierres dressées parmi les pierres — qui précède le ksar d'Oulad ou Chaïh.
Souvent des aires de battage couvertes d'orge blond s'étendent sous les murs des nombreux villages qui s'élèvent encore au bord de la route ou au fond de la vallée.

★★ Vallée du DRÂA

ZAGORA
Souk le dimanche et le mercredi.

Centre administratif bien placé sur le cours moyen du Drâa, cette grosse bourgade est un lieu d'étape commode pour le touriste désireux de pousser plus loin vers le Sud.

C'est autour de Zagora que les Saadiens, chorfa *(voir p. 27)* originaires d'Arabie se trouvaient installées au Moyen Age. C'est de là qu'au 16e s. ils partirent à la conquête du Sous, puis du Maroc tout entier, avant de se lancer dans la grande aventure qui devait les mener jusqu'à Tombouctou *(voir p. 15).*

Jbel Zagora. — Franchir le Drâa par un pont, au Sud-Est de la ville. Prendre à gauche la piste de Tamegroute. 3 km plus loin, nouvelle bifurcation ; prendre à droite. Au bout de 1 km, au droit du pain de sucre, on trouve à droite la piste qui escalade le jbel Zagora ; étroite, constamment en corniche et à forte pente, elle exige du chauffeur une attention de tous les instants.

Le jbel Zagora offre un **panorama**★★ très intéressant. Du Nord-Ouest au Sud-Est on devine les méandres du Drâa, presque toujours enfoui dans la verdure des palmes et des jardins, jalonné de ksour. Le beau ksar entouré de dunes qu'on domine au Sud est Amazraou *(voir ci-dessous)* ; au-delà, un vaste reg *(p. 12)* vient buter sur le jbel Bani qui borne l'horizon. Au Nord, derrière le Bou Zeroual, la masse puissante et nue du jbel Sarhro.

EXCURSIONS AU DÉPART DE ZAGORA

Excursion sur la rive gauche du Drâa★. — *Circuit de 42 km — environ 2 h.* Quitter la ville comme pour aller au Jbel Zagora *(voir ci-dessus)*, mais laisser à droite le chemin d'accès à ce sommet et continuer tout droit. La piste court en bordure d'un reg tandis qu'à droite ksour et palmeraies se succèdent le long du fleuve.

Tamegroute★. — Centre religieux séculaire. Sous la conduite d'un guide on visite d'abord la bibliothèque de l'école coranique : elle recèle de précieux **manuscrits**★ enluminés du Coran (le plus ancien date du 13e s.) et d'anciens ouvrages d'histoire et de médecine. Dans le *quartier des potiers* se fabrique une belle poterie verte.

Reprendre la même route qu'à l'aller, en direction de Zagora. Mais au bout de 15 km, bifurquer à gauche dans une petite piste qui pique droit vers le fleuve avant de contourner par l'Ouest le jbel Zagora en passant par Amazraou.

Amazraou★. — Avant d'atteindre le village la piste longe l'ancienne **kasba des Juifs** qui a gardé une très jolie tour. Laissant la voiture à l'entrée du ksar, on acceptera les services d'un enfant pour aller dans le village déguster le thé à la menthe à l'ombre d'un jardin ; puis, à travers séguias et vergers, gagner un magnifique **champ de dunes** piqué de palmiers qui borde l'oued Drâa *(à voir de préférence tard dans l'après-midi).*

Excursion à Mhamid★★. — *80 km au Sud — prévoir 1/2 journée.* La piste est tantôt rocailleuse (tôle ondulée) tantôt sablonneuse, parfois incertaine : si possible se faire accompagner par un guide.

La route de Mhamid est signalée à la sortie Sud de Zagora par un panneau «Tombouctou 52 jours» (de chameau). Tout de suite c'est le désert de pierre bordant la rive droite du Drâa dont on ne perd jamais de vue les palmeraies, au loin. Laissant à gauche le beau ksar d'Askjour, on franchit la fine arête, tranchante comme une lame, du Jbel Bani. Après Tagounite, on pique vers une nouvelle ligne de crête que l'on escalade (**vue**★ générale en arrière, sur l'immense oasis de Tagounite : le Ktaoua). Le Tizi-Beni-Selmane, col de pierre noire, offre un **paysage**★ étrange.

Oulad Driss★. — Le reg laisse ici la place au sable et aux dunes. S'arrêter un instant pour admirer le ksar d'Oulad Driss, que la piste traverse, au cœur d'une palmeraie ; des femmes, voilées et vêtues de noir, y passent, une amphore d'argile sur l'épaule.

Mhamid. — Le lundi, jour de **souk**★, Mhamid offre l'un des marchés les plus colorés du Maroc. Comme à Goulimime *(p. 88)* c'est le rendez-vous des sédentaires et des «hommes bleus» du désert. De l'autre côté du Drâa au cours devenu incertain, la grande palmeraie de Mhamid. Plus loin encore : l'immense hammada.

EL HAJEB

Carte Michelin n° **169** - Nord-Est du pli 16 ou Nord-Ouest du pli 12 — 12 601 h. — *Souk le lundi.*

Sur la route de Meknès au Moyen Atlas, El-Hajeb est, à 1 044 m d'altitude, un petit centre estival apprécié des habitants de Meknès fuyant la chaleur de la plaine. C'est une ville fraîche et ombragée, bien arrosée par les sources qui jaillissent en cascades à la base des terrains calcaires voisins.

Mais sa kasba est bien ruinée, qui fut élevée au siècle dernier par le sultan Moulay Hassan : poste de surveillance pour tenir en respect les Beni M'Tir, turbulente tribu berbère établie aux abords de la cité sur le plateau qui amorce la zone montagneuse de l'Atlas. Dans la partie Est de la ville, les parois rocheuses laissent encore voir quelques **habitations troglodytiques.**

A la sortie Nord-Ouest, la P 1 offre une **vue**★ étendue sur l'opulente plaine de Meknès dont l'harmonie des couleurs — même à la fin de l'été — manifeste la variété des ressources créées par l'homme dans cette région dominée au loin par le Jbel Kefs et le Jbel Zerhoun.

EXCURSIONS

Paysage d'Ito★. — *17 km au Sud. Description p. 65.*

Val d'Ifrane★. — *32 km au Sud-Est. Description p. 88.*

EL-JADIDA ★★

Carte Michelin n° **169** - pli 14 — 55 501 h. — *Lieu de séjour, p. 44.*

Cette cité prit tour à tour — au gré d'une histoire mouvementée — le nom d'El-Jadida et de **Mazagan**. La ville est construite autour d'une baie magnifique et hospitalière, poissonneuse de surcroît. Si le port a décliné, un climat particulièrement doux et une plage abritée ont fait d'El-Jadida l'une des stations balnéaires les plus agréables et les plus recherchées du Maroc. Son grand attrait reste la ville fortifiée que les Portugais édifièrent au 16ᵉ s. et qu'ils occupèrent pendant 250 ans.

UN PEU D'HISTOIRE

Conséquences d'un naufrage. — A l'époque où Vasco de Gama et Magellan parcouraient les mers, des matelots portugais débarquèrent, après un naufrage, sur la côte marocaine et y construisirent un fortin. C'était en 1502. La position fut jugée si favorable que, douze ans plus tard, le roi du Portugal y fit édifier un château-fort autour duquel se développa une petite agglomération qu'on appela Mazagan.

Un solide point d'appui. — En 1542, une ceinture d'épaisses murailles donnait à la cité son aspect définitif et en faisait une citadelle redoutable. Car entre temps les Portugais, obligés d'évacuer leurs autres bases du Maroc atlantique (Agadir, Azemmour...), avaient concentré tous leurs efforts sur Mazagan. De fait, pendant plus de deux siècles encore, la présence portugaise à Mazagan résista à tous les assauts.

En 1769, toutefois, le sultan Mohammed ben Abdallah devait en venir à bout, mais à quel prix ! A la veille d'un assaut dont la conclusion n'était guère douteuse, le général commandant la place reçut l'ordre d'évacuer la ville ; les habitants ne devaient emporter que leurs vêtements : on brûla donc les meubles, on tua les chevaux et on brisa les armes. Tous les bastions furent minés et un homme resta pour mettre le feu aux poudres. Dès que les Mazaganais furent au large, une série d'explosions détruisit les murailles, faisant de nombreuses victimes parmi les assaillants qui s'étaient empressés d'occuper la citadelle.

Renouveau. — Bien que rebaptisée « El-Jadida » (la Nouvelle), la ville resta déserte jusque vers 1820. A cette époque le sultan Moulay Abderrahman en releva les ruines. Mais c'est seulement au début du 20ᵉ s. qu'El-Jadida sortit de son enceinte : Marocains et Européens s'établirent en demi-cercle autour de l'ancienne cité portugaise.

La ville reprit le nom de Mazagan qu'elle devait perdre à nouveau en 1956. Le port étouffé par la croissance de Casablanca, exporte les céréales, les œufs et les primeurs des Doukkala dont El-Jadida est un gros marché.

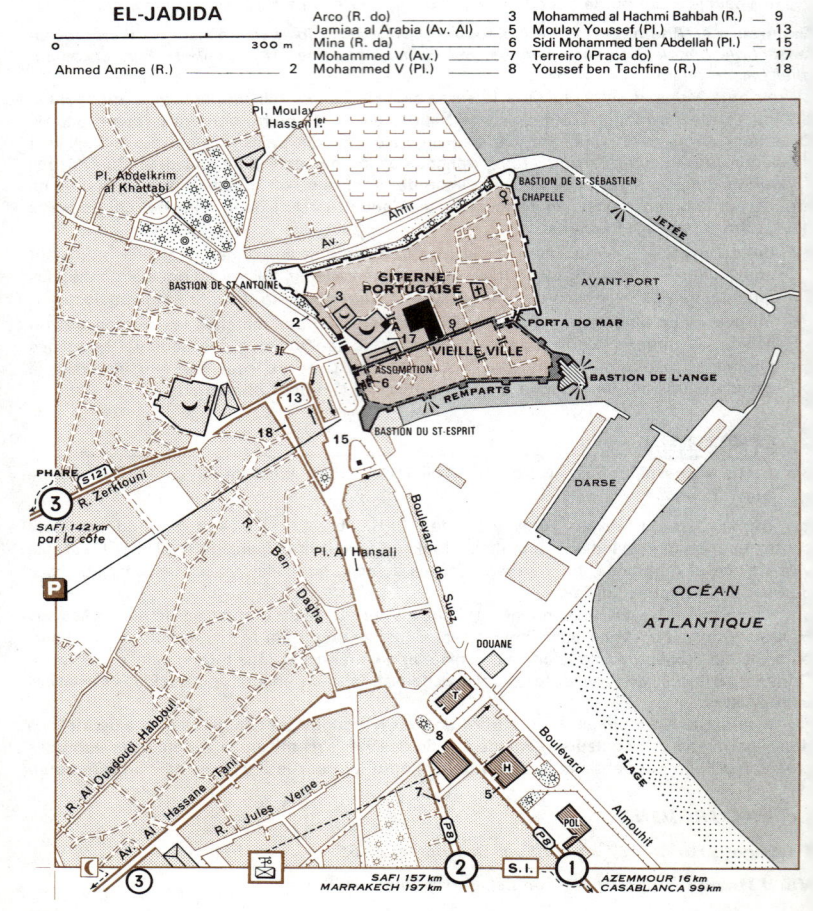

EL-JADIDA

Ahmed Amine (R.)	2
Arco (R. do)	3
Jamiaa al Arabia (Av. Al)	5
Mina (R. da)	6
Mohammed V (Av.)	7
Mohammed V (Pl.)	8
Mohammed al Hachmi Bahbah (R.)	9
Moulay Youssef (Pl.)	13
Sidi Mohammed ben Abdellah (Pl.)	15
Terreiro (Praca do)	17
Youssef ben Tachfine (R.)	18

★★ EL-JADIDA

■ VIEILLE VILLE visite : 1 h

Sur la place Sidi Mohammed ben Abdallah se tient en permanence un marché aux cuivres et aux poteries. *Laisser la voiture sur la place et pénétrer dans la cité portugaise par la porte percée dans l'axe de la rue Mohammed al Hachmi Bahbah (ancienne rua da Carreira).* L'église de l'Assomption fut le théâtre des grandes cérémonies religieuses de la colonie portugaise; elle est dominée à gauche par le curieux **minaret** (A) pentagonal de la mosquée principale.

Tourner à droite dans la rua da Mina qui, par un escalier sous voûte, à droite, donne accès aux remparts.

Remparts★. — L'enceinte, édifiée au milieu du 16ᵉ s., par un architecte italien au service des Portugais, était flanquée de cinq bastions; quatre d'entre eux ont été reconstruits après l'explosion de 1769 : ceux du St-Esprit, de l'Ange, de St-Sébastien et de St-Antoine. Le cinquième, celui du Gouverneur, qui gardait la porte de la ville, a disparu.

Entre les bastions du St-Esprit et de l'Ange, un bassin communiquant avec la mer baigne le pied des remparts; c'est tout ce qui reste des fossés profonds qui, jadis, entouraient la citadelle et isolaient la cité. Du chemin de ronde, on a une **vue** d'ensemble sur le port, la ville moderne et la plage.

Du haut du **bastion de l'Ange** *(se faire ouvrir la porte par le gardien)* la **vue★** est belle sur la cité portugaise emboîtée dans ses remparts qui dominent la mer de leurs savants contours. Nulle froideur dans cette impeccable géométrie tempérée par les tons chauds des murailles battues par les flots; à l'extrême droite, se détachant sur le ciel, le fronton baroque de la chapelle St-Sébastien apporte la fantaisie de ses volutes.

En continuant de longer les remparts on atteint la **Porta do Mar** grand arc en plein cintre, aujourd'hui fermé par une grille, donnant d'un côté sur une placette et de l'autre sur une grève découverte à marée basse : c'est par là que les Portugais évacuèrent la ville assiégée.

Quitter le chemin de ronde et emprunter, à gauche, la rampe qui descend sur la petite place.

La cité a gardé son caractère ancien et montre encore quelques vieilles demeures portugaises avec leurs pilastres et leurs balcons de ferronneries. Elle est traversée de bout en bout par la rue Mohammed al Hachmi Bahbah qu'on emprunte pour se rendre *(à droite)* à la citerne portugaise.

Citerne portugaise★★. — *Visite de 8 h à 12 h et de 14 h à 18 h. Entrée : 1 DH.*

Cette vaste salle souterraine, chef-d'œuvre d'art militaire, faisait partie du château-fort construit en 1514. Elle servit probablement de salle d'armes avant d'être utilisée comme réserve d'eau. Sur plan carré de 34 m de côté elle comporte six nefs dont les voûtes d'arêtes reposent sur 25 colonnes et piliers. La travée centrale est percée d'un large oculus par où se déverse la lumière du jour qui produit, par réflexion sur l'eau de la citerne, un éclairage indirect d'un surprenant effet.

Le cadre étrange de ce miroir de voûtes avait séduit Orson Welles qui y tourna certaines séquences de son film « Othello ».

(D'après cliché Sochepresse, Casablanca.)

El-Jadida. — La citerne portugaise.

■ AUTRES CURIOSITÉS

Jetée. — De celle-ci, on a une **vue★** remarquable sur la cité telle qu'on pourrait la voir de la mer. La nuit toute la ville sort de l'ombre sous le feu des projecteurs.

Plage★. — C'est l'une des plages marocaines les plus belles et les mieux aménagées. Très étendue, très sûre grâce à l'absence de « barre », elle est constituée de sable fin.

Phare. — *Pour visiter, s'adresser au gardien.* Au Sud-Ouest de la ville, près de la route d'Oualidia (③ du plan), le phare de Sidi Bouafi est haut de 57 m. Il a une puissance de 5 000 Watts, et porte à 120 km. Du sommet *(248 marches)* on découvre un vaste **panorama★** sur l'océan, vers El-Jorf-Lasfar (cap Blanc) et sur la ville d'El-Jadida.

Pour la visite des souks
il faut se souvenir que de nombreuses boutiques
sont fermées le vendredi,
jour plus particulièrement consacré à la prière.

Pour vos achats dans les souks
il est parfois difficile de distinguer le meilleur du pire.
On pourra se faire une opinion
en lisant le chapitre consacré à l'artisanat, p. 22 à 25,
et en visitant les musées d'Art marocain.

ERFOUD

Carte Michelin n° 169 - pli 27 — 5 400 h.

Cernée de tamaris et de palmiers, au bord du Ziz, cette petite ville de construction récente est, à la porte du Tafilalt, un centre commercial et administratif, animé par le marché qui se tient tous les jours à côté de la grande place centrale.

■ LE TAFILALT ★★

Une petite Mésopotamie. — Le Rheris et le Ziz se rapprochent ici et coulent parallèlement tout comme le Tigre et l'Euphrate. Leurs crues sont attendues mais parfois dévastatrices. La sécheresse menace toujours : il peut se passer plusieurs années sans qu'il tombe une goutte de pluie sur le Tafilalt. Aussi l'irrigation est-elle la grande affaire du paysan : séguias, rhettaras *(voir ci-dessous)* et puits alimentent en eau une vaste palmeraie. Les 700 000 palmiers-dattiers produisent des fruits pour l'exportation mais la plus grande partie est consommée sur place : la datte est la base de l'alimentation du Filali (habitant sédentaire du Tafilalt) comme du nomade voisin; les champs d'orge et les jardins donnent le complément indispensable.

Mais le Tafilalt actuel est peu de chose auprès de ce qu'il fut quand de meilleures conditions climatiques en faisaient une province convoitée : prestigieuse réputation qui explique sans doute l'espèce de mélancolie que dégagent aujourd'hui ces arbres trop clairsemés et ces ksour en péril.

Splendeur de Sijilmassa. — De ce paradis perdu témoignaient hier encore, aux terrasses de la médina, les mélopées des femmes de Fès :

« O la joue de la rose, rose rouge de Sijilmassa ! »

(« Chants anciens des femmes de Fès », Pierre Seghers éditeur.)

Sijilmassa fut la première grande cité du Maroc. Fondée sans doute aux premiers temps de l'Islam, tout près de l'actuelle Rissani, elle rayonna bien avant Fès et Marrakech sur l'Afrique occidentale. Réputée pour ses dattes, ses fleurs et les fruits de ses jardins, elle l'était aussi pour son or. Car cette ville fastueuse était maîtresse des grandes routes de caravanes. Là se croisaient les pistes du Sud vers Tombouctou et le Soudan, de l'Est vers l'Égypte, du Nord vers Tlemcen et Fès; on y trouvait la poudre d'or, l'ébène, l'ivoire et les esclaves. Son déclin fut brutal au 14ᵉ s. Supplantée par Rissani, elle fut entièrement détruite au 19ᵉ s.

Berceau des Alaouites. — La dynastie qui règne sur le Maroc a pris naissance au Tafilalt. Originaires d'Arabie, les chorfa *(voir p. 27)* alaouites s'installent ici au 13ᵉ s. La considération qui entoure les descendants du Prophète leur vaut de jouer un rôle important dans les temps troublés du 17ᵉ s. Moulay-Ali-Chérif — dont on vénère le tombeau près de Rissani — se taille un fief dans sa province. Son premier fils se fait proclamer sultan du Tafilalt; le second, c'est Moulay Rachid, vainqueur des Saadiens; le troisième, le grand Moulay Ismaïl *(voir p. 109)* assoit définitivement la puissance alaouite.

VISITE

Les pistes du Tafilalt de viabilité et de tracé parfois incertains peuvent nécessiter les services d'un guide (se renseigner à l'hôtel) — sauf pour la promenade au borj-Est.

Borj-Est. — *3 km du centre d'Erfoud.* En venant de la P 21, se diriger vers le Ziz par la grande place d'Erfoud. Sortir par Bab el Oued et franchir la rivière par le gué aménagé 500 m plus loin, tourner à gauche dans la piste qui escalade le flanc du jbel Erfoud (altitude 935 m).

Le **panorama**★★ embrasse à l'Est et au Sud le paysage désolé de la hammada, coupé de molles collines noirâtres, de roches rouges ou de dunes. Du Sud-Ouest au Nord s'étendent les palmeraies du Tafilalt; en deçà, baignant Erfoud, circule le Ziz; au-delà l'œil peut suivre les méandres du Rheris, tandis qu'au loin on distingue la vaste palmeraie de Jorf.

Palmeraie★. — *Circuit de 72 km — environ 4 h.* Sortir d'Erfoud par la P 21 vers le Sud.

Entre Ziz et Rheris. — La route traverse d'abord une zone à peu près dépourvue de végétation où les dunes font bientôt place au reg. Peu après le terrain d'aviation, on remarque, de part et d'autre de la route, un curieux alignement de petits tertres percés à leur sommet d'un orifice protégé par une murette : il s'agit d'un très antique système d'irrigation, la **rhettara**. Les rhettaras sont des canaux souterrains qui drainent vers les oasis l'eau des sources et des nappes phréatiques; les puits qui, environ tous les 10 m, ponctuent leur parcours, ont permis le creusement des galeries et servent ensuite à leur aération et à leur entretien.

On pénètre alors dans la grande palmeraie du Tafilalt, où grincent les **puits à delou**. Le delou est une outre en peau de chèvre pouvant contenir plusieurs dizaines de litres d'eau. Suspendu à deux montants de bois ou de maçonnerie, manœuvré par

Puits à delou dans le Tafilalt.

ERFOUD

un jeu de cordes et de poulies, il va chercher l'eau au fond du puits, la remonte et la déverse dans un canal d'irrigation. La traction est assurée par un âne, un dromadaire, voire un homme ou une femme, le long d'un chemin aménagé pour le va-et-vient de l'attelage.

20 km après Erfoud, abandonner la P 21 et continuer tout droit par la piste vers Ouirhlane; à la sortie de cette localité, prendre à droite la piste de Tinrheras.

Tinrheras. — Le ksar de Tinrheras est bâti sur un piton d'où on a une **vue**★ d'ensemble sur toute la palmeraie, le Haut Atlas au loin (Nord-Ouest), la ligne horizontale de la hammada du Guir à l'Est et les crêtes de l'erg Chebbi au Sud-Est.

Revenir à la fourche de Ouirhlane et prendre à droite la piste en direction d'Irara.

Après avoir passé le Ziz à gué on continue à travers la palmeraie, ses champs d'orge, ses ksour, ses jardins où coulent les séguias.

Oulad Abdelhalim. — Ce ksar est l'un des plus beaux du Tafilalt. L'**entrée monumentale**★ surtout retiendra l'attention, avec son décor de brique crue fait d'arcatures aveugles et de motifs en creux. A l'intérieur, autour d'un riad, quelques bâtiments délabrés ont conservé de beaux fragments de plafonds peints.

2 km plus loin on trouve à gauche une piste qui mène, en face de Ksar Akbar, au tombeau de Moulay-Ali-Chérif.

Ksar Akbar. — Malheureusement très ruinée, cette forteresse construite au début du 19ᵉ s. était une résidence de la famille alaouite et abritait une partie du trésor royal.

Moulay-Ali-Chérif★. — Cette enceinte sacrée protège le tombeau de l'ancêtre des Alaouites et une mosquée récemment reconstruite, d'une éclatante blancheur. La cour de la mosquée donne sur un frais patio; au fond de celui-ci s'ouvre la chambre funéraire richement décorée de faïences émaillées.

Revenir sur ses pas jusqu'à la piste principale que l'on prend à gauche en direction de Rissani.

Rissani. — Souk le dimanche, mardi et jeudi. Cette grosse bourgade fut longtemps la capitale du Tafilalt et le centre d'un trafic caravanier important. On parcourt, sous la conduite d'un guide, les curieuses rues couvertes du ksar construit par Moulay Ismaïl. Un peu plus loin, la vaste place du **souk** retiendra, sous ses arcades rouges, les amateurs de bijoux du Sud ou d'objets rustiques.

Ruines de Sijilmassa. — Quelques centaines de mètres après la sortie de Rissani, de part et d'autre de la route s'élèvent quelques pans de murs à moitié enfouis dans le sable. On a peine à croire qu'il s'agit là des restes de la cité fastueuse de Sijilmassa.

La P 21 traverse ensuite le Ziz par un gué bien aménagé et ramène à Erfoud.

Excursion à Merzouga★. — *51 km au Sud-Est d'Erfoud — compter 1/2 journée.*

Sortir d'Erfoud par la route du borj-Est mais continuer tout droit par la piste 3461.

L'oasis de Merzouga, en bordure de l'erg Chebbi, fait connaître le vrai **désert de sable**.

ESSAOUIRA ★★

Carte Michelin n° **169** - pli 23 — 30 061 h. — *Lieu de séjour, p. 44.*

Bâtie sur une presqu'île rocheuse, entourée d'eau, de sable, de mimosas plantés pour fixer les dunes, et de broussailles, Essaouira — l'ancienne **Mogador** — surprend par son isolement. Au voyageur qui vient de Marrakech ou de Safi, elle apparaît soudain en contrebas, blanche et brillante.

La ville a le cachet des très anciens comptoirs; elle survit à un passé qui eut quelque prestige, et révèle un petit monde provincial et charmant. Le cerne rigoureux de ses murailles s'éclaire de parterres de fleurs; un peu partout, des araucarias dressent leurs étranges silhouettes de chandeliers aux multiples branches. Ses activités, modestes, sont relayées aujourd'hui par le tourisme qu'attirent la beauté du site, le pittoresque de la ville et du port et la singulière douceur du climat.

ESSAOUIRA★★

UN PEU D'HISTOIRE

De la pourpre au sucre de canne. — Dans l'Antiquité, un peu à l'arrière de l'enceinte actuelle, une ville du nom de Thamusida fut, ainsi que les îlots voisins, fréquentée de bonne heure par les Phéniciens puis les Carthaginois. A l'époque d'Auguste, le roi de Maurétanie Juba II *(voir p. 96)* y encouragea l'industrie des salaisons et surtout celle de la pourpre qui allait faire la renommée des « **Iles Purpuraires** » jusqu'à la fin de l'Empire romain.

Au Moyen Age, les avantages naturels de la baie n'échappent pas aux navigateurs portugais qui appellent la ville Mogador (déformation probable du nom local : Mogdoul) et y prennent pied quelque temps au début du 16ᵉ s. La canne à sucre est alors une importante production du Maroc; Mogador en distille une bonne partie et elle est devenue exportatrice de sucre. La piraterie, de règle ici comme dans d'autres ports marocains, fournit un appoint appréciable.

Une ville marocaine sur un plan français. — En 1764, le sultan Mohammed ben Abdallah décide d'installer à Mogador une base navale d'où ses corsaires surveilleront la côte Sud et iront châtier les gens d'Agadir en révolte contre son autorité. Il fait construire un port accessible en toute saison et confie à l'un de ses prisonniers, l'ingénieur français **Cournut**, le soin d'établir le plan de la nouvelle ville. Cette circonstance explique l'originalité de cette cité baptisée Es-saouira (la bien dessinée) : ses remparts à la Vauban, le tracé rectiligne de ses principales rues et leur largeur inaccoutumée pour une ville musulmane. Elle fut la seule ville de l'ancien Maroc à bénéficier d'un plan d'urbanisme.

■ PRINCIPALES CURIOSITÉS visite : 1 h 1/2

Partir du parking, voisin des bâtiments de la douane, où on laissera la voiture.

Port★. — Son trafic est peu important et il n'est d'ailleurs accessible qu'aux navires de faible tonnage. C'est surtout la pêche qui lui donne couleur et vie. Près des barcasses, le poisson se vend à la criée, et la sardine grillée se consomme sur le quai... avec les doigts.

Porte de la Marine★. — Elle faisait communiquer la ville et le port. Une inscription la date de 1769 et indique le nom du rénégat anglais qui la construisit. Du côté de la mer elle est surmontée d'un fronton reposant sur 2 colonnes cannelées et encadrées de 2 échauguettes.

Essaouira. — Un coin du port.

Elle est reliée à la skaïa (plate-forme d'artillerie) du port par un pont, aux piles trapues et au parapet crénelé, qui enjambe les petits bassins primitifs.

Skala du port. — *Franchir la porte de la Marine et gravir, à gauche et contre celle-ci, l'escalier qui permet d'atteindre la partie supérieure de la skala.*

Munie de créneaux et d'échauguettes elle défendait le port : on y voit encore les vieux canons armoriés (Orson Welles a tourné ici certaines scènes de son film «Othello»). La tour d'angle qui la domine offre un séduisant **panorama★** sur la ville, le port, la baie et les îles *(sur demande le gardien fait monter les visiteurs à la terrasse).*

Skala de la ville★. — *En quittant la skala du port, gagner la place Moulay el Hassan et tourner à gauche dans la rue de la Skala.*

La petite rue de la Skala longe les remparts à l'intérieur de la ville. Après un passage sous voûte la rue s'élargit : des ébénistes y tiennent boutique. On les voit exécuter leurs patients travaux de **marqueterie** : tables, coffrets, bracelets, bibelots de bois qui font la renommée des artisans d'Essaouira. Le bois employé est généralement l'**arar** ou thuya de Barbarie dont il existe de grands peuplements dans la région. Les excroissances volumineuses qui se développent sur cet arbre sont particulièrement appréciées en ébénisterie : ce sont les «loupes d'arar» qui donnent, une fois tournées et polies, des surfaces chatoyantes d'un très bel effet. La décoration des meubles est obtenue au moyen de sculptures et d'incrustations de citronnier, de noyer, de nacre et d'argent.

Au bout de la rue, un passage sous voûte donne accès à une rampe conduisant à la skala de la ville. Les fortifications protégeaient ici la cité contre les attaques par mer. Elles constituent une longue terrasse bordée de créneaux dans lesquels sont encore braqués des canons de bronze et de fer aujourd'hui inoffensifs, mais la perspective de cette skala, popularisée par l'image, est impressionnante.

C'est de la terrasse du bastion Nord qu'on a la meilleure **vue★** sur l'ouvrage fortifié relayé au loin par la skala du port, l'enfilade des îlots rocheux empanachés d'écume, la côte du cap Sim dans le fond.

Souks★. — *Redescendre la rampe d'accès à la skala et, après le passage sous voûte, tourner à gauche dans la rue Laâlouj puis dans la rue Mohammed ben Abdallah.*

Beaucoup d'animation dans cette rue où les petits commerces ont envahi les nobles maisons blanches aux volets bleus. Les ruelles transversales, de loin en loin voûtées, montrent de beaux portails dont les arcs en plein cintre sont ornés de zelliges. On aboutit à l'ancien mellah; à hauteur de Bab Doukkala, tourner à droite dans l'avenue M. Zerktouni.

★★ ESSAOUIRA

Prolongée au-delà du marché par l'avenue de l'Istiqlal, cette grande artère coupe en deux la vieille ville. Elle traverse le **Souk Jdid** (nouveau marché). Dans la petite rue Syaghine qui borde le marché à gauche, sont groupés les **bijoutiers**. De nombreux marchands exposent les productions de l'ébénisterie locale dans l'avenue de l'Istiqlal.

■ AUTRES CURIOSITÉS

Plage. — Une vaste grève borde la côte au Nord de la ville mais, battue par les vents, elle n'est agréable que par très beau temps. La vraie plage d'Essaouira s'étend au fond de la baie, au contact immédiat de la ville. Sa pente douce et unie la rend très sûre. Les vents alizés apportent ici pendant tout l'été une fraîcheur surprenante.

Île de Mogador. — Promenade en bateau pour les jours de beau temps. *Il n'y a pas de service régulier : s'adresser au S.I. où à un pêcheur sur le port. Prix à débattre. Durée de la traversée : 1/4 h environ.*

Connues des Romains sous le nom d'Îles Purpuraires, l'île de Mogador et l'îlot voisin ont été visités durant toute l'Antiquité par les marchands méditerranéens : Grecs, Chypriotes, Phéniciens, Carthaginois et surtout Romains et ont laissé des traces qu'ont révélées des fouilles récentes.

Occupée et fortifiée au temps de Mohammed ben Abdallah, l'île de Mogador est aujourd'hui déserte et ne laisse voir que quelques ruines. Mais elle offre une **vue** étendue sur la côte, la ville et la baie d'Essaouira.

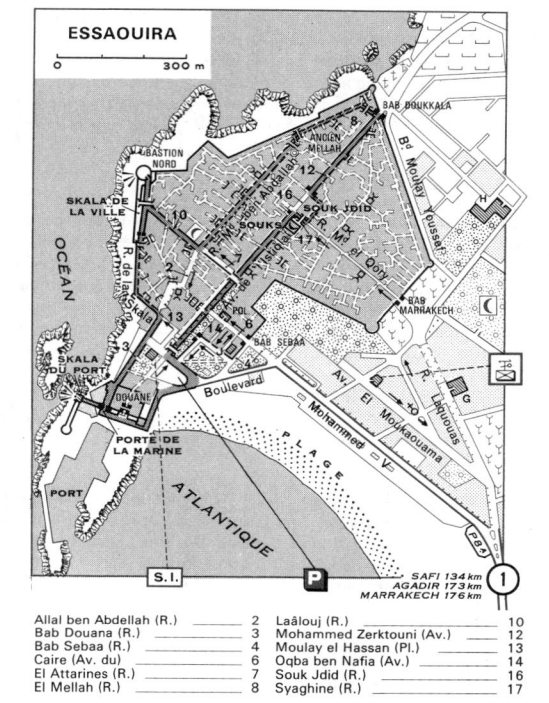

Allal ben Abdellah (R.)	2
Bab Douana (R.)	3
Bab Sebaa (R.)	4
Caire (Av. du)	6
El Attarines (R.)	7
El Mellah (R.)	8
Laâlouj (R.)	10
Mohammed Zerktouni (Av.)	12
Moulay el Hassan (Pl.)	13
Oqba ben Nafia (Av.)	14
Souk Jdid (R.)	16
Syaghine (R.)	17

EXCURSIONS

Les pistes des environs d'Essaouira sont, dans l'ensemble, fort médiocres : on les abordera avec précaution et seulement par beau temps.

Dunes du cap Sim★. — *14 km au Sud — environ 1/2 h.*
Les dunes qui s'étendent au Sud d'Essaouira aux environs du cap Sim sont la providence des cinéastes qui ont à tourner des scènes de désert.
Sortir d'Essaouira par ① du plan. A 6 km, aussitôt après le pont qui franchit l'oued Ksob, tourner à droite dans la piste de Tangaro, puis à droite encore, après l'éolienne de Tangaro, jusqu'au petit village de Diabat. A hauteur des premières maisons, belle **vue** d'ensemble sur Essaouira et sa baie. Au milieu des dunes, près de l'embouchure de l'oued Ksob, on aperçoit les **ruines** étranges de Dar Soltane, palais ensablé qu'avait édifié là au 18e s. Mohammed ben Abdallah.
Revenir sur ses pas jusqu'à Tangaro où l'on prendra la piste forestière qui s'ouvre à droite.
7 km de piste à travers des dunes fixées par toutes sortes de buissons — génévriers et mimosas notamment — se terminent par un rond-point perché. De là, un beau **point de vue** circulaire : du côté de la mer s'étend un immense **champ de dunes★** de sable rose ; au Nord la ville d'Essaouira, sa baie, ses îles et son arrière-pays.
Revenir à Tangaro par le même chemin et rejoindre la P 8 A pour rentrer à Essaouira.

Jbel Amsittene★. — *58 km au Sud — environ 2 h.*
Quitter Essaouira par ①, route d'Agadir. On parcourt une région mamelonnée où domine l'arganier. Une oliveraie signale le gros village de Smimou qu'on traverse avant de trouver 7 km plus loin, à gauche, la piste de l'Amsittene *(plaque portant la mention : Tnine Imi n'Tlit; piste 6633).*
Bien que d'altitude modeste (905 m), le jbel Amsittene occupe une position largement dominante. La piste sinueuse qui l'escalade, longeant parfois des abrupts impressionnants, offre des **aperçus** très variés sur les montagnes voisines et, au loin, sur l'océan. A perte de vue la terre ocre rouge est couverte de thuyas et de grands arganiers. A défaut du gros gibier qui fréquente cette région (sangliers, mouflons), le touriste y rencontrera sûrement de charmants petits «écureuils des arganiers».
La piste mène jusqu'au pied de la tour de guet.
De là, magnifique **vue★** circulaire d'une part sur la côte atlantique jusqu'au cap Sim et jusqu'à Essaouira dont les maisons blanches sont visibles par temps favorable, d'autre part sur le pays tourmenté des Haha et le Haut Atlas.
Revenir à la P 8 par le même chemin.

FÈS ★★★

Carte Michelin n° 169 - plis 17 et 2 — 325 327 h. (les Fassis) — *Lieu de séjour, p. 44.*

Fès est la métropole religieuse, intellectuelle et artistique du Maroc. Berceau d'une monarchie millénaire, elle fut aussi pendant longtemps la capitale politique de l'empire chérifien. La ville offre une situation privilégiée : à l'extrémité orientale de la plaine du Saïs, c'est un carrefour qui commande les routes du Sud comme les passages du Rif, communique avec l'Est par la trouée de Taza, s'ouvre à l'Atlantique par la vallée du Sebou.

Elle s'est développée autour de l'oued Fès; visible ou non, l'eau ruisselle partout dans la ville grâce à cet oued aux multiples ramifications, alimentant fontaines, maisons et jardins. Le site offre d'autres avantages : ce pays est fertile, c'est une des plus riches régions du Maroc; le sol fournit généreusement la pierre calcaire et l'argile pour la construction; enfin le bois ne manquait pas, dans le passé, aux abords de la cité.

DOUZE SIÈCLES D'HISTOIRE

Les deux Idriss. — On sait aujourd'hui qu'en dépit de la légende, c'est **Idriss Iᵉʳ** — et non son fils — qui fut à l'origine de Fès. Dès 789, semble-t-il, une petite ville berbère s'éleva sur la rive droite de l'oued : ce premier berceau de l'actuelle médina s'appelait Madinat Fas. En arabe «fas» veut dire «pioche», et certains chroniqueurs racontent qu'une pioche d'or et d'argent fut offerte à Idriss lorsqu'il délimita l'enceinte de la ville future. Bourgade bien fruste encore, mais qui marquait clairement l'implantation politique et religieuse du chérif dans le Nord du Maroc; base militaire aussi pour appuyer ses campagnes vers Taza et Tlemcen.

En 809, **Idriss II** fondait à son tour, de l'autre côté de la rivière, une vraie ville musulmane, avec son palais royal, sa mosquée, sa kissaria, ses canaux, ses murailles : ville beaucoup mieux faite pour plaire au jeune souverain et à son entourage arabe que la campagnarde Madinat Fas.

Une chance historique. — Vers 817, fuyant Cordoue à la suite d'une émeute, 800 familles musulmanes d'Espagne furent installées à Madinat Fas qu'on appela dès lors Adoua el Andalou (le quartier des Andalous). Un peu plus tard, des Arabes de Tunisie vinrent chercher refuge dans ce qui est resté Adoua el Karaouiyne (le quartier des Kairouanais). Des Juifs aussi s'établirent en grand nombre.

Sans l'afflux massif de ces étrangers le destin de Fès eût été peut-être moins prestigieux, son développement à coup sûr moins rapide. Car ces immigrants apportaient avec eux les connaissances techniques et les traditions artistiques de sociétés hautement urbanisées.

L'âge d'or. — A la fin du 11ᵉ s., le prince **almoravide** Youssef ben Tachfin réunit les deux villes dans une même enceinte : si les particularismes locaux subsistent, on ne parle plus désormais que d'une seule cité, Fès, dont l'influence ne cesse de s'étendre, malgré la fondation, à la même époque, de Marrakech.

Avec les **Almohades** (12ᵉ-13ᵉ s.) la ville devient une grande cité religieuse, intellectuelle et commerçante. Ses industries se développent et se multiplient. Le long de l'oued, les moulins, les tanneries, les teintureries, les ateliers de cuivre et de céramique, se comptent par centaines. La mosquée Karaouiyne une véritable université.

Sous les **Mérinides**, Fès atteint son apogée. Au milieu du 14ᵉ s. elle compte près de 200 000 habitants et se trouve à la tête d'un vaste empire. Au Sud-Ouest de l'ancienne ville un nouveau quartier est né : Fès-Jdid c'est-à-dire Fès-la-Neuve, puissante citadelle où s'élève un nouveau palais royal et qui abrite administration chérifienne et garnisons. Partout dans la capitale c'est une floraison de mosquées, de fondouks, de fastueuses demeures — et de ces élégantes médersas qui accueillent les étudiants étrangers attirés par le renom de l'Université.

Une bourgeoisie d'affaires. — Jamais plus la ville ne connaîtra situation aussi brillante. Lorsqu'en 1549 les **Saadiens** s'en emparent, ils lui préfèrent Marrakech dont ils font leur capitale. Avec les **Alaouites** (1666), la cité, délaissée quelque temps pour Meknès, finit par retrouver la faveur des sultans qui la parent de nouveaux édifices et restaurent ses anciens monuments. Mais Fès, volontiers frondeuse, se trouve souvent en conflit avec le pouvoir. L'insécurité entraîne une certaine dépopulation. Le grand élan de la période médiévale semble brisé.

Au 19ᵉ s., la ville a pourtant conservé un immense prestige. Création des Idrissides elle est vénérée comme la cité-mère du Maroc et elle reste la résidence habituelle du sultan. La vieille Université Karaouiyne est un foyer de pensée islamique et rayonne sur le monde musulman; elle continue de fournir au gouvernement la plupart de ses cadres. Les commerçants fassis sont connus en Algérie, au Caire, au Sénégal, en Europe; chez eux, ils prêtent à intérêt, investissent leurs bénéfices dans la terre : c'est l'époque où se constitue autour de Fès la grande propriété bourgeoise.

A la fin du siècle, le Maroc est accablé de difficultés économiques et politiques, et Fès en subit les inévitables conséquences. Les fantaisies ruineuses du sultan Abdelaziz n'arrangent pas les choses, ni les maladresses de son successeur Moulay Hafid. Le mécontentement est général, la révolte est partout, le pouvoir est débordé. En 1911, Fès est investie par des tribus berbères et le sultan doit faire appel aux troupes françaises pour sauver son trône.

L'année suivante, le **traité de Fès** est signé *(voir p. 15)*. Peu après l'arrivée de Lyautey, le nouveau sultan Moulay Youssef quitte la ville millénaire pour Rabat. Fès n'est plus la capitale du Maroc.

Tradition toujours. — Fès a la réputation d'être la plus traditionaliste des villes du Maroc. Ce phénomène s'explique par une personnalité formée de bonne heure, résultat d'un brassage précoce de populations et de cultures : «l'Arabe a apporté sa noblesse, l'Andalou son raffinement, le Kairouanais sa dextérité, le Juif son astuce, le Berbère sa ténacité.»

★★★ FÈS

Les Fassis, citadins de vieille souche, ont créé une manière de vivre bien à eux. Il y entre une certaine rigueur qui s'accommode pourtant d'un goût du confortable dont témoignent, à l'ombre de leurs murs discrets, les demeures bourgeoises où chantent les fontaines. Il y entre surtout un grand raffinement qui est le dernier mot du caractère fassi et qui partout se manifeste : dans la culture et le langage, dans le vêtement, dans la maison et l'hospitalité.

Cela ne va pas sans une pointe de sentiment de supériorité. Fiers de leur passé, les Fassis ont toujours marqué quelque condescendance pour les populations rurales qui les entourent et même pour les autres villes du royaume.

L'ouverture. — Pourtant, l'ancienne capitale ne se résigne pas à n'être qu'une ville-musée. Elle reste un centre artistique, intellectuel et religieux, et la Karaouiyne dispense toujours le droit musulman et l'enseignement coranique; une université moderne a été créée tandis que se multiplient écoles secondaires et primaires.

Les camions et les cars qui sillonnent les routes du Rif ou du Tafilalt témoignent de la place que la ville a conservée dans le stockage et la redistribution des marchandises. Les anciennes terres de colonisation et les propriétés de la bourgeoisie fassie font de Fès un marché agricole important. L'artisanat, réactivé par le tourisme, occupe plus de vingt mille familles : le travail du cuir, le tissage de la soie, la broderie, la céramique sont toujours à l'honneur. De petites industries animent les faubourgs.

On assiste même à l'implantation de grandes entreprises, textiles notamment. Les hommes d'affaires, même si certains ont émigré à Casablanca, éprouvent pour leur cité natale un attachement qui se traduit en investissements permettant à Fès de «tenir son rang».

Potier au travail.

■ **PRINCIPALES CURIOSITÉS** visite : environ 6 h

LE TOUR DE FÈS ★★★
Circuit de 16 km en voiture — voir plan p. 80

Partir de la poste et descendre l'avenue Hassan II.

Cette majestueuse artère traverse la ville nouvelle et plonge vers la vieille cité, tandis qu'à l'horizon se déploient les montagnes du Rif.

Laissant à gauche le boulevard Moulay Youssef on emprunte la P 1 que l'on quitte provisoirement pour serrer de plus près, par l'avenue du Batha, les remparts de Fès-Jdid. On passe sous les murs du mellah pour zigzaguer ensuite parmi des jardins d'où l'eau descend de tous côtés; derrière les murs se cachent les demeures des grandes familles.

Peu après Bab Jdid on franchit l'oued Zitoun après quoi on rejoint la P 1. La route s'élève dans une oliveraie (zitoun veut dire oliviers) et se rapproche des remparts, offrant plusieurs **points de vue**★ remarquables sur la médina.

Point de vue du borj Sud★★ (EX). — Le borj, abandonné, domine un bois d'oliviers. Du pied de ses murailles la vue est très belle sur la ville; l'horizon est fermé par la masse imposante du jbel Zalagh tout proche.

Revenir à la P 1. Après Bab Ftouh la route s'élève dans les collines couvertes d'eucalyptus et de peupliers, descend dans la verte vallée de l'oued Fès; elle touche les remparts à l'entrée du palais Jamaï, demeure — aujourd'hui transformée en hôtel — d'un opulent vizir du siècle dernier.

Point de vue des tombeaux mérinides★★★ (CU). — Les mausolées en ruines des derniers sultans mérinides dominent Fès au Nord. Un sentier y mène, escaladant une butte d'où la vue est saisissante.

Au pied de la butte, Fès-el-Bali s'accroche aux versants de l'oued. Au premier plan, les quartiers de la rive gauche s'étagent en amphithéâtre autour des toits verts de la Karaouiyne et de la zaouia de Moulay Idriss; au-delà, le quartier de la rive droite escalade l'autre versant pour se presser autour de la mosquée des Andalous.

A droite, sur une éminence, Fès-Jdid serre ses maisons autour du palais royal. Au-delà commence la ville moderne qui s'étale largement, aérée, parsemée de taches de verdure.

A gauche, dans le lointain, la vallée du Sebou s'enfonce au creux des versants du Moyen Atlas.

Borj Nord (CU). — *Visite de 8 h 30 à 12 h et de 14 h 30 à 18 h. Fermé le mardi.*
Cette puissante forteresse d'époque saadienne abrite une intéressante **collection d'armes**. De la terrasse qui couvre le borj la **vue plongeante**★★ sur Fès est magnifique.

Revenir à l'avenue Hassan II en suivant l'itinéraire du plan.

FÈS-EL-BALI★★★
Visite : 1/2 journée — voir plan p. 80

Les visiteurs qui hésiteraient à s'aventurer seuls dans le dédale des ruelles de la médina trouveront des guides officiels au Syndicat d'Initiative, place Mohammed V, ou près de la porte Bou Jeloud, à l'entrée de Fès-el-Bali.

De la ville nouvelle à Fès-el-Bali par Fès-Jdid. — *Partir en voiture de la poste. Au bas du boulevard Hassan II, prendre, à gauche, le boulevard Moulay Youssef.*

FÈS
AGGLOMÉRATION

0   500 m

Mohammed-V (Bd) _____ BYZ

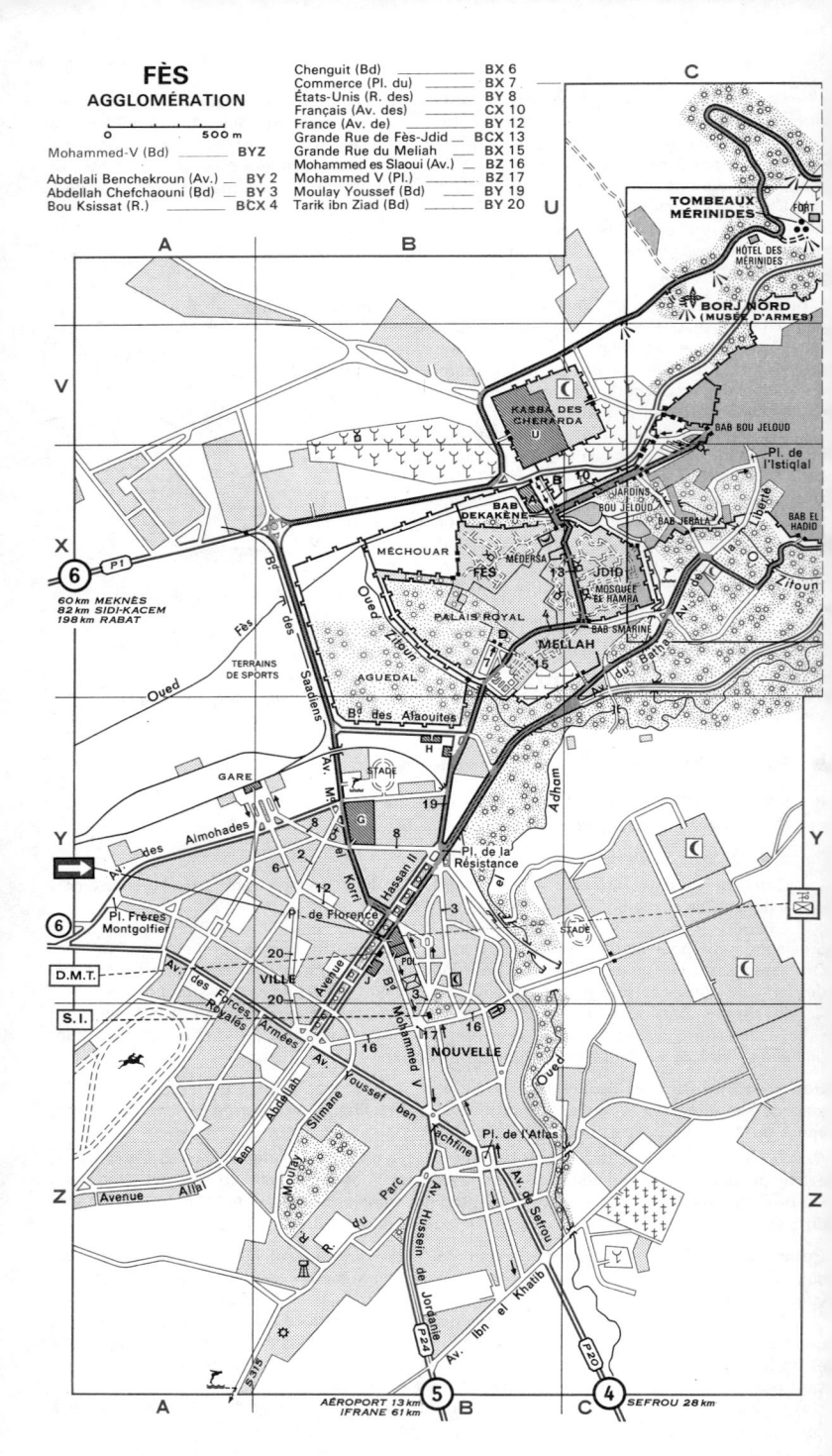

Abdelali Benchekroun (Av.) _ BY 2
Abdellah Chefchaouni (Bd) _ BY 3
Bou Ksissat (R.) _____ BCX 4
Chenguit (Bd) _____ BX 6
Commerce (Pl. du) _____ BY 7
États-Unis (R. des) _____ BY 8
Français (Av. des) _____ CX 10
France (Av. de) _____ BY 12
Grande Rue de Fès-Jdid _ BCX 13
Grande Rue du Meliah __ BX 15
Mohammed es Slaoui (Av.) _ BZ 16
Mohammed V (Pl.) _____ BZ 17
Moulay Youssef (Bd) _____ BY 19
Tarik ibn Ziad (Av.) _____ BY 20

On atteint Fès-Jdid qu'on aborde par la place du Commerce. A gauche, l'enceinte du palais royal *(on ne visite pas)* dont on remarque une **porte monumentale** (BX D) : auvent de tuiles vertes, soutenu par des colonnes sculptées, abritant trois portes de bronze doré qu'entourent des stucs ciselés et peints.

La rue Bou-Ksissat passe entre le palais et le mellah *(voir p. 86)*; tournant à gauche sous les voûtes de Bab Smarine, emprunter la Grande-Rue de Fès-Jdid, artère très animée bordée de nombreuses boutiques, où l'on doit frayer patiemment son chemin à travers une foule dense. A droite, la première mosquée rencontrée (el Hamra : la Rouge) a conservé un beau minaret d'époque mérinide.

A l'extrémité de cette rue on débouche après avoir franchi une double arcade, sur une espèce de grand corridor à ciel ouvert : c'est en réalité un pont sous lequel les eaux de l'oued Fès dévalent vers les jardins de Bou Jeloud. A gauche, une porte massive est l'entrée principale du palais royal, réservée aux cérémonies.

Tourner à droite, puis encore à droite au fond de la petite place devant Bab Dekakène et le vieux méchouar (voir p. 86).

★★★ FÈS

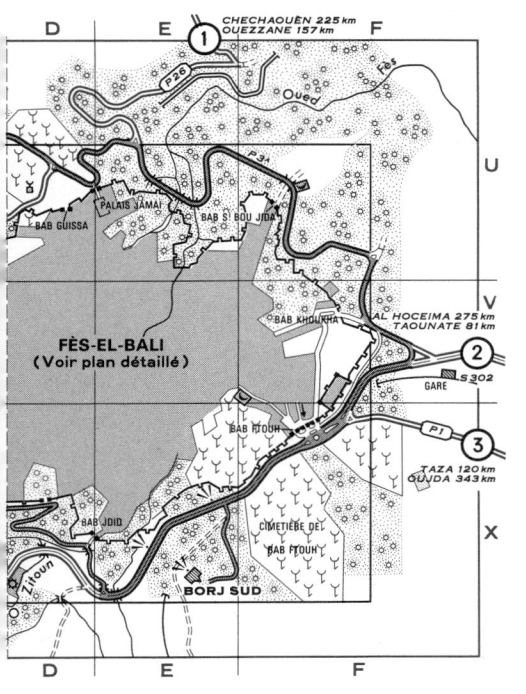

L'avenue des Français longe d'abord, sur la droite, le mur des jardins Bou Jeloud, puis le lycée Moulay Idriss.

Laisser la voiture sur la place et se diriger vers Bab Bou Jeloud. Voir plan p. 82.

L'arche centrale de **Bab Bou Jeloud** encadre joliment deux minarets de la médina; cette porte a été reconstruite en 1913 dans le style traditionnel : elle brille de toutes les arabesques de ses faïences — bleues sur la face extérieure, vertes à l'intérieur.

Franchir Bab Bou Jeloud; tourner tout de suite à gauche dans une ruelle couverte d'un treillage, puis immédiatement à droite dans la rue Talaa Kebira.

La rue Talaa Kebira ou Grand Talaa (talaa : montée) est l'artère principale de Fès-el-Bali : elle est bordée en grande partie de boutiques ou d'échoppes d'artisans et dessert de nombreux souks.

Médersa Bou Inania★★ (CV). — *Visite de 8 h 30 à 12 h et de 14 h 30 à 19 h.*

Avant d'entrer, remarquer à gauche, sur la façade qui fait face à la médersa, à hauteur du premier étage, un alignement de 13 timbres de bronze supportés par des consoles de cèdre. C'était le **carillon de Bou Inania**★ (CV A); une légende attribue la construction de son ingénieux mécanisme à un ouvrier-magicien du 14e s.

La médersa Bou Inania est le type des monuments de ce genre. Son plan et les explications qui l'accompagnent pourront être utilement consultés au cours de la visite de toutes les médersas du Maroc.

Quelques mots sur les médersas. — Les médersas ont joué un rôle important dans l'ancien Maroc. Essentiellement urbains, ces édifices avaient pour fonction de loger les étudiants étrangers à la ville, de leur assurer un isolement propice au travail et d'entretenir leur piété. La médersa était le complément naturel de quelque grande mosquée voisine où les étudiants allaient écouter les leçons dispensées par les maîtres. L'enseignement, basé surtout sur la théologie, le droit et la rhétorique, répandait les doctrines approuvées par l'État et par l'Islam; il préparait aux fonctions politiques, judiciaires et religieuses.

Toujours due à la munificence d'un souverain, une médersa était une fondation pieuse entretenue par les revenus des habous (biens du culte) et la générosité des particuliers. Bâtie autour d'une cour centrale elle comportait une salle de prière faisant parfois fonction de mosquée de quartier (dans ce cas elle était dotée d'un minaret); souvent une ou plusieurs salles de

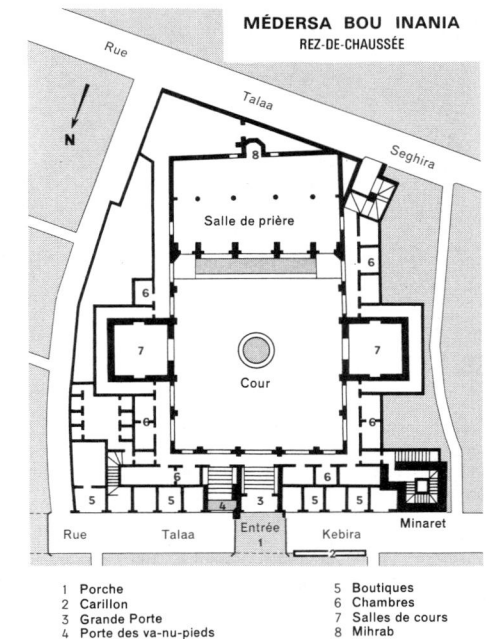

MÉDERSA BOU INANIA
REZ-DE-CHAUSSÉE

1 Porche
2 Carillon
3 Grande Porte
4 Porte des va-nu-pieds
5 Boutiques
6 Chambres
7 Salles de cours
8 Mihrab

travail ainsi qu'une salle d'ablutions occupaient une partie du rez-de-chaussée; de petites chambres prenaient jour sur le patio ou des courettes annexes. Une maigre ration alimentaire était allouée aux étudiants qui, pour le reste, vivaient aux dépens de leur famille ou du profit de quelques travaux.

Visite. — Construite au milieu du 14e s., la médersa Bou Inania est la plus vaste et la plus somptueuse de Fès. C'est au sultan Abou Inan que l'on doit sa création, l'une des plus heureuses de l'art mérinide.

L'entrée a deux portes contiguës. La plus petite, à gauche, introduit à un vestibule traversé par un étroit bassin où les fidèles venus sans babouches se lavent les pieds.

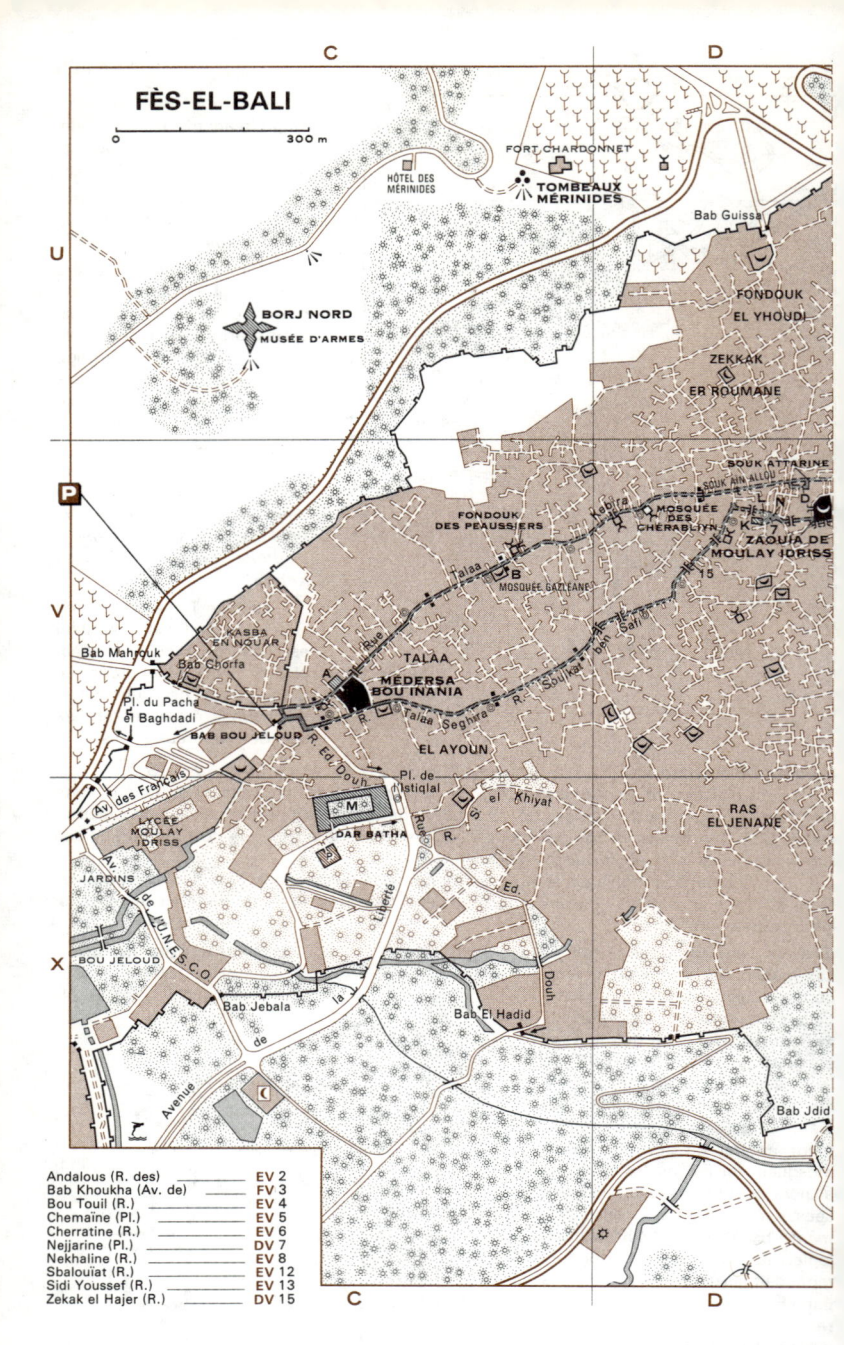

Andalous (R. des)	EV 2
Bab Khoukha (Av. de)	FV 3
Bou Touil (R.)	EV 4
Chemaïne (Pl.)	EV 5
Cherratine (R.)	EV 6
Nejjarine (Pl.)	DV 7
Nekhaline (R.)	EV 8
Sbalouïat (R.)	EV 12
Sidi Youssef (R.)	EV 13
Zekak el Hajer (R.)	DV 15

Franchissant la porte principale, aux vantaux plaqués de bronze ciselé, pénétrer dans la médersa par un **vestibule** à degrés doté d'un beau plafond de bois peint à stalactites; sur les murs un décor de plâtre très finement travaillé se déploie au-dessus des faïences polychromes qui couvrent le soubassement.

La plus belle partie du monument est la **cour**. Son sol est dallé de marbre et d'onyx. Sur la base des piliers qui supportent la galerie, les jeux multipliés d'admirables zelliges enserrent de hauts moucharabiehs. Aux chapiteaux et aux murs, la blancheur des stucs éclate, et contraste avec le cèdre sculpté des doubles linteaux et des frises. Au sommet, un large auvent coiffé de tuiles vertes repose sur une multitude de consoles ouvragées.

Les fenêtres qui s'ouvrent au premier étage sont celles des chambres d'étudiants. Au rez-de-chaussée d'autres cellules, masquées par les moucharabiehs, donnent sur la galerie; à droite et à gauche de la cour, une grande baie donne accès directement à une salle de cours.

Le ruissellement d'une dérivation de l'oued Fès longe, au fond de la cour, la **salle de prière** à laquelle on accède par deux ponceaux de marbre. Un coup d'œil discret permet de voir l'intérieur de l'oratoire *(entrée interdite aux non-musulmans)* : il se compose de deux nefs transversales séparées par des arcs brisés reposant sur de courtes colonnes d'onyx. On distingue le «mihrab» surmonté de trois baies à vitraux ainsi que la chaire à prêcher ou «minbar» (pour le prône du vendredi). En se retournant, on appréciera la beauté du **minaret**, assez haut pour transmettre le signal de la prière à tous les minarets de la ville. L'importance de ce sanctuaire explique l'affluence des fidèles.

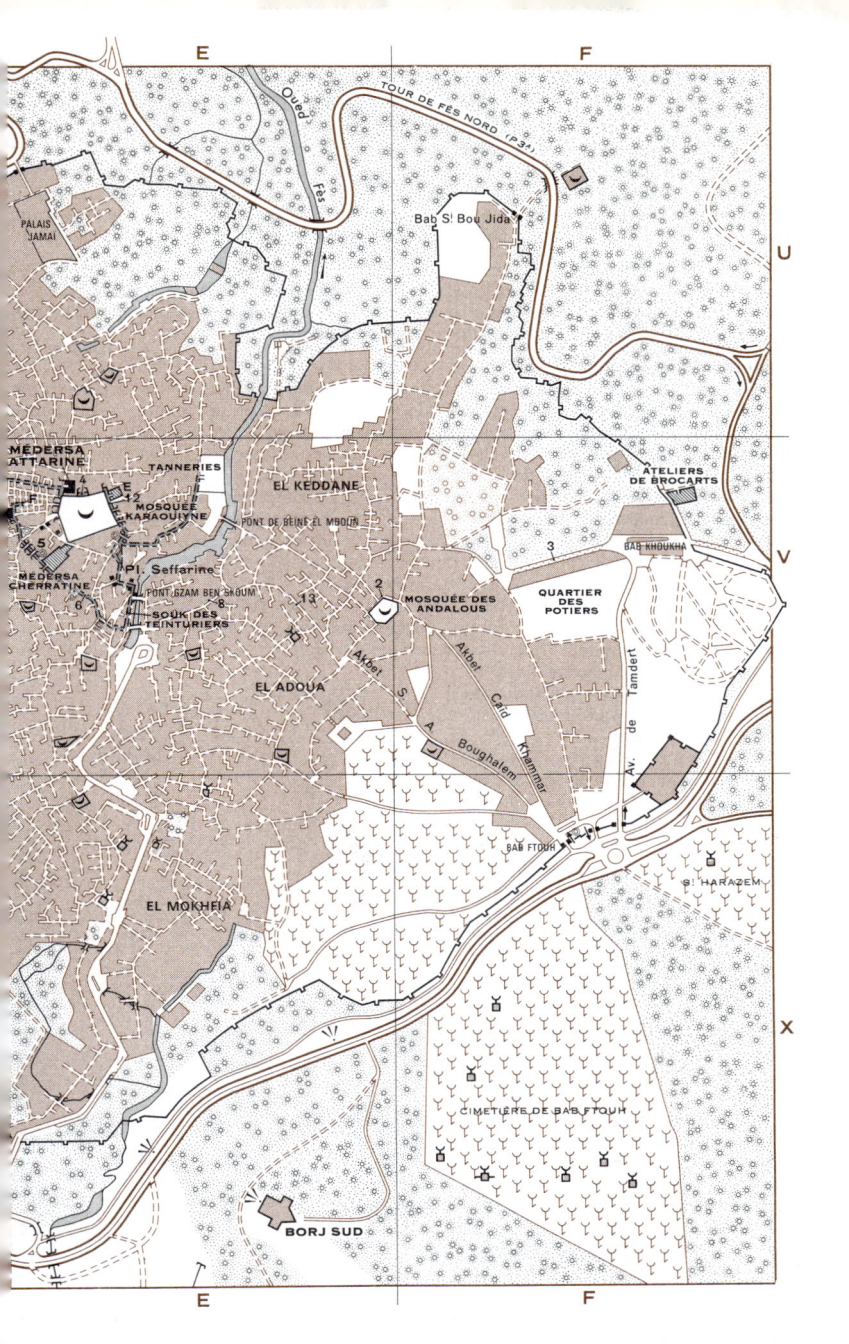

En descendant le Talaa. — *Au sortir de la médersa, reprendre à droite la rue Talaa Kebira.*

A mesure qu'on descend la pente se fait plus raide, la rue plus étroite et parfois voûtée, les boutiques plus nombreuses, la foule plus bruyante et plus dense ; ici la bousculade est de règle et les ânes lourdement chargés s'octroient une priorité de fait.

Longeant la mosquée Gazléane, à droite, on remarque dans un recoin du mur extérieur, une sorte de banquette protégée par une grille de fer forgé, entourée de stucs et surmontée d'un auvent : c'est la **M'Zara** (CV B). Ce petit monument, objet d'une pieuse vénération, évoque le souvenir d'Idriss II, qui se serait reposé là avant de fonder Fès.

A cinquante mètres, à gauche, pénétrer sous le porche du **fondouk des peaussiers** : dans la cour entourée de deux étages de galeries de briques, les peaux en provenance des abattoirs sont mises à sécher avant d'être envoyées au tannage.

Plus bas, l'attention est attirée par d'étranges boutiques : sur l'un des sièges qui constituent l'unique mobilier de ces étroits réduits, à portée d'une rangée de clés de tous âges et de toutes tailles, des agents immobiliers attendent d'éventuels locataires.

Le Talaa traverse ensuite une série de centres artisanaux souvent séparés les uns des autres par un arc ou un passage sous voûte : bijoutiers, fabricants de nattes et de tamis, cordonniers, fabricants de soufflets s'y succèdent. A un détour de la rue, semblant jaillir d'une treille qui pousse là, apparaît le très élégant **minaret*** de la mosquée des Chérabliyn (fabricants de babouches) — décor losangé sur fond de céramique à dominante vert tendre — qui a gardé toute la pureté de l'art mérinide à son apogée. A côté, au souk Aïn Allou, les produits de la maroquinerie sont vendus aux enchères tous les jours sauf le vendredi.

FÈS★★★

Souk au Henné★ (DV D). — *Négligeant provisoirement l'entrée du souk Attarine, tourner à droite dans une ruelle puis immédiatement à gauche.*

Un étroit passage conduit à une placette ombragée de grands platanes et dominée par le haut minaret de la zaouia de Moulay Idriss. Là sont les étals des marchands de feuilles de henné qui, séchées et pulvérisées, teindront les mains et les cheveux des femmes; on y vend aussi de l'antimoine qui sert à la confection du khôl de maquillage. On y trouve une poterie très rustique comportant un simple décor géométrique à la résine de chêne.

Revenir à l'entrée du souk Attarine.

Souk Attarine★. — C'est la rue aux épices, étroite et très vivante; elle prolonge le Talaa et aboutit à la médersa Attarine. Entre les échoppes d'épiciers, quelques boutiques de vêtements campagnards jettent une note de couleurs vives.

Médersa Attarine★★ (EV). — *Visite de 8 h 30 à 12 h et de 14 h à 19 h.*

De trente ans plus vieille que la Bou Inania et de dimensions plus modestes, elle est considérée comme la plus belle médersa de Fès. Franchie la porte monumentale dont les vantaux plaqués de bronze sont décorés d'entrelacs ciselés, on parvient à la cour où une vasque de marbre blanc déverse une eau de source sur la rosace de zelliges formant bassin à ablutions. Au fond, la salle de prière *(entrée interdite)* s'ouvre par un grand arc à stalactites; remarquer sur les intrados les admirables rosaces de plâtre ciselé. La cour comporte deux galeries latérales qui supportent les chambres d'étudiants. Aux quatre coins, de sveltes colonnes d'albâtre sont reliées par de petits arcs à stalactites aux angles des murs. La savante combinaison des piliers et des colonnes, des grands et des petits arcs, fait de l'Attarine un chef-d'œuvre d'audace et de raffinement.

Mais la splendeur et l'inépuisable fantaisie de la décoration y dépassent peut-être les qualités architecturales. Du sol au toit, zelliges, stucs et cèdre sculpté conjuguent leurs effets subtils. On admirera l'heureuse répartition des masses; quant à l'habileté technique des décorateurs, elle éclate dans les plâtres ciselés et dans l'inscription en céramique excisée qui court à mi-hauteur des piliers.

Avec ce monument d'une folle élégance, qui confine à la préciosité sans jamais y tomber, l'art mérinide atteint son apogée.

On pourra visiter des cellules d'étudiants et monter sur la terrasse d'où la **vue** est intéressante sur la mosquée Karaouiyne.

Prendre à gauche en sortant de la médersa et tourner aussitôt à gauche, à l'angle de la mosquée Karaouiyne, dans la très étroite rue Bou Touil.

Mosquée Karaouiyne★ (EV). — La mosquée primitive, dont il ne reste rien, fut fondée au milieu du 9e s. par une femme pieuse, dans le quartier des Kairouanais. Agrandi une première fois en 956 — le **minaret** date de cette époque — l'édifice reçut sous les Almoravides ses dimensions actuelles qui en font le plus vaste oratoire d'Afrique du Nord; elle peut abriter plus de 20 000 fidèles. Grande mosquée de Fès, elle est le siège de la fameuse Université qui compta, au 14e s., jusqu'à

Médersa Attarine.

8 000 étudiants. Sa bibliothèque, déjà célèbre au Moyen Age, possède une collection unique de corans enluminés, de livres et de manuscrits.

Jalousement fermée aux non-musulmans, la Karaouiyne laisse cependant entrevoir par ses nombreuses portes, quelques-unes de ses richesses. L'entrée principale, rue Bou Touil, donne sur la grande cour, bordée d'un portique à arcs outrepassés. On remarquera, à droite et à gauche de cette cour, les deux pavillons saadiens des 16e et 17e s. dont la disposition et l'architecture évoquent ceux de la cour des Lions à l'Alhambra de Grenade.

Autour de la Karaouiyne. — Continuer la rue Bou Touil puis, après un passage sous voûte, tourner à angle droit dans l'étroite rue Sbalouïat qui se glisse entre le mur oriental de la Karaouiyne et des maisons dont les étages en encorbellement s'avancent jusqu'à toucher la mosquée. A gauche s'ouvre l'entrée du fondouk Tsétaounine.

Fondouk Tsétaounine★ (EV E). — *Visite de 8 h 30 à 13 h et de 14 h à 20 h.*

En même temps que les médersas, hôtelleries pour étudiants, les sultans faisaient édifier des **fondouks**, hôtelleries pour commerçants. Ces établissements avaient, eux aussi, un double usage. Au rez-de-chaussée, autour de la cour où étaient parqués les animaux, de petites pièces servaient de boutiques et d'entrepôts pour les marchandises. Au-dessus, plusieurs étages de galeries desservaient les chambres. Aujourd'hui, les fondouks de Fès sont presque tous transformés en entrepôts où viennent s'approvisionner les boutiquiers des souks.

Le fondouk Tsétaounine, ainsi appelé parce qu'il était originellement réservé aux marchands de Tétouan, s'ouvre sur la rue Sbalouïat par une robuste porte au heurtoir sculpté. Un vestibule (beau plafond d'époque mérinide) conduit à la cour, surmontée de deux étages de galeries aux balustrades de fer forgé et de bois tourné. Juste en face du vestibule d'entrée, sous un auvent, est suspendue la grande balance à plateaux sur laquelle on pèse les marchandises entreposées dans le fondouk.

Continuer la rue Sbaloüiat qui longe toujours la Karaouiyne.

Par la troisième porte de la mosquée, on a un aperçu de la salle de prière aux 270 colonnes avec son grand lustre du 13ᵉ s.

Tanneries★. — La rue Sbaloüiat débouche sur la place Seffarine. *Prendre la première ruelle à gauche en direction du pont de Beine el Mdoun.*

Les archaïques tanneries de Chouara s'annoncent par leur odeur tenace. En bordure de l'oued Fès, elles offrent un spectacle assez extraordinaire avec leurs grandes cuves remplies de liquides de couleurs vives où pataugent les tanneurs. En montant sur l'une des terrasses on a une **vue** d'ensemble sur les tanneries et les rives de l'oued.

Revenir par le même chemin jusqu'à la place Seffarine.

La **place Seffarine** retentit du vacarme des marteleurs de cuivre et de maillechort. C'est le quartier des dinandiers : on y travaille des plateaux et divers ustensiles, parmi lesquels d'énormes chaudrons pour régaler de mouton plus de cent personnes.

Après avoir traversé la place, se diriger vers le pont Gzam ben Skoum qu'on ne franchira pas. Juste avant le pont s'ouvre une étroite ruelle au pavé luisant, c'est le souk des teinturiers, rutilant de couleurs. Prendre, au fond du souk, à droite, la rue Cherratine jusqu'à un passage couvert où l'on trouve l'entrée d'une médersa.

Médersa Cherratine★. — *Visite de 8 h 30 à 12 h et de 14 h à 19 h.*

Ce vaste édifice (1670), dû au sultan alaouite Moulay Rachid, pouvait abriter 150 étudiants. Il présente de charmants détails : le heurtoir ciselé de sa lourde porte, le plafond sculpté de son vestibule, les gracieuses petites fenêtres ornées de stucs et de moucharabiehs qui donnent sur la cour centrale. Sa décoration est modeste, si on la compare à celle de ses aînées ; on peut aimer cependant la simplicité monacale des hauts murs blancs qui contrastent avec le brun chaud du cèdre sculpté.

Au fond et à droite de la cour centrale, passer dans une courette intérieure où deux étages de galeries masquées de moucharabiehs desservent des cellules d'étudiants.

Sortant de la médersa, continuer la rue Cherratine. Une cinquantaine de mètres plus loin se trouve, à droite, la petite **place Chemaïne** où se tient le marché des fruits secs et le commerce de ceintures brodées d'or et d'argent ainsi que des tarbouches *(voir p. 31).*

Après avoir rejoint la rue Cherratine, tourner à droite pour atteindre l'une des entrées de la kissaria.

Kissaria (EV F). — *Visite de 9 h à 12 h et de 16 h à 19 h. Fermée vendredi et jours fériés.*

Là s'étalent à profusion les broderies de Fès, si réputées, les soieries, les brocarts, la passementerie et les babouches brodées. La kissaria est particulièrement animée aux heures de vente à la criée *(à partir de 17 h).*

Après avoir parcouru la kissaria, sortir par la même porte et reprendre l'itinéraire qui contourne la zaouïa de Moulay Idriss.

Zaouïa de Moulay Idriss★★ (DEV). — *Entrée strictement réservée aux musulmans.*

La zaouïa de Moulay Idriss est l'une des plus saintes du Maroc ; elle abrite le tombeau d'Idriss II, considéré longtemps comme le fondateur de Fès *(voir p. 78).* Autour d'elle, les ruelles sont barrées par une poutre de bois qui interdit le passage aux bêtes et oblige les passants à se baisser. La barre franchie, on se trouve dans le « horm », périmètre sacré tout imprégné de la « baraka » du bienheureux Idriss. *Les non-musulmans y sont tolérés, mais tenus à une particulière discrétion.*

La ruelle qui longe la zaouïa, est le refuge des mendiants venus solliciter la générosité des pèlerins. Naguère se mêlaient à eux des gens recherchés par les autorités et venus bénéficier du droit d'asile du horm. Remarquer à droite, sous un auvent, une fontaine encadrée de plâtres ciselés rehaussés de couleurs, d'une finesse remarquable. A quelques pas, sous une fenêtre grillagée, un beau moucharabieh de cèdre porte en son centre une plaque de cuivre percée d'un trou : c'est le **tronc des offrandes**★ où les fidèles viennent glisser leur obole avant de baiser le mur sacré derrière lequel s'élève la tombe du saint protecteur de Fès.

La ruelle contourne l'angle de la zaouïa. Aussitôt après s'ouvre la **porte principale**, très richement décorée de bois peints aux vives couleurs. Par l'une des trois baies, on aperçoit la salle de prière, avec ses lustres innombrables et son étonnante collection d'horloges ; au fond de la salle, le tombeau de Moulay Idriss, paré de bannières. Un peu plus loin, d'autres portes permettent de voir la cour des ablutions, dominée par le très haut minaret (il date du 19ᵉ s. ; le reste de l'édifice doit sa dernière version au 18ᵉ s.).

Prendre, en face de l'entrée principale, la ruelle où s'entassent les boutiques d'objets de piété : elle mène à la place Nejjarine.

Place Nejjarine★★ (DV 7). — C'est un des coins les plus attachants du vieux Fès. Au fond de la place, on découvre le **fondouk Nejjarine**★ (DV K) (fin du 17ᵉ s.), dont la porte monumentale, très

Fontaine Nejjarine.

FÈS★★★

décorée, est surmontée d'un magnifique auvent. Plus à droite, la célèbre **fontaine Nejjarine**★ (DV L), véritable «autel dressé à l'eau» dans un très joli décor de zelliges. Plus à droite encore s'ouvre le souk Nejjarine (menuisiers) qui fleure bon le cèdre.

Prendre contre la fontaine, la ruelle qui s'enfonce sous une maison, et tourner à gauche dans la rue Zekak el Hajer. Cette rue passe entre des habitations bourgeoises qui ne laissent rien deviner de leur charme intérieur. Revenir à Bab Bou Jeloud.

■ AUTRES CURIOSITÉS

Dar Batha★ (CX). — *Pour visiter, s'adresser au gardien qui accompagne.*

Dar Batha est un palais construit par les Alaouites à la fin du 19ᵉ s. et aménagé depuis en musée des **Arts marocains**★. Une salle est consacrée à la poterie ancienne de Fès, une autre à la broderie. On remarquera en outre, de belles portes de bronze provenant de la Karaouiyne (début du 12ᵉ s.), une collection d'armes du Sud marocain et une intéressante collection d'astrolabes du 11ᵉ au 18ᵉ s.

Entre les deux ailes du palais s'étend un beau jardin andalou.

Mosquée des Andalous★ (EFV). — Fondée peu après la Karaouiyne (9ᵉ s.), agrandie et embellie par les Almohades au début du 13ᵉ s., elle est le principal sanctuaire de la rive droite. C'est là que chaque année au printemps se rend en grande pompe le «**sultan des tolba**», souverain éphémère choisi parmi les étudiants et dont l'élection sert de prétexte à des cérémonies burlesques et à de folles réjouissances.

Une grande **porte monumentale**★ s'ouvre au Nord-Ouest, qui domine tout le quartier. Pour mieux apprécier sa silhouette élancée, il faut prendre un peu de recul en descendant la rue à degrés qui y mène. On remarquera au passage, sur la droite, les boutiques où des musiciens, assis sous leurs instruments suspendus à la cloison, attendent qu'on vienne louer leurs services pour quelque fête.

Quartier des potiers (FV). — *Accès par l'avenue de Tamdert, à l'Est de Bab Ftouh.*

D'origine très ancienne, la céramique vernissée de Fès se caractérise de nos jours par une décoration, géométrique ou florale, d'un bleu profond sur fond blanc. La visite du quartier des potiers permet de voir naître sur le tour, puis patiemment décorer à la main, ces vases et ces plats dont la réputation a dépassé les frontières du Maroc. On y prépare aussi les carreaux de faïence qui seront découpés ensuite pour servir à la fabrication des zelliges, autre spécialité des artisans fassis.

Ateliers de brocarts (FV). — *Gagner Bab Khoukha, porte Est de Fès-el-Bali.*

Les ateliers se trouvent à l'extérieur des murailles, à une centaine de mètres au Nord de cette porte. Une piste y conduit, difficile mais carrossable.

La fabrication des brocarts, étoffes brochées d'or ou d'argent, est également une activité traditionnelle à Fès. Ils sont tissés sur des métiers dont les lisses très nombreuses sont actionnées à la main par une équipe d'ouvriers, cependant que le maître-tisseur, assis à l'extrémité du métier, manie le peigne et lance la navette. Le spectacle est plein d'intérêt tant par le chatoiement des fils que par la virtuosité des tisserands.

Vieux méchouar (BX B). — A Fès-Jdid, cette longue place entourée de hautes murailles, attenante au palais du roi, est l'enclos où jadis le sultan donnait audience. A son extrémité Sud se dresse **Bab Dekakène**★, une des plus imposantes portes de Fès avec ses grosses tours crénelées ; elle date de l'époque mérinide (14ᵉ s.).

Sur le côté Ouest du méchouar, la Makina s'ouvre par une haute porte. Ancienne manufacture d'armes, elle abrite aujourd'hui une **fabrique de tapis** (BX A). *Fermée provisoirement.*

Mellah (BCX). — Jusqu'au 13ᵉ s. les Juifs étaient logés près de Bab Guissa dans le quartier qu'on appelle encore Fondouk el Yhoudi. Lorsque Fès-Jdid fut bâtie, ils durent y transporter leurs pénates. Beaucoup d'entre eux, qui avaient des intérêts dans la médina préférèrent se convertir à la religion musulmane plutôt que d'abandonner leurs biens. Les autres s'entassèrent dans un quartier spécial près du palais du sultan : celui-ci leur avait promis sa protection moyennant quelques impôts supplémentaires. Ce ghetto prit le nom de «mellah», ce qui signifie «sel» en arabe, parce que c'étaient les Juifs qui vidaient et salaient les têtes des rebelles décapités, avant qu'elles fussent exposées aux portes de la ville.

Le mellah, déserté par les Israélites, a perdu beaucoup de son caractère ; cependant, ses rues sont toujours bordées de pittoresques maisons aux loggias de bois sombre.

Pour visiter le mellah, suivre à pied la Grande Rue, toujours très animée. Près de Bab Smarine, dans de minuscules échoppes, les orfèvres cisèlent de fins bijoux d'or et d'argent. L'une des ruelles tortueuses qui se détachent de la Grande Rue conduit au cimetière israélite, fort curieux avec ses tombes serrées les unes contre les autres et blanchies à la chaux.

EXCURSIONS

Sidi-Harazem★. — *15 km — Sortir par ③ du plan — Description p. 91.*

Moulay-Yâkoub. — *20 km — Sortir par ⑥ du plan ; suivre la direction de Meknès pendant 5 km puis prendre à droite la S 308.*

La S 308 procure de beaux points de vue sur la plaine du Saïs ; Moulay-Yâkoub apparaît bientôt au fond d'une cuvette.

C'est un lieu de pèlerinage depuis longtemps fréquenté par les musulmans qui viennent y chercher la guérison des rhumatismes. C'est aussi une petite ville d'eau où l'on soigne les affections oto-rhino-laryngologiques.

Massif du Kandar★★. — *Circuit de 123 km — 1/2 journée — Description p. 90.*

Haute vallée du Sebou★. — *Circuit de 173 km — 1 journée — Description p. 91.*

FIGUIG ★★

Carte Michelin n° **169** - plis 20, 30 — 13 660 h. — *Souk le mercredi.*

Figuig, située à l'extrémité orientale du Maroc, est l'une des plus célèbres oasis de l'Afrique du Nord.

L'achèvement de la route qui la relie à Oujda (376 km) l'a rendue plus accessible sans pour autant lui permettre, sur le plan touristique, de sortir de son isolement accentué par l'absence d'aménagement hôtelier dans cette région.

On peut également atteindre Figuig, venant de l'Ouest, par la P 32 qui s'embranche sur la route du Ziz entre Erfoud et Ksar-es-Souk : itinéraire très long (plus de 370 km) et difficile qui, passant par Boudenib, Bouânane, Mengoub et Bouârfa, comporte près de 150 km de piste au bord du désert.

Figuig occupe, à 900 m d'altitude, le bord d'une dépression, au pied de l'Atlas saharien. Les ksour qui la composent sont disposés autour d'une **palmeraie**★★ de 100 000 palmiers produisant une grande quantité de fruits de qualité très diverse. Cette palmeraie, née de la présence de sources artésiennes, est séparée en deux parties par une falaise appelée «sorf».

TOUR DE L'OASIS

30 km par des pistes parfois très mauvaises — environ 2 h 1/2

Prendre la piste qui s'amorce tout près du Cercle de Figuig. Au bout de 600 m, laisser la voiture sur un emplacement où le demi-tour est facile. Continuer à suivre à pied la piste qui devient très étroite et tourne à gauche à hauteur d'une tour de guet. Une centaine de mètres plus loin, on atteint une plate-forme.

Plate-forme de Figuig★★. — On découvre une très belle **vue**★★ sur la «mer de palmes», le ksar de Zenaga en face de soi, le jbel Tarhla à gauche, le col de Zenaga, le jbel Zenaga, le col de la Juive, le jbel Mélias et, tout à fait à droite, le jbel Grouz.

De retour au Cercle, prendre la piste de gauche, vers Bouârfa. Arrivé entre les ksour d'Ouled-Slimane et d'El-Oudarhir, quitter la voiture et prendre, à gauche, une ruelle étroite et rectiligne.

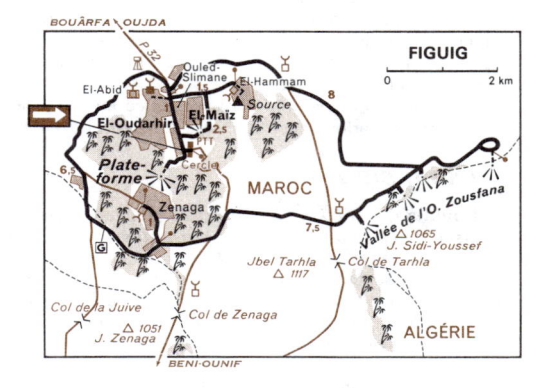

Ksar d'El-Oudarhir★. — Ce ksar, particulièrement pittoresque avec ses ruelles étroites, parfois couvertes, possède une source d'eau salée et une source d'eau chaude. Du haut du minaret de sa mosquée *(on ne peut monter qu'avec l'autorisation du caïd)*, on jouit d'une **vue**★ sur les architectures de terrasses, de baies, d'arcades disposées autour des cours intérieures, sur l'ensemble des ksour de Figuig, leurs palmeraies et, au loin, leur cadre de montagnes.

Reprendre la voiture, continuer tout droit et, peu après, tourner à gauche.

Ksar de Zenaga. — C'est le plus important de Figuig. Quitter la voiture sur la grande place où se trouve un marabout, pour s'enfoncer dans les curieuses ruelles du ksar.

Vallée de l'oued Zousfana★. — L'oued Zousfana creuse au pied des rochers arides du jbel Sidi-Youssef, une vallée très encaissée dont le fond constitue une véritable «rue de palmiers». Il faut, pour en avoir un bon aperçu, quitter la piste et s'avancer à droite vers le jbel. Alors, apparaît la vallée de l'oued Zousfana que l'on ne soupçonnait pas. Les belvédères sur la rive droite de l'oued en révèlent les perspectives les plus pittoresques.

Source chaude d'El-Hammam. — Laisser la voiture à l'entrée du ksar d'El-Hammam. A gauche d'un marabout s'ouvre une porte, sous laquelle on tourne à droite pour gagner une grande place. Au centre de cette place un escalier descend à la source chaude (33° environ) où les habitants de l'oasis viennent procéder à leurs ablutions.

Au 1ᵉʳ carrefour après El-Hammam, prendre à gauche.

Ksar d'El-Maiz★. — Village fortifié dont les habitations présentent vers le Sud de larges baies juxtaposées. On en aura une vue d'ensemble de la piste qui contourne le ksar.

Votre visite du Maroc sera plus facile et plus intéressante si vous connaissez quelque peu :
- *les préceptes et les coutumes de l'Islam*
- *la physionomie du pays*
- *les traits dominants de son économie*
- *les grandes dates de son histoire*
- *l'originalité de son art*
- *la richesse de son artisanat*
- *quelques aspects de son folklore et de ses traditions populaires*
- *les spécialités culinaires.*

Lisez l'introduction de ce guide, p. 6 à 33.

GOULIMIME

Carte Michelin n° **169** - pli 32 — 15 758 h. — *Souk le samedi.*

Goulimime se situe en bordure des dernières pentes arides de l'Anti-Atlas, à moins de 40 km de l'océan. Cette grosse bourgade construite en désordre au pied d'une vieille kasba en ruines, est l'une des «portes du désert» qui jalonnent le Sud marocain, ouvrant sur un infini de pierre et de sable : c'est là, pour le touriste, un spectacle auquel s'ajoute, à quelques kilomètres, celui des premières oasis sahariennes.

Goulimime, qui fut dans le passé un centre caravanier important, est encore de nos jours régulièrement fréquenté par les nomades des confins mauritaniens. Ces **« hommes bleus »** à l'allure si fière, sont vêtus de cotonnade indigo, la tête couverte d'un long tissu noir ou bleu-nuit qui cache en partie leur visage ; leur peau sombre et cuivrée est parfois bleuie par le contact des tissus. Leurs femmes aussi sont habillées de bleu : ce sont elles qui dansent la «guedra» *(voir p. 32)* dont Goulimime est l'un des hauts lieux.

Souk aux chameaux*. — *Il se tient dans un très vaste enclos, à l'entrée Nord de la ville, tous les samedis, du lever du soleil aux environs de midi ; il est donc recommandé d'arriver à Goulimime tôt le matin, ou mieux la veille au soir.*

Ce marché hebdomadaire est la grande attraction de Goulimime. Le jour se lève sur un grouillement d'hommes et de bêtes arrivés là au cours de la nuit (il en vient de très loin, à plusieurs jours de marche). Une partie de l'enclos est réservée aux chèvres, aux ânes et aux moutons. Dans l'autre, plusieurs centaines de dromadaires foulent le sable de leur pas mou, tandis que se tiennent les palabres qui décideront de leur sort. Les «hommes bleus» s'achètent entre eux des chamelons qu'ils élèveront avant de les revendre ; ils cèdent aux Chleuhs ou aux sédentaires du Nord les bêtes adultes destinées à la boucherie ou à la charrue. La grande affaire est d'examiner les dents, pour déterminer l'âge de la bête. Les marchés se concluent sur parole et les versements se font en espèces ; après quoi l'acquéreur coupe à la bête une touffe de poils qui symbolise la prise de possession, puis l'entrave en lui liant une patte repliée.

Au temps du moussem — chaque année en juin-juillet — le marché prend des proportions énormes ; parfois plus de mille chameaux convergent au souk de Goulimime.

EXCURSION

Aït-Boukha*. — *17 km au Sud-Est de Goulimime par Asrir — environ 2 h.*
En raison de l'incertitude du tracé des pistes et de passages délicats, il est conseillé de se faire accompagner par un guide dont on louera les services à l'hôtel.

Sortir de Goulimime par le Sud et tourner à gauche près du Service des Travaux Publics. Au bout de 3 km, à une fourche marquée par un cube de béton *(inscription : CT 7096)*, prendre à droite. Après avoir passé 2 gués, on arrive en vue du ksar d'Asrir qu'on contourne par le Sud. Filer alors au Nord-Est en direction de la palmeraie qu'on aperçoit au loin c'est Aït-Boukha.

Laisser la voiture en bordure de l'oasis* et descendre à pied vers les sources qui arrosent champs de maïs et jardins, au pied des palmiers, des oliviers, des grenadiers. De l'autre côté s'étend le village saharien que l'on pourra parcourir.

IFRANE *

Carte Michelin n° **169** - plis 17 et 12 — Schéma p. 64 — 6 014 h. — *Souk le dimanche — Lieu de séjour, p. 44.*

Plus encore qu'Azrou, Ifrane a quelque chose d'insolite en ce pays avec ses pignons aigus, ses hautes cheminées et ses toits de tuiles roses ; les maisons sont des villas entourées de jardins, noyées dans les arbres, desservies par des rues qui serpentent comme les allées d'un parc. Création des années 30, cette petite ville européenne transplantée au Maroc est une station d'altitude (1 650 m) agréable en toutes saisons.

Les amateurs de calme et d'air pur s'y plaisent particulièrement ainsi que pêcheurs, chasseurs et, bien sûr, les skieurs (Mischliffen et le Jbel Hebri sont proches et facilement accessibles). Un réseau satisfaisant de routes et de pistes, une capacité hôtelière importante font d'Ifrane une bonne base d'excursions dans le Moyen Atlas.

EXCURSIONS schéma p. 64

Val d'Ifrane*. — *10 km, puis 3/4 h de marche ou de visite.* Au Nord-Ouest de la ville, l'oued Tizguit s'enfonce progressivement dans le plateau calcaire : ce «val d'Ifrane» rappelle les plus frais paysages de France par ses pâturages, ses sous-bois épais, ses cours d'eau dévalant en cascades. Il constitue une promenade très agréable.

Sortir d'Ifrane par la S 309 en direction de Meknès.

Cascade des Vierges*. — A 4 km, prendre à droite une piste *(panneau signalant «source Vittel» 0,5 km)* qui mène à un pont de bois franchissant l'oued Tizguit. Tourner à droite après le pont et suivre la rive opposée jusqu'à la source «Vittel». Laisser la voiture sur la plate-forme, et continuer à pied *(1/4 h AR)* le long du torrent pour aller voir la belle bascade qui s'écoule parmi les frênes, les érables et les peupliers.

Revenir à la S 309 et tourner à droite. 4 km plus loin, prendre, à droite la route 3330 qui descend vers Zaouia-d'Ifrane.

Zaouia-d'Ifrane. — Ce curieux village abrite encore des familles de chorfa *(p. 27)*. Certaines demeures, en contrebas de la route, sont des habitations troglodytiques que leurs occupants font volontiers visiter. On y fabrique surtout des nattes et de jolies couvertures de laine blanche. Au pied du village, en bordure de l'oued, le grand marabout blanc au toit vert attire beaucoup de monde à l'époque du moussem.

★ IFRANE

Causse d'Ifrane★. — *Circuit de 66 km.* Cet itinéraire, au Nord et à l'Est d'Ifrane, conduit dans un paysage calcaire, caractéristique des plateaux du Moyen Atlas. Recoupant des terrains de parcours pour les troupeaux il offre maintes occasions de rencontrer des groupes de pasteurs semi-nomades. Aux amateurs de pêche, les lacs proposent leurs eaux poissonneuses.

Sortir d'Ifrane par la P 24, en direction de Fès. A 16 km, prendre à droite la route 4628 et aussitôt à gauche la 4629 qui longe la rive Nord du Dayèt Âaoua.

Dayèt Âaoua. — Ce petit lac occupe le fond d'une dépression résultant de la dissolution de la couche calcaire du plateau. Un rideau de peupliers et de pins maritimes répand une ombre agréable sur son rivage. On peut louer des pédalos au «chalet du lac».

Après avoir passé un petit barrage, laisser à droite la route qui fait le tour du lac et poursuivre l'itinéraire par la 4627 et la 4630. Puis, laissant à gauche la piste du dayèt Iffer, on arrive en vue du dayèt Ifrah.

Dayèt Ifrah★. — La piste surplombe cette grande cuvette dont les eaux scintillent dans un paysage de collines dénudées. Dans ce «bout du monde» quelques maisons au bord du lac manifestent la présence humaine, et surtout les vastes **tentes** noires des pasteurs, ancrées par petits groupes dans la rocaille.

Continuer jusqu'à la maison forestière du dayèt Hachlaf, au-delà de laquelle on tournera à droite vers la vallée des Roches.

Vallée des Roches★. — La piste qui y mène est mauvaise. Mais quelques kilomètres suffisent pour s'approcher de cette curieuse vallée aux versants encombrés de blocs calcaires aux formes bizarres.

Revenir à la piste 3325. Tandis qu'à gauche on longe une forêt de cèdres et de chênes, on aperçoit bientôt sur la droite un vaste cirque de **roches ruiniformes** qui évoque, de façon saisissante, quelque vieille ville *(une mauvaise piste permet de s'en approcher).* Peu après on débouche sur la S 309 qui ramène à Ifrane.

Circuit du Mischliffen★. — *60 km* — *Ce circuit, décrit p. 64, peut aussi bien se faire au départ d'Ifrane.*

IGUI-N-TAMA (Rond-point d') ★

Carte Michelin nº **169** - pli 22 — 91 km au Nord d'Agadir.

La piste d'accès est en mauvais état dans les derniers km.

Quitter la P 8 entre Tamri et Tamanar par la piste 6653. A la fourche qu'on trouve au bout de 3 km, prendre à gauche la 6654 ou «pistes des crêtes». Cette route domine la mer à environ 300 m d'altitude, offrant au regard l'océan et la côte entre la pointe Imessouane et le cap Rhir. Elle décrit une boucle fermée autour d'un promontoire boisé.

Quitter ici la voiture et prendre à droite le sentier coupé de marches qui descend vers une terrasse à une centaine de mètres de là.

De cette terrasse, on a une très jolie **vue★** sur la baie d'Imessouane et les flots tumultueux de l'Atlantique. Au débouché de l'étroite vallée d'Imoucha, se profilent les marabouts de Tildi; sur l'autre versant on aperçoit le gouffre d'Agadir Imoucha. A l'arrière se pressent les premiers contreforts de l'Atlas, tout couverts d'une forêt claire d'arganiers.

Un arbre typiquement marocain. — L'arganier est certainement l'arbre le plus original du Maroc. C'est une «relique» de l'ère tertiaire, qui occupe une partie du Sud-Ouest du pays. Il fait une timide apparition dans les parages de l'oued Tensift; à l'Est et au Sud d'Essaouira, il couvre de grandes surfaces; on le voit partout dans le Sous; dans l'Anti-Atlas il est présent jusqu'aux confins du désert.

C'est un arbre de dimensions comparables à celles de l'olivier; son tronc multiple est court et tourmenté, sa couronne dense est ronde, son feuillage épineux. Il rend de tels services aux populations qu'il est parfois cultivé. Il fournit du bois d'œuvre et de chauffage, mais surtout il constitue un «pâturage suspendu». Son fruit, l'argan, une baie verte de la taille d'une grosse olive, est une nourriture pour les bestiaux — qui en rejettent les noyaux — et pour l'homme qui tire de ces noyaux une huile couramment consommée dans la région. Son feuillage est un régal pour

Chèvres broutant un arganier.

les caprins. Il est toujours déconcertant et amusant pour un touriste de voir les petites chèvres noires grimper aux plus hautes branches pour brouter les jeunes pousses.

L'afflux de touristes rend parfois aléatoire
l'hébergement dans les petites villes marocaines;
ne prenez pas la route sans avoir retenu par avance votre chambre
ou téléphoné pour prévenir de votre arrivée.

KANDAR ET SEBOU (Région du) ★★
Carte Michelin nº 169 - plis 2, 3, 12, 13.

Sous ce titre sont réunis deux circuits qui ont une partie commune et qu'il est commode d'effectuer à partir de Fès.

1 ★★ MASSIF DU KANDAR
Circuit de 123 km au départ de Fès — environ 1/2 journée

Quitter Fès par ⑤ du plan (p. 80). La P 24 traverse la riche plaine du Saïs où l'irrigation a multiplié vergers et cultures maraîchères. Plus au Sud on voit apparaître le massif du Kandar dont les premières pentes abritent des vallons frais et ombragés.

Aïn-Chifa. — Cette source jaillit sur le plateau d'Aït-Sebaa, à mi-pente du massif du Kandar, dans un site verdoyant. L'eau, canalisée dans des bassins bordés de fleurs alimente une piscine.

Retour à la P 24. Celle-ci s'élève en lacets sur un versant boisé de chênes verts et de pins. Au col du Kandar, à 1 350 m d'altitude, la **vue**★ est très étendue sur la plaine du Saïs, Fès et le Jbel Zalagh.

Imouzzèr-du-Kandar. — C'était un village berbère, bâti sur le rebord d'un plateau qui se détache du Moyen Atlas. La fraîcheur de l'air, la beauté du site et l'abondance des sources ont fait naître ici une petite station estivale qu'agrémentent de larges avenues ombragées, un lac artificiel, des parcs, une piscine entourée de peupliers.

Tourner à droite sur la place et laisser la voiture près de la kasba. On ira voir à l'intérieur de celle-ci les très curieuses **habitations souterraines**★ de la tribu des Aït Serhouchene : elles s'ouvrent sur la place par des rampes bordées de petits murs.

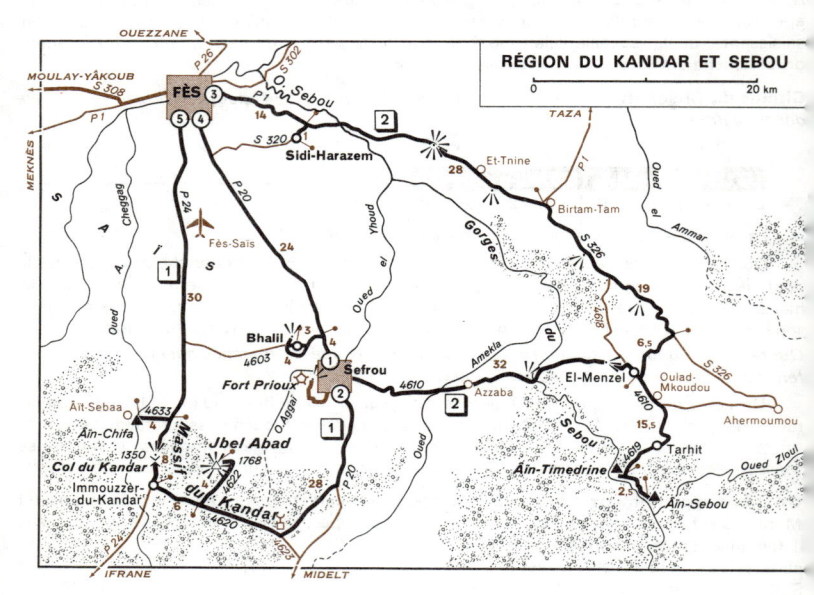

Quitter Immouzèr par la route de Sefrou. Au km 6, un bloc de maçonnerie indique la direction «tour de guet du Jbel Abad». Emprunter la piste 4622 qui pique droit vers la montagne : ce mauvais chemin assez raide, mène à une plate-forme, située à 200 m du sommet.

Jbel Abad★. — *1/4 h à pied AR.* En escaladant ce point culminant du Kandar (1 768 m), on découvre brusquement devant soi la plaine du Saïs et Fès; le **panorama**★★, magnifique, se développe sur Meknès et le jbel Zerhoun, le Rif, et, du côté du Moyen Atlas, le jbel Bou Iblane et les sommets du Tichchoukt.

Rejoindre la 4620 et suivre la direction de Sefrou.

La route contourne le massif du Kandar, auquel un épais tapis de chênes verts donne un aspect crépu; elle atteint bientôt le rebord oriental assez abrupt et marqué de gros bancs calcaires. Puis elle descend vers la P 20 par une vallée dont les versants rocheux et dénudés contrastent avec le fond étroit où serpente un mince ruban de cultures. Sortant de la vallée, la route traverse une zone sèche et caillouteuse avant de déboucher sur le vallon verdoyant de Sefrou.

Sefrou★. — *Page 139.*

Sortir de Sefrou par ① du plan. A 4 km, la route 4603 monte vers un gros village accroché au rebord du plateau limitant au Sud la plaine du Saïs.

Bhalil★. — Ses habitants, niant toute origine arabe ou berbère, se donnaient une ascendance chrétienne; les musulmans des environs, qui n'en croyaient pas un mot, les auraient appelés par dérision : «el bhalil», les idiots. Ainsi s'expliquerait la toponymie du village. En tout cas la tradition veut qu'Idriss II en personne ait converti à l'Islam cette communauté. On raconte même qu'à cette occasion il aurait fait jaillir une source pour abreuver son cheval fatigué : c'est Aïn-Reta, qui coule près de la grande mosquée

★★ Région du KANDAR ET SEBOU

Arrivé en vue du village, prendre à gauche la piste en forte montée conduisant au sommet d'une colline. A gauche, belle vue sur la chaîne du Bou Iblane. Du sommet, la **vue** ★ est plus étendue : au loin la plaine, Fès, le Rif; au premier plan le village à moitié taillé dans le roc.

Faire demi-tour et, dans la descente, prendre à gauche le chemin du village. On entre par une porte étroite. Dépasser le lavoir d'où partent des ruelles pittoresques, animées d'un va-et-vient incessant. Plus loin le chemin traverse des jardins et offre encore une belle vue, à droite, sur Bhalil. On rejoint ensuite la route d'arrivée dans laquelle on tournera à gauche.

Rentrer à Fès par la P 20 qu'on trouvera 3 km plus loin.

2 ★ HAUTE VALLÉE DU SEBOU

Circuit de 173 km au départ de Fès — 1 journée

Sortir de Fès par ③ du plan (p. 80).
La P 1 descend rapidement vers la vallée de l'oued Sebou.
A 14 km à l'Est de Fès, la S 320 se détache de la route de Taza et s'engage dans une vallée aux versants arides.

Sidi-Harazem ★. — Minuscule oasis dont la présence surprend aux environs de Fès. Une petite koubba blanche y perpétue le souvenir d'un saint du 13e s. qui a donné son nom au village et dont la fête réunit chaque année en avril de nombreux fidèles.
Il y a là une source d'eau tiède connue depuis longtemps puisque l'historien Léon l'Africain (16e s.) en vantait déjà les bienfaits. Les eaux de Sidi-Harazem possèdent, en effet, des vertus curatives qui intéressent particulièrement les affections du foie et des reins. Aujourd'hui captées en profondeur, elles alimentent une usine de mise en bouteilles et un ensemble thermal ultra-moderne. Remarquer la **piscine**, réalisée par l'architecte Zévaco.
On peut encore voir, près du marabout, l'antique piscine sacrée, dans un riche décor d'eucalyptus, de palmiers et de lauriers-roses.

A sa sortie du Moyen Atlas, le Sebou, l'un des plus grands fleuves du Maroc, creuse des gorges profondes au Sud-Est de Fès.

Gorges du Sebou ★. — La P 1 en direction de Taza traverse le Sebou et escalade l'autre versant, dominant Fès et son site qu'on aperçoit à plusieurs reprises. Du plateau qu'on aborde ensuite, la **vue** est dégagée sur le Rif (à gauche), le massif du Tazzeka (devant soi) et le Moyen Atlas (à droite). Peu après Et-Tnine, la route, en descendant donne un premier aperçu des gorges du Sebou.

A Birtam-Tam, prendre à droite la S 326. On traverse une riche région agricole où domine la grande propriété : des rideaux de peupliers et d'eucalyptus protègent les plantations d'arbres fruitiers. Sur la droite les **vues** ★ sont belles sur les parois, rouges et nues, des gorges du Sebou.

A 19 km de Birtam-Tam, prendre à droite la petite route goudronnée en direction d'El-Menzel. Ne pas entrer dans le bourg mais prendre à gauche la piste annoncée par une plaque «Sources du Sebou».
La piste remonte le cours d'un oued étroit, parmi les terres rouges, dans un paysage profondément marqué par la présence humaine. Cultures en terrasses, figuiers et larges oliviers, villages perchés... il y a quelque chose de provençal dans ce petit pays; mais les muletiers aux couffins débordant de tomates, de légumes et de volailles sont bien africains.

Laisser à gauche la piste d'Ahermoumou et tourner à droite.

Tarhit. — Charmant village dont les maisons roses escaladent les deux versants de l'oued; à gauche, en contrebas, un lavoir retentit d'une pittoresque animation.

On rejoint ensuite le Sebou dont on remonte le cours sinueux jusqu'à Aïn-Sebou, terminus de la piste.

Aïn-Sebou est une source vauclusienne qui apparaît au flanc des assises calcaires d'un petit amphithéâtre rocheux; elle se répand dans un bassin limpide et poissonneux et de là, par une petite chute, rejoint les eaux limoneuses du Sebou, dans un cadre verdoyant.

Faire demi-tour. A 2,5 km un chemin prend à gauche, en vue de quelques maisons à demi-ruinées. Le suivre sur environ 300 m.

Aïn Timedrine.

Aïn-Timedrine ★ sourd dans une cuvette calcaire cernée de pentes douces. La nappe d'eau, très claire, a donné naissance à une ravissante petite oasis où des chemins serpentent parmi les bosquets et les fleurs, à l'ombre des trembles où nichent une grande variété d'oiseaux.

Revenir à la piste principale en direction d'El-Menzel.

KANDAR ET SEBOU (Région du)★★

El-Menzel. — Le **site** d'El-Menzel se découvre plusieurs km avant d'arriver à ce gros village double dont la partie basse, noyée dans la verdure, est dominée par une vieille kasba et ses deux minarets; bien irrigué par de multiples sources, c'est le marché important d'une riche région agricole.

Traverser le village et prendre la direction de Sefrou.

La route s'élève, dégageant de beaux points de vue sur El-Menzel. Elle devient très pittoresque à l'approche du Sebou : longeant le canyon, le traversant sur un pont étroit, elle offre des **vues**★ impressionnantes sur ce décor sauvage de murailles calcaires puissantes et violemment colorées. Puis le relief s'apaise et, par la vaste oliveraie d'Azzaba on arrive en vue de Sefrou.

Sefrou★. — *Page 139.*
Bhalil★. — *Page 90.*

Rentrer à Fès par la P 20.

KASBAS (Route des) ★★

Carte Michelin n° **169** - plis 25, 26.

Succédant aux pistes séculaires, cette route est un tronçon de la grande rocade qui, de Ksar-es-Souk à Agadir, profite d'une enfilade discontinue de plateaux et de plaines pour s'insérer entre les massifs montagneux. Au Nord de cette dépression le Haut Atlas s'enlève brutalement — redoutable barrière longtemps couronnée de neige; le Sud côtoie l'Anti-Atlas et ses prolongements orientaux, le jbel Sarhro et l'Ougnat.

De Tinerhir à Ouarzazate la route va d'oasis en oasis; les kasbas par leur nombre et leur beauté si particulière constituent l'originalité de cette région.

Une architecture de terre crue. — Les **kasbas** du Dadès sont des citadelles élevées dans le passé par des chefs locaux et qui perpétuent le souvenir des luttes d'influence dans une zone qui est un carrefour de communications. Châteaux sans seigneurs désormais, elles sont occupées, quand elles ne tombent pas en ruines, par des notables, ou partagées par des paysans.

A la différence des grandes forteresses inspirées de l'art citadin et construites par les sultans (Mehdiya, Kasba-Tadla, Boulâouane...), elles ne doivent rien à l'art hispano-mauresque ni à l'art d'Occident; elles relèvent d'un art autochtone, berbère, à caractère rural et familial, qui s'est perpétué jusqu'à nos jours.

Les kasbas sont construites suivant un modèle simple, pouvant se compliquer par juxtaposition d'éléments. Ce sont des quadrilatères d'épaisses murailles de pisé dont la partie haute est souvent faite de briques crues, couronnées de merlons en épis. A chaque angle, une tour qui va s'amincissant vers le sommet confère un peu de légèreté à ces ensembles massifs. Rares sont les ouvertures : des meurtrières, quelques fenêtres étroites et grillagées; une seule porte monumentale donne accès, par un dédale de couloirs voûtés et de cours, à la demeure du chef de famille et de ses serviteurs.

La pauvreté de la matière première est compensée par la décoration. Damiers, triangles, chevrons, losanges, croix, roues solaires quelquefois : on retrouve là des éléments de ce décor berbère connu par les tapis, les poteries, les bijoux — et qui bannit toute forme de vie, même végétale. Cette abstraction géométrique envahit les murs, monte à l'assaut des tours avec une profusion de recherches qui exclut la monotonie. Il s'agit presque toujours d'un décor en creux, obtenu par incision ou par l'agencement des briques crues, auquel les éclairages obliques donnent une espèce de vie. Le sommet des tours, souvent badigeonnés de blanc, porte des merlons dont les formes digitées ou cornues sont destinées à conjurer le mauvais sort.

★★ DE TINERHIR A OUARZAZATE par la vallée du Dadès
226 km — 1 journée

Sur les 53 km qui séparent Tinerhir *(p. 153)* de la vallée du Dadès, la route serre de près puis traverse la «khéla», plateau désertique découpé en lanières par les oueds. Sur la gauche, tel un énorme bastion en ruines, le Jbel Sarhro profile ses sommets noirâtres et déchiquetés sur la pureté du ciel. Après la kasba de **Timadriouine**, le plateau se relève quelque peu aux abords du seuil d'Imiter où passe la ligne de partage des eaux entre le Drâa vers le Sud-Ouest, le Rheris et le Ziz vers le Sud-Est. Là se dressent les belles kasbas d'**Imiter** entourées de jardins.

Au-delà, on retrouve la morne khéla où des troupeaux de chameaux cherchent une maigre nourriture.

Boumalne-du-Dadès. — Ce gros bourg apparaît en contrebas de la route peu après le virage qui contourne le quartier militaire et administratif; la **vue**★ est remarquable sur la kasba hérissée de tours, l'oued verdoyant, tandis qu'au Nord s'annoncent les gorges du Dadès.

Gorges du Dadès★. — Le Dadès qui naît sur le versant Sud du Haut Atlas tranche en «coup de sabre» la montagne à travers d'épaisses assises calcaires. Ces gorges magnifiques sont malheureusement inaccessibles aux voitures de tourisme. Il est toutefois possible de s'en approcher en s'enfonçant, au Nord de Boumalne, dans la vallée du Haut Dadès.

La vallée est très peuplée et, dominant les villages, de nombreux châteaux-forts se dressent au-dessus des jardins qu'ombragent noyers et peupliers; les palmiers sont absents de ces oasis en raison du climat montagnard. Remarquer les belles kasbas des **Aït-Arbi**, au pied d'un éperon calcaire.

★★ Route des KASBAS

A la sortie du village des Aït-Oudinar, il est impossible, la plupart du temps, de traverser le Dadès. Laisser la voiture près de la rivière et continuer à pied (1 h AR) en franchissant la passerelle.

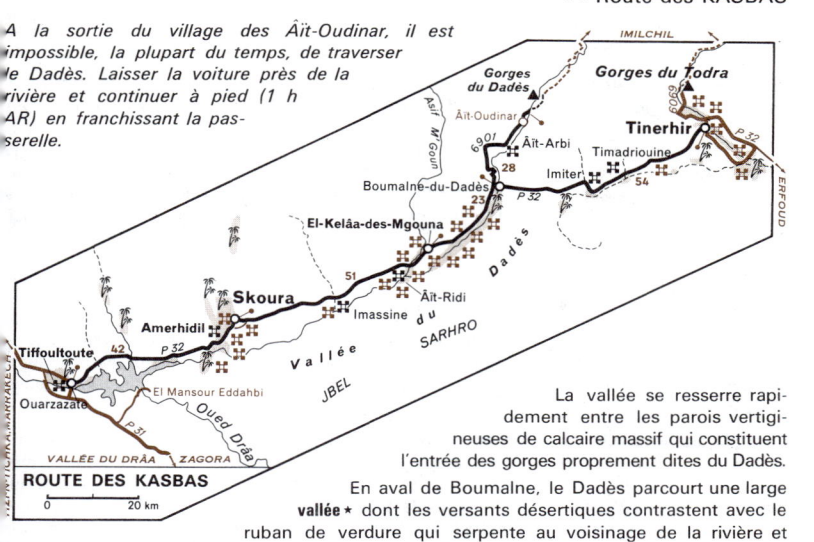

La vallée se resserre rapidement entre les parois vertigineuses de calcaire massif qui constituent l'entrée des gorges proprement dites du Dadès.

En aval de Boumalne, le Dadès parcourt une large **vallée★** dont les versants désertiques contrastent avec le ruban de verdure qui serpente au voisinage de la rivière et de ses nombreux affluents.

La route offre fréquemment de belles vues sur les kasbas.

El-Kelâa-des-Mgouna★. — Située dans la vallée du M'Goun, patrie des Mgouna, El-Kelâa est le pays des roses. Elle possède une usine où se fabrique cette eau de rose dont les Marocains font une grande consommation; chaque année, en mai, une fête des Roses se déroule dans la petite cité (expositions, manifestations folkloriques). Il y a là un ensemble ruiné de kasbas remarquables par l'ampleur et la richesse de la décoration; l'une d'elles se dresse fièrement sur un éperon.

On remarque encore au passage la kasba des **Aït-Ridi** et celle d'**Imassine** avant d'atteindre la palmeraie de Skoura.

Skoura★★. — *Guide conseillé.* Cette oasis séduit par sa végétation particulièrement luxuriante, les palmiers qui réapparaissent dans le paysage, ses merveilleuses et nobles kasbas, enfouies dans la verdure ou se détachant sur un fond étincelant de haute montagne.

Se faire montrer la kasba magnifiquement ouvragée d'**Amerhidil★**.

Au-delà de Skoura, la route s'approche du lac de retenue (4 500 ha) du nouveau barrage El Mansour Eddahbi; construit sur l'oued Drâa, cet ouvrage à voûte mince, large de 285 m et haut de 63 m offre une capacité de 560 millions de m^3.

Puis on atteint Ouarzazate *(p. 120)*.

Oasis de Skoura.

KASBA-TADLA

Carte Michelin n° **169** - plis 16 et 35 — 15 776 h. — *Souk le lundi.*

Sur la rive droite de l'Oum er Rbia, cette petite ville est une ancienne citadelle commandant la plaine du Tadla qui constituait au pied de l'Atlas un important passage entre Marrakech et Fès ou Meknès. Kasba-Tadla fut, en 1913, le point de départ d'opérations menées par des troupes françaises contre les tribus montagnardes, rebelles à la fois à une présence étrangère et à l'autorité du sultan.

D'importants travaux d'irrigation *(voir p. 7)* ont fait de la plaine du Tadla, brûlante en été, une riche région céréalière («tadla» signifie en berbère «gerbe»).

Kasba★. — Elle fut édifiée par Moulay Ismaïl et un de ses fils. C'est la plus importante des forteresses dont ce sultan multiplia la construction à travers le Nord du pays, afin de tenir en respect les puissants Berbères Sanhaja. Exceptionnellement bien conservée, elle dresse au-dessus du cours sinueux de l'Oum er Rbia ses murailles crénelées le long desquelles se pressent des bastions.

Du côté opposé au fleuve, un joli minaret tapissé d'un réseau d'entrelacs domine l'enceinte de la kasba.

KASBA-TADLA

Pont. — Construit par Moulay Ismaïl, il franchit l'Oum er Rbia de ses dix arches inégales. Jolie **vue*** sur la kasba.

Point de vue. — *Accès par un petit chemin qui s'embranche sur la route de Marrakech (P 24) près du grand carrefour qu'elle forme avec la route P 13. Laisser la voiture à l'entrée du chemin.*

Ce point de vue se signale par de hauts piliers blancs, élevés à la mémoire des soldats français tombés entre 1912 et 1933 dans la région du Tadla. De là, on a une vue d'ensemble sur la ville, la kasba, et l'Oum er Rbia élargi par le barrage de Kasba-Zidania; de l'autre côté sur le Moyen Atlas dont les sommets restent couverts de neige jusqu'en avril-mai.

KÉNITRA

Carte Michelin n° **169** - pli 5 — 139 206 h.

Cette ville — qui porta le nom de **Port-Lyautey** de 1932 à 1958 — est une création française. Moderne, agréablement agencée, elle témoigne de l'urbanisme pratiqué à cette époque. Son équipement hôtelier met à la portée du touriste d'intéressantes promenades aux environs.

Capitale du Rharb. — Le rayonnement de Kénitra fait d'elle une véritable capitale régionale qui s'est développée en même temps que le Rharb prenait son essor. Car ce dernier n'a pas toujours été riche et peuplé : «ni village, ni route, ni arbre» notait Pierre Loti qui traversait, vers 1880, cette contrée alors désolée.

Les choses ont bien changé depuis que l'assainissement des marécages et la régularisation des cours d'eau ont chassé le paludisme et fait de cette plaine alluviale une des grandes régions agricoles du Maroc.

La fonction industrielle de la ville ne cesse de s'affirmer : conditionnement des produits agricoles, industrie du coton, des papiers et cartons, construction mécanique.

Le port. — Sur la rive gauche du Sebou, à 17 km de l'océan, l'accès en fut longtemps précaire et le franchissement de la «barre» était souvent impossible. Pour remédier à cette situation et stabiliser le chenal, deux jetées furent lancées à l'embouchure du fleuve et des dragages entrepris.

Aujourd'hui le port de Kénitra étend, en bordure de la ville, ses quais et ses entrepôts, son grand silo, son chai qui reçoit la production de vins du Saïs et du Rharb. Il occupe la 4e place dans l'activité portuaire du Maroc. Par lui s'exportent céréales, légumes et agrumes de la plaine alluviale ainsi que le vin; le liège et la cellulose en provenance de la Mamora; le zinc et surtout le plomb de la région de Midelt.

La pêche au thon se pratique à la madrague, nasse de pieux et de filets installés en mer, au début de l'été à l'embouchure du Sebou.

EXCURSIONS

Forêt de la Mamora*. — *Circuit de 98 km — description p. 134.*

Mehdiya*. — *7 km à l'Ouest. Quitter Kénitra par la S 212 en direction de Mehdiya-Plage. Au bout de 5 km, prendre à gauche une petite route goudronnée qui monte vers la kasba.*

On s'accorde à reconnaître en Mehdiya, à l'embouchure du Sebou, la fondation carthaginoise Thymiatérion. Occupée au 10e s. par une tribu berbère, elle porte alors le nom d'«El Mamora» (la bien peuplée) qui est encore celui de la forêt voisine. Fortifiée par l'almohade Abd el Moumen, elle végète jusqu'à ce qu'elle devienne, au 16e s., un repaire de pirates. C'est pour protéger leurs communications que les Espagnols s'en emparent en 1614 — gagnant de vitesse les Hollandais — et élèvent l'enceinte dont les ruines couronnent aujourd'hui les restes de la kasba.

Les Espagnols sont chassés en 1681 par Moulay Ismaïl *(voir p. 109)* qui donne à la ville son nom actuel et y entreprend de grands travaux. En même temps la flotte de Mehdiya reprend sur les mers, et pour le compte du sultan, une course fructueuse qui ne cessera qu'au début du 19e s.

Kasba. — *Visite : 1/2 h. Gardien sur place.*

Sa robuste **porte*** en pierre de taille est due à Moulay Ismaïl, comme l'indique une inscription qui court sur le bandeau. La baie en fer à cheval est circonscrite par une voussure à festons et surmontée d'une élégante fenêtre géminée; les petites consoles latérales devaient supporter un auvent. Deux saillants encadrent le corps central, couronnés, comme lui, de petites pyramides. Passée la baie, on traverse un vestibule à ciel ouvert. De là une allée, passant devant les ruines du souk (à gauche) et longeant la mosquée, mène au palais du gouverneur.

Ce **palais**, très ruiné, laisse encore voir une belle porte sculptée, un hammam *(voir p. 28)* voûté, une cour carrée sur laquelle s'ouvrent quatre portes surmontées chacune d'une petite fenêtre à trois baies, et l'ancienne salle à manger.

Gagnant le **bastion Nord-Ouest** de la kasba, monter sur la terrasse où s'alignent d'antiques canons : belle **vue*** sur l'estuaire du Sebou comme guidé dans l'océan par ses deux jetées et, de l'autre côté, sur le lac de Sidi Bourhada cerné par la forêt.

Rejoindre la S 212 et prendre à gauche vers Mehdiya-Plage.

Plage. — Une longue et large étendue de sable fin a donné naissance à la petite station de Mehdiya-Plage qui aligne plusieurs rangées de villas le long des dunes. Un début d'aménagement et un petit complexe balnéaire y attirent les citadins de Kénitra et de Rabat ainsi que les voyageurs séjournant dans ces villes.

Thamusida. — *17 km au Nord-Est de Kénitra. Description p. 98.*

KETAMA

Carte Michelin nº 169 - plis 7 et 3 — 538 h. — *Souk le jeudi* — *Lieu de séjour, p. 44.*

Le Rif ne fut longtemps desservi que par une route médiocre allant de Chechaouèn à Melilla : cette «route des crêtes», devenue la P 39, permet aujourd'hui de parcourir le relief tourmenté du Nord marocain. En outre, alors que seules des pistes permettaient de traverser la chaîne du Sud au Nord, la «route de l'Unité» (S 302) réalisée depuis l'indépendance, perce aujourd'hui le Rif en son milieu et ouvre la route de Fès.

Ketama se trouve à la jonction de ces deux axes de circulation. C'est une petite bourgade nichée dans un **décor** agréable de forêts et d'alpages sur un plateau d'où la vue s'étend sur les sommets voisins.

Étape fraîche en raison de son altitude (1 500 m) cette petite station constitue également une villégiature reposante. Les **cédraies*** les plus proches proposent d'agréables promenades à pied; celle du mont Tidiquin (2 448 m) est accessible à dos de mulet *(promenades organisées à partir du village; se renseigner à l'hôtel)*. En voiture on peut rayonner sur Fès ou Chechaouèn, ou encore vers la Méditerranée toute proche.

L'abondance de l'enneigement attirera les skieurs sur les pentes du Tidiquin dès la réalisation de l'aménagement prévu.

Paysan du Rif.

KHENIFRA

Carte Michelin nº 169 - plis 16 et 36 — 26 526 h. — *Souk le dimanche.*

Khenifra est bâtie à 830 m d'altitude, sur les bords de l'Oum er Rbia, dans le couloir encombré de coulées basaltiques qui sépare le Moyen Atlas de la meseta. Ancienne capitale du pays zaïane, étape naturelle sur la grande rocade de l'Atlas, elle commande également les communications d'Ouest en Est. Moulay Ismaïl l'avait bien compris, qui y avait construit une kasba pour la protéger, et un pont.

A la fin du 19e s. **Moha ou Hammou** affirmait une autorité grandissante en pays zaïane; il fit alliance avec Moulay Hassan, ce qui lui valut le titre de caïd et des armes modernes. Mais, vassal ombrageux, il devait bientôt rompre avec le sultan et guerroyer pour son propre compte. De Khenifra il fit sa capitale, y entreprit de grands travaux, et y attira des commerçants.

A l'arrivée des Français, il était au faîte de sa puissance et rassembla contre eux la tribus zaïanes. Le vieux caïd resta irréductible, et c'est en faisant le coup de feu contre des Zaïanes ralliés aux Français qu'il trouva la mort, en 1921.

Coup d'œil sur la ville. — Cité rouge dans une terre rouge, telle apparaît Khenifra quand on l'aborde du Sud ou de l'Est. Pour qui vient du Nord, elle reste longtemps cachée, s'annonçant seulement par un surcroît de vergers; juste avant l'entrée de l'agglomération, là où la route touche un coude de l'Oum er Rbia, on ne voit encore rien de la ville, mais la **vue** est assez belle sur la rivière aux eaux rapides et claires et sa vallée.

Allées ombragées, parcs et jardins abondent à Khenifra. Verdure aménagée, qui ne parvient pas cependant à tempérer le caractère un peu farouche qu'a conservé la vieille cité zaïane. A l'entrée de la médina les tours crénelées de la **kasba** élevée par Moha ou Hammou ont encore quelque allure. Franchissant le vieux **pont** du 17e s., en dos d'âne, (vue intéressante sur la ville en bordure de la rivière), on atteint les rues où se vendent les produits de l'artisanat local : nattes de doum, couvertures blanches rayées de soie noire et tapis de haute laine de couleur sombre décorés de losanges.

A la sortie Sud de la ville se trouve un hippodrome où se perpétuent les qualités de brillants cavaliers des Zaïanes.

LALLA-OUTKA ★★

Carte Michelin nº 169 - plis 7 et 2.

L'excursion au Lalla-Outka s'effectue en partant de Rafsaï *(37 km, puis 1/4 h à pied AR)*, petit centre administratif situé non loin de la jonction de la S 305 et de la 4206.

La piste (momentanément coupée) qui mène presque au sommet n'est praticable aux autos que pendant la belle saison. Elle est très accidentée (maximum 13%), extrêmement sinueuse, et exige une grande habitude des pistes de montagne.

Au Nord de Rafsaï, en plein cœur du Rif, la montagne de Lalla-Outka (1 595 m) offre un très beau **panorama**★★ sur cette chaîne : au Nord et à l'Est les régions montagneuses des Beni-Khaled et des Ketama, au Sud le pays des Beni Zeroual avec toute la vallée de l'Aoulaï et le massif d'Aïn Berda.

Si vous cherchez un nom dans ce guide,
consultez l'Index alphabétique à la fin du volume.

LARACHE

Carte Michelin n° **169** - pli 6 — 45 710 h. — *Souk le mercredi et dimanche.*

Au bord d'une terrasse à l'embouchure du Loukos, la ville, de construction relativement récente, domine à l'Ouest l'océan, à l'Est la basse plaine alluviale dans laquelle le fleuve inscrit ses profonds méandres enserrant, vers l'estuaire, le quadrillage miroitant de vastes marais salants.

Au charme de son **site***, Larache ajoute celui d'être environnée de lieux que hantent l'histoire et la légende : Lixus *(p. 97)*, le jardin des Hespérides, la plaine où — entre le Loukos et l'oued Makhazen — se déroula la bataille des Trois Rois *(voir p. 13)*.

Le port, ensablé et qui, en raison de la «barre» assez forte en cet endroit de la côte, ne connut jamais un trafic très important, assure toutefois à la ville une certaine activité grâce à la pêche à la madrague qui alimente plusieurs conserveries de thon.

Au jardin des filles d'Atlas. — Si l'on en croit certains auteurs anciens, c'est près de Larache, dans la vallée du Loukos, que les Anciens situaient le fameux **jardin des Hespérides**, filles d'Atlas et d'Hespéris, la déesse de l'Occident. Là se trouvait l'arbre fantastique chargé de pommes d'or, ces fruits merveilleux dont Hercule réussit à s'emparer après avoir vaincu leur gardien, un terrifiant dragon.

Pour certains esprits, plus rationnels que poètes, les pommes fabuleuses seraient des oranges, et il ne faudrait voir dans le terrible monstre que le Loukos aux multiples méandres.

Un fleuve récalcitrant. — Depuis l'exploit d'Hercule, le fleuve-dragon ne cessa de se montrer hostile aux étrangers. Les Portugais, les Espagnols, les Français furent successivement ses victimes.

A la fin du 15e s., les Portugais, franchissant la «barre», remontent le Loukos et entreprennent de construire un fort en amont des ruines de Lixus. Mais les Marocains arrivent en nombre et leur coupent la retraite, obstruant avec des troncs d'arbres l'embouchure du fleuve. Les Portugais sont décimés, les survivants pourchassés jusqu'à Asilah.

En 1689, la grande armée de Moulay Ismaïl *(voir p. 109)* attaque les Espagnols, maîtres de la ville depuis près de 80 ans. Après 3 mois de siège au cours desquels une escadre de secours tenta en vain de remonter le Loukos, les assiégés durent capituler.

En 1765, pour mettre fin aux raids des corsaires marocains, une escadre française vint mouiller devant Larache et un détachement de marins fut envoyé dans le port pour détruire les vaisseaux des pirates ; mais, la mer s'étant retirée, leurs chaloupes s'échouèrent sur les sables du fleuve où elles furent capturées par les Marocains placés en embuscade.

VISITE durée : 1/2 h

Les Espagnols, à nouveau installés à Larache de 1911 à 1956, ont édifié auprès de la médina une ville européenne dans laquelle on pénètre par l'avenue Mohammed V, large et bordée de bougainvillées ; remarquer à droite, dominant un jardin public, le château des Cigognes édifié au début du 17e s. par le roi d'Espagne Philippe III.

Place de la Libération. — Elle est située à la limite de la ville européenne et de la médina. Vaste, légèrement ovale, occupée en son centre par un jardin, elle a des allures de place espagnole, avec ses maisons à arcades qui la bordent côté médina, et, du côté de la ville moderne, ses immeubles du début du siècle au pied desquels cafés et restaurants étalent leurs terrasses.

Médina. — Presque aussitôt après avoir franchi Bab el Khemis, haute porte blanche et ocre qui donne sur la place de la Libération, on débouche sur le **Zoco** (souk) **de la Alcaiceria***. Cette longue place rectangulaire, de chaque côté de laquelle court une galerie à arcades que supportent des piliers peints, est le point le plus animé de la médina.

Au fond du Zoco, s'ouvre la **porte de la kasba**, ancienne, sous laquelle on passe pour tourner presque aussitôt à droite dans une ruelle que l'on suit jusqu'au bout ; après un passage sous voûte, on arrive bientôt à une mosquée moderne ; à droite de celle-ci, une porte en brique donne accès à une place en terrasse. De là, on découvre une partie de la ville et la campagne environnante : au premier plan les conserveries de poisson, plus loin les marais salants au-delà desquels s'élève la colline de Lixus, à droite la plaine du Loukos ; à gauche, des fragments de murailles dominés par un minaret ancien.

Revenir place de la Libération.

Esplanade de l'avenue Moulay Ismaïl. — De la place de la Libération, deux rues larges et très courtes, percées dans l'axe de l'avenue Mohammed V, conduisent à ce balcon fleuri face à l'Atlantique. A son extrémité, à droite, la forteresse de Kebibat («les petites coupoles»), ancienne kasba construite sur une avancée rocheuse, domine l'océan.

LE MAROC ANTIQUE

Il reste peu de traces du passage des Phéniciens et des Carthaginois au Maroc en dépit du rôle considérable *(voir p. 13)* qu'ils y ont joué. Il n'en va pas de même des Romains dont l'influence d'abord, la longue présence ensuite, offrent à la curiosité du touriste des vestiges importants, soit dans les musées (Rabat, Tetouan, Tanger) soit dans des sites archéologiques décrits ou rappelés ci-dessous.

Le siècle de Juba II. — Au Maroc, l'attraction de Rome devint décisive lorsque l'empereur Auguste fit de la Maurétanie *(voir p. 13)* une espèce de protectorat confié à un roi berbère, Juba II. Fils du roi Juba de Numidie — adversaire malheureux de Jules César — et d'une princesse maurétanienne, le jeune Juba avait connu à Rome une captivité dorée : élevé par la propre sœur d'Auguste, on lui fit épouser Cléopâtre Séléné, fille de la grande Cléopâtre.

LARACHE

Curieux personnage que ce souverain lettré qui présida, de 24 avant J.-C. à 23 après J.-C., aux destinées de la Maurétanie. Parlant couramment le latin, le grec et le punique, il se piquait de sciences, et les auteurs anciens ont lu ses énormes compilations. Grand voyageur, il parcourut l'Atlas et le Sud marocain, organisa une expédition aux Iles Fortunées (Canaries). Il développa l'industrie de la pourpre sur le site de l'actuelle Essaouira. Constructeur et grand amateur d'art il embellit et enrichit de ses collections non seulement sa capitale orientale (actuellement Cherchell en Algérie) mais aussi Volubilis et les autres cités de la Maurétanie occidentale : on lui doit sans doute une bonne part de la statuaire retrouvée au Maroc.

Ptolémée (23-40 après J.-C.), qui lui succéda, marcha sur les traces de son père. Mal lui en prit : la prospérité de son pays et sa propre opulence suscitèrent la convoitise de l'empereur Caligula qui le fit assassiner à Lyon et mit fin à l'autonomie du royaume maurétanien.

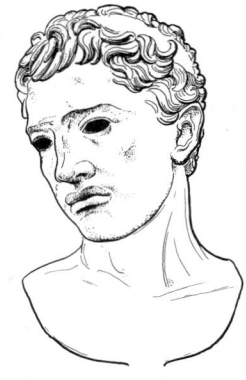

(D'après photo Dir. des Monuments historiques et des Antiquités, Rabat.)

Juba II.

La Maurétanie Tingitane. — Cependant il a fallu près de quatre ans aux légions romaines pour venir à bout de la révolte animée par un affranchi du roi défunt. En **l'an 42** de notre ère, l'empereur Claude a partagé l'ancien royaume en deux provinces. A la «Maurétanie Tingitane» échoit tout le territoire à l'Ouest de la Moulouya; mais la pénétration romaine n'y fut jamais bien profonde *(voir carte ci-dessous)*. Rome adopte le principe de l'occupation restreinte et d'un système d'alliances avec les tribus voisines de ses postes avancés; cet équilibre n'a pas été gravement compromis jusqu'au 3e s.

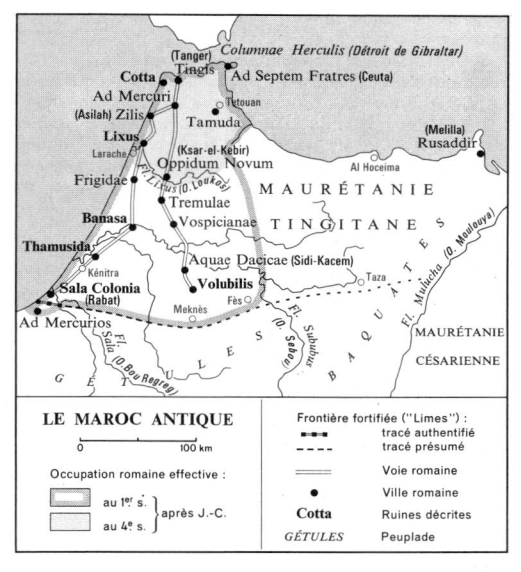

Les villes se développent, d'autres se créent; la plupart ont acquis le droit de s'administrer elles-mêmes et, comme partout dans l'Empire, elles calquent leurs institutions sur celles de Rome. Les dieux latins rejoignent le panthéon des divinités berbères, puniques, grecques, tandis que s'affirme le culte de l'empereur. Les cités s'urbanisent à la romaine : chacune veut son capitole, son forum, sa basilique, ses thermes, son arc de triomphe. La bourgeoisie connaît une certaine opulence dont témoignent monuments et habitations. On exporte de l'huile, du blé, des produits de la pêche, l'ivoire, le bois de thuya, et aussi des bêtes sauvages pour les amphithéâtres d'Italie. En échange on importe des objets de luxe et des œuvres d'art. Tout cela profite pour une large part aux Berbères car les étrangers n'ont jamais été ici qu'une faible minorité.

PRINCIPAUX SITES

Lixus*. — Carte Michelin n° **169** - pli 6 — 4 km à l'Est de Larache. *Visite : 3/4 h. Laisser la voiture près du carrefour de la P 2 et de la route de la plage de Lixus, et monter à pied par le chemin qui escalade la colline. Plan p. 98.*

Dominant la rive droite du Loukos, le site archéologique de Lixus présente des traces d'occupation continue depuis le Néolithique — il y a environ 10 000 ans — jusqu'au début de l'islamisation du pays à la fin du 7e s.

C'est au 12e s. avant J.-C. que se placerait la fondation de la ville, attribuée aux Phéniciens. Sept siècles plus tard les Carthaginois exploitent cette position-maîtresse de leurs routes maritimes et tiennent sous leur surveillance un riche arrière-pays qui fait rêver les Grecs (c'est la légendaire «Jardin des Hespérides»). Prospère sous les rois maurétaniens, Lixus devient «colonie» romaine lors de l'annexion du royaume. Elle joue un rôle de premier plan en Maurétanie Tingitane jusqu'à la fin du 3e s. de notre ère.

Usines de salaisons. — Un véritable quartier industriel s'étendait le long de l'actuelle route de Tanger, avoisinant le port sur le Loukos. Il s'agit de la plus importante installation d'usines de salaisons qu'on ait trouvée au Maroc : 10 ateliers et 147 bassins ont été dégagés; on distingue fort bien les alignements de bassins; plusieurs passages les reliant ont gardé leurs arcs en plein cintre.

Ces conserveries fabriquaient également le «garum», cette sauce de poisson aromatisée dont les Romains étaient friands.

LARACHE

Théâtre. — *Emprunter le chemin qui monte vers la ville haute.*

C'est le seul vestige de théâtre romain connu au Maroc. Il s'agit en réalité d'un théâtre-amphithéâtre — compromis architectural dont on trouve plusieurs exemples en Gaule à la même époque (1er s. après J.-C.) : gradins en hémicycle autour d'une profonde arène circulaire.

Mosaïque du dieu Océan*. — Au-delà de l'arène, les substructures de la scène ont révélé un aménagement plus tardif de thermes : on ira voir la belle mosaïque qui en pavait le tepidarium (salle tiède). Au centre, très bien conservée, se détache la tête du dieu marin : visage puissant, yeux grands ouverts à l'iris bleu profond, bouche charnue soulignée par une épaisse moustache, barbe ondoyante comme la chevelure auréolée de pattes de crustacé.

Acropole. — Au sommet du plateau, l'acropole avait sa propre enceinte dont le gros appareil est encore en partie debout. Contre la muraille, à droite, une haute salle a conservé sa voûte en berceau. A gauche on reconnaît les restes de thermes. Le **Grand Temple**, dont l'agencement évoque les sanctuaires de Carthage, fut reconstruit sous Juba II : chacun des petits côtés s'incurve en hémicycle ; la cella (chambre de la statue du dieu) est entourée sur trois côtés d'une grande cour bordée de portiques.

Des abords du grand temple, la **vue*** remarquable sur l'estuaire du Loukos avec ses marais salants, la ville et le port de Larache, l'océan, permet de comprendre la valeur stratégique et commerciale du site de Lixus.

A 50 m à l'Est du grand temple, un oratoire terminé par une abside serait une église datant des premiers siècles de l'ère chrétienne. Continuer ensuite de descendre vers l'Est pour rejoindre le chemin de l'aller à proximité du théâtre. On jouit d'une **vue** étendue sur les méandres et la plaine alluviale du Loukos avec le Rif au loin.

Volubilis*. — Carte Michelin n° **169** - plis 16 et 1 — *30 km au Nord de Meknès – Description p. 159.*

Banasa. — Carte Michelin n° **169** - plis 6 et 1 — *18 km au Nord-Ouest de Mechra-Bel-Ksiri. Visite 1/2 h. Accès par une bonne piste partant de la S 210.* Laisser la voiture près d'une koubba qui domine les ruines.

Les ruines de Banasa se situent au milieu de la plaine du Rharb, en bordure de l'oued Sebou. Le niveau le plus ancien des fouilles remonte au 3e s. avant J.-C. C'était donc déjà un établissement mauretanien important lorsque, vers 30 avant J.-C., Octave en fit une colonie romaine. Ce fut probablement le port fluvial le plus avancé des Romains en Maurétanie Tingitane. La ville semble avoir atteint son apogée au 3e s. de notre ère : de nombreux édifices furent reconstruits à cette époque.

Forum. — C'est une vaste place dallée entourée de colonnes. Au fond, à droite, un arc en plein cintre marque l'entrée de la basilique civile. A gauche, sur une haute terrasse s'élèvent les ruines du temple du **Capitole**.

Traversant le Forum en direction du cardo principal (voie Nord-Sud) on longe la tribune aux harangues.

Thermes. — Les «grands thermes de l'Ouest» s'étendent de l'autre côté du cardo : on distingue nettement un grand tepidarium pavé de marbre blanc, les salles chaudes attenantes et la piscine également revêtue de marbre blanc.

Le long du cardo, au Nord du Forum, se pressent les ruines des boutiques et demeures bourgeoises. On pourra voir d'autres thermes, de chaque côté de la rue, en tournant à gauche dans l'importante voie transversale qu'on rencontre un peu plus loin.

Thamusida. — Carte Michelin n° **169** - Sud-Ouest du pli 6 — *17 km au Nord-Est de Kénitra. Visite 1/2 h.* Signalée sur la P 2 par un panneau («Ruines de Thamusida : 5 km»), une piste médiocre mais praticable par temps sec traverse d'abord un petit village de huttes puis débouche, en vue du Sebou, sur une piste perpendiculaire. Prendre à gauche et rouler quelques centaines de mètres jusqu'à une maison ombragée de grands eucalyptus qu'on aperçoit à droite. Contourner la maison et laisser la voiture près du champ de fouilles.

Ancienne ville mauretanienne abandonnée, Thamusida fut reconstruite autour d'un camp fortifié érigé par les Romains au 2e s. après J.-C. Les fouilles ont mis au jour des **thermes** importants qu'on verra au passage. Comme Banasa, Thamusida fut un port fluvial et, en bordure du Sebou, l'ancien niveau des **quais** est encore visible. Le camp fortifié est quadrillé de rues se coupant à angle droit qui desservaient les casernements : on y a dégagé le **praetorium**, c'est-à-dire le siège du commandement (nombreuses bases de colonnes et de pilastres, meules à farine). Une enceinte dont il reste de nombreux vestiges fermait la ville.

Sala Colonia. — *Voir à Rabat, p. 132.*

Cotta. — Carte Michelin n° **169** - pli 6 — *15 km à l'Ouest de Tanger — Schéma et description p. 145.*

MARRAKECH ★★★

Carte Michelin n° **169** - plis 24 et 39 — 332 741 h. — *Lieu de séjour, p. 44.*

Ville impériale et capitale du Sud, Marrakech exerce sur les populations de toute la partie méridionale du pays — de l'Atlas au Sahara — un extraordinaire attrait. Pour le voyageur qui arrive du Nord, l'apparition de la célèbre palmeraie au milieu de la plaine ardente du Haouz constitue un étonnant spectacle. En hiver et au printemps, lorsqu'étincellent au loin les neiges du Haut Atlas, la surprise est plus forte encore.

Une ville moderne, le **Guéliz**, s'étend à l'Ouest de la médina; de luxueux hôtels accueillent une clientèle internationale; quelques usines (minoteries, huileries, conserveries de fruits) alimentées par les régions irriguées de la plaine du Haouz (*voir p. 7*) se groupent en un «quartier industriel». Marrakech, 3ᵉ ville du Maroc après Casablanca et Rabat n'en demeure pas moins une énorme agglomération rurale dont la vie semble conserver parfois un caractère presque médiéval.

Nœud d'échanges, grand centre artisanal, «Marrakech-la-Saharienne» ne ressemble à aucune des autres cités impériales. Dans ses remparts de terre règne une foire perpétuelle. Sur ses places, dans les galeries couvertes de ses souks, c'est tout au long des jours une cohue bigarrée, dans laquelle se mêle aux citadins une population fluctuante descendue de l'Atlas, ou venue du Sous, de l'Anti-Atlas, du Sahara.

Elle offre aux touristes, surtout de novembre à mai, l'attrait de ses monuments et le charme de ses immenses jardins, son climat doux et sec et son atmosphère limpide. La proximité du Haut Atlas dont Marrakech commande les deux grands cols (Tizi-n-Test et Tizi-n-Tichka), en fait une excellente base d'excursions en montagne; et les champs de ski d'Oukaïmeden ne sont pas très lointains.

UN PEU D'HISTOIRE

Un conquérant saharien. — Vers le milieu du 11ᵉ s., des Berbères sahariens franchirent l'Atlas et descendirent dans le Haouz. A peine avaient-ils atteint la plaine que leur chef, Abou Bekr, se vit obligé de retourner en Mauritanie pour y réprimer une révolte de ses sujets. Quand il revint deux ans plus tard, son lieutenant **Youssef ben Tachfin**, à qui il avait confié sa femme et son armée, refusa de lui rendre l'une et l'autre, le combla de cadeaux et lui signifia de regagner son désert.

Youssef avait établi son camp en un lieu si redouté des voyageurs que les Berbères l'avaient appelé «Marroukech» c'est-à-dire «Marche vite». Protégé par les rochers du Guéliz, le site était bien choisi mais l'eau manquait. Youssef fit donc creuser des puits et les relia par un réseau de conduits souterrains amenant l'eau jusqu'au camp : ce système de «rhettaras» (*voir p. 74*), apporte aujourd'hui encore la vie aux jardins de Marrakech. En vrai Saharien, il fit planter des palmiers : ainsi s'explique la présence d'une grande palmeraie au Nord de l'Atlas. Très vite, le camp devint un marché puis une ville d'où Youssef partit à la conquête du Maghreb. Quarante ans après sa fondation, Marrakech était la capitale d'un empire qui s'étendait d'Alger à l'Atlantique, de l'Èbre au Drâa, et dont l'influence rayonnait jusqu'au Sénégal.

Une dynastie de bâtisseurs. — En 1147 **Abd el Moumen** (*voir p. 14*) prend Marrakech et fonde la dynastie almohade. Le premier soin du nouveau sultan est de raser le palais des Almoravides et d'élever sur son emplacement une mosquée, la Koutoubia, dont l'admirable minaret domine aujourd'hui encore la ville et la palmeraie. Son fils **Youssef** continue son œuvre et entreprend la construction d'une immense kasba. Amoureux de l'Espagne où il a passé une partie de sa jeunesse, il fait édifier à Séville une grande mosquée, la Giralda, réplique de la Koutoubia, qui est encore l'orgueil de la ville.

Le troisième souverain almohade, **Yacoub el Mansour** («le Victorieux»), complète l'œuvre de ses père et grand-père : à Marrakech il termine la Koutoubia et dote la ville de palais et de mosquées; à Séville il achève la Giralda. Mais, c'est à Rabat (*voir p. 127*) qu'il accomplit une œuvre grandiose.

Ahmed «le Doré». — Avec les Mérinides qui adoptent Fès pour résidence, Marrakech entre dans une période de luttes entre tribus et de révoltes contre les sultans, la ville décline. Au 16ᵉ s., de nouveaux conquérants, les Saadiens, arrivent du Sous prêchant la guerre sainte contre les Chrétiens, installés sur la côte marocaine. Victorieux à Agadir, à Safi, à Azemmour, ils deviennent les maîtres du Sud, s'emparent de Fès et règnent bientôt sur tout le Maroc. Le plus célèbre d'entre eux, **Ahmed el Mansour,** surnommé aussi El Dehbi («le Doré») à cause de ses fabuleuses richesses (*voir p. 15*), consacre une partie de celles-ci à embellir Marrakech. Afin de perpétuer son souvenir, il fait élever le palais El Bedi; il prépare également une luxueuse résidence posthume à sa dynastie, les Tombeaux saadiens, et dote la ville de mosquées, de fontaines et de médersas.

Déclin et renouveau. — A la mort du «Doré», emporté par la peste ou empoisonné par un de ses fils, Marrakech retombe dans le désordre et l'anarchie. La dynastie des Saadiens s'écroule et les Alaouites prennent le pouvoir; Moulay Ismaïl (*voir p. 109*) s'installe à Meknès et fait abattre le palais d'El Bedi.

Ses successeurs montrent plus de modération. Fès est leur résidence préférée mais ils ne délaissent pas tout à fait Marrakech. A la fin du 19ᵉ s., l'un d'eux, le grand sultan **Moulay Hassan** vient même s'y fixer et redonne à la ville un brillant éclat. Sous son règne et sous celui de son fils, Moulay Abdelaziz, de beaux palais sont édifiés : Dar el Beïda, Dar Si Saïd, et surtout la magnifique demeure de la Bahia.

Marrakech et la résistance du Sud. — Marrakech a été le théâtre d'événements qui ont jalonné les débuts de la pénétration française dans le Sud, puis la marche du pays vers son indépendance.

En 1912, le chef de la résistance du Sud, **El Hiba** (*voir p. 158*), se rend maître de la ville avant d'entreprendre sa marche vers le Nord. Mais il se heurte aux troupes du

MARRAKECH ★★★

colonel Mangin. La bataille se livre à 35 km au Nord de Marrakech, à Sidi-Bou-Othmane. Les Français, bénéficiant de la complicité discrète du **Glaoui** *(voir p. 156)*, pénètrent dans la ville, tandis qu'El Hiba doit se replier vers l'extrême Sud. Deux mois plus tard, le sultan Moulay Youssef, frère et successeur du signataire du traité de Fès Moulay Hafid, fait son entrée solennelle dans Marrakech et y reçoit l'hommage des grands caïds de l'Atlas qui lui sont restés fidèles.

C'est à Marrakech que, à l'instigation du Glaoui, le sultan Mohammed ben Youssef fut en 1953 déclaré déchu par une assemblée de notables hostiles à sa politique. C'est le pacha de Marrakech encore qui, par un retournement spectaculaire, devait fortement contribuer, deux années plus tard, au retour du souverain.

La capitale du folklore marocain. — Chaque année, en mai-juin, les ruines du palais d'El Bedi prêtent leur cadre grandiose au **festival national du folklore**. Son ampleur, sa qualité, son authenticité surtout, attirent un public exigeant et nombreux. Les danses et les chants présentés, les instruments qui les accompagnent, les costumes, les parures, les bijoux des participants, sont ceux-là même qui, dans les tribus, rehaussent la célébration des fêtes religieuses ou familiales.

■ LES QUARTIERS SUD DE LA MÉDINA ★★★

Circuit en voiture — environ 3 h — plan p. 104

La Koutoubia★★★ (EV). — *Entrée interdite aux non-musulmans.*

Ce nom, qui est celui d'une mosquée, désigne aussi son célèbre minaret. La mosquée de la Koutoubia, ou «des Libraires», ainsi appelée parce que les marchands de livres tenaient autrefois boutique autour d'elle, fut édifiée au 12e s.

Quand il se fut emparé de Marrakech, Abd el Moumen éleva un premier sanctuaire l'orientation de celui-ci par rapport à la Mecque n'ayant sans doute pas été jugée satisfaisante, il entreprit d'en construire un deuxième, de plan semblable. Les deux édifices, contigus coexistèrent probablement pendant plusieurs années, avant que ne soit démoli le premier dont on distingue encore les fondations dans le terrain qui s'étend à droite de l'actuelle Koutoubia, et les traces du mihrab sur le mur extérieur Nord de celle-ci.

C'est sous le règne de Yacoub el Mansour (1184-1199), que fut achevé l'admirable **minaret**, considéré comme un chef-d'œuvre de l'art hispano-mauresque. Haut de 70 m, il révèle de très loin sa silhouette élancée et robuste. Les murs sont en moellons d'une chaude couleur allant du rose au roux. La délicate décoration sculptée de sa partie supérieure, variant avec chaque face, contraste avec la sobriété qui règne à sa base, et atténue la rudesse du matériau. Une frise de faïence verte et blanche, dont il reste des fragments, revêtait le sommet de la tour que couronnent de fins merlons. Les arcs entrecroisés au-dessus des baies du lanternon constituent l'un des premiers exemples de ce décor à losanges caractéristique des minarets d'Occident. Les boules dorées qui surmontent la tour auraient été fondues, selon la légende, avec les bijoux en or d'une femme de Yacoub el Mansour.

De la Koutoubia à la mosquée d'El Mansour. — Prendre en voiture la rue Ibn Khaldoun, sur laquelle donne le portail monumental de Dar Moulay Ali (EV A), aujourd'hui consulat de France *(on ne visite pas)*. Après avoir traversé la place Youssef ben Tachfin au fond de laquelle s'élève le modeste tombeau (EX B) du fondateur de Marrakech, on prend la rue Sidi Mimoun qui conduit à deux portes voisines, Bab er Rob et **Bab Aguenaou**★ (EX). Cette dernière, contemporaine de la Koutoubia, est un bel exemple de porte monumentale almohade, avec ses voussures polylobées ou à claveaux saillants, ses écoinçons à décor floral et sa bande d'encadrement ornée de caractères coufiques.

La Koutoubia.

Franchir la muraille par un passage aménagé à côté de Bab Aguenaou.

Mosquée d'El Mansour (FX). — *Entrée interdite aux non-musulmans.*

On l'appelle aussi «mosquée de la Kasba». C'est Yacoub el Mansour qui, à la fin du 12e s., fit construire ce sanctuaire pour donner une mosquée à sa kasba. L'édifice fut en partie détruit en 1574 par une explosion. Des restaurations ont modifié son aspect primitif. Le **minaret**, d'allure assez massive, porte un joli décor losangé d'entrelacs, et une frise de faïences vertes.

A droite de la mosquée, un couloir étroit conduit à l'entrée des tombeaux saadiens.

Tombeaux saadiens★★★ (FX). — *Visite accompagnée, de 8 h à 19 h (18 h en hiver). Fermé le matin de l'Aïd el Kebir (voir p. 27).*

Les splendides mausolées où reposent les membres de la dynastie saadienne furent construits à la fin du 16e s. par Ahmed «le Doré». Un siècle plus tard, Moulay Ismaïl, n'osant les raser, se contenta de les enfermer dans une haute enceinte où seuls quelques initiés pouvaient pénétrer en passant par la mosquée. En 1917, l'existence des tombeaux fut révélée au public; un couloir d'accès fut alors percé dans l'épaisseur de l'enceinte pour permettre aux non-musulmans de les admirer.

Cette nécropole, le «St-Denis des chorfa saadiens», compte plusieurs koubbas disposées autour d'un charmant cimetière où se balancent des palmiers.

Le mausolée principal comprend trois salles. La **salle du Mihrab,** aux quatre colonnes de marbre, abrite surtout des tombes d'enfants. La dentelle du stuc très légèrement ocré qui décore le plafond, le Mihrab et la porte qui lui fait face, contraste avec la nudité des colonnes et des murs.

La **salle des Douze Colonnes,** souvent considérée comme le chef-d'œuvre de l'art hispano-mauresque, illustre le goût de la magnificence qu'imprima à cette période la dynastie saadienne. Dans une lumière diffuse, sous une coupole à stalactites en bois de cèdre sculpté et rehaussé d'or, soutenue par 12 colonnes de marbre d'Italie, s'alignent trois tombeaux renfermant les dépouilles d'Ahmed «le Doré», de son fils et de son petit-fils. Autour de la salle, au pied des murs tapissés de zelliges aux délicates couleurs et d'une dentelle de plâtre sculpté, reposent des membres de la famille du sultan.

La troisième salle, dite **«salle des Trois Niches»,** abrite des tombeaux d'enfants.

Le mausolée situé de l'autre côté du cimetière renferme le tombeau très vénéré de Lalla Messaouda, mère du «Doré».

(D'après photo Félix, Marrakech.)

Les tombeaux saadiens.

Des tombeaux saadiens au palais d'El Bedi. — *Reprendre la voiture. Suivre la rue de la Kasba.* A son extrémité, sur une petite place, tourner à gauche dans la rue du Méchouar. Au bout de celle-ci, passer sous une porte percée dans la muraille, à droite. Débouchant sur une grande place, on prend à gauche, pour se trouver aussitôt à l'intérieur d'un vaste enclos rectangulaire (à droite, s'ouvre l'entrée de l'Aguedal, voir p. 107). Au fond une porte donne accès au **méchouar** (FGX); c'est là que le sultan donnait, aux 18e et 19e s., audience à ses sujets et aux ambassadeurs des pays européens.

Quittant le méchouar par la petite porte qui s'ouvre à l'angle gauche de la place, on franchit bientôt la muraille pour emprunter la rue Berrima, qui longe à droite le mellah, à gauche (à son extrémité), le **palais royal** *(on ne visite pas).*

El Bedi (FX). — *Visite de 8 h 30 à 19 h (18 h en hiver). Fermé les jours de l'Aïd el Kebir et de l'Aïd el Seghir (voir p. 27). Entrée près de Bab Berrima, dans une sorte de couloir entre deux murailles.*

Ce palais édifié à la fin du 16e s. par Ahmed «le Doré» était au dire des chroniqueurs de l'époque la merveille (el Bedi) du monde musulman. Pour sa construction et sa décoration, des ouvriers étaient venus de tout le Maghreb et même d'Europe. Des marbres d'Italie, des onyx de toutes les couleurs, des mosaïques, des stucs, des revêtements de feuilles d'or paraient les murs et les plafonds. Quand le palais fut terminé, Ahmed fit venir son bouffon et lui demanda ce qu'il en pensait. Le bouffon répondit : «Quand il sera démoli, il fera un gros tas de terre.»

Fâcheuse prédiction qui se réalisa un siècle plus tard, quand Moulay Ismaïl fit détruire el Bedi. Il en reste de hauts murs formant une vaste enceinte sur laquelle nichent les cigognes. Au centre, ont été aménagés des bassins d'eau dormante entre des plantations d'orangers. C'est dans ce cadre que se déroule le festival national du folklore *(voir p. 100).*

D'une terrasse, à laquelle on accède par un escalier aménagé dans l'angle gauche en entrant, on perçoit le plan d'ensemble; au-delà des murs pointent les toits verts du palais du sultan.

De l'autre côté de la cour, dans une salle voûtée *(le gardien accompagne),* sont exposés des fragments de zelliges et de stucs trouvés dans les ruines, et un beau minbar du 12e s., en cèdre sculpté, provenant de la Koutoubia.

Du palais d'El Bedi à la Bahia. — *Reprendre la voiture.* Après être passé sous Bab Berrima, on traverse la place des Ferblantiers. Prendre à droite l'avenue Houmman el Fetouaki qui longe d'un côté un cimetière, de l'autre le Mellah.

Presque aussitôt, à l'angle de la rue Riad ez Zitoun el Jdid, s'ouvre l'entrée du palais de la Bahia.

Palais de la Bahia★ (FX). — *Visite accompagnée de 9 h 30 à 13 h (11 h 45 en hiver) et de 16 h à 19 h (de 14 h 30 à 18 h en hiver).*

Le palais de la Bahia («la Belle») fut construit, à la fin du siècle dernier, par Ba Ahmed, vizir des souverains Moulay Hassan et Abdelaziz.

Comme la plupart des palais arabes, agrandis peu à peu sans plan d'ensemble, la distribution des cours et des appartements est assez désordonnée. Un dédale de couloirs et d'escaliers relie entre elles d'innombrables pièces de dimensions très inégales.

MARRAKECH AGGLOMÉRATION

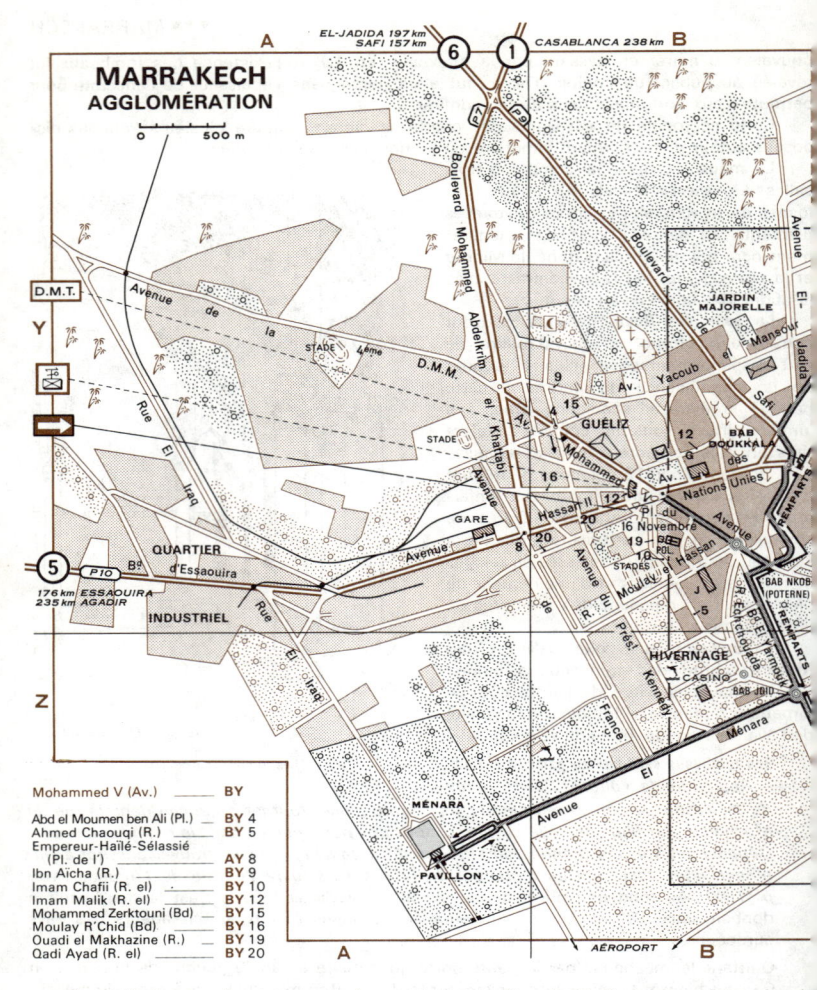

Mohammed V (Av.)	BY
Abd el Moumen ben Ali (Pl.)	BY 4
Ahmed Chaouqi (R.)	BY 5
Empereur-Haïlé-Sélassié (Pl. de l')	AY 8
Ibn Aïcha (R.)	BY 9
Imam Chafii (R. el)	BY 10
Imam Malik (R. el)	BY 12
Mohammed Zerktouni (Bd)	BY 15
Moulay R'Chid (Bd)	BY 16
Ouadi el Makhazine (R.)	BY 19
Qadi Ayad (R. el)	BY 20

On visite la cour des communs; le grand riad, jardin planté d'orangers, de cyprès, de daturas et de jasmins; la salle des réceptions; la grande cour, autrefois réservée aux femmes du vizir; la salle du conseil, couverte d'un magnifique plafond aux poutres sculptées et peintes; l'appartement de la favorite avec sa riche décoration de peintures et de zelliges, un patio entouré de chambres et un petit riad empli de bananiers et d'orangers.

De la Bahia à Dar Si Said. — *En sortant de la Bahia, suivre la rue Riad ez Zitoun el Jdid jusqu'à une place sur laquelle s'ouvre un jardin public. Laisser la voiture et prendre à droite par un passage sous voûte l'étroite rue de la Bahia, puis la 1re ruelle à gauche.*

Dar Si Saïd et musée des Arts marocains★ (FV). — *Visite accompagnée de 9 h à 13 h (12 h 30 en hiver) et de 16 h à 19 h (de 14 h 30 à 18 h en hiver). Fermé le jeudi matin.*

Construite à la fin du 19e s., pour servir de résidence au frère du grand vizir Ba Ahmed, Dar Si Saïd est contemporaine de la Bahia. Un riad où croît un gigantesque bougainvillée, agrémente cette demeure convertie en musée. D'énormes jarres à huile (dont l'une est datée du 14e s.) jalonnent le long couloir d'entrée, au fond duquel une carte localise les principaux corps d'artisans dans la médina; un tableau donne des indications sur l'artisanat dans la région de Marrakech et le Sud du pays *(lire les p. 22 à 25 de ce guide)*.

Dans les pièces, souvent très décorées, sont exposés des bijoux en argent ciselé niellé ou filigrané, dont se parent les femmes du Haut Atlas et de l'extrême-Sud; des tapis du Haouz (Chichaoua) et du Haut Atlas (Ouzguita); des lampes à huile, en pierre de Taroudannt; des cuirs brodés ou excisés de Marrakech; des poteries bleues de Safi, ou vertes de Tamgroute, et d'autres de facture rustique provenant d'Amizmiz; des coffres. Une salle formant passage, est tapissée de très beaux moucharabiehs de l'époque saadienne. La pièce consacrée aux armes est particulièrement riche : fusils berbères, pistolets, épées damasquinées, poignards, boîtes et poires à poudre, selles d'apparat rehaussées de fils d'or.

De Dar Si Saïd à la place Jemaa el Fna. — *Reprendre la voiture et revenir à la place des Ferblantiers. L'avenue Houmman el Fetouaki, puis à droite la rue de Bab Aguenaou conduisent à la place Jemaa el Fna.*

Place Jemaa el Fna★★★ (FV). — A l'entrée des souks, cette vaste place dont le nom signifierait «réunion des trépassés» était autrefois la place de Grève de Marrakech : c'est là que les sultans suppliciaient les criminels et les rebelles et exposaient leur tête.

Aujourd'hui, Jemaa el Fna est le cœur de la médina. Tout le jour y règne un immense marché où se pressent acheteurs et badauds. A l'ombre de grands paillassons soutenus par des perches ou à l'intérieur de petites échoppes dressées autour de la place s'installent des marchands de toutes sortes : vendeurs d'épices, de fruits, d'herbes rares, de babioles

★★★ MARRAKECH

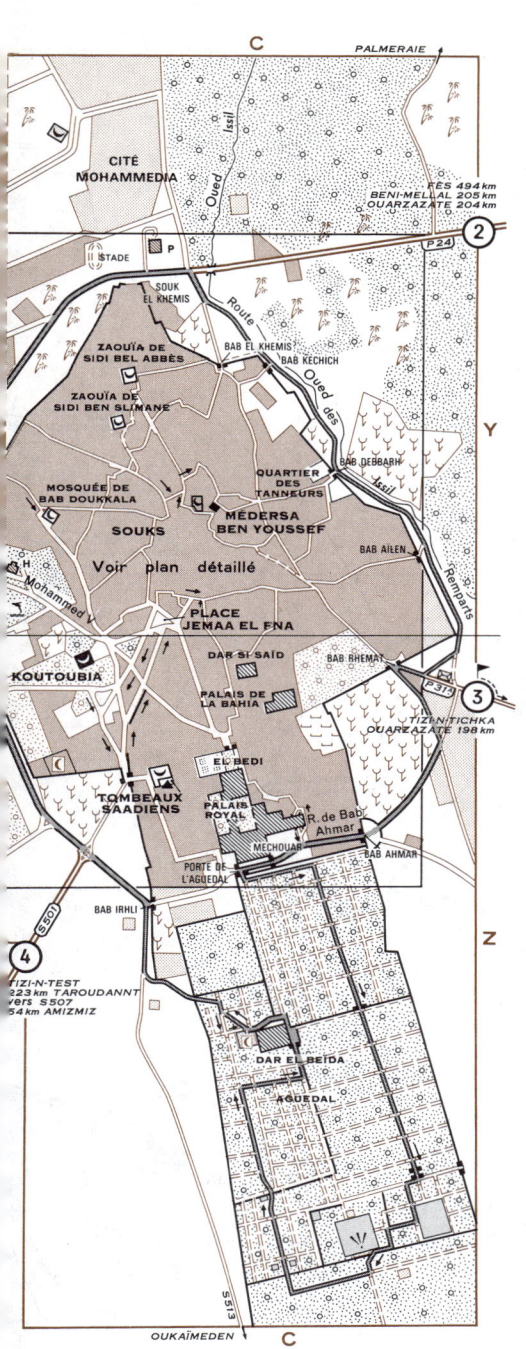

d'amulettes; gargotiers occupés à préparer des beignets ou à faire griller des saucisses et des brochettes; brocanteurs, écrivains publics, arracheurs de dents, barbiers, savetiers.

A la fin de l'après-midi, acrobates, charmeurs de serpents, montreurs de singes, danseurs gnaouas *(voir p. 32)*, musiciens, conteurs, s'emparent de la place. Des cercles se forment, la foule accourt, le tintamarre s'enfle, l'agitation croît, et Jemaa el Fna mérite alors vraiment le surnom de «place folle», que lui donnèrent les Tharaud *(«Marrakech ou les Seigneurs de l'Atlas» – Plon, Paris).*

C'est à cette heure qu'il convient de s'y attarder. De la terrasse de l'un des cafés(D) qui la bordent, on embrasse du regard la place avec l'extraordinaire fourmillement de sa foule hétéroclite et bigarrée.

■ CENTRE DE LA MÉDINA★★★

Circuit à pied — environ 3 h — plan p. 105

Les visiteurs désireux de se faire accompagner par un guide officiel devront s'adresser à la Délégation du Ministère du Tourisme, place Abd el Moumen ben Ali, de 8 h 30 à 20 h (tarif : 15 DH pour 6 heures; 10 DH pour 3 heures). Nous leur conseillons d'imposer à leur cicérone l'ordre de visite qui suit.

Partir de la **place Jemaa el Fna** *(décrite ci-dessus). Au fond de la place, à gauche, prendre la rue du Souk Smarine.*

Souks★★ (FV). — Ils constituent l'une des grandes attractions de Marrakech. Dans la lumière zébrée des ruelles couvertes, au long desquelles s'étalent les richesses d'un artisanat infiniment varié, déambulent, se mêlant à la population citadine, des montagnards descendus de l'Atlas, des hommes venus du Sud et des touristes.

Passant sous une porte dont l'arc outrepassé s'orne de stuc sculpté, on pénètre dans le domaine de la passementerie, des coupons d'étoffes et de la confection.

A l'endroit où la rue se divise en deux branches, prendre à gauche le souk des Chaudronniers, où quelques artisans martèlent encore leurs chaudrons aux flancs rebondis.

Sous une porte en arc brisé, à gauche, s'ouvre une ruelle conduisant au **souk des Teinturiers,** tendu d'écheveaux teints séchant au-dessus de la rue, en guirlandes multicolores qui lui donnent un perpétuel air de fête.

On débouche sur une petite place où s'élève, à gauche, la **fontaine du Mouassine** (FV E), construite au 16ᵉ s., comme dépendance de la mosquée du même nom, toute proche.

Revenir sur ses pas dans la rue des teinturiers et, vers le milieu de celle-ci, à l'endroit où elle forme une fourche, prendre la branche de gauche. Le **souk des Forgerons,** dont les antres enfumés retentissent du battement des marteaux, représente, avec celui des teinturiers, un des «sommets» de la visite des souks; dans le fond obscur ou «à la devanture» de réduits, tous semblables et alignés en rang serré, est accroché aux murs ou étalé à même le sol tout ce que l'artisanat marocain semble pouvoir produire de variétés de clous, de peignes à laine, de lanternes, de grilles et autres objets en fer forgé comme ces crotales *(voir p. 32)* dont s'accompagnent les danseurs gnaouas.

On débouche bientôt sur une place dont le centre est occupé par une koubba.

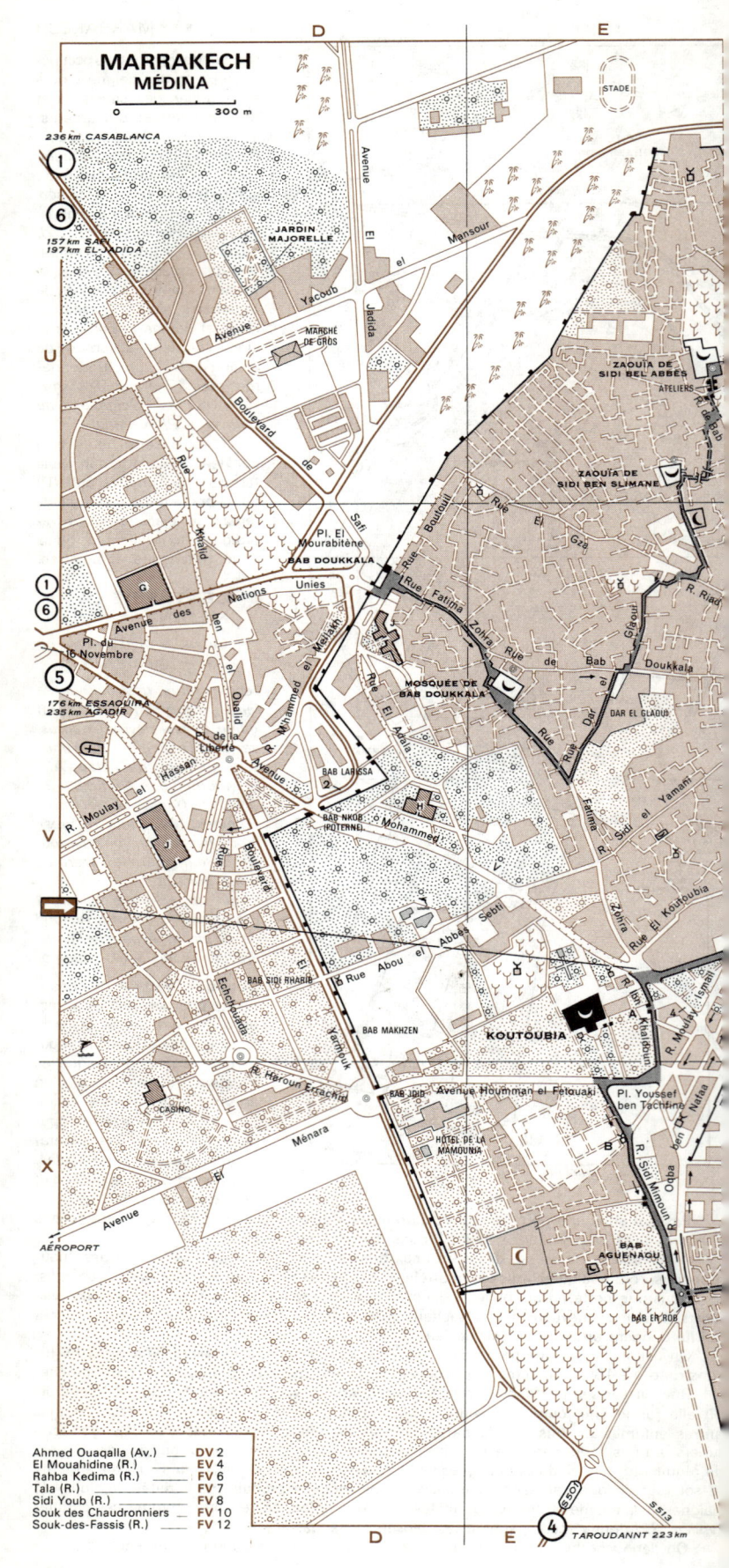

MARRAKECH
MÉDINA

0 — 300 m

236 km CASABLANCA
157 km SAFI
197 km EL JADIDA
176 km ESSAOUIRA
235 km AGADIR
AÉROPORT
TAROUDANNT 223 km

JARDIN MAJORELLE
MARCHÉ DE GROS
ZAOUÏA DE SIDI BEL ABBÈS
ATELIERS
ZAOUÏA DE SIDI BEN SLIMANE
Pl. El Mourabitène
BAB DOUKKALA
Pl. du 16 Novembre
Pl. de la Liberté
BAB LARISSA
BAB NKOB (POTERNE)
MOSQUÉE DE BAB DOUKKALA
DAR EL GLAOUI
BAB SIDI RHARIB
BAB MAKHZEN
KOUTOUBIA
CASINO
HÔTEL DE LA MAMOUNIA
Pl. Youssef ben Tachfine
BAB AGUENAOU
BAB ER ROB
STADE

Avenue El Mansour
Avenue El Jadida
Boulevard de Safi
Rue Mohammed el Melakh
Avenue des Nations Unies
Rue Fatima Zohra
Rue de Bab Doukkala
Rue Dar el Glaoui
Boulevard Mohammed V
Rue Sidi el Yamani
Rue El Koutoubia
R. Moulay el Hassan
Rue Echchouhada
Rue Yambuk
R. Haroun Eccachid
Avenue Ménara
Avenue Houmman el Fetouaki
R. Ibn Khaldoun
R. Sidi Mimoun
R. Oqba
R. Ibn Nafaa

Ahmed Ouaqalla (Av.)	DV 2
El Mouahidine (R.)	EV 4
Rahba Kedima (R.)	FV 6
Tala (R.)	FV 7
Sidi Youb (R.)	FV 8
Souk des Chaudronniers	FV 10
Souk-des-Fassis (R.)	FV 12

104

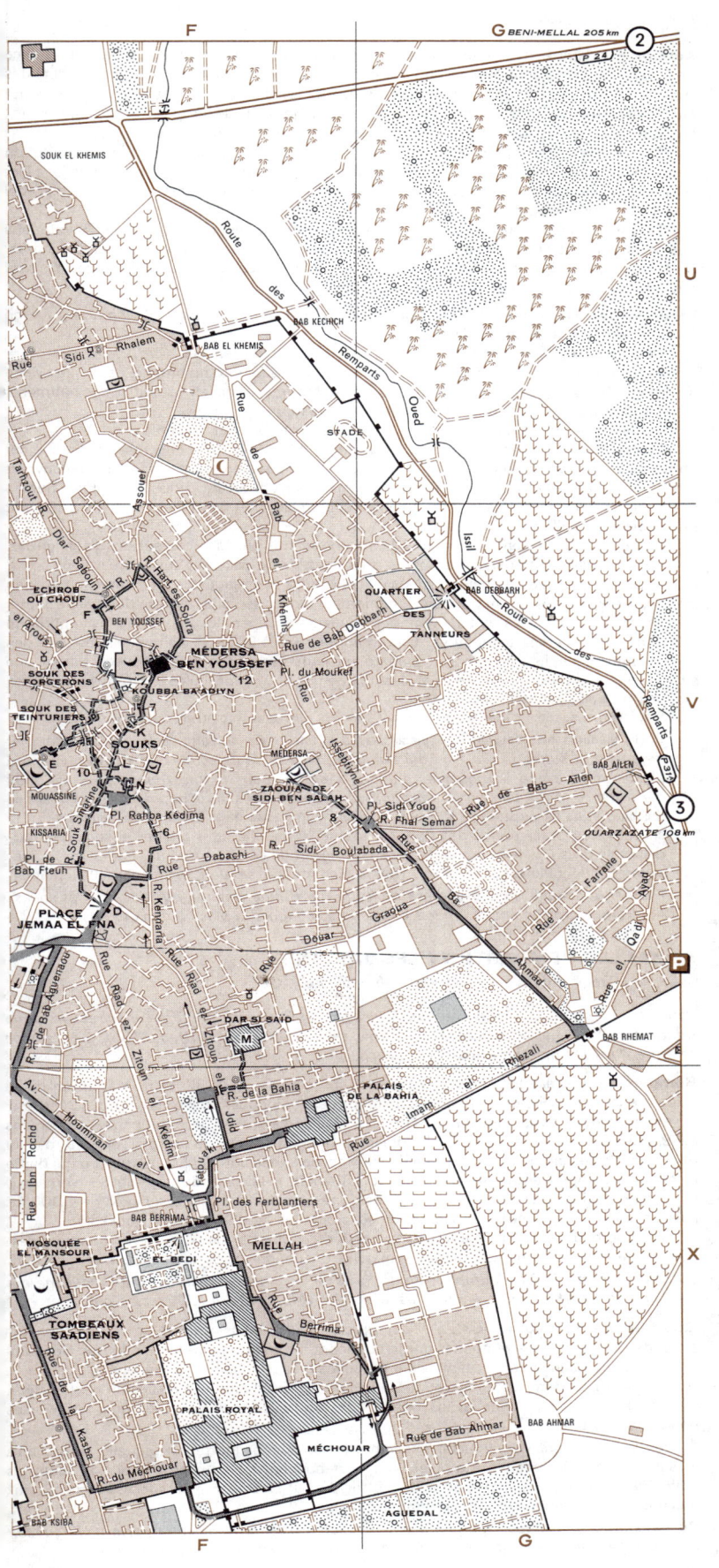

Marrakech Map

Grid references: F, G (top and bottom); U, V, X (right side)

Routes/Roads:
- BENI-MELLAL 205 km (P 24) — marker (2)
- OUARZAZATE 108 km (P 31) — marker (3)

Northern area:
- SOUK EL KHEMIS
- Route des Remparts
- Rue Sidi Rhalem
- BAB EL KHEMIS
- BAB KECHICH
- Rue de Bab el Khemis
- Oued Issil
- STADE
- BAB DEBBARH
- QUARTIER DES TANNEURS

Central medina:
- R. Tarhout / R. Diar Saboun
- R. Bab Assouel
- ECHROB OU CHOUF
- R. el Arous
- R. Hart es Soura
- F — BEN YOUSSEF
- SOUK DES FORGERONS
- MEDERSA BEN YOUSSEF — 12
- KOUBBA BA'ADIYN
- SOUK DES TEINTURIERS
- K — SOUKS
- Pl. du Moukef
- Rue de Bab Debbarh
- E — 10 — L — N
- MOUASSINE
- KISSARIA
- Pl. Rahba Kédima
- R. Souk Smarine
- ZAOUIA DE SIDI BEN SALAH — 8
- MEDERSA
- R. Issebtiyne
- Pl. Sidi Youb
- R. Fhai Semar
- Rue de Bab Ailen
- BAB AILEN
- Pl. de Bab Fteuh — 6
- R. Sidi Boulabada
- R. Dabachi
- R. Kennaria
- R. Gragua
- R. Farnnie
- Rue el Qadi
- R. Riad ez Zitoun el Kedim
- R. Riad ez Zitoun el Jdid
- PLACE JEMAA EL FNA — 7, D

Southern area:
- R. de Bab Agenaou
- Av. Houmman el Fetouaki
- Rue Ibn Rochd
- DAR SI SAID — M
- R. de la Bahia
- PALAIS DE LA BAHIA
- Rue el Imam
- Rue el Rhezali
- BAB RHEMAT
- Pl. des Ferblantiers
- BAB BERRIMA
- MOSQUÉE EL MANSOUR
- EL BEDI
- MELLAH
- R. Berrima
- TOMBEAUX SAADIENS
- R. de la Kasba
- R. Bab la Kasba
- PALAIS ROYAL
- MÉCHOUAR
- R. du Méchouar
- Rue de Bab Ahmar
- BAB AHMAR
- BAB KSIBA
- AGUEDAL

105

MARRAKECH★★★

Koubba Ba'Adiyn (FV). — Sa construction remonte au début du 12ᵉ s. Ce petit édifice très restauré, est le seul témoin de l'architecture almoravide à Marrakech. La diversité des arcs, le couronnement des merlons, les étonnants reliefs d'arcs brisés et de chevrons qui recouvrent l'extérieur de la coupole, dénotent ce goût du décor et cette faculté d'invention qui, avec les Almoravides, commencent à marquer l'art musulman.

Sur la place, prendre à gauche une rue qui s'amorce par un passage sous voûte ; on passe devant une porte (FV F) en brique ocre décorée d'entrelacs. Toute proche, la jolie **fontaine Echrob ou Chouf**, dont le nom signifie « Bois et regarde », est surmontée d'un bel auvent de cèdre sculpté.

Tourner bientôt à droite dans la rue Hart es Soura, silencieuse, bordée d'habitations aux murs roses et nus, et dont seules les belles portes cloutées laissent deviner la richesse. Au bout de celle-ci, à droite, une ruelle en partie couverte conduit à la médersa ben Youssef que l'on contourne un peu en prenant à gauche.

Médersa ben Youssef★★ (FV). — *Visite accompagnée de 8 h à 19 h (18 h en hiver). Fermé les jours de l'Aïd el Kébir et de l'Aïd el Seghir.*

Pour la description générale et le plan habituel d'une médersa, voir p. 81.

Cette école coranique, qui tient son nom de la mosquée toute proche, est la plus vaste du Maghreb. Vers 1570, le souverain saadien Moulay Abdallah fit édifier ces bâtiments d'inspiration mérinide ; ils ont été désaffectés et restaurés en 1960.

On entre par un couloir décoré de mosaïque et de poutres sculptées.

La **cour** forme un vaste rectangle, dallé de marbre blanc, dont le centre est occupé par un bassin. Une frise de zelliges multicolores orne le soubassement des murs que recouvrent des stucs délicatement ciselés. Le toit se termine par un auvent de cèdre sculpté. Sur les côtés de la cour, au-dessus des galeries soutenues par des piliers massifs s'alignent les fenêtres de cellules d'étudiants.

Au fond, face à l'entrée, un très beau portail ouvragé s'ouvre sur la **salle de prières**. Divisée en trois parties par des colonnes très fines, cette salle est surmontée d'une admirable coupole pyramidale en cèdre, sous laquelle court une rangée de 24 petites fenêtres en plein cintre grillagées de stuc ajouré. Le mihrab est décoré d'une dentelle de plâtre sculpté.

Les parties réservées au logement des étudiants occupent ici une place plus importante que dans les médersas antérieures. Elle en abrita jusqu'à 900. On visite quelques-unes des 150 chambres où ils dormaient et préparaient leurs repas. Les plus favorisés avaient vue sur la cour centrale. Les autres cellules donnent sur 7 minuscules courettes intérieures bordées de balustrades en bois tourné.

Des terrasses de la médersa, vue sur la ville ; on aperçoit au loin la Koutoubia.

De la médersa ben Youssef à la place Jemaa el Fna. — *En sortant de la médersa, tourner à gauche et suivre la rue Tala qui longe la place de la mosquée ben Youssef. Parvenu à une petite place triangulaire, prendre à droite, pour tourner dans la rue du Souk qui s'amorce sous une porte ancienne.* On passe devant les échoppes des **marchands de sacoches et de babouches** (FV K) ; puis, après une impasse dans laquelle les **bijoutiers** (FV L) ciselent des bracelets et des bagues, tourner à gauche pour gagner le souk des **marchands de tapis** (FV N), de couvertures, d'armes et de cornes à poudre. Par un étroit passage, on débouche sur la place Rahba Kedima où se tient le marché aux légumes.

Tourner à gauche, puis prendre à droite la rue Rahba Kedima qui s'écarte des souks. Au premier croisement, tourner à droite pour regagner la place Jemaa el Fna.

■ ★★★ LES REMPARTS ET LES JARDINS
Circuit en voiture — environ 3 h — plan p. 102

Partir de la place du 16-Novembre (place de la Poste) et prendre, en direction de la Koutoubia, l'avenue Mohammed V. Arrivé face à la Poterne (Bab Nkob) (BY)*, simple coupure dans les remparts, tourner à gauche pour longer ceux-ci.*

Remparts★. — C'est l'almoravide Ali ben Youssef qui, en 1132, dota Marrakech de sa célèbre enceinte. Celle-ci, élargie sous le règne des Almohades puis sous celui des Saadiens, développe autour de la ville ses 12 km de murailles flanquées de tours carrées et percées de 9 portes. Construite en pisé, elle présente une chaude coloration qui varie du rose au rouge, selon l'éclairage. Les parties les mieux conservées sont : à l'Est, le tronçon qui borde le quartier compris entre Bab Aïlen et Bab Rhemat ; à l'Ouest, du côté de l'« Hivernage », l'admirable alignement de bastions qui, sans une brèche, se déploie sur près de 1 300 m, puis se coude à plusieurs reprises pour se continuer au-delà de Bab Doukkala.

On passe devant **Bab Doukkala** (BY), porte défendue par deux massives tours carrées. Puis on atteint le souk El Khemis (« marché du Jeudi »), très animé, le matin surtout.

Laissant la route P 24, tourner à droite ; puis à droite s'embranche la route rectiligne qui conduit à Bab El Khemis, prendre à gauche, vers Bab Debbarh. Laisser la voiture.

Quartier des tanneurs★ (CY). — Tout proche de l'oued Issil, le quartier des tanneurs s'étend à l'intérieur des remparts, qui le dominent. En montant au-dessus de Bab Debbarh, on a une très bonne vue d'ensemble sur les cuves près desquelles les tanneurs s'activent, le matin surtout, battant les peaux ou les étendant au soleil sur de la paille. On peut ensuite, si l'on ne craint ni la boue ni les odeurs, descendre pour voir de plus près les diverses opérations du tannage.

Reprendre la voiture. On franchit l'enceinte à Bab Ahmar (porte par laquelle entrait jadis le sultan quand il venait à Marrakech), pour déboucher face au **palais royal** (CZ), dont les bâtiments datent en grande partie du 18ᵉ et du 19ᵉ s. On traverse successivement deux méchouars communiquant par une porte crénelée.

Au fond du 2ᵉ méchouar tourner à gauche puis, aussitôt franchie la porte de l'Aguedal, encore à gauche le long de la muraille, et suivre toujours la route goudronnée.

★★★ MARRAKECH

Aguedal★ (CZ). — Créé au 12e s. par Abd el Moumen, agrandi par les Saadiens, ce verger où dominent les oliviers était réservé aux sultans et à leur cour. Sous ses ombrages et sur l'eau calme de ses bassins, des fêtes magnifiques étaient données.

Une longue allée conduit à un premier bassin. Puis on atteint le pavillon ruiné qui s'élève au bord d'une seconde pièce d'eau; de la terrasse, on découvre un beau **panorama**★; au Nord sur le bassin, l'olivette, Marrakech, les Jbilet; au Sud sur le Haut Atlas.

Reprenant la voiture, on contourne **Dar El Beïda**, la «maison blanche», palais construit au 19e s., aujourd'hui résidence royale *(on ne visite pas)*.

En sortant de l'Aguedal, prendre la route no 513 à droite.

Quelque 500 m après le croisement avec la route de Taroudannt, l'itinéraire aborde la partie la plus belle des remparts, derrière lesquels s'abrite — jusqu'à Bab Jaïd — l'hôtel de la Mamounia où Churchill aimait à venir se reposer et peindre.

Ménara★ (AZ). — L'olivette de la Ménara était elle aussi réservée aux sultans. Dotée d'un bon système d'irrigation, elle est aujourd'hui exploitée comme verger d'essai. Le grand bassin, bordé à fleur d'eau par un promenoir dallé, reflète un élégant **pavillon** encadré de cyprès, avec — en toile de fond — les sommets de l'Atlas. Ce pavillon fut élevé en 1866; c'était le rendez-vous galant des sultans, et on dit que l'un d'eux avait pour habitude de faire jeter au matin, dans le bassin, l'élue de la veille. La façade donnant sur les jardins, du côté opposé à la pièce d'eau, possède, avec son arcade surmontée de trois petites fenêtres encadrées de dessins naïfs, une grâce qui évoque celle de certaines villas de Toscane.

Le rez-de-chaussée est constitué par une grande salle dont le plafond en cèdre, peint de couleurs vives, est soutenu par quatre piliers. Aux murs, tapis (remarquable Chichaoua, aux dessins presque figuratifs) et ceintures berbères du Haut Atlas.

Le premier étage est occupé par deux pièces, couvertes de beaux plafonds; on remarque, déployé contre un mur, l'un de ces fameux burnous du Haut Atlas ou «khnif», orange et noir. De la terrasse, on domine le bassin et les jardins.

Revenir à Bab Jdid.

Le boulevard El Yarmouk, dans lequel on tourne à gauche, suit toujours les remparts et longe le quartier résidentiel de l'**Hivernage** (BYZ), le plus verdoyant de Marrakech.

Par l'avenue Mohammed V, à gauche, on regagne la place du 16-Novembre.

■ AUTRES CURIOSITÉS

Mosquée de Bab Doukkala (DEV). — *En franchissant les remparts à Bab Doukkala et en suivant la rue Fatima Zohra, on peut aller en voiture jusqu'à la mosquée. Entrée interdite aux non-musulmans.*

Élevée, au milieu du 16e s., par la pieuse Lalla Messaouda, cette mosquée est dominée par un élégant minaret portant un décor d'entrelacs sur fond vert.

Zaouïa de Sidi ben Slimane (EU). — *Entrée interdite aux non-musulmans. Venant de la mosquée de Bab Doukkala, accès par la rue Dar el Glaoui qu'on prend à gauche dans la rue Fatima Zorha. On laisse la voiture sur une petite place, et on continue à pied, par d'étroites ruelles.*

Ce sanctuaire abrite le tombeau de l'un des 7 patrons de Marrakech. A côté de la zaouïa, une jolie fontaine décorée de carreaux de faïence est surmontée d'un auvent sculpté.

Zaouïa de Sidi Bel Abbès★ (EU). — *Entrée interdite aux non-musulmans. S'y rendre à pied de la zaouïa de Sidi ben Slimane.*

Sidi Bel Abbès, enterré ici, est un saint guérisseur et le patron le plus vénéré de Marrakech. Les abords du sanctuaire constituent une sorte de cour des Miracles. Un pittoresque passage bordé de petits ateliers, s'ouvrant à ses deux extrémités par une très jolie porte, précède la cour carrée sur laquelle donne l'entrée du sanctuaire; face à celle-ci, on remarque une fontaine coiffée d'un auvent de cèdre sculpté et peint. On peut s'avancer dans une deuxième cour, pour mieux voir le minaret.

Zaouïa de Sidi ben Salah (FV). — *Entrée interdite. Accès à partir de Bab Rhemat, et par la rue Ba Ahmad. Laisser la voiture place Sidi Youb et continuer à pied par la rue du même nom.*

Le minaret de Sidi ben Salah date de l'époque mérinide (14e s.).

Jardin Majorelle★ (DU). — *Accès par l'avenue Yakoub el Mansour.*

Ce jardin fut aménagé par le peintre-décorateur français Majorelle (1859-1926) qui vécut là de nombreuses années. Avec ses bambous géants, ses bananiers, ses cocotiers, ses grands palmiers, il pourrait illustrer quelque roman de Pierre Loti.

EXCURSIONS

Route de la Palmeraie. — *Circuit de 20 km, au Nord-Est. Sortir par ① du plan, P 7 (route de Casablanca). Juste avant le pont sur l'oued Tensift, tourner à droite dans la petite route sinueuse qui s'enfonce dans la palmeraie.*

De toutes les palmeraies du Maroc, celle de Marrakech est la plus septentrionale. Elle compte près de 100 000 arbres.

Au bout d'environ 7 km, on rejoint la P 24, qu'on prend à droite.

Sur la route d'Amizmiz. — *54 km au Sud-Ouest. Sortir par ④ du plan, route S 501, puis à droite la S 507.*

Traversant la plaine du Haouz dominée par la haute muraille de l'Atlas, on aperçoit à l'écart de la route d'importantes kasbas comme celle de Tamesloht ou du blond village d'Oumnast, puis on atteint la vallée de l'oued Nfiss.

MARRAKECH ★★★

Barrage Cavagnac. — Le Nfiss prend sa source au cœur du Haut Atlas dont les neiges l'alimentent jusqu'en mai. Dans la montagne, sa vallée est longée par la route du Tizi-n-Test *(p. 154)*. Puis elle s'échappe par des gorges pittoresques pour déboucher dans la plaine du Haouz : c'est à cet endroit qu'a été édifié un barrage long de 330 m, haut de 52 m, épais de 47 m à la base, destiné à l'irrigation du plat pays. La piste *(à gauche, 300 m après le pont sur le Nfiss)* qui conduit à la partie supérieure du barrage aboutit au sommet d'une colline d'où le regard embrasse tout le lac de retenue (longueur : 7 km; capacité : 52 millions de m³).

Quittant la vallée la S 507 se dirige, à travers le «dir», vers l'oliveraie d'Amizmiz.

Amizmiz. — La douceur du nom d'Amizmiz n'a d'égale que celle de son **site**★ tel qu'on le découvre entre les oliviers à l'entrée de l'agglomération, bâtie sur les premières pentes du jbel Erdouz. Elle est traversée par un oued, affluent du Nfiss, qui s'enfonce profondément dans un vallon verdoyant dominé par la vieille kasba.

Près des bureaux du Centre Administratif (à droite, immédiatement après le bois d'oliviers) on a une belle **vue** sur le bourg et le Haut Atlas. De l'autre côté de l'oued, au pied de la kasba, le souk du mardi propose notamment la **poterie** d'Amizmiz, de facture très simple mais qui comporte de belles formes décorées d'un strict feston noir.

Région d'Oukaïmeden★★. — *Circuit de 192 km au Sud-Est de Marrakech. Voir p. 125.*

Demnate, pont naturel d'Imi-n-Ifri★, cascades d'Ouzoud★★. — *Circuit de 367 km à l'Est — environ 1 journée. Prévoir un pique-nique. Quitter Marrakech par ② du plan.*

La P 24 traverse la palmeraie, puis s'engage dans la plaine du Haouz, irriguée et couverte d'oliviers, de champs de blé et, vers Tamelelt, de plantations d'arbres fruitiers. L'horizon, au Sud, est limité par la barrière du Haut Atlas ourlée de neige une partie de l'année. Au Nord s'alignent les Jbilet, montagnettes hérissées de pointements rocheux.

Peu après Tamelelt, on laisse la grande route pour prendre à droite la S 508. Au bout de 44 km, à la bifurcation de Demnate, prendre à gauche vers Tananant.

La route s'élève dans la zone de contact entre le Haut et le Moyen Atlas, empruntant des vallées plantées de céréales et d'arbres fruitiers. 22 km après **Tananant**, petit bourg juché sur une colline au milieu des vergers, tourner à gauche dans la route 1811 qui, à travers des paysages très vallonnés conduit aux cascades d'Ouzoud.

Cascades d'Ouzoud★★. — *Page 56.*

Revenir par le même chemin jusqu'à la bifurcation de Demnate; là, prendre à gauche.

Demnate. — Au pied des premiers contreforts du Haut Atlas, dans la zone privilégiée qu'on appelle le «dir», Demnate, toute blanche, émerge de la houle grise des oliviers. Cette grosse bourgade aux maisons de pisé était close par une enceinte aujourd'hui délabrée. Au pied des remparts, près de la porte de Marrakech que couronnent des merlons en épis, se tient le dimanche un souk animé et pittoresque.

A la sortie de Demnate, prendre à gauche.

La route s'élève, offrant des **vues**★ sur la ville, la kasba et l'olivette. Puis elle s'accroche en corniche sur les versants fraîchement boisés dominés par une falaise calcaire. On remonte la vallée de l'oued Masseur, tapissée d'oliviers. A la sortie d'un virage, on découvre l'arche naturelle d'Imi-n-Ifri aux parois de calcaire ocre tapissées de verdure.

Pont naturel d'Imi-n-Ifri★. — Imi-n-Ifri signifie en berbère «porte du gouffre». Du chemin qui franchit celui-ci, on a une vue à droite sur la profonde cavité creusée par l'oued Masseur qui tombe en cascades parmi d'énormes rocs. Un sentier, très glissant par endroits, s'amorce avant le pont à gauche. Il permet de descendre au fond du gouffre, à l'entrée de la voûte garnie de stalactites *(un guide accompagne; durée : 1/2 h)*. D'après la légende, un djinn habitait autrefois cette caverne. Ce génie à 7 têtes se plaisait à capter le torrent et à enlever les jeunes filles du voisinage. Pour l'amadouer, les gens de Demnate se résignèrent à lui livrer tous les ans une des plus belles filles du pays. Or, il arriva qu'une année la fille du caïd fut désignée. Son père, ne pouvant se résoudre à un tel sacrifice, fit appel à un homme énergique qui alla combattre le monstre dans son antre, et le terrassa. Du corps du djinn, sortirent alors des milliers de vers qui donnèrent naissance à autant de corneilles. A l'entrée de l'arche, des oiseaux tournoient par centaines; les enfants du pays les chassent la nuit.

Redescendre à Demnate pour rejoindre la route 6707, vers Marrakech. A 38 km de Demnate, tourner à gauche dans la route qui longe l'oued Tessaout et conduit au barrage.

Lac des Aït-Aadel★. — Ce lac est formé par le barrage Moulay-Youssef. L'ouvrage, inauguré en 1970, est du type barrage-poids, en terre. Il s'inscrit dans un paysage de collines rouges dominées par un arrière-fond de montagnes.

Revenir à la route de Marrakech.

Tazzerte. — Se dressant légèrement à l'écart du village de Tazzerte, à gauche et un peu en retrait de la route *(accès par un chemin de terre)*, les anciennes **kasbas**★ du Glaoui et de son cousin, forment un ensemble de très belle allure. Les enfants qui se trouvent là indiquent comment pénétrer dans la cour de l'une des deux demeures, élégante avec ses deux étages de galeries, mais combien délabrée !

---

*Les estimations de temps indiquées pour chaque itinéraire
correspondent au temps global nécessaire
pour bien apprécier le paysage
et effectuer les visites recommandées.*

MEKNÈS ★★

Carte Michelin n° 169 - plis 16 et 1, 2, 11, 12 — 248 369 h. (les Meknassi) — *Lieu de séjour, p. 44.*

Remarquablement située, comme Fès sa voisine, sur le grand axe qui traverse le Maroc d'Ouest en Est, Meknès se trouve également au carrefour de la route de Tanger et des voies de pénétration vers le Moyen Atlas.

La ville ancienne, que l'on découvre de très loin avec ses innombrables minarets, est bâtie sur une colline. L'oued Boufekrane la sépare de la ville moderne. Ville du Nord par son ciel, son architecture, ses couleurs, elle rappelle Marrakech par ses vastes espaces libres, ses imposantes proportions, sa population mêlée et la vie turbulente de ses souks.

Outre les remarquables monuments religieux qu'elle doit aux souverains almohades et mérinides, elle a gardé — de l'époque où Moulay Ismaïl la promut au rang de capitale —, de fort belles portes et les impressionnants vestiges de ses palais.

Si elle connut, sous le règne de Moulay Ismaïl, un exceptionnel éclat, Meknès a su demeurer une ville riche. Au 18ᵉ s. encore, première place de commerce du pays pour les cuirs et les grains, elle est restée un très gros marché. La culture des céréales, l'exploitation des oliviers et celle surtout de la vigne dans la riche plaine du Saïs *(voir p. 7)*, alimentent son commerce ainsi que ses minoteries, ses huileries, ses caves vinicoles — parmi les plus importantes du pays.

Une création berbère. — Meknès fut fondée au 10ᵉ s., en même temps que Taza, par la tribu zénète des Meknassa.

L'abondance des eaux, la fertilité du sol, le nombre des arbres, avaient séduit ces nomades venus des plaines et des plateaux désertiques de l'Est. Sur les rives de l'oued Boufekrane, ils établirent une série de villages entourés de jardins, qu'ils nommèrent « Meknassa-ez-zeitoun » (« Meknès des Oliviers »).

Sous les Almoravides, une ville fortifiée naquit à côté des cités jardins, sur l'emplacement de l'actuelle médina. Les Almohades, puis les Mérinides embellirent la ville, faisant édifier des mosquées et des médersas. Ces derniers avaient choisi Fès pour capitale; Meknès devint au 14ᵉ s. le séjour préféré de leurs vizirs.

La chute des Mérinides amena le déclin de Meknès qui connut le sort sans gloire des petites villes de province, jusqu'au jour où le sultan Moulay Ismaïl en fit une cité impériale.

MOULAY ISMAÏL, LE GRAND SULTAN (1647-1727)

En 1672, à la mort de son frère Moulay Rachid, fondateur de la dynastie alaouite, Moulay Ismaïl proclamé sultan vint se fixer à Meknès, remodela la ville, et en fit une capitale.

C'est l'une des figures les plus curieuses de l'histoire marocaine. A son avènement, il a 25 ans. Son caractère est un surprenant mélange de qualités remarquables et d'effroyables défauts. Historiographes, captifs, Européens venus à la cour de Meknès pour y négocier le rachat de prisonniers, diplomates — tel le Français Pidou de Saint-Olon — nous ont laissé sur ce souverain de nombreux témoignages : tous s'accordent pour vanter sa prestance, son extraordinaire force physique, son adresse à monter à cheval, son courage, sa volonté, sa vivacité d'esprit, sa clairvoyance politique, ses qualités d'organisateur et de guerrier, sa piété.

Mais ce prince qui, dans ses palais grandioses, menait une vie sans luxe, s'habillait de laine et se nourrissait sobrement, était pétri d'orgueil et aimait les richesses avec avidité. Il pressura ses sujets, allant jusqu'à faire dévaster leurs maisons, n'hésitant pas à les faire disparaître pour les déposséder. Cet homme instruit, qui se plaisait en discussions théologiques, était d'une cruauté et d'une violence inouïes. Il prenait plaisir, dit-on, à inventer des supplices inédits,

Moulay Ismaïl.

et, pour des raisons futiles ou tout simplement afin de prouver son adresse, il lui arrivait de percer de sa lance ou de décapiter de son sabre des esclaves ou des prisonniers.

Les chiffres avancés à son propos donnent une idée de ce personnage hors mesure. 36 000 personnes auraient péri de sa main. Selon le sieur de Mouette qui, pendant plus de dix ans fut retenu à Meknès en captivité, « ses prisons contenaient 25 000 chrétiens... plus environ 30 000 criminels ». Dans ses écuries 30 000 esclaves entretenaient 12 000 chevaux. Son harem comptait 500 femmes, de toutes nationalités et de toutes races. Ses enfants ne se comptaient plus...

Un prétendant éconduit. — Contemporain de Louis XIV, Moulay Ismaïl souhaitait voir se multiplier les échanges commerciaux entre le Maroc et la France; il avait, de plus, beaucoup d'admiration pour la gloire et la puissance dont jouissait le Grand Roi. A plusieurs reprises, il envoya auprès de lui des ambassadeurs chargés de cadeaux : lions, tigres, autruches, etc. Du Roi Soleil, il reçut en retour des montres, des armes précieuses, des étoffes brochées d'or.

En 1699, l'une de ses ambassades obtint à la cour de Versailles un vif succès. Son chef ne manquait pas d'esprit. Comme on lui demandait pourquoi dans son pays on épousait plusieurs femmes, il répondit : « C'est afin de trouver réunies en plusieurs les qualités que chaque Française possède à elle seule. » Revenu à Meknès, l'envoyé fit part au sultan de

MEKNÈS AGGLOMÉRATION

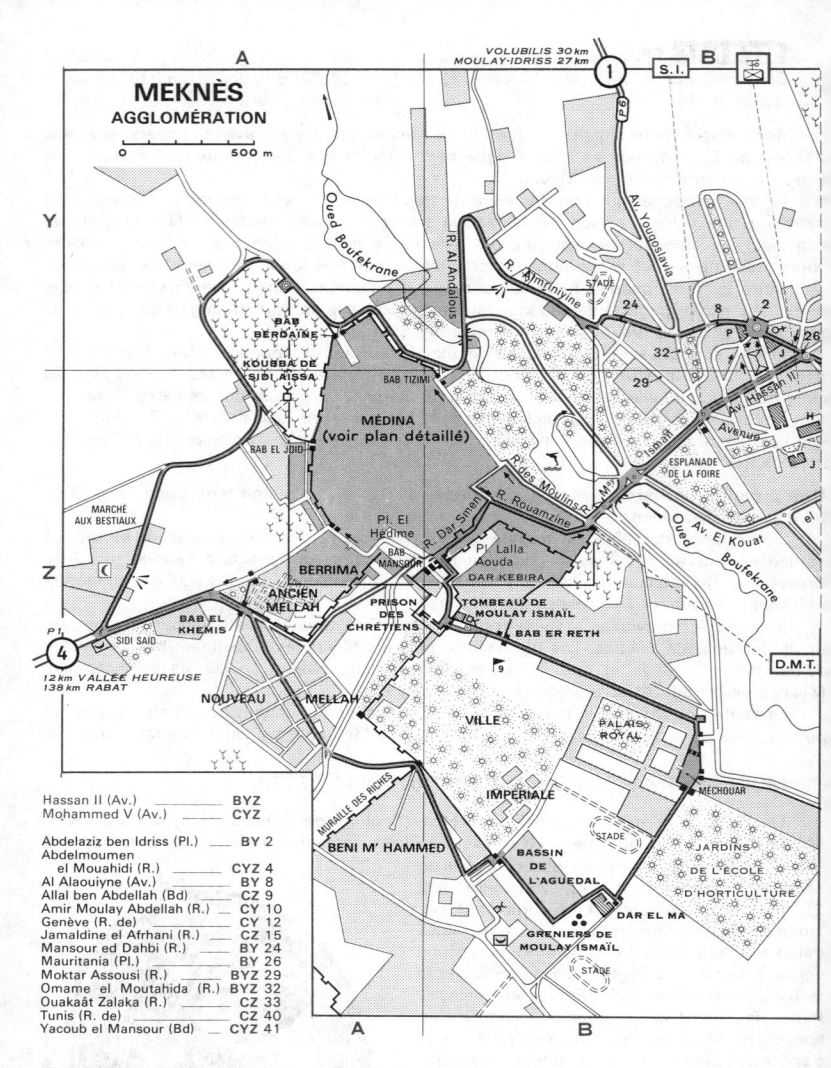

Hassan II (Av.)	BYZ
Mohammed V (Av.)	CYZ
Abdelaziz ben Idriss (Pl.)	BY 2
Abdelmoumen el Mouahidi (R.)	CYZ 4
Al Alaouiyne (Av.)	BY 8
Allal ben Abdellah (Bd)	CZ 9
Amir Moulay Abdellah (R.)	CY 10
Genève (R. de)	CY 12
Jamaldine el Afrhani (R.)	CZ 15
Mansour ed Dahbi (R.)	BY 24
Mauritania (Pl.)	BY 26
Moktar Assousi (R.)	BYZ 29
Omame el Moutahida (R.)	BYZ 32
Ouakaât Zalaka (R.)	CZ 33
Tunis (R. de)	CZ 40
Yacoub el Mansour (Bd)	CYZ 41

l'émerveillement que lui avait causé la princesse de Conti, fille de Louis XIV et de Mademoiselle de Lavallière. Aussitôt, Moulay Ismaïl fit demander la main de la princesse. Louis XIV déclina la proposition.

Des haras humains. — Dès le début de son règne, Moulay Ismaïl forma avec 16 000 esclaves noirs ramassés au Maroc ou achetés au Soudan, une armée permanente dévouée à sa personne. Pour grossir régulièrement les effectifs, il donna à ses noirs des femmes de leur couleur. C'est ainsi qu'il constitua des sortes de haras humains, établis à l'Ouest de Meknès dont il surveillait lui-même le rendement. Dès leur naissance, les enfants appartenaient à l'État. A 12 ans, ils étaient amenés au palais. Après leur avoir enseigné les rudiments d'un métier, on utilisait les garçons comme maçons; vers leur quinzième année, ils étaient incorporés. A 10 ans, les filles étaient initiées aux travaux ménagers; puis mariées aux jeunes recrues.

Grâce à ce système, la garde noire de Moulay Ismaïl, qui constituait une véritable famille, comptait vers la fin de son règne environ 150 000 hommes. Elle lui permit de soumettre les tribus dissidentes de l'Atlas, de chasser les Chrétiens de la côte marocaine, (à l'exception de Mellila, de Ceuta, et de l'actuelle El-Jadida), d'arrêter l'invasion des Turcs maîtres de la Tunisie et de l'Algérie, d'unifier et de pacifier l'empire chérifien.

Un constructeur mégalomane. — Ce grand monarque avait une passion : durant tout son règne, il fit bâtir, démolir et rebâtir sans trêve. Trente mille esclaves et trois mille prisonniers chrétiens étaient employés à ces travaux; ils édifièrent des kilomètres de murailles, d'immenses palais, des mosquées, des bassins, des magasins, des écuries, une formidable ville fortifiée. Le sultan se rendait en personne sur les chantiers et surveillait les ouvriers, ne dédaignant pas de donner lui-même l'exemple. La moindre négligence, le plus court répit dans le travail, le mettaient hors de lui. Du fouet il réveillait les indolents, ou de la pique les plongeait dans un sommeil définitif.

Dans un premier temps, Moulay Ismaïl s'attacha à protéger et à embellir la cité. On la ceintura de remparts percés de portes monumentales, on la dota de nouvelles mosquées et de fontaines; à sa limite, on construisit un vaste palais, Dar Kebira.

Mais Moulay Ismaïl ne pouvait se contenter de cela. Il imagina d'édifier, au Sud de la ville, une cité impériale aux colossales proportions, et dont le cœur était cette fois la résidence princière. Un nouveau palais fut construit; on lui adjoignit de gigantesques dépendances : pavillons, entrepôts, écuries, casernes, arsenal, s'ordonnaient autour de nombreuses

★★ MEKNÈS

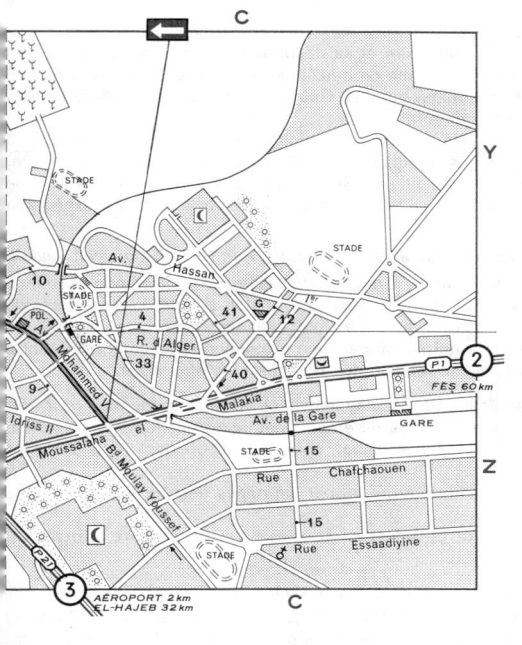

cours, étaient séparés par d'immenses espaces libres, de vastes jardins, des pièces d'eau. Près de 25 kilomètres de murailles entouraient cet ensemble cyclopéen.

Ce qui reste d'une œuvre colossale. — Malgré le mot présomptueux du sultan bâtisseur : « Moi, j'ai fait ces constructions; on les démolira si l'on peut », la ville impériale de Meknès est tombée en ruines. Le temps n'a pas été le seul destructeur. Pour embellir ses appartements et ses jardins, Moulay Ismaïl avait pillé les ruines de Volubilis et dévasté le palais d'El Bedi à Marrakech; pour décorer leurs mosquées, leurs médersas et leurs demeures, ses fils et petits-fils dépouillèrent les palais de Meknès de leurs marbres et de leurs mosaïques, en arrachèrent les tuiles et réemployèrent les briques et les matériaux de toutes sortes dans leurs propres constructions.

En dépit des ravages du temps et des hommes, la ville de Moulay Ismaïl conserve une indéniable grandeur. Ses amples espaces, ses couloirs démesurés, « ses portes géantes... qui s'ouvrent sur le souvenir d'une majesté défunte », les vestiges solennels de ses édifices, évoquent de façon saisissante la puissance d'un sultan qui terrifia le Maroc mais y fit régner l'ordre et la sécurité.

★★ LE TOUR DE LA MÉDINA ET LA VILLE IMPÉRIALE
Promenade en voiture — environ 4 h — plan ci-dessus

Partir de l'avenue Mohammed V, la grande artère animée et commerçante de la ville nouvelle, et suivre l'itinéraire indiqué sur le plan.

La rue Almriniyine (BY) offre de très belles **vues**★ sur la ville ancienne bâtie à flanc de colline, et formant une longue bande de murs ocre et blancs, hérissée de minarets. Le soir, cette vision de la médina avec ses innombrables petites lumières et ses minarets illuminés, au-delà de la zone d'ombre formée par la dépression de l'oued Boufekrane, prend un caractère d'irréalité.

Bab Berdaïne★ (AY). — Cette belle porte massive, flanquée de deux énormes bastions carrés et décorée de faïences vertes, fut construite par Moulay Ismaïl. Son arc encadre le haut minaret de la mosquée du même nom, édifiée elle aussi par ce souverain.

Après Bab Berdaïne, la route contourne le plus vaste et le plus ancien cimetière musulman de la ville.

Koubba de Sidi Aïssa (AYZ). — *Entrée interdite.* Dans ce petit bâtiment carré, très blanc, surmonté d'un toit à quatre pans couvert de tuiles vertes, repose le patron de Meknès. Sidi Aïssa vivait, dit-on, au temps de Moulay Ismaïl, et parcourait le Maroc, prêchant la pure doctrine islamique. On ne comptait plus ses miracles. Ses admirateurs devinrent si nombreux qu'il résolut de faire un choix parmi eux.

Si on en croit la légende, il les rassemble un jour sur une vaste place devant sa maison et leur dit : « Le Prophète exige que je sacrifie mes plus fidèles disciples. Que ceux d'entre vous qui prétendent l'être entrent chez moi pour y être immolés. » Un premier disciple se présente; Sidi Aïssa l'introduit dans sa demeure. On entend bientôt un grand cri et un flot de sang s'écoule sur le seuil de la porte. Un deuxième s'offre, puis un troisième, et chaque fois un nouveau ruisseau de sang se répand hors de la maison. Cet horrible spectacle fait peu à peu le vide parmi les assistants. Après le quarantième volontaire, il ne reste plus personne sur la place.

Alors Sidi Aïssa sort de son logis à la tête des quarante immolés. Parcourant la ville, il déclare aux populations ébahies qu'Allah a donné à ses disciples le pouvoir de faire couler leur propre sang sans en mourir. Les incrédules racontent que ce miracle coûta la vie à quarante moutons.

Telle serait l'origine de la puissante confrérie des **Aïssaouas** et des rites sanglants qui, autrefois, accompagnaient ses pratiques religieuses, tenues comme impies par les autres musulmans.

C'est à Meknès, à l'époque du Mouloud *(voir p. 27)*, que les Aïssaouas tiennent leur grand moussem. Venus de tous les points du Maroc, et même d'Algérie et de Tunisie, ils se rassemblent dans le cimetière qui entoure la koubba de Sidi Aïssa, et, de là, partent en processions à travers la ville.

Face à la koubba de Sidi Aïssa, prendre à droite. On longe bientôt, à droite, l'emplacement où le mercredi matin se tient le marché aux bestiaux. La route, en descente, procure des vues à gauche, sur le mellah. Arrivé à un carrefour où s'élève la mosquée de Sidi Saïd (18ᵉ s.), tourner à gauche, en face du minaret.

On entre dans la ville ancienne par Bab el Khemis.

MEKNÈS★★

Bab el Khemis★ (AZ). — Par son architecture et sa décoration, cette très belle porte ressemble à Bab Berdaïne. Flanquée comme elle de deux bastions carrés, ici en partie ruinés, elle est ornée de sculptures et de céramiques vertes. Une bande d'inscriptions en caractères cursifs sombres surmonte son encadrement.

Du quartier «des jardins» que Moulay Ismaïl fit édifier à l'Ouest de Dar Kebira, à l'intention de ses vizirs et des hauts fonctionnaires, Bab el Khemis est le seul reste. Moulay Abdallah, fils de Moulay Ismaïl, fit en effet raser cette partie de la ville pour se venger des acclamations ironiques qui l'avaient accueilli au retour d'une expédition infructueuse contre les Berbères.

Tout de suite après Bab el Khemis, prendre à droite une rue qui traverse le nouveau mellah.

Après avoir croisé une voie importante, à double chaussée sur la gauche, on continue jusqu'à une muraille que l'on franchit par un passage à double arcade. Les habitants de Meknès désignent cette muraille par le nom de «muraille des riches» car, au 17e s., habiter à l'intérieur de cette enceinte qui constituait une protection supplémentaire contre les invasions berbères, était un privilège réservé aux Meknassi les plus aisés.

Bassin de l'Aguedal (BZ). — Aménagé par Moulay Ismaïl, ce vaste réservoir était destiné à l'irrigation des jardins de l'Aguedal et aux divertissements nautiques des femmes du sultan. Il pouvait en outre constituer une réserve d'eau, pour le cas où des tribus berbères auraient assiégé Meknès.

Le bassin, sur sa largeur, est dominé, à droite, par les ruines des anciens greniers de Moulay Ismaïl.

Aussitôt après le bassin, la route décrit un coude; à droite, s'ouvre l'entrée de Dar el Ma.

Dar el Ma★ (BZ). — *Visite de 8 h à 12 h et de 14 h à 18 h 30.*

Cet énorme bâtiment carré constituait l'un des magasins de Moulay Ismaïl. Construit à l'échelle du palais, il donne une idée des dimensions que le grand sultan donnait à ses créations.

C'est ici que l'on entreposait les réserves de grains et le foin destiné aux 12 000 chevaux qui composaient l'écurie de Moulay Ismaïl. Mais, «Dar el Ma» signifie «maison de l'eau», et l'on y peut voir aujourd'hui encore les citernes profondes de 40 m, d'où on faisait monter l'eau grâce à un système de norias actionnées probablement par des chevaux.

Ces salles immenses, d'une hauteur impressionnante, et aux murs épais de plusieurs mètres, sont éclairées par des ouvertures ménagées au centre de la voûte.

Greniers de Moulay Ismaïl★. — On les appelle aussi, à tort «écuries de Moulay Ismaïl». Comme Dar el Ma auquel ils sont contigus, ils servaient d'entrepôts.

Il s'agit en fait d'une unique salle, comprenant 23 nefs, et dont la hauteur devait être supérieure à 12 m. L'étendue de l'édifice, les longues perspectives de puissants piliers et d'arcs massifs privés de leurs voûtes, la nudité du pisé rongé par le temps, donnent à ces ruines un caractère de rudesse et de solennité.

Le toit de Dar el Ma, en terrasse, a été aménagé en jardins auxquels on accède par un escalier extérieur. De là on découvre, au pied de l'édifice, la pièce d'eau de l'Aguedal, puis les ruines du palais du sultan et, plus loin, la médina.

Reprendre la voiture.

On longe les jardins de l'école d'Horticulture à droite, puis on traverse le méchouar; sur cette cour aménagée à l'intérieur des fortifications, donne à gauche l'entrée du palais royal, partie du nouveau palais de Moulay Ismaïl restaurée au 19e s. *(on ne visite pas).*

(D'après photo Jeff-Éditions, Casablanca.)
Greniers de Moulay Ismaïl.

Aussitôt après, la rue rectiligne, bordée de hautes murailles, forme une sorte de couloir. Ce passage reliait à l'ancienne Meknès et au palais de Dar Kebira, la nouvelle cité impériale conçue par Moulay Ismaïl.

Bab er Reth (BZ). — Porte monumentale dont les gros piliers de marbre, de 1,25 m de diamètre, annoncent ceux de Bab Mansour *(p. 113).*

On débouche sur une petite place: à droite se trouve le tombeau de Moulay Ismaïl.

Tombeau de Moulay Ismaïl★ (BZ). — *Visite de 8 h à 12 h et de 14 h à 18 h 30.*

Cet édifice a fait l'objet d'importants travaux de restauration. C'est le seul sanctuaire du Maroc qui soit ouvert aux non-musulmans.

On pénètre dans le mausolée par une porte très ouvragée, décorée d'entrelacs et surmontée d'un auvent aux tuiles vertes. Une suite de salles, couvertes ou à ciel ouvert, et une cour aux ablutions précèdent le sanctuaire. D'une pièce contiguë à ce dernier, et à l'entrée de laquelle on doit se déchausser, on admire la salle ornée de stucs et de mosaïques où repose le sultan.

★★ MEKNÈS

Du mausolée de Moulay Ismaïl, se rendre à la prison des Chrétiens : en sortant, passer sous la porte à triple arcade, et descendre les quelques marches qui se trouvent de l'autre côté de la rue. Près d'un pavillon qui était réservé aux ambassadeurs, au bord d'une allée, s'ouvre un peu en contrebas l'entrée de la prison des Chrétiens.

Prison des Chrétiens (ABZ). — Visite de 8 h à 12 h et de 14 h à 18 h 30 — S'adresser à l'école de musique installée dans l'ancienne salle des Ambassadeurs.

Dans cette prison constituée par de vastes souterrains, les sultans détenaient, dit-on, les captifs européens qui travaillaient aux fortifications. Maltraités, accablés de travaux, à peine nourris, les prisonniers mouraient en grand nombre.

On appelle aussi cette prison «prison de Cara», du nom d'un prisonnier portugais à qui Moulay Ismaïl aurait promis la liberté s'il parvenait à trouver le plan d'une prison pouvant contenir 40 000 captifs.

On ignore en fait quelle était l'étendue de ces souterrains, une partie d'entre eux ayant été détruite lors d'un tremblement de terre.

Les salles sont éclairées grâce à des trous d'aération pratiqués il y a un demi-siècle dans les voûtes.

Reprendre la voiture. Aussitôt après être repassé sous la porte à triple arcade proche du mausolée de Moulay Ismaïl, tourner deux fois à droite pour rejoindre la vaste place Lalla Aouda que dominent les remparts de Dar Kebira, le premier palais de Moulay Ismaïl, dont il ne reste que des ruines.

La rue fait un coude à gauche et on traverse la place pour franchir une double porte; en tournant à gauche tout de suite après cette dernière, on débouche sur la place el Hédime.

Place el Hédime (AZ). — Cette grande place est située à la limite de la ville ancienne et de la cité impériale de Moulay Ismaïl. Elle doit son nom (place «de la démolition») aux décombres qui y furent entreposés lorsque le sultan bâtisseur eut fait raser un nombre considérable d'édifices, avant d'entreprendre ses gigantesques travaux.

Une grande animation y règne, particulièrement l'après-midi. Des porteurs d'eau y agitent leurs clochettes, en quête d'amateurs photographes et de clients.

Deux portes monumentales dominent la place : Bab Jema en Nouar et la célèbre Bab Mansour.

Bab Mansour★★ (ABZ). — Moulay Ismaïl couronna son œuvre de bâtisseur par cette construction aux proportions majestueuses, commencée peu de temps avant sa mort, et achevée vers 1732 par son fils Moulay Abdallah. Cette porte, la plus importante de Meknès et l'une des plus célèbres d'Afrique du Nord, marquait d'une sorte d'arc triomphal l'accès à la cité impériale.

Bab Mansour, appelée aussi la porte «du renégat», aurait eu pour architecte un chrétien converti à l'Islam.

Elle reprend, dans sa partie centrale, des thèmes traditionnels de l'architecture musulmane : baie en fer à cheval légèrement brisé, voussure polylobée rehaussée d'entrelacs, écoinçons enrichis d'une décoration extrêmement fouillée, encadrement orné d'un réseau de losanges incrustés de céramiques où dominent les tons de vert, et, couronnant le tout, une frise portant une inscription en caractères cursifs, que surmonte une rangée de créneaux. Les mêmes motifs de décoration se retrouvent dans les deux bastions en avancée qui flanquent le corps central; ces derniers, ajourés dans leur partie inférieure d'arcades à piliers trapus, sont traités en manière de loggia. De part et d'autre de la porte, deux autres avancées, beaucoup plus étroites, reposent sur de hautes colonnes de marbre à chapiteaux composites provenant vraisemblablement de Pise.

■ LA MÉDINA★★

Circuit à pied — environ 2 h 1/2 — plan p. 114

Prendre sur la place el Hédime la rue Dar Smen qui commence devant Bab Mansour. Au bout de cette rue tourner à gauche, puis, à un nouveau croisement, encore à gauche dans la rue Akba Ziadine, assez étroite et en forte montée. Aussitôt après avoir franchi une double porte voûtée on tourne à droite, et un peu plus loin à gauche, pour pénétrer dans les souks.

Souks★. — Ils rayonnent autour de la Grande Mosquée. Si le commerce des produits manufacturés y occupe parfois, au gré du visiteur, une trop large place, les souks de Meknès n'en restent pas moins très pittoresques par leur cadre et par l'atmosphère qui y règne. Souvent couverts de treilles ou de roseaux, très animés, bruyants, ils sont pleins d'imprévu.

Le premier souk rencontré est celui des marchands de tapis et d'objets d'art local.

Un peu avant d'arriver à la Grande Mosquée dont on aperçoit le minaret au bout de la ruelle, pénétrer sous un porche à gauche, pour traverser la **kissaria** (souk des étoffes).

Au sortir de la kissaria, tourner à droite dans la rue Sabab Socha, puis à gauche dans le souk Kebbabine. On contourne ainsi la Grande Mosquée séparée de la rue par une bordure de maisons.
On arrive bientôt à la médersa Bou Inania.

Médersa Bou Inania★ (D). — Visite de 8 h à 12 h et de 14 h à 18 h 30.

La médersa Bou Inania, désaffectée, a été édifiée — comme la plupart des médersas (voir p. 81) — par les sultans mérinides, au 14e s. Sa construction fut achevée en 1355 par Abou Inan, qui donna son nom à l'édifice.

Une belle porte aux vantaux recouverts de bronze, abritée par un auvent que surmonte un dôme, donne accès à un vestibule sur lequel s'ouvre la **cour★★**. Les murs de cette cour, tapissés de zelliges, d'inscriptions, de plâtres ciselés, et de magnifiques sculptures sur bois de cèdre, offrent un merveilleux exemple de décoration hispano-mauresque. Au

MEKNÈS
MÉDINA

Abderrahzac (R.)	E 5	Sidi Lensi (R.)		E 36
Akba Ziadine (R.)	E 7	Souk Gzadria		D 37
Karatoun (R.)	DE 18	Souk Kebbabine		DE 38
Kbabine (R.)	D 20	Souk Kiatine		
Mellah (R. du)	D 27	el Najarine		D 39
Sabab Socha (R.)	E 35	Zaouia Naceria (R.)		D 42

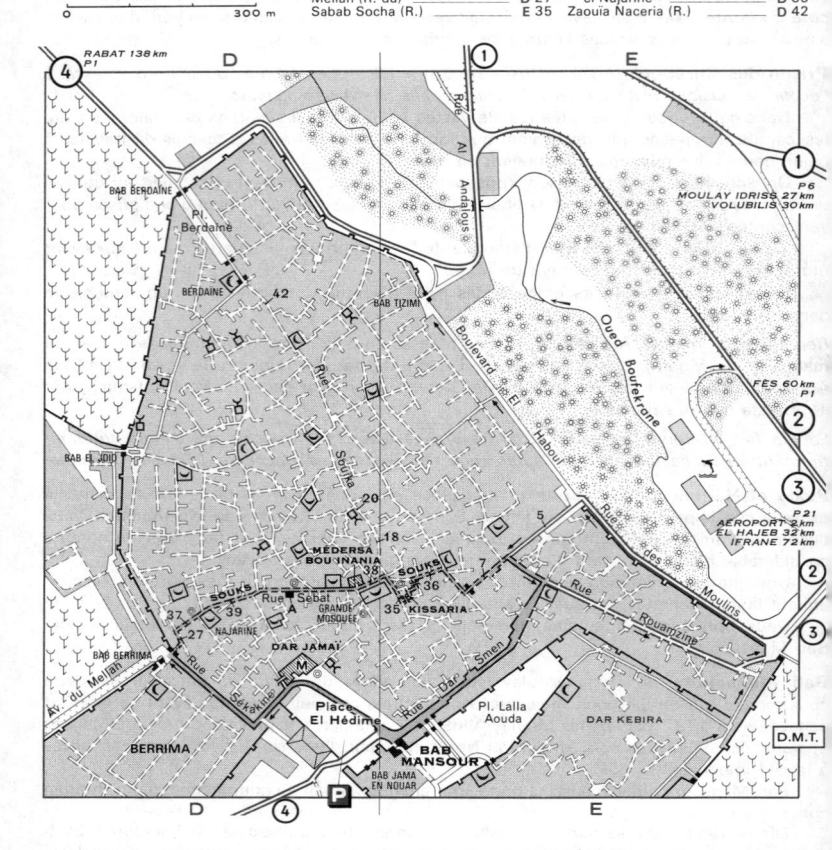

premier étage, sur des galeries, donnent les fenêtres des chambres d'étudiants (la Bou Inania pouvait en accueillir une centaine). Le bassin des ablutions est constitué par une très jolie vasque en forme de coquille.

A droite, s'ouvre la salle de prières, très haute, de plan carré, au beau plafond de cèdre sculpté. Le mihrab de stuc fait face à la porte.

On visite quelques chambres d'étudiants, extrêmement exiguës.

En sortant de la médersa, continuer à suivre la grande rue des souks, qui prend à partir de là le nom de rue Sebat.

Ce quartier est plus spécialement réservé aux marchands de lingerie. Quelques boutiques de maroquinerie et de dinanderie bordent la rue.

Peu après une bifurcation au milieu de laquelle se trouve une fontaine, s'ouvre à gauche un **fondouk** (D A) *(voir p. 84)* où, dans une odeur de bois de cèdre, travaillent des menuisiers. Au rez-de-chaussée, la cour carrée est bordée d'ateliers. Dans quelques-unes des anciennes chambres qui, au 1er étage, donnent sur une galerie, des fabricants de babouches se sont installés.

On continue à suivre la rue Sebat, à laquelle fait suite le souk Kiatine el Najarine.

De ci, de là, s'ouvrent des boutiques de caftans et de djellabas; dans d'autres magasins minuscules sont empilés des fuseaux de soie multicolores, qui servent à la confection de ces vêtements; dans de petites cours en impasse, on peut voir de nombreux ateliers de tailleurs.

Une odeur de cèdre annonce le souk des menuisiers, que domine le minaret de la mosquée Najarine. Puis, c'est le tintamarre des chaudronniers.

Sortir de la médina en tournant à gauche au bout du souk Gzadria, puis à droite dans une ruelle en escalier; à gauche, la rue Sékakine ramène à la place el Hédime.

Dar Jamaï (D). — *Entrée sous un passage voûté s'ouvrant à gauche, à l'endroit où la rue Sékakine débouche sur la place el Hédime. Visite de 8 h à 12 h et de 14 h à 18 h 30. Fermé le mardi.*

Cette jolie demeure fut construite à la fin du 19e s. par le grand vizir Jamaï — dignitaire de la cour de Moulay Hassan — qui tomba en disgrâce sous le règne du sultan Abdelaziz vit ses biens confisqués, et mourut en prison.

Autour du jardin, s'ordonnent les appartements convertis en musée.

Musée des Arts marocains ★ (D M). — Il est essentiellement consacré à l'artisanat meknassi : travail du bois, céramique, orfèvrerie, damasquinage *(voir p. 24)*, ferronnerie, broderie, y sont représentés. Des notices instruisent le visiteur sur ces différentes formes d'artisanat.

Les deux premières pièces que l'on visite au rez-de-chaussée sont réservées au travail du bois : panneaux décoratifs pour plafonds ou fontaines, arcs à stalactites qui encadrent l'entrée des pièces de réception et des alcôves, etc... Partout, on rencontre une très belle

★★ MEKNÈS

décoration peinte, à motifs géométriques ou floraux. On remarque aussi, entourée de divers cadeaux de mariage, une grande chaise en bois sculpté et peint destinée à la présentation de la nouvelle épousée.

Donnant sur une sorte de patio, une salle est réservée à la céramique. On retrouve, dans ce domaine, une décoration polychrome dont les motifs sont empruntés à la géométrie ou au monde végétal.

Dans une quatrième salle, sont exposées des broderies aux couleurs vives réalisées pour la plupart à Meknès. Les motifs sont disposés le plus souvent en diagonale ou en semis.

Une cinquième salle donnant également sur le patio est consacrée aux bijoux berbères. Dans la même pièce, présentés dans leur fourreau en argent ciselé, sont exposés des sabres de parade portés par les dignitaires de la Cour et les militaires de haut rang.

Dans la salle suivante, de nombreuses grilles permettent d'étudier l'évolution du fer forgé. La reconstitution, dans la pièce attenante, d'un atelier de maréchal-ferrand, retient particulièrement l'attention; les outils présentés ici sont pour la plupart utilisés encore aujourd'hui.

Dans une salle du 1er étage est reconstitué un intérieur marocain.

Après avoir descendu quelques marches, on remarque, accrochée contre le mur, une trompette en cuivre, utilisée lors des manifestations folkloriques, ou pour réveiller les fidèles durant les nuits de ramadan; c'est un travail extrêmement soigné, exécuté par des artisans meknassi.

EXCURSIONS

Volubilis★; Moulay-Idriss★★. — *62 km — environ 4 h. Quitter Meknès par ① du plan, route P 6.*

Dès la sortie de Meknès, on traverse une zone de cultures, très irriguée et assez accidentée. Arrivé à une bifurcation, à 10 km de la ville, prendre à droite la P 28 en direction de Moulay-Idriss; on aborde bientôt les premières pentes du Zerhoun.

Le **Zerhoun** forme la pointe occidentale des «collines prérifaines» qui s'étendent d'Ouest en Est de l'oued Beth à Taza. De tous les massifs qui composent ce Prérif, il est le plus vaste et le plus élevé (1 118 m). L'érosion l'a entaillé de gorges et y a découpé une multitude de falaises et de pitons. Les eaux y abondent, aussi ses flancs sont-ils très peuplés, et depuis longtemps. De nombreux villages, établis à mi-pente sur la ligne des sources, ceinturent le versant Sud. Dans les régions basses, on cultive les céréales; plus haut, orangers, citronniers, figuiers, vignes et oliviers, font des pentes du Zerhoun un véritable verger.

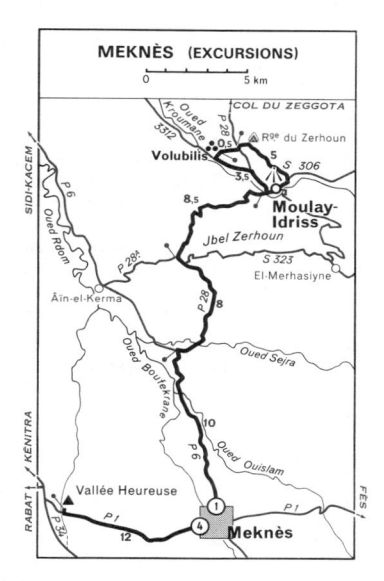

Bientôt Moulay-Idriss apparaît bâtie sur une éminence.

Arrivé au pied de Moulay-Idriss (que l'on visitera au retour), laissant la ville sur la droite, continuer la P 28, puis prendre à gauche la 3312 en direction de Volubilis; puis tourner à droite dans la petite route qui conduit aux ruines.

Volubilis★. — *Page 159.*

En sortant de Volubilis, revenir à la P 28, dans laquelle on tourne à gauche; aussitôt après, prendre à droite la route S 306 (route du refuge du Zerhoun) qui s'élève, sinueuse, parmi les oliviers.

En arrivant à Moulay-Idriss, on découvre à droite de belles **vues** sur la ville.

Moulay-Idriss★★. — *Page 118.*

Rentrer à Meknès par le même chemin qu'à l'aller.

La Vallée Heureuse. — *12 km, et 1/2 h de visite. Sortir par ④ route P 1.*

Ce jardin d'agrément constitue un but de promenade pour les habitants de Meknès.

A 10 km à l'Ouest de Meknès, sur la route de Rabat, s'embranche à droite une allée rectiligne bordée de palmiers. Celle-ci conduit à une plate-forme, à droite de laquelle s'amorce un chemin en descente. Arrivé à une bifurcation, on prend à droite et on atteint aussitôt une deuxième plate-forme où on laisse la voiture. Au fond, à gauche, s'ouvre l'entrée de la Vallée Heureuse.

Un chemin en forte pente descend au fond de ce vallon sur les versants duquel poussent les oliviers et dont la partie basse a été aménagée en une sorte de parc mi-baroque, mi-exotique, avec des jardins étagés, des bassins, une cascade.

Vous trouverez, de la p. 38 à la p. 41 de ce guide,
le programme de voyage
qui peut vous convenir selon le temps dont vous disposez.

Si vous désirez combiner vous-même votre itinéraire,
établissez-le à l'aide de la
carte des principales curiosités et régions touristiques p. 4 et 5.

MELILLA Territoire espagnol
Carte Michelin n° 169 - plis 8, 9 — 64 942 h. *Lieu de séjour, p. 44.*

On accède à Melilla à partir de Nador par une large route qui, dans un morne paysage, longe une lagune.

La ville est située à la racine d'une presqu'île dont les reliefs tourmentés forment dans la Méditerranée une saillie longue de 20 km à l'extrémité de laquelle se dresse le cap des Trois Fourches.

C'est une cité vivante, mais calme, presque exclusivement européenne, dont le centre percé de larges artères que bordent de grands immeubles présente un aspect cossu.

La zone maraîchère et les vergers qui à l'Ouest et au Sud entourent l'agglomération, la présence de deux parcs au cœur de celle-ci, les barques de pêche et les voiliers font un peu oublier les installations portuaires destinées à l'exportation du minerai de fer extrait dans l'arrière-pays ; ce minerai, qui représente la plus grande partie de la production marocaine, est amené à Melilla grâce à une voie ferrée spéciale.

Formalités et renseignements pratiques. — *Voir Ceuta, p. 66. Douane ouverte de 9 h à 17 h.*

UN PEU D'HISTOIRE

Rusaddir, l'ancienne. — Melilla eut sans doute pour ancêtre l'antique Rusaddir, comptoir phénicien dont le nom contenait, dans sa racine sémitique «rus», le mot «cap».

Comme la plupart des villes côtières du Nord, elle fut la proie des peuples navigateurs et conquérants. De la domination de Carthage, elle passa sous celle de Rome. C'est ainsi qu'on la trouve, au 1er s. après J.-C., à l'extrême pointe orientale de la Maurétanie Tingitane *(voir p. 97).*

La force de la ruse. — A la fin du 15e s., les Espagnols qui, par la prise de Grenade (1492), venaient d'achever leur «Reconquête», rêvaient de pousser leur victoire de l'autre côté du détroit. Les accords passés avec les Portugais leur interdisaient les places du Maroc, mais faisaient exception pour Melilla ; aussi, est-ce tout naturellement vers ce port, que leurs ambitions se tournèrent.

En 1497, l'expédition fut lancée. Le débarquement des troupes eut lieu un soir, en grand secret près de la ville, et, jusqu'au matin, le corps espagnol du génie travailla à dresser un immense décor de bois peint figurant une forteresse. Quand au petit jour, ils découvrirent ce château surgi de la nuit, et entendirent battre les tambours et tonner les canons, les Maures furent pris de panique. Et Melilla devint espagnole.

Une présence de près de cinq siècles. — La ville n'a cessé depuis d'appartenir à l'Espagne. Ni les tentatives de Moulay Ismaïl, à la fin du 17e s., ni, près d'un siècle plus tard l'énorme effort de Mohammed ben Abdallah qui réussit à reprendre Mazagan aux Portugais, ne furent couronnés de succès.

En 1909, à la suite d'une attaque rifaine au cours de laquelle plusieurs ouvriers européens qui travaillaient aux mines proches de Melilla trouvèrent la mort, l'Espagne décida d'élargir le territoire de protection de la ville. Une campagne de plusieurs mois la rendit maîtresse d'une zone qui s'étendait de l'oued Kert à la Moulouya et qui, ultérieurement s'agrandit encore.

Mais en juillet 1921, la victoire remportée par les troupes de la résistance rifaine ralliées autour d'Abd el Krim, ramena les Marocains aux portes de Melilla. En 1926, après la défaite d'Abd el Krim, les Espagnols raffermirent leur position. Ils conservèrent Melilla en 1956, quand fut reconnue l'indépendance du Maroc.

VISITE durée : 1 h

Après avoir franchi le Rio de Oro, on débouche sur la **plaza de España** (AY), qui fait face au port.

Sur cette place circulaire, centre de la ville moderne, donne le **parc Hernandez** dont les parterres, les tonnelles fleuries, les palmiers et les araucarias font la fierté des habitants de Melilla. Ici aboutit l'avenida del Generalisimo Franco, l'artère commerçante de la ville.

Vieille ville* (BZ). — *Accès par une montée d'escaliers pratiquée dans la muraille qui se dresse à l'extrémité de l'avenida del General Macias.*

Bâtie sur une presqu'île rocheuse, ceinte de fortifications construites aux 16e et 17e s. la vieille ville domine le port. Elle constitua, jusqu'au début du 20e s., le cœur de la cité.

Pénétrer à l'intérieur des remparts par la porte de la Marine (puerta de la Marina) on débouche sur la petite plaza de la Maestranza ; là, prendre à gauche puis traverser la minuscule **chapelle de Santiago** (A) *(au fond d'un passage en tunnel)*, que l'on reconnaîtra à sa voûte gothique ; puis, après la plaza de la Avanzadilla, l'ancienne **salle des gardes** (B)

Porte de Santiago (Puerta de Santiago). — Elle s'ouvre sur un pont donnant accès à la place d'Armes ; sur sa face extérieure, un écusson aux armes de Charles Quint.

Revenir à la plaza de la Maestranza, au fond de laquelle on gravit quelques marches, tourner aussitôt à gauche pour longer les fortifications ; on parvient au Baluarte de la Concepción, bastion à l'intérieur duquel a été aménagé un petit musée.

Musée municipal (M). — *Ouvert de 10 h à 13 h et de 16 h à 18 h ; fermé le lundi.*

Des poteries, des vases, des monnaies, des bijoux, trouvés dans la région de Melilla évoquent les civilisations phénicienne, carthaginoise et romaine. Remarquer, dans la 1re vitrine à droite en entrant, un curieux biberon romain en forme de petit chien ; dans la vitrine suivante, des bracelets phéniciens, et diverses pièces préhistoriques provenant du Sahara espagnol.

Des armes espagnoles sont accrochées aux murs, telle cette arquebuse du 17e s. qui surmonte la 2e vitrine.

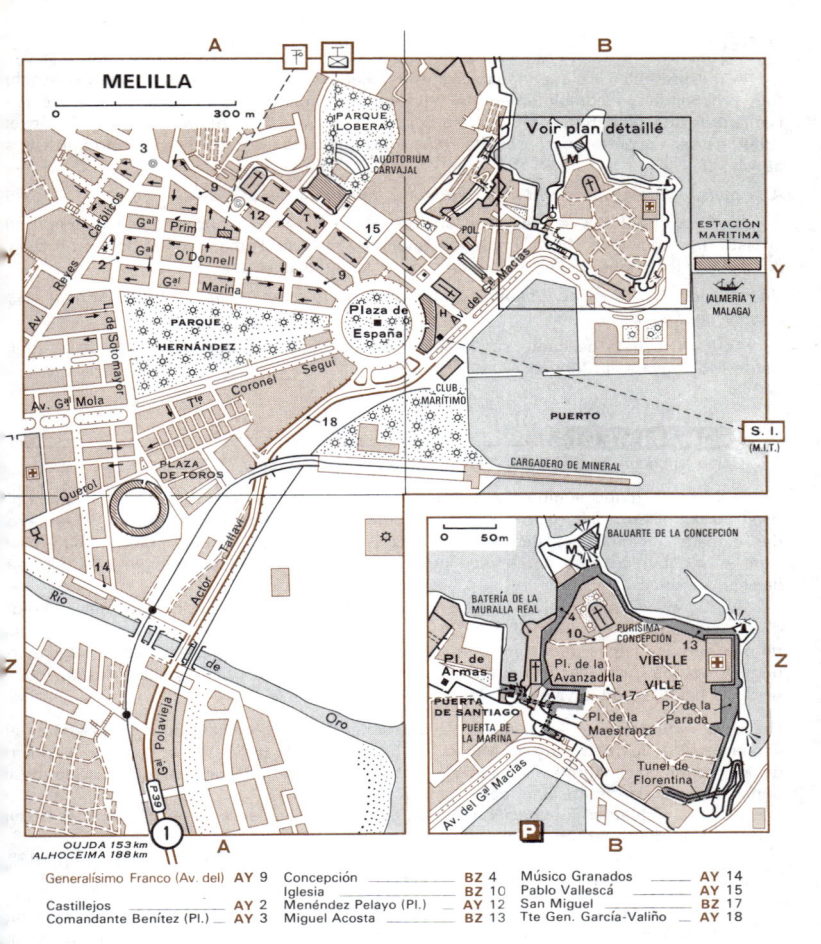

Generalísimo Franco (Av. del)	**AY** 9	Concepción	**BZ** 4	Músico Granados	**AY** 14
		Iglesia	**BZ** 10	Pablo Vallescá	**AY** 15
Castillejos	**AY** 2	Menéndez Pelayo (Pl.)	**AY** 12	San Miguel	**BZ** 17
Comandante Benítez (Pl.)	**AY** 3	Miguel Acosta	**BZ** 13	Tte Gen. García-Valiño	**AY** 18

Points de vue*. — De la terrasse qui surmonte le musée, on découvre un **panorama*** sur la vieille ville, le port, la ville nouvelle et, au Nord, sur le cap des Trois Fourches.

En sortant du musée, continuer tout droit, pour descendre vers le port.

La plate-forme proche du phare offre une bonne vue sur les échancrures de la côte et sur le cap. A l'extrémité de la plaza de la Parada, on découvre le port, la plage de la Hipica et la lagune.

MIDELT

Carte Michelin n° **169** - plis 17 et 37 — 15 879 h. — *Souk le dimanche.*

Un quartier d'aspect très européen et, de l'autre côté d'un vallon, un ancien ksar composent Midelt, cité montagnarde installée à 1 488 m d'altitude, et ville d'étape entre le Moyen et le Haut Atlas, sur la route du Sud Marocain.

En outre, Midelt offre au voyageur son remarquable site au pied du **jbel Ayachi** (3 737 m) dont la longue et sévère muraille est longtemps enneigée.

Au Nord-Est de Midelt, se trouvent les importants gisements de plomb de Mibladen et d'Aouli — ce dernier connu pour la variété de ses échantillons minéralogiques — dont le minerai est, après traitement sur place, acheminé vers Kénitra.

Atelier de tissage des Sœurs Franciscaines. — L'ancien atelier d'artisanat des Sœurs Franciscaines de Meknès a été transféré ici, dans un petit couvent situé à gauche de la route 3418 *(signalisation pour Jaffar et Tattiouine)*, qui traverse la kasba. On y fabrique des couvertures, des tapis et des tentures berbères *(voir p. 22-23)*.

EXCURSION

Cirque de Jaffar**. — Circuit de 79 km. 64 km de pistes très mauvaises et praticables seulement par temps sec, ne permettent de l'entreprendre que de mai à novembre. Se renseigner à Midelt sur l'état des pistes. Compter une journée, et emporter un repas froid.

Quitter Midelt par la route de Meknès (P 21), de loin en loin jalonnée de kasbas; elle traverse le plateau de l'Arid dont la terre caillouteuse porte quelques touffes d'alfa.

Au bout de 15 km, prendre à gauche une piste en direction d'Aït ben Ali-Mitkane et suivre la signalisation pour Mitkane (piste 3426).

On passe auprès de kasbas ou de simples villages, dispersés dans un paysage de steppe et composés de quelques maisons basses, carrées, en pisé d'un ocre blond, refermées sur elles-même derrière leurs rares ouvertures.

MIDELT

A mesure qu'on s'élève, apparaissent les chênes-verts, puis les thuyas. Le jbel Ayachi tout proche, ferme complètement ce paysage sur lequel règnent quelques beaux cèdres Cet arbre, que l'on trouve fréquemment au-dessus de 1 500 m dans le Rif et le Moyen Atlas, ne se rencontre guère dans le Haut Atlas que dans les régions situées au Sud-Ouest de Midelt.

A la maison forestière de Mitkane, prendre à gauche la piste 3424.

Le cirque de Jaffar se creuse au pied de la montagne. Des abords du col qu'emprunte la piste de retour vers Midelt, une **vue**★★ superbe s'offre sur l'amphithéâtre boisé et rocheux dominé par les crêtes de l'Ayachi couvertes de neige jusqu'en mai.

On revient à Midelt en continuant à suivre toujours la même piste, sinueuse et mauvaise, coupée de cassis.

Après le col, la descente sur la ville offre des vues très étendues sur la plaine de la Haute-Moulouya et le Moyen Atlas.

MOHAMMEDIA

Carte Michelin n° **169** - plis 11 et 15 - 70 392 h. — *Lieu de séjour, p. 44.*

A la place d'une agglomération qui vient de doubler sa population en 11 ans, il n'y avait au début du siècle, que la kasba délabrée de **Fédala**, vivant de pêche et du commerce des céréales du pays des Zénata. Son port — qui avait eu quelque notoriété au Moyen Age — végétait au fond d'une rade pourtant remarquable, bien protégée à l'Ouest par deux îlots rocheux.

Au temps du protectorat, les îlots furent reliés à la terre ferme par des digues tandis que le développement intensif des cultures maraîchères de l'arrière-pays et l'implantation de plusieurs industries donnaient à la cité un autre visage ; bientôt les tentes de plage et les bungalows des Casablancais envahirent le rivage. Ainsi s'amorçait la double vocation industrielle et balnéaire de la ville.

Un port industriel. — Au cours de la Deuxième Guerre Mondiale, le port fut affecté au déchargement des pétroliers au Maroc. Ce fut le point de départ de la destinée pétrolière de Mohammedia confirmée en 1959 par la construction, au Sud-Ouest de la ville, de la principale raffinerie marocaine, celle de la S.A.M.I.R.

D'autres industries furent créées ou agrandies ; la ville est le siège d'un groupe textile important, le deuxième du Maroc.

Mohammedia est devenu le 3e port marocain (près de 1 700 000 tonnes en 1972 le trafic pétrolier constituant les 4/5 de son activité).

Un centre balnéaire. — Bien à l'écart des installations industrielles et portuaires, la longue **plage**★ de Mohammedia est fort appréciée des habitants des grandes villes voisines et de la clientèle internationale. Elle s'étend sur plus de 3 km. Autour d'elle : digue-promenade casino, terrain de golf, port de plaisance, hôtels de classe, constituent un complexe balnéaire agréable et qui ne cesse de se développer.

MOULAY-IDRISS ★★

Carte Michelin n° **169** - Nord-Est du pli 16 et plis 1, 2 — Schéma p. 115 — 9 189 h. — *Souk le samedi.*

Par son **site**★★ étonnant et par son prestige de ville sainte, Moulay-Idriss attire de nombreux visiteurs.

Coiffant deux éperons rocheux, Khiber et Tasga forment deux quartiers distincts presque deux villages ; leurs maisons étroitement serrées les unes contre les autres, séparées par un lacis de venelles, dévalent en un enchevêtrement de petits cubes gris et blancs jusqu'à la conque au creux de laquelle se détache, avec son toit de tuiles vertes, le mausolée où repose Idriss Ier, «père du Maroc».

Uniquement peuplée de musulmans, Moulay-Idriss a conservé intact son caractère de ville religieuse islamique.

Chaque année, en août ou en septembre, le grand **moussem** *(voir p. 33)*, le plus important du Maroc, y attire des milliers de pélerins. Aux abords de la cité, sur le flanc d'une colline, surgit alors toute une ville de tentes, au pied de laquelle, sur l'esplanade de Khaïbar se déroulent les fantasias. Durant plusieurs semaines, les réjouissances alternent avec les sacrifices et les prières.

UN PEU D'HISTOIRE

A la fin du 8e s., **Idriss,** un descendant d'Ali — gendre de Mahomet — arriva dans la région du Zerhoun. Il venait de la Mecque, et avait fui l'Orient afin d'échapper aux persécutions du calife abbasside de Bagdad. Il s'arrêta à Oulili (Volubilis), entreprit de convertir à l'Islam les Berbères qui l'avaient accueilli, et y réussit si bien que toutes les populations de la montagne le reconnurent pour chef. Un an plus tard, il fondait Fès.

Cependant, les échos de la popularité d'Idriss étaient parvenus jusqu'aux oreilles du calife de Bagdad qui résolut de le faire périr. Il envoya donc auprès de lui un émissaire à qui il donna pour mission de le tuer. Ce dernier parvint à gagner la confiance du chérif et devenu son commensal, réussit à l'empoisonner. A sa mort, en 791, Idriss était sans descendance ; mais deux mois plus tard, sa femme, une Berbère, mettait au monde un fils Cet enfant posthume allait succéder à son père, sous le nom d'Idriss II.

Ainsi naquit la première dynastie musulmane au Maghreb, celle des Idrissides *(voir p. 14)*.

Moulay-Idriss.

VISITE *durée : 1 h 1/4 — Il est conseillé de se faire accompagner par un guide officiel*

La meilleure façon d'aborder Moulay-Idriss est d'y arriver, en venant de Volubilis, par la route S 306 *(schéma p. 115)* qui offre de très belles **vues** d'ensemble sur la ville.

Juste avant de pénétrer dans Moulay-Idriss, on traverse une vaste place où se tient le souk. La rue qui longe la maison du pacha conduit à une autre place, plus petite, sur laquelle donne le collège, et où on laisse la voiture.

Quartier de Khiber. — Il est perché sur son rocher abrupt. Après avoir longé la mosquée de Sidi Abdallah, on atteint une petite terrasse d'où l'on a une **vue**★★ étonnante sur l'agglomération avec la cascade de ses maisons et, en contrebas, les toits verts et le minaret du sanctuaire où repose Idriss. Le mausolée actuel est l'œuvre de Moulay Ismaïl qui, au début du 18e s., fit détruire la première koubba afin d'en reconstruire une plus belle. Un siècle plus tard, le sultan Moulay Abderrahman apporta au mausolée d'autres embellissements. Par un dédale d'escaliers et de ruelles, on descend vers le sanctuaire.

Le horm. — *Accès au tombeau d'Idriss et à la mosquée interdit aux non-musulmans.*

C'est le lieu sacré; une poutre de bois en barre l'entrée, rappelant aux visiteurs qu'ils ne peuvent aller plus avant, et obligeant les fidèles au geste de la soumission.

Minaret. — Fort paradoxalement Moulay-Idriss, ville fidèle à la tradition, possède un minaret moderne (1939 : 1358 de l'hégire) dont la forme cylindrique est unique au Maroc; la céramique verte qui le recouvre est ornée d'inscriptions stylisées tirées du Coran.

Point de vue de la route d'El-Merhasiyne. — *Reprendre la voiture et revenir à la grande place qui se trouve à l'entrée de la ville. Là, prendre à droite, et aussitôt, encore à droite (signalisation : «13 - El-Merhasiyne»).* La route très sinueuse, dans un site assez sauvage, domine un vallon au creux duquel on découvre un bassin circulaire, ancienne piscine romaine. A 1,5 km de la ville, **vue** à droite sur Moulay-Idriss.

M'SOURA (Cromlech de)

Carte Michelin, n° 169 - pli 6 — 38 km au Nord-Est de Larache.

Accès difficile. Gagner Souk-Tnine-de-Sidi-el-Yamani par une petite route goudronnée qui se détache de la P 37 à gauche, 4 km après l'embranchement de cette dernière avec la route P 2 Larache-Tanger. Au-delà de ce hameau, le parcours, de 6 km environ, emprunte des pistes, carrossables par temps sec seulement, et souvent à peine tracées. Se faire accompagner par un habitant de Souk-Tnine (rétribution).

Le cromlech de M'Soura est l'un des rares monuments de ce genre découverts au Maroc. Dans un site dénudé, se détachant sur un arrière-fond de collines, près de 170 menhirs font cercle — selon la disposition la plus couramment rencontrée — autour d'un tumulus d'environ 55 m de diamètre que des fouilles ont largement entamé.

Ces monolithes, pour la plupart dressés, mesurent de 50 cm à 6 m de hauteur; la circonférence de l'un d'entre eux atteint 5 m.

A M'Soura, a été maintes

Cromlech de M'Soura.

fois lié le nom d'Antée qui, selon les Anciens, aurait été enseveli entre Larache et Tanger. Mais pour certains historiens, à en juger par les proportions des pierres et l'étendue du site funéraire, il s'agit de la tombe d'un personnage de marque qui vécut entre les premières apparitions puniques au Maroc et l'occupation romaine.

Une maquette de ce cercle de pierres est exposée au musée archéologique de Tetouan.

OUARZAZATE

Carte Michelin n° 169 - plis 25 et 40 — Schéma p. 70, 93, 157 — 11 142 h. — *Souk le dimanche — Lieu de séjour, p. 44.*

Le contraste est saisissant entre le Haut Atlas avec ses reliefs grandioses, ses forêts, sa fraîcheur, et le vaste plateau désertique au sein duquel s'élève Ouarzazate. On est ici au seuil du grand Sud, où la vie se concentre en un ruban d'oasis et de kasbas, le long des vallées du Dadès et du Drâa *(voir p. 93 et p. 70).*

Avec ses maisons au crépi ocre et son allée centrale démesurément large, la ville elle-même, créée en 1928 comme centre de garnison, risque — lorsqu'on l'aborde venant de Marrakech — de quelque peu décevoir.

Kasba de Taourirt★★. — *A 1,5 km à l'Est, au bord de la route P 32. Visite de 8 h à 18 h. Durée : 1/2 h.*

La kasba *(voir p. 92)* de Taourirt est, pour son importance, son architecture et sa décoration, l'une des plus belles du Maroc. Elle fut, parmi tant d'autres, résidence du Glaoui.

Dans une large courbe de la route, on la découvre soudain. Véritable ville fortifiée, elle dresse au-dessus de la vallée son extraordinaire entassement de constructions de pisé flanquées de tours carrées, percées de petites ouvertures et dentelées de créneaux. Des maisons plus basses, imbriquées les unes dans les autres, s'étagent en une masse compacte vers l'oued Ouarzazate, né dans le Haut Atlas et qui un peu en aval s'unit au Dadès et prend alors le nom de Drâa.

Ancienne demeure du Glaoui. — Les deux pièces ayant conservé quelque décor sont la chambre de la favorite dont le haut des murs est orné de stucs peints et dont le plafond est en bois de cèdre, et la salle à manger où dans des médaillons sont inscrits des versets du Coran.

De la terrasse, on a une **vue**★ remarquable sur le village fortifié, la vallée et ses oasis, et les montagnes cernant l'horizon.

Le village. — Il compte encore plusieurs centaines d'habitants. On peut flâner dans les étonnantes ruelles enserrées entre de hauts murs de pisé brun, tout en recoins.

Point de vue du fort. — *Accès par une piste qui s'élève à droite de la route de Zagora (P 31), à environ 1 km du carrefour avec la P 32.*

De la plate-forme qui se trouve près du fort, on peut faire un large tour d'horizon : vers le Sud-Est, la vallée du Drâa dominée par le jbel Sarhro; de l'autre côté de l'esplanade, l'Atlas.

Coopérative d'artisanat. — *Au bord de la P 32, en face de la poste. Visite de 8 h à 12 h et de 14 h 30 à 18 h; fermé le dimanche.*

On y vend des couvertures et des tapis des Aït-Ouaouzguit, confédération de tribus berbères dont le centre est marqué par le jbel Siroua, au Sud-Ouest d'Ouarzazate. Quelques beaux tapis anciens sont également exposés (fonds généralement noirs sur lesquels se détachent de grands losanges); on remarquera un glaoua, vieux de plus de 100 ans. *Voir détails sur les tapis, p. 22.*

En hiver, avant d'aborder la montagne,
consultez attentivement la **Carte Michelin Maroc** n° 169 :
vous y trouverez les périodes d'enneigement des routes
et des principales pistes.

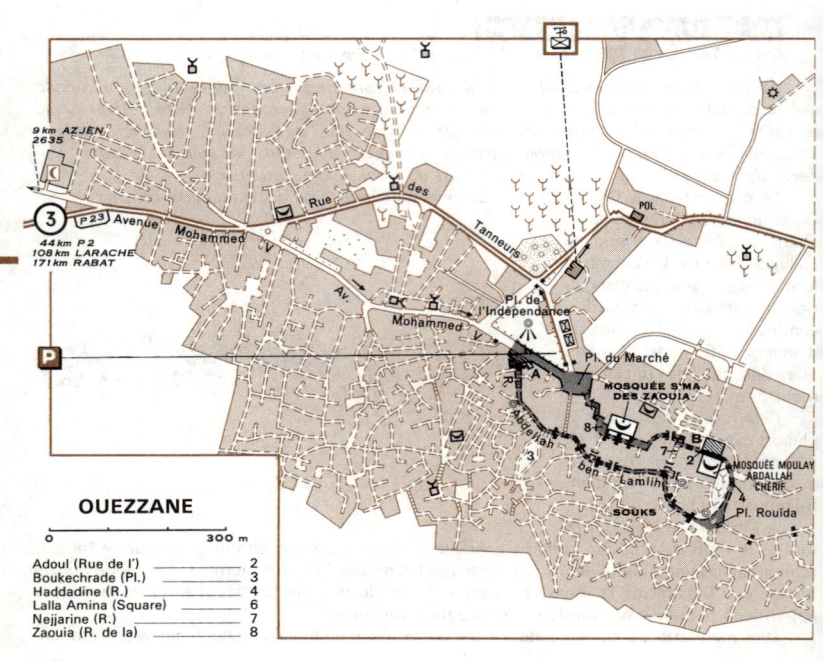

OUEZZANE

0 — 300 m

Adoul (Rue de l')	2
Boukechrade (Pl.)	3
Haddadine (R.)	4
Lalla Amina (Square)	6
Nejjarine (R.)	7
Zaouia (R. de la)	8

OUARZAZATE

EXCURSION

Tiffoultoute *. — *12 km à l'Ouest d'Ouarzazate, par la route de Zagora (P 31), puis au bout de 2,5 km, à droite la route P 31 E vers Marrakech.*

Juchée sur une hauteur aride, la **kasba** de Tiffoultoute domine la vallée cultivée de l'oued Ouarzazate, où pointent des palmiers. On aperçoit de loin, se détachant sur le ciel, cette forteresse de pisé, couleur de la terre qui la porte. A ses pieds, d'humbles maisons s'accrochent à la pente.

Elle fut habitée par un cheikh qui jalousait le caïd d'Ouarzazate et entretenait dans la vallée une guerre constante; plus tard, elle devint la résidence d'un khalifa du Glaoui. Cette riche demeure a depuis lors subi des transformations; le Grand-Hôtel du Sud d'Ouarzazate y a installé un restaurant.

On peut aller en voiture jusque dans la cour à galerie. Des terrasses du restaurant, la **vue*** est fort belle sur la vallée; au Nord, le Haut Atlas ferme l'horizon.

L'oued Ouarzazate à Tiffoultoute.

Un passage très étroit s'ouvrant entre les deux portes voûtées qui donnent accès à la cour, conduit à l'intérieur du village. Une ruelle en partie couverte se faufile entre les minuscules maisons et de pauvres enclos. Arrivé à un élargissement en forte pente, descendre vers le lit de l'oued, et prendre à droite le sentier escarpé qui longe à l'extérieur le petit mur d'enceinte, jalonné de maisons carrées formant bastions. La pente au pied de laquelle on débouche bientôt, rocailleuse, d'une nudité totale, et dominée par des ruines, offre un spectacle d'une désolation saisissante.

Remonter vers la porte d'entrée de la kasba.

OUEZZANE *

Carte Michelin n° **169** - plis 6 et 1, 2 — 33 267 h. — *Souk le mercredi et jeudi.*

A la limite du Rif et des collines prérifaines, Ouezzane occupe, au sein d'une contrée verdoyante, un **site*** agréable et riant. La ville s'étage sur les pentes boisées du jbel Bou-Hellal, face au Rif qui déploie ses chaînes blanchies par la neige de janvier à mars.

Dans ce paysage de collines couvertes d'oliviers, de champs de céréales et de vallons peuplés d'arbres fruitiers, on pourrait se croire en quelque endroit du Midi de la France, n'était la forme cubique des maisons et leur éclatante blancheur.

Une ville deux fois sainte. — Sainte par ses origines, Ouezzane se développa autour d'une zaouïa fondée en 1727 par le chérif idrisside Moulay Abdallah ben Brahim. Cette zaouïa, berceau de la confrérie religieuse des **Taïbia**, acquit très vite sur le plan politique une importance qui, durant le 18ᵉ et le 19ᵉ s., alla croissant. Les chorfa d'Ouezzane qui constituèrent tour à tour à l'égard du sultan un élément de soutien et une force d'opposition, finirent par étendre leur influence jusque dans le centre et le Sud du Maghreb.

Ouezzane fut aussi un but de pèlerinage pour les israélites qui vinrent nombreux implorer Rabbi Amrane, un pieux rabbin faiseur de miracles, dont le tombeau se trouve à Azjèn, à 9 kilomètres au Nord-Ouest de la ville.

Ouezzane et les visées européennes. — A la fin du 19ᵉ s., à une époque où nombre de sociétés européennes tâchaient d'obtenir des avantages économiques au Maroc (concession de mines, exploitation de terres, etc.), le chérif d'Ouezzane, Si Abdeslam, passant outre à la volonté du sultan de pratiquer une politique de repli, favorisa l'implantation d'intérêts français dans le Rif. Cette affaire lui valut d'obtenir la protection de la France, mais attira sur lui les foudres du souverain, qui le déchut de son autorité.

Ce curieux personnage, descendant du Prophète, qui ne cachait point son penchant pour tout ce qui venait d'Europe, et «dans la bouche duquel le champagne se transformait en lait», finit par épouser une jeune fille de la bonne société anglaise.

OUEZZANE★

VISITE durée : 1/2 h

Laisser la voiture place de l'Indépendance, et suivre l'itinéraire indiqué sur le plan pages précédentes.

Du centre de cette place triangulaire, très animée les jours de souk, on a une jolie vue sur la ville étagée au flanc du Bou-Hellal. La vieille ville d'Ouezzane a gardé son caractère secret et conservé sa physionomie d'autrefois.

Gravir l'escalier à droite du Grand Hôtel (A), et suivre la rue Abdellah ben Lamlih, en montée et coupée de marches, qui conduit aux souks.

Les **souks** d'Ouezzane sont peu étendus; les boutiques de tailleurs et les ateliers de tisserands se rencontrent nombreux.

Arrivé place Rouïda, prendre à gauche, pour emprunter la rue Haddadine. Aussitôt après, encore à gauche, la rue de l'Adoul longe la **mosquée Moulay Abdallah Chérif** *(entrée interdite aux non-musulmans)* qui est le rendez-vous des pèlerins.

A droite, en contrebas de la rue, s'alignent les curieuses baraques couvertes de chaume du **souk des Forgerons** (B).

On débouche dans la rue Nejjarine, sur les marches de laquelle travaillent les menuisiers. Au bas de l'escalier, tourner à gauche dans la rue de la Zaouïa que l'on aborde par un passage sous voûte très étroit.

On longe bientôt la **mosquée S'Ma des Zaouïa** *(entrée interdite aux non-musulmans)*, appelée aussi «mosquée verte», en raison de la couleur des faïences de son **minaret**★ octogonal à décoration d'entrelacs.

Après la mosquée, la rue de la Zaouïa, coupée d'escaliers, descend à droite vers la place du marché.

EXCURSION

Jbel Bou-Hellal★. — *3 km, puis 1/2 h à pied AR. Au sortir de la place de l'Indépendance, prendre à droite la route P 26 (vers ② du plan) en direction de Fès, et gagner la ville nouvelle. A l'endroit où la route de Fès oblique vers la gauche, continuer tout droit.*

Passer devant une petite église moderne, œuvre de l'architecte Jean Chemineau, puis longer un jardin public; 50 m plus loin, s'embranche à droite la route du jbel Bou-Hellal.

La montée au Bou-Hellal (dont on n'atteindra pas le sommet), constitue une très agréable promenade. Cette montagne, haute de 609 m, est couverte d'orangers, de figuiers, et d'oliviers.

Laisser la voiture à l'endroit où la route cesse d'être goudronnée, et continuer à pied jusqu'à une plate-forme située 400 m plus loin dans un virage.

On découvre une très belle **vue**★ sur Ouezzane — toute blanche avec ses toits en terrasse — et sur les collines des Ghezaoua s'arrondissant en des plans successifs jusqu'à l'horizon que barrent les montagnes du Rif.

OUJDA

Carte Michelin n° **169** - pli 9 — 175 532 h. — *Souk les mercredi et dimanche.*

A l'extrême limite du Maroc oriental, Oujda est une ville importante bâtie dans la plaine des Angad, au sein d'une région aride, que ferment aux influences océaniques la barrière du Rif et du Moyen Atlas, et à celles de la Méditerranée toute proche les monts des Beni-Snassen.

De création ancienne, elle n'était encore, au début du 20e s., qu'une cité d'à peine 20 000 habitants. Sa tardive expansion fut essentiellement liée au développement des voies ferrées et à l'exploitation de mines (charbon, plomb, zinc), au Sud.

Les Européens, qui s'étaient tout d'abord cantonnés à l'intérieur de la médina, édifièrent autour de celle-ci une autre ville aérée de larges artères. Depuis, Oujda s'est agrandie de quartiers industriels.

La cité de la peur. — Peu de villes marocaines furent disputées comme Oujda.

Fondée à la fin du 10e s. par des nomades du Maghreb central gagnés à la cause de l'Islam et dont l'importance allait croissant dans tout le Nord du Maroc, elle fut ensuite ballottée entre les maîtres de ce pays et ceux de l'Algérie.

Un siècle plus tard, ayant fondé Marrakech d'où il allait partir à la conquête du Maghreb, l'almoravide Youssef ben Tachfin s'empara d'Oujda.

Prise, reprise, ruinée et inlassablement reconstruite, la ville connut des années de prospérité relative et des périodes de complète déchéance. Au cours de ces alternatives heureuses et malheureuses, toujours la crainte d'une contre-attaque et des habituelles représailles fit trembler ses habitants, à tel point qu'elle fut surnommée «medinat el haïra», la «cité de la peur».

Oujda, ville frontière. — Oujda est la principale porte du Maroc ouverte sur l'Algérie, distante de 13 km. Cette situation lui valut d'être, en 1844, la première ville marocaine à connaître l'occupation des troupes françaises lancées à la poursuite d'Abdelkader qui s'était réfugié au Maroc, ralliant le sultan à sa cause. Une tentative d'entente pacifique ayant échoué, la France déclara la guerre au Maroc. Oujda fut prise par les Français qui, le 14 août, remportèrent sur l'armée chérifienne la bataille de l'Isly, à 5 km à l'Ouest de la ville.

A la croisée des routes. — Ville frontière, Oujda est aussi une ville carrefour située sur l'axe ferroviaire et routier qui, passant par Meknès, Fès et la «trouée» de Taza *(voir p. 147)*, relie les ports de la côte atlantique au Maroc oriental et au reste du Maghreb. A Oujda, passe également la voie de communication entre les riches plaines agricoles de la «frange méditerranéenne» et, au Sud, les Hauts Plateaux voués à l'élevage et à l'exploitation de l'alfa vendu en quasi-totalité à l'Angleterre.

OUJDA
AGGLOMÉRATION

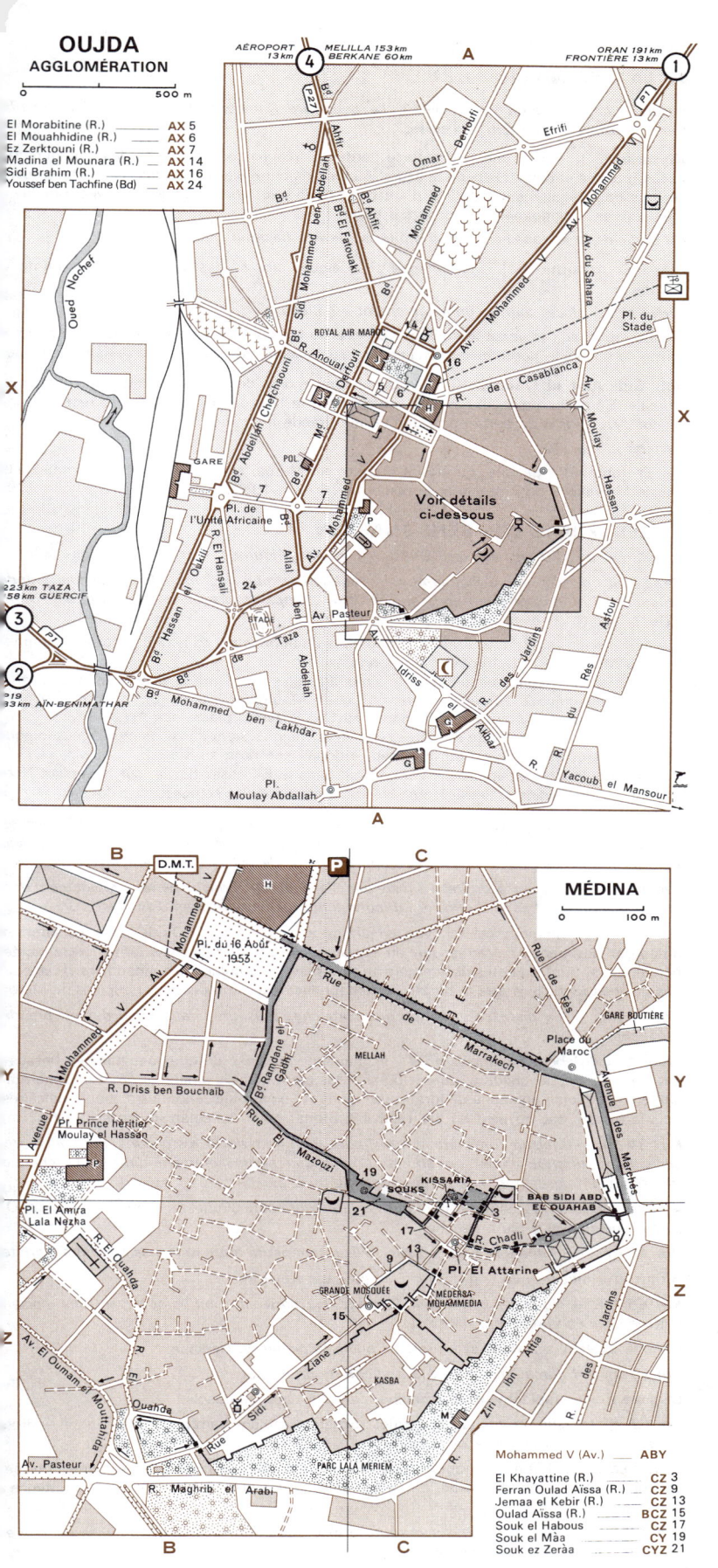

El Morabitine (R.)	AX 5
El Mouahhidine (R.)	AX 6
Ez Zerktouni (R.)	AX 7
Madina el Mounara (R.)	AX 14
Sidi Brahim (R.)	AX 16
Youssef ben Tachfine (Bd)	AX 24

MÉDINA

Mohammed V (Av.)	ABY
El Khayattine (R.)	CZ 3
Ferran Oulad Aïssa (R.)	CZ 9
Jemaa el Kebir (R.)	CZ 13
Oulad Aïssa (R.)	BCZ 15
Souk el Habous	CZ 17
Souk el Màa	CY 19
Souk ez Zeràa	CYZ 21

OUJDA

■ LA MÉDINA *visite : 1/2 h*

Partir de la place du 16-Août-1953. Le boulevard Ramdane el Gadhi, puis à gauche la rue El Mazouzi conduisent aux souks.

Kissaria (CY). — Sur une petite place bordée d'arcades sont installées des boutiques de tissus brochés et des ateliers de tailleurs. Au fond de cette place, à droite, un porche s'ouvre sur une cour, également entourée d'arcades : là on peut voir, parmi les écheveaux de laine multicolores, fonctionner des métiers à tisser.

Au sortir de la kissaria, prendre à droite la rue El Khayattine.

Place El Attarine (CZ). — Ombragée de quelques arbres, c'est le carrefour central de la médina.

Arrivé sur la place, tourner immédiatement à gauche.

La rue Chadli traverse le souk el Kenadsa où les boutiques de tissus et de vêtements sont — là encore — nombreuses. On parvient à une vaste place sur laquelle se tient le marché.

Bab Sidi Abd el Ouahab (CZ). — La célèbre «porte des têtes» permet de franchir la muraille. Sous ses créneaux, le pacha suspendait la tête des criminels et des rebelles suppliciés. Aux abords de cette porte, règne une grande animation.

Franchir la muraille.

En tournant à gauche, on atteint la place du Maroc, sur laquelle on prend à gauche la rue de Marrakech pour regagner la place du 16-Août-1953.

■ LES MONTS DES BENI-SNASSEN ★★

Circuit de 170 km, au Nord-Ouest — compter 1 journée — prévoir un pique-nique

Ce circuit, parfois impressionnant voire dangereux par endroits, demande une grande prudence ; il ne doit être entrepris que par beau temps et lorsque le sol est très sec. Sortir d'Oujda par ④ du plan, route P 27.

Les monts des Beni-Snassen constituent le relief principal de la région côtière comprise entre la Moulouya et la frontière algérienne.

Ce massif calcaire sépare deux plaines agricoles : au Nord la riche région des Triffa bien irriguée grâce à l'aménagement de l'oued Moulouya *(voir p. 8)*, où l'on cultive les céréales, le coton, les agrumes, la vigne ; au Sud la fertile plaine des Angad.

Une importante tribu de Berbères zénètes qui déjà vivaient dans ces montagnes lorsque l'Islam apparut dans l'Ouest du Maghreb, a donné son nom au massif.

La population, sédentaire, y est comme dans le Rif assez dense, sur le versant Nord surtout, où des jardins et des vergers révèlent la présence des sources.

Traversée du massif ★. — A 24 km d'Oujda (a), prendre à gauche la route 5319 d'Aïn-es-Sfa, tracée à la limite de la plaine et des premiers contreforts des Beni-Snassen. Les kilométrages indiqués ci-dessous sont comptés à partir de cet embranchement.

Km 12 (b). — *Tourner à droite. La piste qui, s'élevant en corniche pénètre rapidement dans le massif, devient très vite difficile (affleurements rocheux, risques d'éboulis).*

Un peu avant un petit col (c), vue en arrière et à gauche, sur Oujda. Vers les sommets affleurent des bancs calcaires qui, en certains endroits, forment des arêtes déchiquetées par l'érosion. Sur les pentes, des vergers en terrasses, où dominent les amandiers et, çà et là, des villages rappellent que cette zone montagneuse est l'une des plus peuplées du Maroc.

Km 22 (d). — *La piste se divise en deux branches presque parallèles au départ ; prendre à gauche.*

Après Oulad Jabeur Fouaga *(km 24 - e)*, hameau composé de quelques maisons basses à toit de terre et de chaume, autour duquel des plantations d'amandiers mettent une note riante, on traverse une zone de forêts rabougries et un paysage cahotique d'éboulis calcaires. Puis la piste passe au pied du **Ras Fourhal**, à droite, point culminant du massif (1 532 m).

Km 34 (f). — *Maison forestière d'Aït-Âlmou en retrait de la piste dans une boucle très accentuée ; aussitôt après, on aborde un tronçon particulièrement difficile. Le chemin très étroit, en descente, sans parapet, domine un à pic.*

A cette descente, succède un parcours en crête, au cours duquel on change de versant. On domine un nouvel à pic à gauche.

Km 41 (g). — *Bifurcation avec, en son milieu, une petite butte rocheuse : prendre à droite.*

Au fur et à mesure que l'on descend, le paysage s'élargit.

Km 45 (h). — *Nouvelle bifurcation formant une sorte de rond-point devant une maison nette en ruines : prendre à droite.*

Dans le lointain, en avant et à droite, s'ouvre la plaine de Berkane.

Km 50 (i). — *Bifurcation, on suit la branche de droite (lacet).*

La piste s'élève rapidement en corniche, dans un paysage désolé.

Km 52 (j). — *Dans un virage, d'énormes rochers semblent barrer la route. De cet endroit la* **vue ★** *plonge sur la vallée du Zegzel.*

La falaise du Jbel Tamejout qui domine la piste à droite contraste avec les pentes boisées et moins abruptes du Jbel Arhil, de l'autre côté de la vallée vers laquelle on commence à descendre.

Km 57 (k). — *On débouche sur la route 5306, que l'on prend tout d'abord à gauche en direction de Taforalt, pour remonter la vallée du Zegzel.*

OUJDA

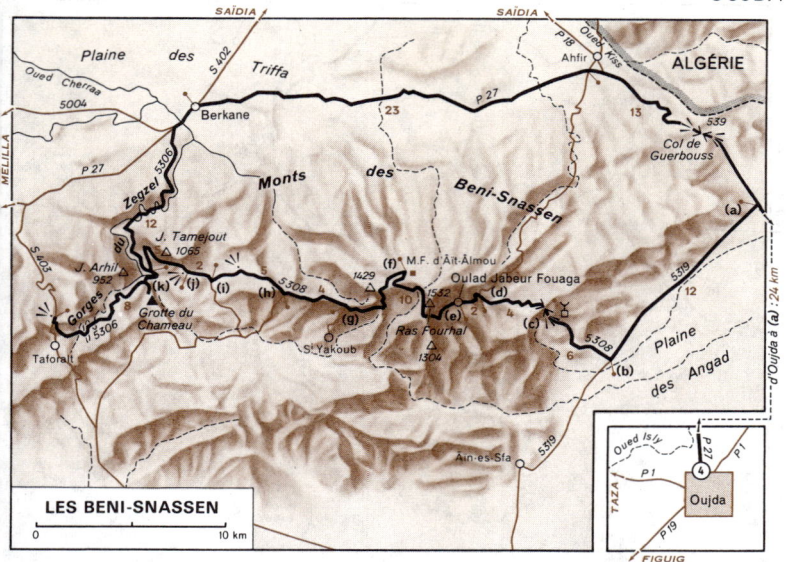

Gorges du Zegzel ★. — *La route que l'on suit jusqu'à son intersection avec la S 403 croise en maints endroits le lit du torrent et il arrive que les ponts aient été emportés.*
Le fond de la vallée est planté d'orangers. Les versants, dans la partie moyenne du Zegzel, portent des cultures en terrasses de céréales, d'oliviers, d'arbres fruitiers. Puis, la haute vallée se resserre entre des parois boisées ou des falaises creusées de grottes.
A un carrefour important et bien signalé, on prend à droite la route S 403 (direction Berkane). Presque aussitôt, sur la gauche, on découvre un beau **point de vue** ★ *sur la vallée de la Moulouya, les monts Kebdana, la plaine des Triffa et, par temps clair, la Méditerranée.*
Là, rebrousser chemin et reprendre la route 5306 qui longe le Zegzel. A 7 km, à droite, piste conduisant à la grotte du Chameau et se terminant face à un chaos de rochers.

> **Grotte du chameau.** — *S'en tenir à l'entrée de la grotte. Au flanc de la muraille rocheuse, légèrement au-dessus de l'oued, se trouve l'orifice d'une source vauclusienne. Un sentier en pente très raide donne accès à plusieurs salles ornées de concrétions calcaires.*

Reprendre la route 5306 à droite, vers Berkane.
On longe toujours le torrent, dont le lit occupé, en période d'étiage, par des cultures, offre le spectacle d'un véritable jardin. Les pentes sont également couvertes d'arbres fruitiers et de vignes. A mesure que l'on descend, la vallée s'encaisse entre des parois rougeâtres.
Sur cette partie du parcours, la route est souvent encore assez détériorée et présente des dénivellations très brutales, dans certains passages à gué.
Au sortir des gorges, la route débouche dans la plaine industrialisée de Berkane.

> **Berkane.** — *Important centre agricole et vinicole, Berkane possède une cave coopérative réputée.*

La route P 27 longe le pied des monts des Beni-Snassen, franchit leur extrémité Est au col de Guerbouss (belle **vue**), *et descend dans la plaine des Angad, pour rejoindre Oujda.*

OUKAIMEDEN (Region d') ★★
Carte Michelin n° **169** - plis 24 et 39.

Circuit décrit au départ de Marrakech — 192 km — 1/2 journée

Si le départ se fait d'Asni, on rejoindra l'itinéraire ci-dessous en empruntant, après Tahanaoute, la route 6034 qui parcourt les vallonnements du «dir», à la limite de la plaine et de la chaîne de l'Atlas.

Quitter Marrakech (p. 99) en longeant les murailles de l'Aguedal. La S 513 se dirige vers le haut Atlas dont les cimes — étincelantes la plus grande partie de l'année — barrent l'horizon. Traversant la plaine du Haouz, irriguée par d'importants réseaux de seguias et de «rhettaras» (voir p. 74), elle atteint les premiers contreforts de la montagne près de l'olivette de Dar-Caïd-Ouriki où des ksour confondent les stratifications brunes de leurs toits avec les versants argileux où ils s'enracinent. Sinueuse et pittoresque, la route s'enfonce dans la montagne en remontant l'oued Ourika.

> **Vallée de l'Ourika** ★. — *Cette riante vallée est un but de promenade et un lieu de repos depuis longtemps apprécié des habitants de Marrakech. D'abord ample et faisant une large place aux vergers et aux cultures maraîchères, la vallée s'encaisse après Arhbalou : le pointement des hauts sommets s'inscrit entre des versants rougeâtres où s'accrochent hardiment les villages et leurs terrasses de cultures. Le long de la route, bars et restaurants ne sont pas rares, et des villas profitent de l'ombrage des eucalyptus, des peupliers et des grands saules pleureurs. Plus bas, c'est l'enchantement d'une eau limpide et abondante courant sur les rochers; rivière à truites, l'Ourika se faufile entre de petites prairies dont l'herbe reste verte en plein été et invite au pique-nique.*

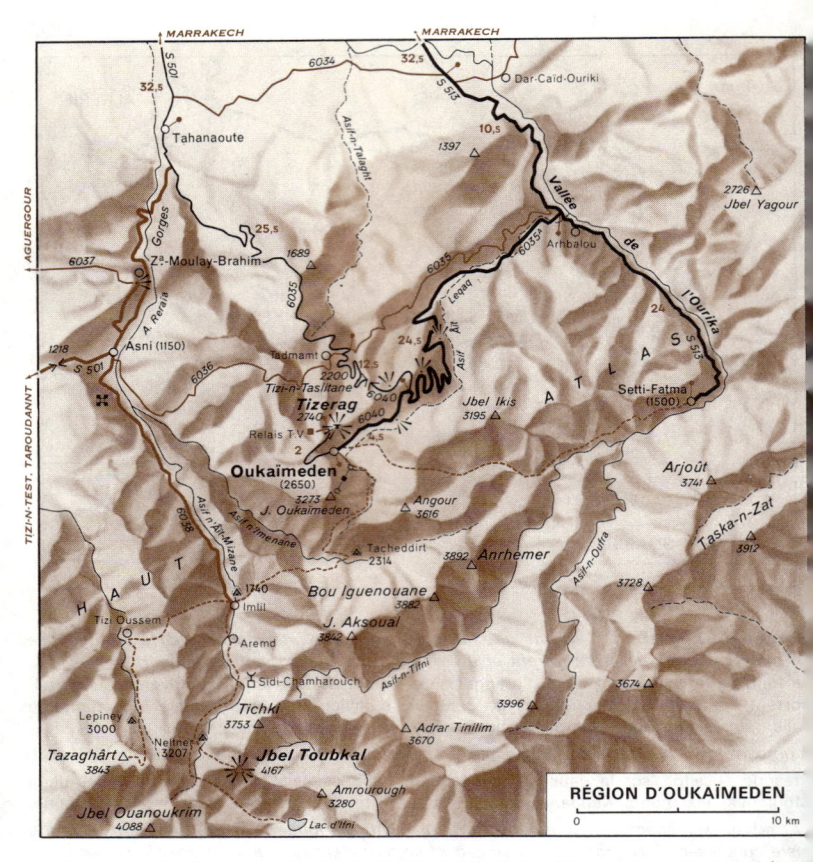

La route s'arrête à l'entrée de **Setti-Fatma** *(altitude 1 500 m; moussem en août)* qui dans son cadre de noyers centenaires et de châtaigniers, occupe un site pittoresque au pied de la montagne vertigineusement dressée.

Redescendre la vallée de l'Ourika jusqu'à Arhbalou. Aussitôt après, prendre à gauche la nouvelle route d'Oukaïmeden (6035A).

La route s'élève immédiatement au-dessus de l'Ourika et s'engage dans une petite vallée affluente, plus rocailleuse et plus sauvage. Après avoir longé les pentes abruptes du jbel Ikis, vertes et grises, dénudées, encombrées d'énormes cônes de déjection, la route se hisse sur le plateau d'Oukaïmeden, découvrant au Nord des **échappées** sur la plaine du Haouz. Après un passage entre deux parois de roches rouges zébrées de coulées noires, on parvient à l'entrée de la station d'Oukaïmeden. *Un péage de 2 DH par voiture donne droit au stationnement sur les emplacements aménagés.*

Oukaïmeden★★. — *Lieu de séjour, p. 44.* Au pied du jbel Oukaïmeden (3 273 m), un des sommets du Haut Atlas central, Oukaïmeden est la mieux équipée des stations marocaines de **sports d'hiver**. Son altitude élevée (2 650 m) en fait un centre à la fois estival et hivernal. En été, la température y est fraîche (18° quand il fait 45° à Marrakech) et le massif montagneux environnant se prête aux excursions. En hiver, l'enneigement qui dure de la mi-décembre à la mi-avril permet toute la gamme des parcours à ski *(1 télésiège qui monte jusqu'à 3 625 m et 4 téléskis en service).*

Le site d'Oukaïmeden fut habité à l'époque préhistorique : on peut voir plusieurs **gravures rupestres** figurant des personnages, des animaux, des armes, des roues solaires, en particulier près du refuge du Club Alpin et de celui de la Jeunesse et des Sports.

Point de vue du Tizerag★★. — *2 km de la station plus 1/4 h de marche AR.*

Pour atteindre la falaise du Tizerag qui domine la station au Nord, on emprunte une piste signalisée *(difficile par temps de pluie)*, puis on grimpe à travers les rochers *(pas de sentier)*. Au sommet (2 740 m) se trouve une table d'orientation. De là, le **panorama**★★ s'étend au Nord sur la plaine du Haouz où l'on peut, par temps clair, distinguer la palmeraie de Marrakech; du Nord-Est à l'Ouest en passant par le Sud (Jbel Toubkal) se dessine le vaste amphithéâtre du Haut Atlas.

Variante de retour par Tadmamt. — *Allongement de parcours de 3 km. Itinéraire difficile par tous les temps, dangereux l'hiver ou après la pluie.*

4,5 km après avoir quitté Oukaïmeden, prendre à gauche pour continuer la piste 6040 qui contourne et longe par une corniche très audacieuse la falaise du Tizerag. Les **vues**★ sont très belles, à l'arrière sur le Jbel Ikis et l'Angour, à l'avant sur le Haouz et Marrakech. On franchit le Tizi-n-Taslitane à 2 200 m d'altitude. Au carrefour des 4 pistes près de Tadmamt, continuer en direction de Tahanaoute : un peu avant cette bourgade on rejoint la S 501 qui ramène à Marrakech (ou à Asni).

*Les **Cartes Michelin** sont constamment tenues à jour.*

RABAT ★★★

Carte Michelin n° 169 - plis 15 et 12 — 367 620 h. — *Lieu de séjour, p. 44.*

Moins turbulente que Casablanca, moins prestigieuse que Fès, moins violente que Marrakech, Rabat fait figure de capitale sereine. L'agitation urbaine est ici assourdie, à l'image de ce ciel qui dispense à la ville une lumière quelque peu tamisée par la brume atlantique et lui vaut un climat à l'abri de tout excès.

Réussite d'un urbanisme auquel les moyens n'ont pas manqué, Rabat est une ville aérée, coquette, ordonnée avec goût. Ses avenues plantées d'arbres et de fleurs, la profusion de ses jardins publics, la beauté de ses quartiers résidentiels, en font un lieu de séjour agréable que rehausse un patrimoine archéologique important.

UN PEU D'HISTOIRE

La ville antique. — C'est au Sud-Est de l'agglomération actuelle, sur le territoire de Chella, qu'on trouve les origines de Rabat. Un établissement maurétanien *(p. 13)* y apparaît dès le 8e s. avant J.-C., colonisé ensuite par les Puniques.

Puis viennent les Romains. Le mot Chella est, en effet, la déformation du latin Sala, nom donné alors au Bou Regreg, dont les méandres ont divagué depuis, mais qui baignait à cette époque la ville même de **Sala Colonia**. Le port fluvial, que sa distance de la mer mettait à l'abri de toute surprise, était aussi l'un des postes avancés de l'occupation romaine *(voir carte p. 97)* en Maurétanie Tingitane.

La ville berbère. — L'Empire disparu, subsiste une petite cité qui sera peu à peu islamisée puis déclinera car son port s'est ensablé.

Au 10e s. des Zénètes dominent une vaste région au Nord du Bou Regreg. Maîtres de Chella, ils édifient Salé et fortifient sur la rive gauche l'éperon rocheux où s'élève aujourd'hui la kasba des Oudaïas : une garnison de moines-soldats y est installée pour tenir en respect les populations hérétiques qui occupent le pays au Sud du fleuve. De ce «ribat» (couvent fortifié) le nom même de Rabat a gardé le souvenir.

La position gagne encore en importance lorsque les Almohades entreprennent la guerre sainte en Espagne. Le sultan Abd el Moumen fait de la kasba une véritable place-forte comportant un palais et une mosquée. L'ambition de son petit-fils, **Yacoub el Mansour**, est plus grande encore.

Le grand dessein. — Yacoub el Mansour a-t-il voulu, comme on l'a dit, créer à l'embouchure du Bou Regreg une nouvelle Alexandrie ? Toujours est-il que son règne (1184-1199) est marqué par un essor sans précédent de Rabat. Il s'emploie à faire de la ville une vaste et somptueuse capitale, mais tout entière tournée vers la lutte contre l'Infidèle : immense camp où se rassemblent les troupes destinées à l'Espagne.

Les réalisations sont grandioses. Deux longues murailles se coupant à angle aigu courent sur 6 km de l'Atlantique au Bou Regreg, flanquées de cinq portes monumentales. Les travaux reprennent à la kasba où s'édifie la grande porte des Oudaïas tandis que, plus au Sud, commence à s'élever la colossale mosquée de Hassan qui doit dépasser en majesté la Giralda de Séville et la Koutoubia de Marrakech. Pour couronner le tout, un nom prestigieux : «Ribat el Fath», le ribat de la victoire. C'est ainsi qu'on appellera la ville après la bataille d'Alarcos (1195) gagnée sur les Castillans par l'armée d'El Mansour.

Mais le glorieux sultan disparu, les travaux seront interrompus. L'effondrement des Almohades entraîne le déclin de Rabat. Si la piété des Mérinides redonne vie quelque temps à Chella, seule la kasba est encore habitée au 16e s. et Rabat s'étiole dans sa grande enceinte vide.

Une république de pirates. — Au 17e s. un afflux de population étrangère apporte à Rabat une espèce de renouveau. Il y a de tout parmi ces immigrants, mais la plupart viennent d'Espagne où les Rois Catholiques leur rendent la vie difficile. Les premiers arrivés se sont solidement installés dans la vieille kasba dont ils ont relevé les murs. Par milliers, les **Andalous** les rejoignent, par suite du décret de Philippe III d'Espagne chassant les derniers Maures de son royaume (1609). Fortement hispanisés, beaucoup de ceux-ci ont oublié l'arabe et certains sont chrétiens. Au Sud de la kasba, ils construisent une ville nouvelle; ils la ferment par le «mur des Andalous», muraille Ouest-Est qui limite encore aujourd'hui la médina. Entre-temps, des groupes d'individus peu recommandables sont venus grossir ces flots d'immigrants : pirates mauresques de la côte, chrétiens renégats, forbans de toutes nationalités.

Tout ce monde éprouve quelque difficulté à s'entendre. Mais très vite, une activité commune galvanise les énergies et suscite la richesse : la piraterie. Redoutés de l'Europe sous le nom de «corsaires de Salé», les pirates de Rabat ont pris goût à cette occupation dangereuse mais rémunératrice. Des Canaries aux côtes de l'Islande toutes les marines marchandes sont menacées. Vaisseaux et cargaisons sont capturés, marins et passagers vendus comme esclaves ou échangés contre de fortes rançons. Si l'on en croit Daniel de Foë, Robinson Crusoë aurait été leur victime avant d'échouer sur son île déserte.

La vieille ville de Salé subjuguée et désormais complice, c'est une République indépendante qui, de 1621 à 1647 étend son pouvoir sur les deux rives du Bou Regreg, s'enrichit du trafic des pirates, traite d'égal à égal avec les puissances étrangères.

La ville alaouite. — Bientôt l'autorité des Alaouites s'étend sur la ville. Maîtres de Rabat depuis 1666, Moulay Rachid et ses successeurs complètent les fortifications de la kasba et du port, tant pour contenir les turbulences de la cité qu'en prévision d'attaques étrangères. Mais cette époque du déclin de la course affecte l'expansion de la ville. Et si depuis le 18e s. celle-ci a gardé quelque lustre, elle le doit à l'insécurité de la route impériale de Fès à Marrakech qui obligeait les souverains à faire le détour de Rabat. Aussi vit-on s'élever pour les sultans, à l'angle Sud des vieux murs almohades, une résidence qui est à l'origine de l'actuel palais royal.

RABAT
AGGLOMÉRATION

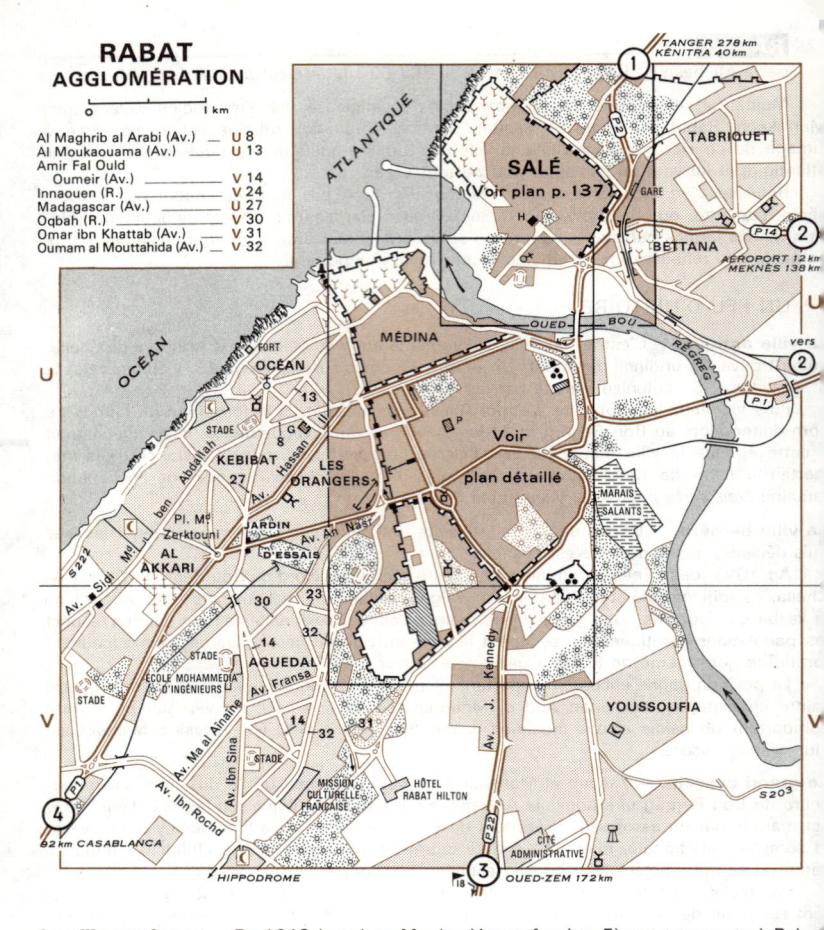

0 ———— 1 km

Al Maghrib al Arabi (Av.)	U 8
Al Moukaouama (Av.)	U 13
Amir Fal Ould Oumeir (Av.)	V 14
Innaouen (R.)	V 24
Madagascar (Av.)	U 27
Oqbah (R.)	V 30
Omar ibn Khattab (Av.)	V 31
Oumam al Mouttahida (Av.)	V 32

La ville moderne. — En 1912 le sultan Moulay Youssef quitte Fès et transporte à Rabat avec sa personne, l'administration chérifienne.

Du coup, la capitale avortée de Yacoub el Mansour devient le cerveau du Maroc moderne. Lyautey lui imprime sa marque personnelle et surveille l'édification des quartiers neufs. Entre la médina et le palais royal, le vaste espace clos par la muraille almohade trouve enfin son emploi, tandis qu'au-delà, vers l'Ouest les constructions vont bon train. Un Service des Plans s'occupe de la distribution et du tracé des voies, de l'emplacement des bâtiments publics dans le respect du paysage. Pour loger les Services administratifs, on élève de gracieuses demeures entourées de jardins, construites dans un style où s'unissent souvent les traditions mauresques et les tendances de l'architecture moderne.

Rabat, capitale politique et administrative du pays est la résidence habituelle du roi, le siège des ambassades et de l'Université marocaine. Certes le port est inactif : l'ensablement de l'estuaire, la proximité de Kénitra et de Casablanca, ont découragé toute velléité de développement et livré le plan d'eau du Bou Regreg aux seuls sports nautiques. Mais les activités industrielles ne sont pas négligeables, en particulier dans le domaine alimentaire. L'artisanat est resté vivant (tapis, tissus, ferronnerie). La beauté de la ville et le prestige du passé lui valent une importante fréquentation touristique.

■ PRINCIPALES CURIOSITÉS

LA MÉDINA★ ET LA KASBA DES OUDAÏAS ★★

Promenade à pied : environ 3 h. Laisser la voiture avenue Hassan II près du marché couvert.

De l'avenue Hassan II à la kasba des Oudaïas. — L'avenue Hassan II longe le « mur des Andalous » élevé au 17ᵉ s. qui sépare la médina de la ville nouvelle.

Prendre, à droite du marché couvert, l'avenue Mohammed V qui pénètre dans la médina, tourner aussitôt à droite dans la **rue Souika**.

Artère principale de la médina, bordée de cafés maures et de boutiques d'alimentation, elle est toujours très animée. Elle mène à la Grande Mosquée dont on aperçoit le minaret au fond à droite de la rue : ce sanctuaire a été reconstruit à la fin du 19ᵉ s.

Une partie de la rue est couverte de roseaux : c'est le souk es Sebat où dominent marchands de babouches et maroquiniers. Un souk au charbon de bois marque le carrefour de la rue des Consuls. *Tourner à gauche.*

La rue des Consuls et ses abords★ (AX). — Cette rue, ainsi dénommée parce que les diplomates des pays étrangers y résidèrent jusqu'en 1912, constitue le centre du commerce local. Là sont offerts à la curiosité et à la convoitise des passants les tapis de Rabat, les tentures de Salé, les cuivres martelés et ajourés, les cuirs repoussés, les broderies de soie.

★★★ RABAT

On remarquera, à droite, l'impasse du Consulat-de-France; le père du poète André Chénier, représentant du roi de France au Maroc, y vécut de 1768 à 1782 au n° 62.

Les boutiques de la rue des Consuls masquent un quartier bien différent. Pour s'en faire une idée il suffit de passer à gauche, entre les n°s 32 et 30 (AX A), dans une ruelle qui s'amorce sous une maison : à deux pas de l'agitation et du bruit voici le calme et le silence d'une vieille cité bourgeoise. Le visiteur pourra faire quelques pas dans d'étroites venelles encadrées de hauts murs d'une éblouissante blancheur rehaussée par le bleu outre-mer de quelque volet. Il appréciera les portes de pierre taillée ou sculptée de maintes demeures, souvent le seul ornement de la façade : leurs arcs en plein cintre ou surbaissés retombent sur des pilastres, la plupart du temps surmontés d'un faux linteau reposant sur des colonnettes. Un placage de stuc y ajoute une note mauresque, mais l'esprit de la Renaissance apparaît dans ces portes, œuvres de musulmans venus d'Espagne au 17e s.

Revenir à la rue des Consuls. Celle-ci aboutit à une vaste place où récemment encore se tenait le souk el Ghezel, le marché de la laine; mais aux beaux temps de la «course» on y vendait aussi des esclaves — et parmi eux nombre de chrétiens. Le long de la place se dresse la kasba des Oudaïas.

Kasba des Oudaïas★★. — Cette citadelle est ainsi appelée parce qu'un contingent de la tribu des Oudaïas y fut installé par les sultans alaouites pour y tenir garnison et surveiller la ville. Mais sa création remonte au 10e s.

Longeant la muraille crénelée, monter jusqu'à la grande porte monumentale au sommet des escaliers.

Porte des Oudaïas★★ (AX B). — Bâtie à la fin du 12e s. par Yacoub el Mansour sur le plus haut lieu de Rabat, c'est un bel exemple de l'habileté des architectes almohades à faire d'un ouvrage défensif une authentique œuvre d'art. Massive mais de proportions harmonieuses, entièrement taillée dans une belle pierre rousse, c'est une véritable forteresse comportant une enfilade de 3 salles pouvant loger une petite garnison.

L'entrée est protégée par deux robustes saillants dont la seule décoration est faite de l'alternance d'assises épaisses et minces de la pierre. Entre eux s'ouvrent deux arcs concentriques en fer à cheval outrepassés et brisés; le plus grand s'orne de lobes pointus entourés d'entrelacs façonnés en relief profond. Aux écoinçons s'épanouissent deux grandes palmettes. Une inscription en caractères coufiques court le long du bandeau et retombe de part et d'autre des arcs. Une large frise d'arcatures aveugles couronne le tout, prolongée par deux consoles en saillie que supportent des colonnettes.

Porte des Oudaïas (détail).

La porte est en chicane pour rendre plus difficiles les assauts.

Tourner à droite pour pénétrer dans la kasba.

En jetant un coup d'œil en arrière on appréciera l'autre face de la porte. Sans atteindre à la majesté de la première, elle ne manque pas de caractère. L'absence de saillants, inutiles du côté intérieur, donne plus d'espace et de liberté au décor sculpté.

Plate-forme du sémaphore (AX D). — Continuant droit devant soi, on emprunte la rue Jemaa qui traverse la kasba. Remarquer, à gauche, la plus vieille mosquée de Rabat : fondée vers 1150 par les Almohades, elle a été reconstruite au 18e s. Franchissant une porte on atteint la plate-forme du sémaphore d'où l'on découvre une belle **vue**★ sur l'embouchure du Bou Regreg et sur le grand cimetière musulman qui s'étale sur le versant de la colline entre la médina et la mer.

Atelier de tapis (AX E). — *Ouvert de 8 h à 12 h et de 14 h à 18 h. Fermé le samedi après-midi, le dimanche et les jours de fêtes musulmanes.*

Spécialisé dans la fabrication des tapis de Rabat *(voir p. 22)*.

Franchir la porte des Oudaïas et redescendre vers la place Souk el Ghezel. A gauche, entre 2 vieux canons, une porte s'ouvre dans la muraille sur une allée qui conduit au musée.

Musée des Arts marocains★ (AX M¹). — *Ouvert : tous les jours, sauf mardi, de 8 h à 12 h et de 14 h à 18 h (17 h en hiver).*

On pénètre d'abord dans un édifice, à cour centrale, dominé par une tour massive de quatre étages.

Construit à la fin du 17e s. par Moulay Ismaïl, ce palais fut sans doute un pied-à-terre pour le sultan ou la résidence du caïd de la kasba, avant d'être converti en médersa.

Le vaste patio s'orne d'une vasque de marbre blanc; il est cerné de sobres colonnes, jumelées aux angles, qui supportent les arcs outrepassés de la galerie.

De part et d'autre de la cour, dans des loggias surélevées, sont exposés les principaux instruments de musique utilisés traditionnellement au Maroc : luths, trompettes du Ramadan, tambours etc. Dans la grande salle du fond on a reconstitué l'intérieur d'une riche demeure : divans couverts de brocarts, lits de parade aux lourdes draperies brodées, tapis anciens de Rabat. Une grande baie vitrée garnie de très beaux fers forgés offre une agréable perspective du jardin des Oudaïas.

Dans le bâtiment tout proche, adossé au rempart, une grande salle réunit une intéressante collection consacrée à la vie berbère. On y verra des armes, de somptueux harnachements de cheval et de chameau, des bijoux du Sud, ainsi que des mannequins costumés : hommes bleus de Goulimime et danseuse de guedra, Zemmours sous une «tente de mariage».

RABAT CENTRE

0 — 500 m

Abdallah al Mahira (Av.)	AY 2	Ach Chouada (Pl.)	AX 3	Ibn Khaldoun (Av.)	AZ 22
Allal ben Abdallah (Av.)	AY	Al Brihi (R.)	ABY 4	Jaurès (Av. Jean)	AY 24
Hassan II (Av.)	ABX	Al Katidraliya (Pl.)	BY 6	Lincoln (Pl. A.)	BY 25
Mohammed V (Av.)	AXY	Al Mamoun (Pl.)	AZ 10	Moulay Youssef (Av.)	AY 28
		Al Mansour ad Dahbi (R.)	AY 12	Sidi Makhlouf (Pl.)	BX 34
		Ar. Riyad (R.)	BY 16	Soekarno (R.)	AY 35
		Bab al Bouiba	AXY 17	Soômaat Hassan (Av.)	BY 36
		Baghdad (R.)	AY 18	Souk el Ghezel (Pl.)	AX 38
		Choaib ed Doukkali (Av.)	AY 20	Souk Sebbat (R.)	AX 39
		Consulat-de-France (Imp.)	AX 21	Zaers (Av. des)	BZ 40

Jardin des Oudaïas (AX K). — Son enceinte fortifiée par Moulay Rachid voyait jadis une grande agitation : gardes, palefreniers, esclaves, gens du caïd ou du sultan s'y affairaient. Mais tout est calme aujourd'hui dans l'agréable jardin andalou qu'on y a aménagé au début du siècle. Baignant au passage une vieille noria, l'eau coule paisiblement parmi les terrasses étagées, plantées de citronniers, de cyprès et de daturas. Les remparts, vieux murs dorés, tapissés de volubilis, où nichent les cigognes, ont oublié depuis longtemps la ronde des sentinelles.

Dans le mur Est du jardin, une porte donne accès à la terrasse du café maure qui domine le Bou Regreg. Déguster ici le thé à la menthe est un plaisir apprécié des habitants de Rabat, car la **vue**★ est très belle sur le fleuve et Salé, surtout au coucher du soleil.

Traverser en diagonale le jardin des Oudaïas pour atteindre un passage voûté, à gauche de la tour.

★★★ RABAT

Dans ce passage sont logées trois petites échoppes d'artisans qu'il est intéressant de voir à l'œuvre : on pourra apprécier, en particulier, l'art consommé avec lequel les forgerons marocains travaillent le fer.

Sortir sur la place Souk el Ghezel et emprunter le boulevard Al Alou.

De la kasba des Oudaïas à l'avenue Hassan II. — Le boulevard Al Alou longe le cimetière musulman de la kasba. Aussitôt après une petite mosquée formant l'angle, tourner à gauche dans la rue Sidi Fatah. Parmi les nombreux sanctuaires qui bordent celle-ci, la **mosquée Moulay el Mekki** (AX L) présente un élégant minaret octogonal orné d'arcs à stalactites au-dessus des fenêtres et une jolie porte surmontée d'un auvent de bois peint.

(D'après photo O.N.M.T.)
Rabat. — La kasba.

La rue Sidi Fatah longe, à l'angle de la rue Souika, la mosquée Moulay Sliman (1812) et ramène, par Bab al Bouiba, à l'avenue Hassan II.

DE BAB ER ROUAH A LA TOUR HASSAN durée : 2 h 1/2

Partir en auto de l'avenue Mohammed V, devant la poste. Prendre la rue Soekarno qui franchit la muraille par une porte double.

Tourner aussitôt à gauche dans l'avenue Ibn Toumerte qui longe les remparts ocre bordés de pelouses fleuries et de palmiers. Parvenu à hauteur de l'avenue An Nasr, *garer la voiture sur la place devant Bab er Rouah.*

Bab er Rouah★ (AYZ). — Enchassée dans la muraille almohade, cette porte — son nom signifie «porte des Vents» car elle est fouettée par les vents marins — est contemporaine de celle des Oudaïas. C'est un ouvrage défensif en chicane. Deux énormes saillants donnent quelque rudesse à la façade de pierre dont la sculpture offre pourtant une aimable composition : deux grands arcs festonnés dessinent les lignes maîtresses; dans chaque écoinçon une grande palmette s'épanouit dans une végétation d'entrelacs; un verset du Coran se déroule sur le bandeau, tandis que deux colonnettes d'angle ajoutent une note de fantaisie.

L'intérieur comporte quatre salles dont une à ciel ouvert; la première est couverte d'une remarquable coupole sur trompes, à cannelures rayonnantes. Des expositions temporaires sont organisées dans ces salles.

Demander au gardien à monter sur la terrasse. De là, on découvre la belle perspective de l'avenue An Nasr. A droite, la **vue** est intéressante sur les remparts almohades.

Reprenant la voiture, on traverse l'enceinte à gauche de Bab er Rouah. Suivre l'avenue Moulay Hassan et, 200 m plus loin, franchir, à droite, la porte qui donne accès au méchouar, vaste enclos où se dresse le palais du roi. Contourner le méchouar.

Palais du Roi (AZ). — *Visite de 8 h 30 à 12 h et de 15 h à 18 h sauf samedi après-midi et dimanche.*

Sur la droite s'ouvre l'entrée principale du palais, grande porte monumentale de pierre jaune au toit de tuiles vernissées. *Parking devant la porte.*

L'actuel Dar el Makhzen fut édifié en 1864, sur l'emplacement d'un palais de la fin du 18e s.; il a été considérablement agrandi jusqu'à ces dernières années. *On aura avantage à faire coïncider la visite avec la relève de la garde qui a lieu toutes les deux heures à partir de 9 h.*

Sous la conduite d'un guide, on peut pénétrer dans l'enceinte du palais et circuler dans les cours et patios andalous autour desquels s'ouvrent les bureaux des ministres et hauts dignitaires.

Reprendre la voiture et traverser l'esplanade dallée.

A gauche s'élève la mosquée Ahl Fas où le roi se rend parfois en grand cortège, le vendredi de 12 h 30 à 13 h. Quitter le méchouar par une porte après laquelle on tourne à droite dans l'avenue des Zaers. Franchir Bab Zaers et suivre la petite route qui se dirige vers l'enceinte de Chella.

Chella★★ (BZ). — *Visite de 8 h 30 au coucher du soleil.*

Aux portes de la ville, Chella sommeille dans un isolement quasi rural. «Le site le plus romantique du Maroc» a-t-on dit; de fait, une forte impression de mystère et de solitude plane sur ses murailles, ses ruines et ses tombes.

Ancienne ville romaine dont le site fut longtemps déserté *(voir p. 127),* Chella connut un nouveau destin lorsqu'au 13e s. les souverains mérinides choisirent ce lieu pour leur dernier repos.

La muraille rougeâtre de pisé partiellement renforcé de pierre et de brique, comporte des tours aménagées en chambres de tir. Elle fut achevée en 1339 par le sultan Abou l'Hassan afin de protéger les tombeaux de ses ancêtres et les fondations pieuses de Chella.

RABAT ★★★

La porte ★. — Une belle porte en pierre de taille, élégante réussite de l'art mérinide, donne accès à la cité des morts. Sa façade, richement sculptée, est flanquée de deux tours hexagonales : le passage au plan carré des bastions qui les couronnent se fait harmonieusement par des encorbellements garnis de stalactites.

Franchir la porte coudée. Un sentier coupé d'escaliers descend vers un vallon silencieux où croissent en liberté roseaux et figuiers de Barbarie, micocouliers, oliviers et bananiers : un charme émouvant se dégage de la cité morte où une végétation vigoureuse envahit les ruines, où des cultes divers se sont succédés à travers les âges, où traînent maintes légendes d'un passé fabuleux. Ne raconte-t-on pas que Chella fut jadis une cité merveilleuse où l'or et l'argent se trouvaient en telle abondance qu'on allait jusqu'à en faire les chaînes pour tenir en laisse les ânes et les chiens ? Et qu'aujourd'hui des génies gardent encore des trésors enfouis dans la terre ?

Porte de Chella.

La nécropole ★ (BZ N). — *Se diriger d'abord à droite, vers les koubbas qu'on aperçoit à flanc de coteau.*

Au pied de la dernière (le saint qu'on y vénère est peut-être d'époque pré-islamique) s'étend un bassin de pierre qui servit de fontaine aux ablutions pour les sanctuaires mérinides. La source miraculeuse qui l'alimente fait l'objet d'un culte dont l'origine remonte sans doute à des temps immémoriaux. Elle contient des anguilles sacrées et des tortues ; on veut aussi qu'au fond de la source vive un poisson fabuleux paré d'anneaux d'or.

Revenant sur ses pas, franchir l'enceinte qui ferme la nécropole royale.

On traverse d'abord une petite mosquée en ruines à trois travées (à gauche une porte montre encore partiellement un revêtement de céramique vernissée).

Au fond à droite, un passage, près d'un minaret tronqué, donne accès à la **chambre funéraire d'Abou l'Hassan**. Au pied d'un mur de pierre rose finement ciselée, on peut voir la tombe du sultan, mort en 1351. (C'est le dernier souverain mérinide enterré ici : ses successeurs se firent inhumer à Fès. *Voir p. 79.*)

Tout près, un autre tombeau : celui de son épouse, une chrétienne convertie à l'Islam, dont l'épitaphe nous apprend qu'elle répondait au nom charmant de « Soleil du Matin » (Chems ed Douha). Connue aussi sous le nom de Lalla Chella, la « Dame de Chella » fait l'objet d'un véritable culte, et règne sur tout l'enclos.

Se diriger vers le minaret qui domine la nécropole.

On atteint une cour, pavée de mosaïque autour d'un bassin rectangulaire avec deux vasques ; elle est encadrée de galeries sur lesquelles s'ouvrent de petites cellules. L'édifice, assez ruiné, est une **zaouïa** ; dans cette maison de prières, des lecteurs du Coran assuraient aux hôtes défunts de la nécropole le bénéfice de perpétuelles oraisons.

La disposition des lieux est assez analogue à celle d'une médersa *(voir p. 81)*. A droite on peut voir les restes de l'oratoire avec son mihrab cerné d'un couloir semi-circulaire ; il suffisait jadis de faire sept fois le tour de ce mihrab pour mériter le titre de hajj, normalement réservé aux pèlerins de La Mecque. A gauche s'élève le charmant **minaret** construit par Abou l'Hassan où la pierre, le marbre et la faïence s'allient à la patine des ans pour le plus joli effet ; un nid de cigognes couronne le lanternon décoré de zelliges.

Revenir à l'entrée de la nécropole. Aussitôt après la porte, tourner à droite et longer le mur jusqu'au pied du minaret. A droite s'ouvre l'accès aux ruines romaines.

Ruines de Sala Colonia (BZ R). — On remarquera tout d'abord, sur la gauche, une petite fontaine garnie de niches. Puis une rampe conduit au forum, seule partie des fouilles accessible au public. Il s'ouvrait à gauche par un arc de triomphe à trois arches dont on voit encore la base des piles. A droite de l'arc de triomphe, huit profondes salles voûtées en plein cintre sont d'anciennes boutiques qui soutiennent une terrasse sur laquelle était édifié le temple du Capitole. Au-delà du temple, la voie principale de la ville — le Decumanus Maximus — a été dégagée. Elle croise une voie secondaire, pavée de larges dalles, où s'étendaient une douzaine de boutiques.

Reprendre la voiture, revenir vers Bab Zaers mais tourner à droite dans le boulevard Moussa ibn Nossaïr. Il longe les remparts almohades et offre une jolie **vue** sur Chella. On domine ensuite la vallée du Bou Regreg. *Garer la voiture près des ruines de la mosquée Hassan.*

Ruines de la mosquée Hassan et mausolée de Mohammed V (BXY). — Un cimetière de colonnes et un minaret inachevé, c'est tout ce qui reste de la plus vaste mosquée d'Occident. Nul monument n'exprime mieux la grandeur de l'empire almohade. Construite par Yacoub el Mansour *(voir p. 127)* vers 1196, ses dimensions inusitées devaient répondre aux besoins d'une troupe nombreuse concentrée en permanence dans le « Ribat el Fath » pour la guerre sainte. Couvrant plus de 2,5 ha, elle comptait 400 colonnes ou piliers traçant 19 nefs de 21 travées, et 14 portes. Son plan rectangulaire était d'une parfaite symétrie, ce qui est rare dans les sanctuaires marocains qui ont souvent été l'objet de remaniements successifs.

Mais l'édifice ne fut jamais terminé. Laissé à l'abandon il tomba peu à peu en ruines tandis que les habitants de la kasba venaient y prélever des matériaux pour leur usage. Le grand tremblement de terre de 1755 lui donna le coup de grâce. Le beau dallage blanc qui supporte aujourd'hui l'alignement des colonnes a été posé récemment.

★★★ RABAT

Tour Hassan★★. — Le minaret a mieux résisté à la destruction et au pillage. Sa silhouette puissante peut paraître un peu lourde à qui oublierait qu'il s'agit d'une œuvre inachevée et que cette tour de 44 m devait en compter une soixantaine.

Construite en gros appareil de pierre elle est d'une belle couleur ocre — sauf le côté Nord où le vent marin l'a recouverte d'un dépôt gris argent. Profondément sculptées, ses quatre faces offrent chacune un décor différent où la force et la subtilité trouvent le juste point d'équilibre d'une perfection toute classique. Les fenêtres sont enchâssées dans des arcatures lobées ou en lambrequins, qui s'élèvent jusqu'au magnifique tapis de réseaux losangés couronnant l'édifice.

Une rampe intérieure, assez douce et assez large pour livrer passage à trois cavaliers marchant de front, monte à la terrasse d'où le **panorama★** est admirable sur la vallée du Bou Regreg, Rabat et Salé de part et d'autre du fleuve; on remarque la kasba des Oudaïas, campée sur son rocher face à Salé.

Traverser à nouveau les ruines de la mosquée jusqu'à l'extrémité opposée au minaret.

Mausolée de Mohammed V. — *Visite de 10 h à 12 h et de 16 h à 18 h.*

L'esplanade de la mosquée Hassan est le cadre grandiose choisi pour immortaliser la mémoire du roi Mohammed V, réalisateur de l'indépendance marocaine. Dans le prolongement du sanctuaire détruit, une nouvelle mosquée prend le relais de l'ancienne. A droite une élégante colonnade entoure le musée-bibliothèque où seront rassemblés les souvenirs du roi défunt; à gauche s'élève le **mausolée**, de style traditionnel.

Le tombeau du roi se trouve dans une vaste chambre funéraire que surplombe une galerie courant le long des murs de marbre, richement décorés; la salle est couverte d'une somptueuse coupole d'acajou et de cèdre revêtue de feuilles d'or. Le concours des meilleurs artisans du Maroc a été requis pour exécuter la décoration de ce mausolée, suivant les techniques du passé.

Reprendre la voiture et continuer jusqu'au boulevard Mohammed V qui ramène à la poste.

■ AUTRES CURIOSITÉS

Musée des Antiquités★ (ABY). — *23, rue Al Brihi. Visite de 8 h 30 à 12 h et de 15 h à 18 h. Fermé le mardi.*

Ce musée offre le fruit des fouilles exécutées dans les principaux sites préhistoriques, phéniciens, puniques et romains du Maroc — exception faite toutefois de l'ancienne zone espagnole qui relève du Musée archéologique de Tetouan.

Grande salle. — Rez-de-chaussée. On en effectuera le tour de droite à gauche. Dans les vitrines murales, accompagnées de notices explicatives, sont présentées les découvertes intéressant la période préhistorique, les implantations phéniciennes, la civilisation libyco-punique. A droite de l'escalier, une vitrine résume les influences méditerranéennes antérieures à l'ère chrétienne, à partir des fragments de poteries découverts dans les principaux sites. A gauche sont évoquées la conquête romaine et ses influences dans la vie économique et religieuse du pays.

Galerie du 1er étage. Sur le mur de droite sont présentés les principaux sites romains. Sur le mur du fond et sur celui de gauche, on a illustré la vie publique, les métiers et la vie privée des habitants des cités romaines du Maroc.

Patios. — Celui de droite contient quelques fragments d'inscriptions et de statues de l'époque romaine, dont une belle tête de jeune berbère.

Par le patio de gauche, où sont exposés des poteries et des fragments de sculptures, on gagne la salle ovale.

Salle ovale. — Elle contient une très intéressante collection de **bronzes★★** romains. A l'entrée, le fameux chien de Volubilis, traité dans la manière réaliste chère aux bronziers romains; à cette même tradition se rattache le buste de Caton le Jeune — au sourire ironique et désabusé — qui fait pendant au portrait du roi de Maurétanie Juba II (ces œuvres datent probablement de l'époque d'Auguste). On verra aussi : l'éphèbe cavalier, réplique romaine d'une sculpture grecque archaïsante; la petite statue du vieux pêcheur, témoin très réaliste de l'art alexandrin (1er s. avant J.-C.). La plus belle pièce est sans doute l'éphèbe couronné de lierre, chef-d'œuvre de grâce et de mouvement retenu, qui pourrait être un original hellénistique du 2e s. avant J.-C.

Musée national de l'Artisanat (AX M²). — *6, tarik Al Marsa. Visite de 8 h 30 à 12 h et de 14 h 30 à 18 h. Fermé les samedis après-midi, dimanches et jours fériés.*

Ce musée présente une grande variété de produits de l'artisanat marocain : tapis des différentes régions, étoffes, articles de céramique, de dinanderie, de fer forgé, bijoux, œuvres de marqueterie. On y voit fonctionner un métier à tisser les tapis.

Parmi les objets anciens exposés on remarque des tapis de Rabat centenaires, des poteries de Fès et des bijoux berbères du siècle dernier, un «minbar» (chaire à prêcher) datant du 17e s.

Jardin d'essais. — *Voir plan p. 128* (U). *Ouvert de 8 h au coucher du soleil.*

Ce vaste jardin est divisé en deux par l'avenue An Nasr. La partie Sud est réservée aux essais d'acclimatation des plantes exotiques : belle collection de cactées. La partie Nord est en grande partie plantée d'orangers et de palmiers.

Quartier des ministères et des ambassades★ (BYZ). — De tous les quartiers modernes de Rabat, le plus élégant est l'ancien quartier de la Résidence où se groupent, dans un véritable parc de verdure et de fleurs, ambassades et ministères.

En revenant vers le centre, on contourne la mosquée As Sounna (18e s.) dont le haut minaret domine la belle perspective de l'avenue Mohammed V qui pénètre au cœur de la cité : là, entre la gare et le jardin du Triangle de Vue, se concentrent l'activité commerciale et l'animation de la ville moderne.

RABAT★★★

EXCURSIONS

Salé ★★. — *3 km au Nord par le pont Moulay Hassan. Description p. 137.*

Jardins exotiques de Rabat-Salé ★. — *13 km; sortir par ① du plan. Entrée : 2 DH plus 0,50 DH pour la visite de l'aquarium et du vivarium. Deux circuits fléchés permettent de parcourir les jardins. L'un, fléché sur fond blanc, d'un parcours très accidenté, demande 1 h 1/2 environ. L'autre, fléché sur fond rouge n'offre pas de difficultés et demande 3/4 h.*

Créés en 1951 par M. François, ingénieur horticole, ces remarquables jardins ont pour but scientifique d'introduire et d'acclimater au Maroc des espèces exotiques ornementales, et de démontrer que, sur une terre primitivement stérile, il est possible de faire pousser une végétation luxuriante issue des climats les plus divers. 1 500 espèces ou variétés différentes y sont représentées.

Le visiteur parcourt un dédale de sentiers, coupés de ponts suspendus et de passerelles; il y fait connaissance avec les flores du Congo, du Mexique, du Brésil, de l'Australie, de Madagascar, de Polynésie, du Japon, des Antilles et de la Chine, dans des sites évoquant les paysages de ces différents pays.

Au centre du jardin un aquarium et un petit vivarium présentent quelques espèces animales exotiques.

Forêt de la Mamora ★. — *Circuit de 98 km. Quitter Rabat par ② du plan et suivre la P 1 jusqu'à Sidi Allal Bahraoui où l'on tournera à gauche en direction de Kénitra. Rentrer à Rabat par la P 2. On évitera de s'engager en voiture sur les pistes et les tranchées sablonneuses dont la viabilité est très incertaine.*

La forêt de la Mamora, au Nord-Est de Rabat, représente à elle seule près de la moitié des boisements de chêne-liège du Maroc. Elle couvre 137 000 ha d'un seul tenant, soit plus de 5 fois la superficie de la forêt de Fontainebleau.

Les chênes-lièges auxquels se mélangent des poiriers sauvages sont de beaux arbres qui poussent rapidement grâce à l'humidité du climat atlantique. L'espacement des arbres et l'absence presque complète de taillis donnent à la forêt l'allure d'un immense parc, très agréable à parcourir, surtout au printemps quand le sol se couvre, dans les parties humides, de jacinthes, d'iris et de narcisses, et que les poiriers sont en fleurs.

La forêt est exploitée pour le liège, qui est excellent, et pour le bois. Le liège de reproduction (liège femelle) qui se forme après l'enlèvement de la première couche (liège mâle) atteint en neuf ans l'épaisseur marchande de 25 millimètres.

D'importants reboisements ont été entrepris depuis la guerre. Dans le Nord en particulier, ils affectent plusieurs dizaines de milliers d'hectares en plantation d'eucalyptus et de pins. L'eucalyptus alimente l'usine de cellulose et de pâte à papier de Sidi Yahia du Rharb, toute proche.

Pour vos achats dans les souks
il est parfois difficile de distinguer le meilleur du pire.

On pourra se faire une opinion
en lisant le chapitre consacré à l'artisanat, p. 22 à 25,
et en visitant les musées d'Art marocain.

SAFI ★

Carte Michelin n° **169** - pli 13 — 129 113 h. — *Lieu de séjour, p. 44.*

De part et d'autre du ravin creusé dans le plateau gréso-calcaire des Abda par l'oued Chabah, Safi s'étale, en bordure de l'Atlantique, au fond d'une anse encadrée de falaises. Elle offre le triple attrait d'anciens édifices portugais, d'un port très actif et d'une cité vivante et en plein développement.

On sait peu de choses sur les origines de Safi. Comptoir phénicien — s'il faut croire le géographe Ptolémée — probablement fréquenté plus tard par les Romains, elle apparaît dans les textes arabes sous le nom d'Asfi, à partir du 11ᵉ s.; c'est alors un petit port d'intérêt local.

L'ouverture à l'Europe. — Au 15ᵉ s. Safi s'ouvre au commerce européen. Les Portugais apprécient même si bien sa rade naturelle qu'ils s'en emparent en 1508, par une opération combinée — par terre et par mer — montée à partir de leur base de Mogador (Essaouira). Autour de la ville ils élèvent une enceinte et construisent une forteresse au bord de la mer. Mais cette occupation dure peu. Dès 1541, les Portugais qui viennent de perdre Agadir évacuent volontairement Safi.

Cela n'interrompt point les échanges avec l'Europe qui au contraire s'intensifient. Les Français y ont leur part. Au 17ᵉ s. le consul de France a sa résidence à Safi et c'est dans ses murs que le commandeur de Rasilly signe au nom de Louis XIII plusieurs traités de commerce entre la France et l'Empire chérifien. Mais au 19ᵉ s. c'est le complet déclin.

Le tournant du 20ᵉ s. — Le renouveau est venu de la pêche industrielle d'abord : la sardine est la spécialité de Safi depuis que le développement de la conserverie a ouvert à ses pêcheurs un énorme marché. Puis les minerais du Jbilet et les phosphates de Youssoufia *(voir p. 10)* ont envahi les quais, entraînant l'extension et la modernisation du port.

Enfin, c'est à Safi que le Maroc a fait ses premiers pas dans la grande industrie : en 1965, un important complexe a été implanté quelques km au Sud. Une partie des pyrites et des phosphates extraits dans la région sont désormais valorisés par «Maroc-Chimie» sous forme d'acide sulfurique, d'acide phosphorique et d'engrais.

★ SAFI

■ PRINCIPALES CURIOSITÉS *visite : 1 h*

Partir de la place de l'Indépendance. C'est l'ancienne place du R'bat, cœur de la cité.

Dar el Bahar★ (B). — *Visite accompagnée de 8 h à 12 h et de 15 h à 18 h.*

Il s'élève en bordure de la place, face à l'océan. Ce «château de la mer» construit par les Portugais au 16ᵉ s. fut sans doute, en même temps qu'une forteresse pour défendre le port et la ville, la résidence du gouverneur. Il a été restauré en 1963.

En traversant la grande cour intérieure entourée de casemates, on atteint, par une rampe, la plate-forme où sont alignés de vieux **canons** espagnols ou hollandais, notamment deux belles pièces fondues à Rotterdam (Rotterdamæ sur l'inscription) en 1619 et deux autres à la Haye (Hagæ) en 1621. Du bastion Sud-Ouest, la **vue**★ est remarquable sur l'océan, le quartier du R'bat et ses sombres falaises, la médina, le port et le cap Safi.

Sous le haut perron qui donne accès à la tour carrée, une ouverture laisse voir l'ancienne prison souterraine de la forteresse. Du sommet de la tour, belle **vue** sur la médina, délimitée par ses remparts, qui s'élève en pente douce vers la Kechla (citadelle) ; côté Nord, immédiatement au pied de la forteresse, on reconnaît le petit port primitif.

Quartier des Potiers★. — En passant sous les arches de Bab Khouas, la blanche silhouette de la Kechla s'impose au regard, ceinturée par le mur de la médina et dominant le vallon du Châabah. Le vieux quartier des potiers s'étend sur le versant opposé : dans les ruelles qui l'escaladent, on peut voir encore ces **fours** et de ces **ateliers** d'artisans qui ont fait la réputation de la poterie de Safi *(les artisans font visiter sur demande).*

SAFI

Indépendance (Pl. de l')	B 15
R'bat (R. du)	B
Allal ben Abdallah (R.)	B 2
Bellevue (R.)	A 4
Cadi Ayad (R. du)	B 6
Cimetière (R. du)	A 7
Dridat (R. de)	A 8
Forgerons (R. des)	C 9
Ibn Khaldoun (R.)	A 10
Idriss ben Nacer (R.)	B 13
Jardin-Public (R. du)	A 17
Médina Mounouara (R.)	AC 18
Moulay Idriss (R.)	C 19
Ravin (R. du)	A 22

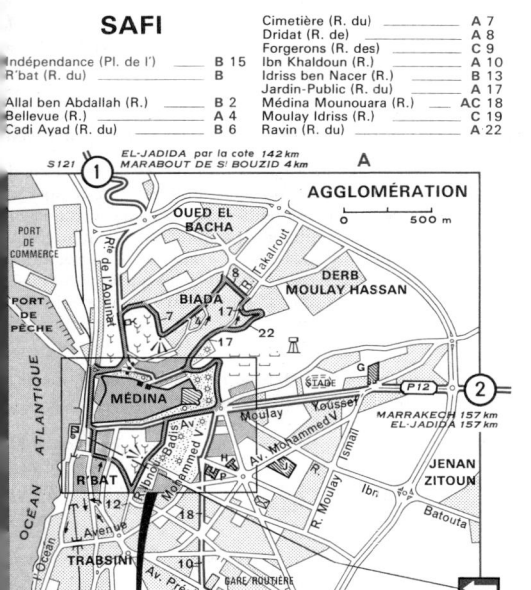

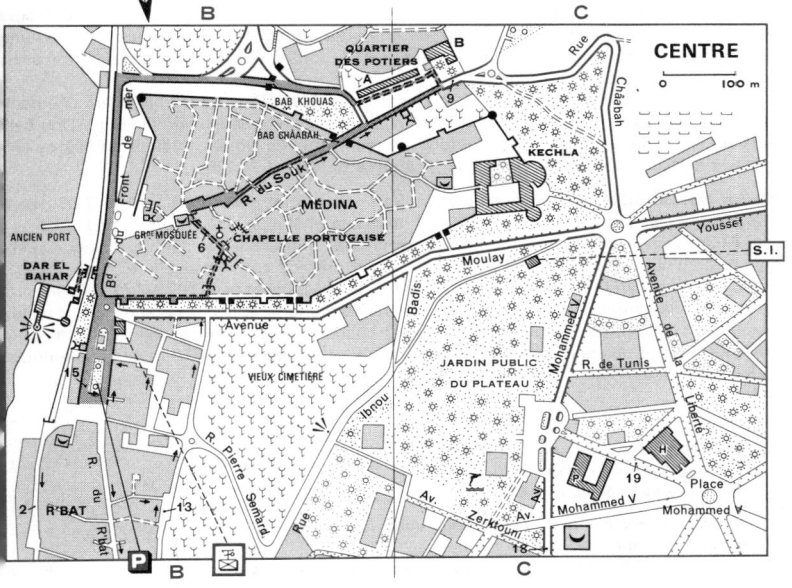

En contrebas, une longue **galerie marchande** (B A) expose un échantillonnage complet de la production : poterie traditionnelle bleue et blanche, poterie d'inspiration plus récente qui joue d'harmonies plus sombres et d'éclats métalliques. A l'extrémité de la galerie, on visite *(de 8 h à 12 h et de 14 h 30 à 18 h — sauf dimanche et jours fériés),* l'**école de la Coopérative** (C B) des artisans de Safi, où on peut suivre les opérations du tournage, de la décoration et de la cuisson des poteries safiotes.

En tournant à droite, au pied des galeries marchandes, on atteint Bab Châabah.

SAFI★

Médina. — Dans la **rue du Souk**, artère principale de la vieille ville, on aura plaisir à se frayer un chemin parmi les étals bariolés. Juste avant la Grande Mosquée, à gauche, un passage sous voûte introduit à l'étroite rue du cadi Ayad; on l'empruntera pour aller voir à moins de 100 m à gauche, la **« chapelle portugaise★ »**. Il s'agit, en fait, du chœur de la cathédrale de Safi, construit au début du 16ᵉ s.

Ayant servi fort longtemps de bain maure, la chapelle est assez délabrée; on peut néanmoins admirer sa voûte sur croisées d'ogives décorée d'un cartouche aux armes du Portugal et de huit médaillons dont les sculptures représentent des emblèmes religieux et des armes seigneuriales.

En sortant de la chapelle, continuer la rue du Cadi Ayad. Terminer le circuit dans le vieux Safi par de pittoresques ruelles aux nombreuses arcades; elles amènent au rempart qu'on longe intérieurement jusqu'à la tour d'angle Sud-Ouest par où l'on rejoint la place de l'Indépendance.

■ AUTRES CURIOSITÉS

Kechla★ (C). — *Visite de 8 h à 12 h et de 14 h à 18 h.*

Les murs puissants de cette citadelle datent de l'occupation portugaise. Franchie la porte monumentale, tourner à droite pour gagner, par une rampe, la plate-forme garnie de vieux canons et la grosse tour semi-circulaire : de là, on jouit d'un **panorama★** sur la ville et particulièrement sur la cascade des maisons de la médina, dévalant vers Dar el Bahar et l'océan.

Ces fortifications abritent le haut palais blanc qui domine toute la ville, construit par les Marocains à partir du 18ᵉ s. pour loger le gouverneur et les bureaux du Makhzen. On visite seulement un patio entouré d'appartements, *actuellement en cours de restauration*.

Le port (A). — Le boulevard du Front-de-Mer mène à l'entrée du **port de pêche★**. Plus de cent navires y débarquent chaque année 70 000 t de poisson. Safi est l'un des grands ports sardiniers du monde : cette pêche alimente une bonne trentaine d'usines de conserves qui s'alignent dans la partie Sud de la ville. Elle se pratique à partir du mois de mai. L'activité est grande et le spectacle coloré lorsque les bateaux sont à quai et déchargent leur cargaison. Tôt le matin, les arrivages se vendent à la criée dans la grande halle qui borde les quais.

A la suite du port de pêche, au-delà du silo à grains, s'étendent les installations du port de commerce. L'exploitation des phosphates représente les 3/4 d'un trafic portuaire qui place Safi au 2ᵉ rang du Maroc (plus de 3 millions de tonnes en 1972).

Points de vue sur la ville (A). — Par la route de l'Aouinat se rendre au **point de vue de la Biada** : de la partie haute du cimetière musulman qui domine le quartier des potiers on a une vue intéressante sur la ville et le port.

Suivre l'itinéraire indiqué sur le plan. Après avoir longé les murs de la Kechla, rejoindre la rue Ibnou Badis qui borde en corniche le quartier du Plateau : le **point de vue du vieux cimetière★** permet d'embrasser un vaste horizon, avec une remarquable vue plongeante sur le Dar el Bahar qui se détache sur la mer.

EXCURSIONS

Marabout de Sidi-Bouzid. — *4 km au Nord par ① du plan.*

Ce marabout est situé sur la falaise, à 120 m d'altitude. De ce point, **vue★★** d'ensemble sur la ville, le port et les falaises de la côte. Par temps clair, on aperçoit les cimes de l'Atlas.

Souira Kédima. — *30 km au Sud. Emprunter la 6531 qui suit le rivage, puis la 6537.*

On se rend compte de l'importance, à Safi, de l'industrie sardinière : à la sortie de la ville et sur 5 km la route est bordée de **conserveries**.

A 8 km de la ville on longe le très important complexe industriel **« Maroc-Chimie »** (*voir p. 11 et 134*). Puis la route serpente en haute corniche accrochée aux escarpements calcaires qui surplombent l'océan — notamment à Jorf-el-Yhoudi (le cap du Juif) — avant de descendre vers Souira-Kédima.

Il y avait là autrefois un «ribat» (couvent fortifié); les Portugais y édifièrent une petite forteresse dont on voit les vestiges sur un promontoire, à droite de la route. Une belle **plage** de sable fin protégée par un cordon de récifs fait de Souira Kédima un lieu de promenade agréable. On aperçoit au Sud, l'estuaire de l'oued Tensift.

Kasba-Hamidouch★. — *76 km au Sud. Sortir par ③ du plan. Prendre la S 120 puis la P 8 jusqu'à Dar-Tahar-ben-Abbou où on prendra, à droite, la 6617 puis la 6611.*

En arrivant à Dar-Caïd-Hadji on voit se dresser à droite les ruines de la kasba Hamidouch, dominant la rive gauche de l'oued Tensift près de son embouchure.

C'est une grande forteresse qui date du sultan Moulay Ismaïl (1672-1727). L'enceinte extérieure, flanquée de bastions et surmontée de merlons, a encore grande allure malgré les ravages du temps. Longue de 150 m sur chacun de ses 4 côtés, elle renferme, outre une mosquée et divers bâtiments en ruines, une autre enceinte de 70 m de côté, entourée d'un large fossé.

Vous trouverez, de la p. 38 à la p. 41 de ce guide,
le programme de voyage
qui peut vous convenir selon le temps dont vous disposez.

Si vous désirez combiner vous-même votre itinéraire,
établissez-le à l'aide de la
carte des principales curiosités et régions touristiques p. 4 et 5.

SALÉ ★★

Carte Michelin n° 169 - plis 15 et 12 — 155 557 h. — *Lieu de séjour, p. 44.*

Bien qu'un large pont la relie à la capitale, Salé la blanche, étendue sur la rive droite du Bou Regreg a gardé jusqu'à nos jours une jalouse individualité et la marque d'un long isolement. Elle a — tout au moins à l'intérieur des remparts — conservé la vie repliée des petites villes d'Islam avec ses souks ombreux et ses corporations d'artisans, les places ensoleillées où s'agitent les saltimbanques, les rues tranquilles de ses quartiers bourgeois, les nombreux sanctuaires d'une cité traditionnellement pieuse et savante.

Naissance d'un arsenal. — En 1260, des Espagnols, venus pour livrer des armes au gouverneur de Salé révolté contre le sultan mérinide, débarquent sur les rives du Bou Regreg, s'emparent de la ville par surprise et se retirent avec un énorme butin.

Pour éviter le retour d'une telle mésaventure, le sultan, après avoir repris la ville, élève une muraille du côté du Bou Regreg et de la mer. A l'intérieur des remparts il fait construire un arsenal et creuser un bassin communiquant avec le fleuve par un canal. De hautes portes permettent aux embarcations de franchir l'enceinte. A l'exception de Bab Mrisa, demeurée presque intacte, elles sont aujourd'hui ensablées.

Une cité florissante. — Jusqu'à la fin du 16ᵉ s., Salé est une ville fortunée. Les marchands génois, vénitiens, anglais et flamands s'y donnent rendez-vous ; elle est à cette époque l'entrepôt commercial et le port de tout le «royaume de Fès». Puis la ville, définitivement éclipsée par Rabat, se replie sur les activités artisanales, intellectuelles et religieuses qui ont fait sa réputation.

■ PRINCIPALES CURIOSITÉS visite : 1 h 1/4

Bab Mrisa★. — Cette porte monumentale enjambait autrefois le canal. Construite, après l'alerte de 1260, par le premier sultan mérinide, elle manifeste un art encore très proche des portes almohades de Rabat. Flanquée de deux étroites tours, elle développe un arc brisé d'une magnifique ampleur (bien que les remblaiements l'aient privée d'une partie de la hauteur) et porte un décor sculpté d'inscriptions et d'entrelacs floraux.

Laisser la voiture sur la place Bab Khebaz et continuer à pied par la rue Bab Khebaz.

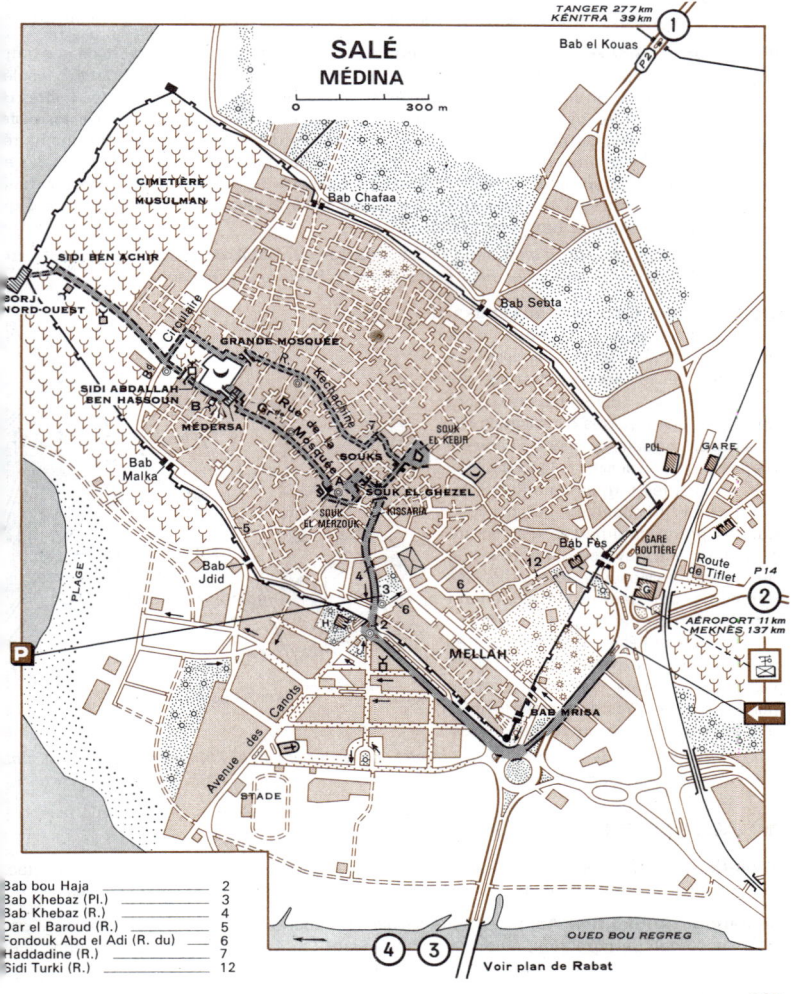

Bab bou Haja	2
Bab Khebaz (Pl.)	3
Bab Khebaz (R.)	4
Dar el Baroud (R.)	5
Fondouk Abd el Adi (R. du)	6
Haddadine (R.)	7
Sidi Turki (R.)	12

SALÉ★★

Quartier des souks★. — On longe tout d'abord la kissaria. Après un passage sous voûte on atteint une petite place plantée d'arbres où se tient le très pittoresque **souk el Ghezel** marché de la laine, le lieu le plus original et l'un des plus vivants de Salé. Aux boutiques qui le cernent pendent des écheveaux de toutes les couleurs. La place elle-même est occupée par des monceaux de laine brute : autour d'eux les acheteurs observent, palpent discutent, et font peser d'énormes écheveaux à l'aide de «romaines» suspendues à des trépieds de branchages.

Sortir de la place par l'autre bout et tourner deux fois à droite : on traverse le **souk el Merzouk** où travaillent bijoutiers, vanniers et nattiers. Remarquer à droite, après une fontaine, la belle **porte** du fondouk Askour (A).

Rue de la Grande-Mosquée. — On l'atteint après deux passages sous voûtes. Divers petits métiers s'y exercent : les **brodeurs** de caftans retiennent l'attention, accroupis dans leurs minuscules échoppes, aidés par des bambins qui dévident la soie avec adresse. De part et d'autre de la rue s'étend le quartier bourgeois où l'on peut voir, comme à Rabat de vieilles demeures andalouses et de beaux **portails** Renaissance.

Un décrochement vers la droite introduit à une charmante petite place en escaliers au fond de laquelle s'élève la **Grande Mosquée**, d'époque almohade. A gauche, près d'une fontaine du 18e s. se trouve l'entrée de la médersa.

Médersa★. — *Visite de 8 h au coucher du soleil; le gardien accompagne. Détails sur les médersas p. 81.*

C'est le Mérinide Abou l'Hassan qui fit édifier en 1333 cette médersa qui «illustre un moment heureux où l'art hispano-mauresque incline vers la grâce au détriment de la robustesse». Elle s'ouvre en haut d'un perron par une remarquable **porte★** : tympan de pierre sculptée d'entrelacs et d'inscriptions, auvent de cèdre finement découpé.

La **cour★★**, petite, offre une belle harmonie de couleurs. Aux murs, la blanche exubérance des stucs crée de larges «surfaces animées» où s'accrochent la lumière et les ombres Le sol est couvert de zelliges, qui épousent également l'arrondi des colonnes. Le cèdre sculpté, d'une richesse remarquable, montre ici ou là des tons patinés — vestiges des couleurs éclatantes qui le couvraient primitivement. Au fond de la cour, la salle de prière est coiffée d'un beau plafond pyramidal de cèdre sculpté et peint.

Ici les minuscules chambres d'étudiants ne prennent pas jour sur la cour mais sur l'extérieur de l'édifice. De la terrasse, la **vue★** embrasse tout Rabat et Salé.

En sortant de la médersa, tourner à gauche pour passer entre elle et la Grande Mosquée. Remarquer à gauche la belle **porte** de la zaouïa de Sidi Ahmed el Tijani (B).

Marabout de Sidi Abdallah ben Hassoun. — Le saint patron de la ville et de ses bateliers, vénéré ici, passe pour protéger les voyageurs. Par les fenêtres de l'élégant mausolée construit au 19e s. on aperçoit son tombeau autour duquel sont suspendus des lustres de cire multicolore. Ces énormes lanternes sont sorties une fois par an, lors de la **procession des Cires,** et promenées à travers la ville par la corporation des barcassiers — tout chamarrés de soie pour la circonstance. Cette cérémonie a lieu la veille du Mouloud *(voir p. 27)* en fin d'après-midi. Le sixième jour du Mouloud, le **moussem** de Sidi Abdallah attire une foule bigarrée : des chanteurs de différentes confréries psalmodient des chants mystiques qui remontent aux premiers temps de l'Islam.

Les touristes disposant d'une demi-heure pousseront jusqu'au bordj Nord-Ouest (voir p. ci-contre); les autres tourneront à droite dans le boulevard Circulaire.

Du boulevard Circulaire aux souks.
— Faire une centaine de mètres dans le boulevard puis tourner à droite en direction de la **Grande Mosquée**. Au bord des rues adjacentes se voient encore de belles portes d'inspiration Renaissance, malheureusement délabrées; on passe près du **minaret★**, reconstruit au 19e s. dans les formes traditionnelles.

La rue Kechachine est occupée par les petits commerces d'alimentation mais elle traverse, comme la rue de la Grande-Mosquée le quartier des demeures bourgeoises, discrètement retirées derrière leurs hauts murs.

Le **souk el Kébir** est une place très animée; on y exposait jadis, pour la vente, les esclaves chrétiens capturés par les pirates. Près de là travaillent les menuisiers et les fabricants de babouches.

Salé. — Souk el Ghezel.

Continuer jusqu'à la kissaria et reprendre en sens inverse l'itinéraire de départ pour rejoindre la place Bab Khebaz.

■ AUTRES CURIOSITÉS

Cimetière musulman. — Ce vaste cimetière qui sépare la ville de l'océan est un spectacle curieux avec ses innombrables stèles dont certaines sont peintes de couleurs vives.

Marabout de Sidi ben Achir. — Sous sa blanche coupole repose un saint qui passe pour avoir accompli de nombreux miracles de son vivant (au 14e s.) et jusqu'à nos jours; il est particulièrement invoqué pour soulager les maladies nerveuses.

★★ SALÉ

Borj Nord-Ouest. — Ce fortin qui date du 18ᵉ s. comporte une cour où sont alignés de vieux canons de bronze, anglais et espagnols. Il se termine par un bastion : de là, belle **vue**★★ panoramique sur l'océan, l'estuaire du Bou Regreg, les villes de Rabat et Salé.

EXCURSIONS

Jardins exotiques de Rabat-Salé★. — 10 km au Nord par ① du plan. Description p. 134.

Forêt de la Mamora★. — Circuit de 98 km par ② du plan. Description p. 134.

*Pour trouver la description d'une curiosité dont le nom vous est connu,
consultez l'Index alphabétique à la fin du volume.*

SEFROU ★

Carte Michelin nº **169** - plis 17 et 12 — 28 607 h. — *Souk le jeudi.*

Sefrou, étagée entre 800 et 900 m d'altitude sur les deux rives de l'oued Aggaï, occupe un **site**★ séduisant aux confins de la plaine de Fès et des plateaux du Moyen Atlas. Cascades et ruisseaux coulent dans un nid de verdure, grâce aux sources abondantes qui jaillissent à la base des plateaux.

Très ancienne ville du Maroc, elle avait déjà une certaine importance alors que Fès n'était encore qu'un gros village. Idriss Iᵉʳ *(voir p. 78 et 118)* passe pour y avoir séjourné et avoir converti à l'Islam les Berbères et les Juifs qui l'habitaient. La population israélite s'est encore accrue par la suite et fut rassemblée au centre de la cité. Plus tard, Sefrou a joué un rôle actif en assurant les échanges indispensables entre Fès et le Tafilalt à travers le Moyen Atlas insoumis.

Aujourd'hui c'est un centre d'artisanat et un gros marché agricole pour les céréales et les fruits. Les cerises de Sefrou sont renommées. Chaque année en juin, la fête des cerises donne lieu à toutes sortes de réjouissances — chants berbères, danses du pays, fantasia – sous la présidence de la « Reine des Cerises » et de ses suivantes.

VISITE durée : 1 h 1/4

La vieille médina★. — *Itinéraire de visite indiqué sur le plan.* Vus de la place Moulay Hassan *(où on laisse la voiture)*, les remparts crénelés édifiés à la fin du 18ᵉ s. cachent une vieille ville fort colorée et animée.

Pénétrant dans la médina par Bab m' Kam, on descend rapidement vers la rivière qui coule en torrent entre de hautes murailles envahies par la verdure. Devant une petite mosquée (A) bordée de boutiques, un pont sur l'oued donne accès au **mellah,** enfermé au cœur de la médina ; cet ancien quartier israélite a gardé en partie son caractère.

Revenir au pont ; continuer de suivre la rivière puis prendre la première ruelle à gauche et tourner immédiatement à droite.

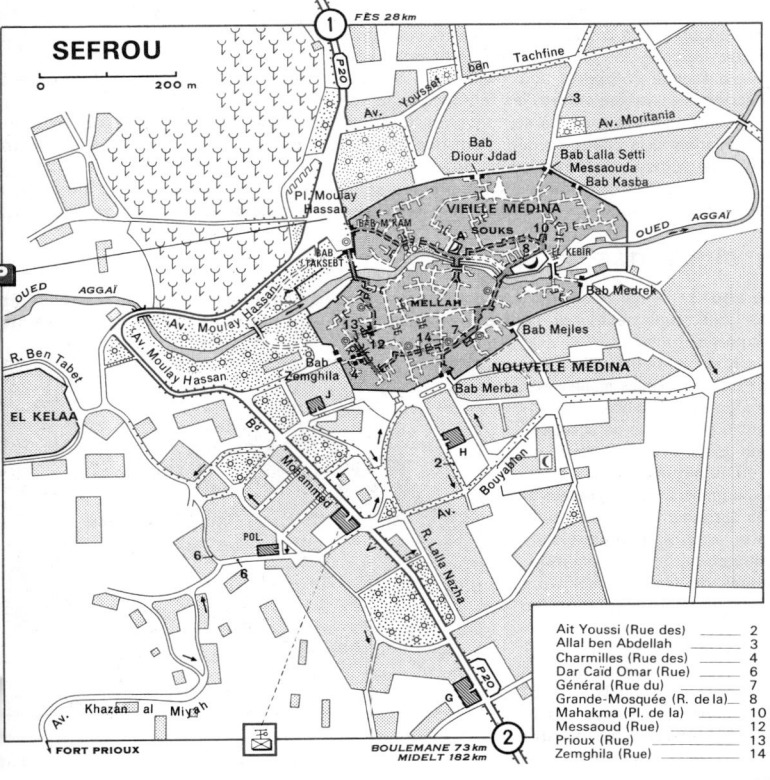

Ait Youssi (Rue des)	2
Allal ben Abdellah	3
Charmilles (Rue des)	4
Dar Caïd Omar (Rue)	6
Général (Rue du)	7
Grande-Mosquée (R. de la)	8
Mahakma (Pl. de la)	10
Messaoud (Rue)	12
Prioux (Rue)	13
Zemghila (Rue)	14

139

SEFROU★

Les **souks**, sous leurs toits de roseaux qui filtrent la lumière, offrent un spectacle varié les spécialités sont ici les grilles de fer forgé, les cordages de chanvre, les babouches berbères à pompons et à paillettes multicolores, les bijoux d'argent.

Longeant la mosquée El Kebir, au minaret simple mais élégant, on parvient à un pont qui enjambe l'Aggaï et d'où l'on aperçoit, au fond d'une gorge étroite, le lit de l'oued avec ses moulins à eau. Après avoir dépassé le marché couvert, continuer jusqu'à Bab Merba près de laquelle les cordonniers tiennent boutique dans une galerie surélevée.

Revenir sur ses pas, emprunter la ruelle en escaliers qu'on a devant soi. Tournant aussitôt à gauche, on poursuivra par de pittoresques ruelles. Traversant à nouveau l'oued Aggaï on atteint Bab Taksebt qui débouche sur la place Moulay Hassan.

Promenade au fort Prioux. — *En venant de l'avenue Moulay Hassan, tourner à droite après la poste :* on rejoint bientôt une route en corniche qui s'élève en découvrant de belles **vues** sur la cité et passe au pied de la koubba du marabout Sidi bou Srhine. Des abords du fort Prioux *(entrée interdite)* on embrasse un vaste **panorama**★ allant du Rif au Moyen Atlas et encadrant la ville de Sefrou.

EXCURSIONS

Massif du Kandar★★. — *Circuit de 123 km — environ 1/2 journée. Description p. 90.*

Haute vallée du Sebou★★. — *Circuit de 173 km — 1 journée. Description p. 91.*

TAFRAOUTE ★★★

Carte Michelin n° 169 - Sud du pli 23 — 994 h. — *Souk le mercredi.*

Il faut passer au moins une nuit à Tafraoute. Très tôt le matin, et mieux encore au coucher du soleil, ce site — l'un des plus extraordinaires du Maroc — prend toute sa valeur. Au cœur de l'Anti-Atlas, à 1 000 m d'altitude, le petit bassin de Tafraoute est creusé dans les granites roses qui forment l'ossature de la chaîne. Il est peuplé, ainsi que la vallée voisine, par la tribu des Ameln dont le genre de vie et l'habitat sont particuliers.

Le génie du commerce. — Les **Ameln** sont des Chleuhs qui pratiquent une culture irriguée où dominent l'orge et l'amandier. Agriculture moins pauvre que dans la plupart des régions de l'Anti-Atlas, mais qui ne saurait justifier à elle seule l'aisance manifeste de la population. Le complément des ressources vient des profits de l'émigration : dans les grandes cités du Maroc les Ameln tiennent commerce, comme épiciers surtout. Ils laissent au village leur famille, s'enrichissent à la ville et reviennent de temps en temps, au volant d'une grosse voiture, signe de leur réussite. Ils se font construire une belle demeure et s'y retirent, fortune faite.

Des maisons typiques. — La maison traditionnelle diffère ici notablement de celles que l'on rencontre dans le reste du Maroc. C'est un bâtiment carré de deux à trois étages avec une cour centrale très étroite et une tour d'angle crénelée de faible hauteur. Sur la terrasse légèrement débordante on remarque des pierres dressées à intervalles réguliers, protection contre les influences maléfiques. Les murs sont faits de grosses pierres du pays recouvertes d'un enduit épais coloré d'ocre ou plus souvent de rose. Rares et étroites — vraies meurtrières parfois — les fenêtres sont cernées de blanc.

La façade comporte deux saillants qui s'élèvent sur toute la hauteur de la maison et encadrent la porte d'entrée, les fenêtres de la salle de réception au 1er étage, et une arcature couronnant le tout. Là se concentre toute la décoration extérieure de l'édifice ; sur un fond blanchi à la chaux se détachent des motifs géométriques composés de petites pierres plates de schiste verdâtre placées de chant.

Même bâties de nos jours, les demeures des Ameln perpétuent la tradition ; dans la décoration, mosaïques et carreaux de faïence prennent toutefois le relais des schistes verts.

■ CURIOSITÉS

Le site★★★. — Le bourg de Tafraoute ne présente pas en lui-même un très grand intérêt ses larges rues tracées au cordeau, l'alignement de ses boutiques n'offrent guère de pittoresques surprises.

Mais la petite ville s'inscrit dans un **cirque montagneux** étrange et grandiose. Une palmeraie clairsemée en occupe le fond, où les dattiers voisinent avec de petits champs d'orge, des arganiers, des amandiers et des caroubiers. Au-dessus de cette verdure, à part quelques villages, ce ne sont que montagnes de granite rose : leurs pains de sucre ou leurs arêtes aiguisées par l'érosion s'ennoient sous d'énormes éboulis aux formes bizarres.

Quand vient le soir, la roche s'embrase et le spectacle a quelque chose de fantastique : elle rougeoie longtemps avant de s'estomper dans le mauve et de disparaître dans la nuit.

★★★ TAFRAOUTE

Adaï★★. — *3 km à l'Ouest de Tafraoute.* Sur la route de Tiznit, là où la palmeraie devient plus dense, le village d'Adaï, serré autour de son minaret d'un rose agressif, grimpe à l'assaut d'un invraisemblable chaos rocheux.

On se plaît à escalader ses ruelles étroites à l'ombre de pittoresques maisons plantées dans le roc. Le costume du pays retiendra l'attention : les jeunes filles sont vêtues de bleu, les femmes mariées, de noir; un large galon de couleur vive et de lourds bijoux égayent leurs sobres drapés.

Agard-Oudad★. — *3 km au Sud de Tafraoute sur la S 509.* Le gros village d'Agard-Oudad est blotti contre une énorme pyramide rocheuse à la pointe arrondie que les gens du pays appellent « le doigt ».

Vallée des Ameln★★. — *4 km au Nord de Tafraoute.* A la sortie Est de Tafraoute, après la traversée de l'oued, laisser la route goudronnée d'Irherm et prendre la piste de gauche. Le rideau rocheux qui ferme le site de Tafraoute, cache la vallée des Ameln qui s'incurve sur une vingtaine de kilomètres au pied du Jbel Lekst.

Au km 3,5 la piste amorce un grand coude à gauche pour contourner un piton rocheux, découvrant bientôt une **vue générale**★★ de la verte vallée des Ameln dominée par les croupes abruptes du jbel Lekst (2 374 m). Incroyablement peuplée, cette vaste oasis de montagne ne compte pas moins de 27 villages accrochés aux pentes de granite et de grès, au bord des torrents qui permettent l'irrigation des champs et des vergers. Le spectacle est inoubliable en février lorsque les amandiers sont en fleurs.

Village dans la vallée des Ameln.

Tourner à droite 1 km après le point de vue indiqué ci-dessus; 2 km plus loin, après un gué, laisser la voiture près du groupe de maisons.

Oumesnat★★. — Continuer à pied vers le village qu'on a devant soi, à flanc de montagne; on traverse des jardins ombragés où parmi les figuiers, les amandiers et les palmiers, s'affairent des paysannes vêtues du costume traditionnel. Au-delà, Oumesnat s'élève d'un joli mouvement vers la falaise rose. Dans ses rues tortueuses — qui sont plutôt des sentiers taillés dans le roc — jouent des petites filles parées comme des princesses. La **maison traditionnelle** des Ameln est largement représentée ici. Chaque coin de rue offre des **vues**★ sur le village voisin de Tamalout qui se signale par une grande mosquée blanche, sur la montagne et sur la vallée.

TANGER ★★

Carte Michelin n° **169** - pli 6 — 187 894 h. — *Lieu de séjour, p. 44.*

Tanger offre à qui la découvre par la voie des airs ou l'aborde par la mer le séduisant tableau d'une ville bâtie en amphithéâtre au bord d'une baie admirable. Au centre se pressent, sur les pentes d'un piton rocheux, les maisons blanches et bleutées et les minarets de la vieille ville; à gauche c'est l'étagement harmonieux et plus lâche de la ville moderne; à droite, ce sont les hauteurs boisées du quartier résidentiel de « la Montagne ».

A l'entrée de l'un des grands carrefours maritimes du monde, le port de Tanger s'efforce de tirer parti d'une position remarquable.

La rade de Tanger.

Un climat doux (moyenne 13° en hiver et 23° en été), une vaste plage, une végétation qui rappelle celle de la Côte d'Azur, un équipement hôtelier important en font une station hivernale et balnéaire très fréquentée. Le touriste y trouve en outre le pittoresque du Vieux Tanger, l'agrément de la ville neuve et la beauté des environs.

UN PEU D'HISTOIRE

Le pays d'Antée. — La légende attribue à Antée la fondation de Tanger. L'histoire, en tout cas, nous apprend que Tanger fut fréquentée par les Phéniciens et les Carthaginois avant de tomber dans la dépendance de Rome. Tôt promue au rang de « colonie », Tingis succéda à Volubilis comme capitale de la Maurétanie Tingitane à la fin du 3ᵉ s. *(voir p. 97).*

141

TANGER★★

Un émule de Marco-Polo. — A Tanger naquit en 1304 l'explorateur et géographe **Ibn Batouta**. Il effectua une série de périples qui durèrent vingt-huit ans et le menèrent à Pékin, à Samarkande, à Tombouctou : tout cela fut consigné dans un livre : « Les Voyages ».

Une ville disputée. — Conquise par les Arabes au début du 8ᵉ s., Tanger servit de tremplin à la conquête de l'Espagne par les troupes du Berbère Tarik. Au cours des siècles suivants, musulmans d'Espagne et d'Afrique se disputent la ville. Prise en 1471 par les Portugais, elle devient anglaise au 17ᵉ s. à la suite du mariage de Catherine de Bragance avec Charles II d'Angleterre. Assiégée par Moulay Ismaïl, elle repasse en 1681 aux mains des Marocains qui en sont depuis restés maîtres.

Porte du Maroc. — Aux 18ᵉ et 19ᵉ s., Tanger devient une importante place de négoce. Pénétrer plus avant dans le Maroc est difficile, et c'est là que résident la plupart des commerçants et représentants diplomatiques de l'Europe. En outre, la ville commence à attirer les voyageurs et les artistes. Saint-Saëns y séjourne; Delacroix y crayonne une partie de ses dessins africains et y conçoit plusieurs tableaux (la Noce Juive, les Convulsionnaires de Tanger).

Deux discours historiques. — Plus près de nous, c'est à Tanger que furent prononcés deux discours qui firent quelque bruit sur la scène internationale.

En 1905, débarquant du yatch impérial « Hohenzollern », Guillaume II fait à Tanger une entrée fracassante, à la tête d'une brillante escorte. Dans cette ville devenue le champ clos des rivalités européennes, l'empereur d'Allemagne se pose en défenseur de l'Islam. Son discours, destiné à faire échec aux tractations de la France et de l'Espagne au Maroc, remettait en jeu toute la question marocaine et allait provoquer une grave crise internationale.

En 1947, le sultan Mohammed V, en visite officielle à Tanger, reçoit un accueil délirant. Le discours qu'il prononce pose pour la première fois publiquement le problème de l'avenir du Maroc. La situation particulière de Tanger, ville internationale en territoire marocain, donne à ces déclarations une audience mondiale. Le processus est amorcé qui mènera le pays à l'indépendance.

Au temps du « statut ». — Entre temps, la ville et ses abords avaient été dotés d'un régime particulier. Établi en 1923 et amendé plusieurs fois, le statut international de Tanger est resté en vigueur jusqu'en 1956 : un ensemble complexe d'administrateurs internationaux et de délégués marocains assurait la gestion du territoire sous la présidence d'un « mendoub » représentant le sultan. Il en résultait pour les ressortissants une grande liberté d'action que la franchise du port permettait de mettre largement à profit. D'où la solide réputation de repaire de trafiquants acquise par Tanger à cette époque. On retrouve l'atmosphère de cette période dans le livre de J. Kessel : « Le grand socco ».

Le virage touristique. — C'est en vain, pourtant, qu'on chercherait dans les ruelles qui dégringolent vers le port, le pittoresque du Tanger canaille de naguère. La ville n'a rien perdu de son charme mais, à une exploitation anarchique, elle a substitué un plan d'aménagement qui doit faire de la région l'une des plus importantes du Maroc au point de vue du tourisme.

VISITE *durée : 3 h*

Laisser la voiture place du Grand Socco.

Grand Socco. — Cette grande place aux contours irréguliers est le cœur de Tanger où s'agite quotidiennement une population bigarrée issue de la vieille ville, de la campagne ou des nouveaux quartiers. Le « Grand Souk » : ici se tient en permanence un pittoresque marché particulièrement animé les jeudis et dimanches. Sur la place s'entassent les légumes, les fleurs, les volailles, que proposent les Rifains : hommes vêtus de lourdes djellabas brunes, femmes habillées de tissu rayé rouge et blanc et d'immenses chapeaux de paille ornés de pompons et de cordelières. On y croise aussi bien l'autobus ou le taxi que le porteur d'eau ou l'ânier qui se fraient un passage au milieu de la foule, grossie l'après-midi de badauds faisant cercle autour des conteurs, acrobates et organisateurs de jeux. L'endroit est dominé par le minaret de la mosquée de Sidi bou Abib (1917) décoré de faïences multicolores.

Jardins du tribunal du Sadad. — *Entrée près de la rue Bourrakia.*

On les appelle aussi jardins de la Mendoubia parce qu'au temps du statut international *(voir ci-dessus)* le « mendoub » y avait sa résidence.

On remarque, à droite en entrant, un beau spécimen de dragonnier, arbre vieux de huit siècles, dit-on. Au fond du parc, à gauche — avec la kasba pour toile de fond — une terrasse rassemble une belle collection de canons de bronze, pour la plupart portugais ou espagnols (17ᵉ et 18ᵉ s.).

Revenir au Grand Socco et tourner à gauche pour franchir Bab Fahs. Suivre la rue d'Italie et la rue de la Kasba, bordée d'escaliers; tourner à droite en haut de cette rue, passer sous la porte de la Kasba et traverser la place du Tabor-Espagnol pour suivre la rue Riad Sultan.

Jardins du Sultan★. — *Accès par un long passage sous voûte. Ouverts de 8 h 30 à 12 h 15 et de 14 h 30 à 17 h 45, sauf dimanche et jours fériés. Gardien sur place.*

Il y a deux jardins ou « riads » juxtaposés. Au fond du deuxième, remarquer une petite **salle de repos** (Y A) qui s'ouvre par une baie à stalactites découpée dans le cèdre et dont l'intérieur, couvert d'un plafond de bois peint et sculpté, est décoré de stucs et de zelliges. Autour du premier jardin, sont disposés des **ateliers d'artisans** (Y B) où l'on peut voir fabriquer des tapis, des babouches, des coussins et des meubles. Au-dessus des ateliers, un restaurant dont la terrasse offre une **vue★★** superbe sur le détroit de Gibraltar, les côtes d'Espagne, la baie et la ville de Tanger.

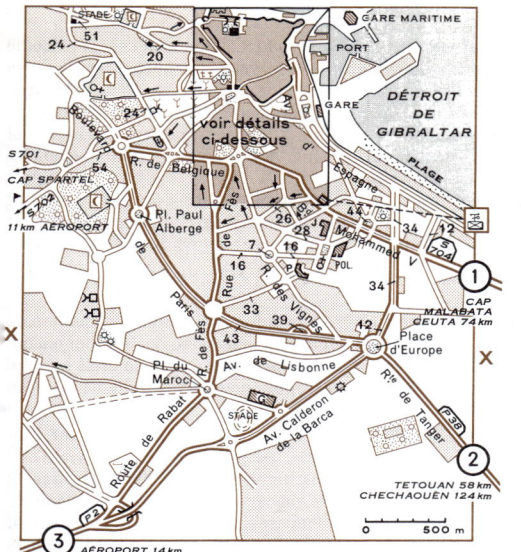

TANGER

| Mohammed V (Av.) | Z |
| Pasteur (Bd) | Z |

Amérique-du-Sud (R. d')	Z 3
Amrah (R.)	Y 5
Amsterdam (Pl. d')	X 7
Bab el Assa (R. de)	Y 10
Beethoven (Av. L.-V.)	X 12
Ben Raisul (R.)	Y 13
Borj (R.)	Y 14
Cadix (R. de)	Y 15
Cervantes (R.)	X 16
Derrazines (R.)	Y 19
Dr Cenarro (R.)	X 20
Fuente nueva (Pl. de la)	Y 22
Hadj Mohammed Torres (R.)	Y 23
Hassan II (Av.)	X 24
Jeanne-d'Arc (R.)	XZ 26
Lafayette (R.)	X 28
Liberté (R. de la)	Z 30
Lope-de-Véga (R.)	X 33
Madrid (Av. de)	X 34
Moulay Abd-el-Aziz (Pl.)	X 39
Moulay Rachid (R.)	Y 40
Moulay Youssef (Bd)	X 43
Nations (Pl. des)	X 44
Orellana (R. E.)	Z 46
Peña (R. Manuel)	Z 47
Pepys (R. S.)	Z 48
Regnault (R. H.)	Z 50
Roosevelt (Av. F.-D.)	X 51
San-Francisco (R.)	X 54
Sanlucar (R.)	Z 55
Semmarines (R.)	Y 56
Tabor espagnol (Pl. du)	Y 57
Tannerie (Pl. et R. de la)	Y 58
Victor-Hugo (R.)	Z 59

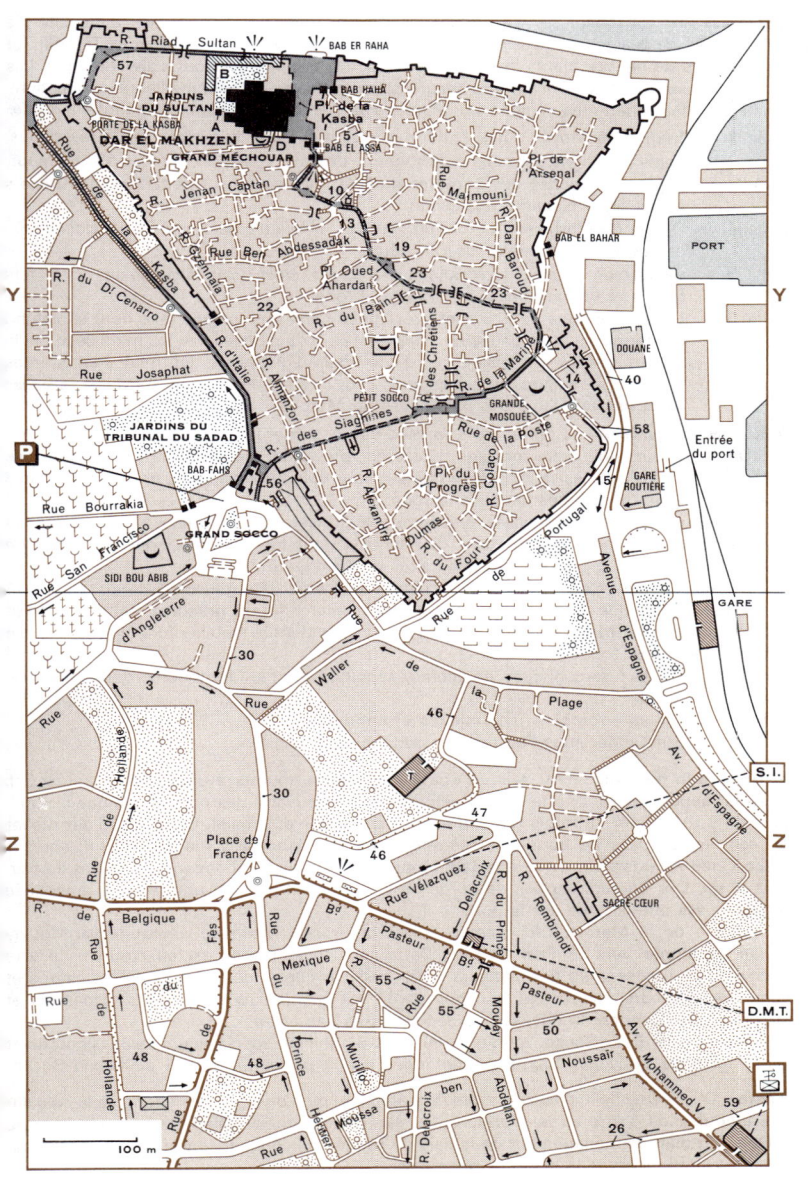

TANGER★★

Place de la Kasba. — *En sortant des jardins, tourner à droite.* On débouche sur la place de la Kasba. A gauche, une plate-forme aménagée offre une **vue**★ sur l'océan et les côtes marocaine et espagnole. A droite, s'élève la blanche façade crénelée de Dar el Makhzen qui se termine par un charmant pavillon s'ouvrant, à l'étage, par une triple baie à colonnes : c'est le Bit el Mâl ou ancienne Trésorerie. Au fond de la place, un portique soutenu par des colonnes de marbre blanc ouvre sur l'ancien tribunal du pacha : ce « petit méchouar » (Y D) est aujourd'hui occupé par un antiquaire.

Contournant le Bit el Mâl on franchit les degrés du **grand méchouar,** long et large couloir à ciel ouvert où jadis les pachas donnaient leurs audiences. Il est dominé par le minaret octogonal de la mosquée de la Kasba, face à laquelle se trouve l'entrée du Dar el Makhzen.

Dar el Makhzen★★. — *Visite accompagnée de 8 h 30 à 12 h 15 et de 14 h 30 à 17 h 45, sauf dimanche et jours fériés.*

Ce palais du sultan fut fondé sous le règne de Moulay Ismaïl, peu après l'évacuation de Tanger par les Anglais (1684), mais considérablement agrandi au milieu du 18e s. et encore à deux reprises au cours du 19e s. Il n'y eut que deux sultans pour y faire de brefs séjours, et le palais fut la résidence des pachas de la ville. Les appartements ont été aménagés en musée.

Bit el Mâl★. — A l'intérieur de ce pavillon, la salle hypostyle au plafond de bois peint, protégée de la trop grande lumière par des moucharabiehs, est un petit chef-d'œuvre d'élégance et de discrétion. On y voit plusieurs gros coffres de cèdre renforcés de ferrures où les sultans enfermaient leur trésor. A l'arrière de cette pièce, une petite cour sur laquelle donne une salle couverte d'une coupole en étoile rehaussée d'or : des vitrines évoquent l'artisanat des villes du Nord (en particulier Tetouan et Chechaouèn) et des campagnes voisines.

Musée des Arts marocains★. — On gagne ensuite un grand patio de facture composite : le sol est pavé de zelliges, le bassin octogonal est orné d'une belle mosaïque de Tetouan, et les colonnes de marbre blanc, inspirées de l'antique, évoquent le goût italien du 18e s. Les salles qui l'entourent sont richement décorées : on y a rassemblé les meilleures productions artistiques des différentes régions du Maroc. *Faire le tour du patio de gauche à droite.*

Salle 1. — Région du Moyen Atlas et du Maroc central : tapis et tentures berbères, bijoux.
Salle 2. — Tapis de Rabat; tentures et ferronnerie de Salé; ceintures brodées d'Azemmour.
Salle 3. — Tapis et sacoches des Berbères du Sud; bijoux ruraux et citadins; instruments de musique hispano-mauresque.
Salle 4. — Objets de Marrakech et du Sud : cuivres, bijoux d'argent aux émaux cloisonnés, armes incrustées; tapis de Chichaoua.
Salle 5. — Civilisation urbaine de Meknès : mobilier de bois peint, à partir du 17e s.; fers forgés et damasquinés, céramiques, broderies.
Salle 6. — Les productions de Fès sont présentées dans une longue salle dont le plafond est formé de trois coupoles sculptées en nids d'abeilles et les murs décorés de plâtres ciselés, de zelliges et d'une frise épigraphique. On peut y admirer les soieries, les reliures et les enluminures, la dinanderie, mais surtout la **collection de céramique**★, l'une des plus belles du Maroc.

Musée des Antiquités★. — Il fait suite au musée des Arts marocains.

Dans la cour, une belle mosaïque romaine, provenant de Volubilis : **la navigation de Vénus**★. La déesse est assise à l'arrière d'une galère manœuvrée par les trois Grâces et des Eros; un cortège de divinités les accompagne.

Les salles du rez-de-chaussée présentent la préhistoire marocaine, à droite; dans la salle du fond, moulages des bronzes de Volubilis dont les originaux sont au musée de Rabat *(voir p. 133)*; à gauche, quelques sites de l'Antiquité marocaine.

L'étage est consacré au passé de la région de Tanger. De gauche à droite :
— Époque néolithique : céramique et outillage; reconstitution grandeur nature du tombeau punique de Mogogha Séguira près de Tanger, dont le mobilier funéraire est exposé dans une vitrine.
— Rites funéraires : sarcophages de plomb, sépulture d'un enfant inhumé dans une jarre, trouvée à Cotta.
— Tanger à l'époque romaine : céramiques et monnaies.
— Évocation de Tanger sous l'occupation portugaise et anglaise.

A travers la médina. — Au-delà du « petit méchouar », tourner à droite pour franchir Bab el Assa, appelée aussi « porte de la Bastonnade » en souvenir des corrections que les malfaiteurs y recevaient autrefois (**vue** pittoresque sur la ville et la baie). On descend des ruelles en escalier, bordées de boutiques d'étoffes, qui conduisent à la rue Ben Raisul; après la place Oued Ahardan, suivre la rue Hadj Mohammed Torrès où abondent les articles de cuir, puis la rue Dar Baroud. Au bas de la rue de la Marine, à gauche, une terrasse aménagée offre une **vue** intéressante sur le port.

La rue de la Marine, très animée, longe la Grande Mosquée construite par Moulay Ismaïl et monte vers le **Petit Socco**★. Cette minuscule place, est au cœur de la ville ancienne, le rendez-vous des flâneurs mais aussi le centre des affaires. Petits cireurs et camelots de toutes sortes se faufilent parmi les groupes cosmopolites, disparates et bruyants, qui occupent la chaussée et les terrasses des cafés.

Traverser le Petit Socco, monter la rue des Siaghines, spécialisée dans la bijouterie et les articles de souvenir. La rue Semmarines qui la prolonge ramène au Grand Socco.

Plage★ (X). — Une belle plage de sable fin s'étend au pied de la ville et le long de la baie sur une longueur de 4 km. La température de l'eau permet de s'y baigner à peu près en toute saison. Un plan d'aménagement de la baie de Tanger, en cours de réalisation, doit, dans un proche avenir, valoriser la plage et ses abords.

** TANGER

EXCURSIONS

Circuit du cap Spartel**. — *38 km en auto plus 3/4 h de visite.* Cette promenade prendra tout son intérêt si on l'entreprend en fin d'après-midi.

Partir de la place de France (plan p. 143) par la rue de la Belgique, la rue San-Francisco et la rue Sidi Amar (itinéraire jalonné par des plaques indicatrices : «la Montagne, cap Spartel»).

Laissant à gauche la route de l'aéroport, on franchit bientôt l'oued el Ihoud; la route s'infléchit pour contourner le cimetière catholique, puis s'élève en direction de la Montagne, dégageant de belles **vues** sur Tanger.

La Montagne. — Au 17ᵉ s., la Montagne était couverte d'une épaisse forêt où les Maures se retranchaient pour organiser leurs opérations de harcèlement contre les Européens maîtres de Tanger. C'est aujourd'hui la banlieue aristocratique de la ville, et ses collines sont couvertes de riches propriétés dans un cadre luxuriant où se mélangent les essences des pays méditerranéens et océaniques.

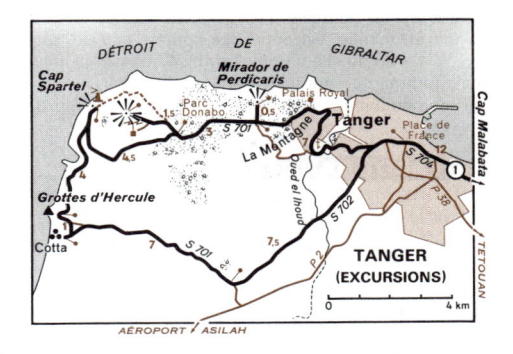

Après avoir dessiné vers la gauche un coude très fermé, la route passe devant l'ancienne résidence des sultans Moulay Abdelaziz et Moulay Hafid *(à droite)* : c'est aujourd'hui le palais d'été de S.M. le roi Hassan II. 2 km plus loin, une route se détache à droite, qui mène (à 500 m) au mirador de Perdicaris d'où l'on jouit d'une **vue*** étendue sur le détroit de Gibraltar et la côte espagnole, en bordure d'un bois de pins magnifiques.

Reprendre la route du cap Spartel. Elle offre de jolies vues sur les collines de la région de Tanger et les sommets du Rif. On y croise des paysannes ployant sous d'énormes fagots.

1 km après l'entrée du parc Donabo, prendre à droite. A 500 m, nouvelle fourche : prendre à gauche en direction du relais radio, puis à droite. On jouit alors, sur quelques centaines de mètres, d'un admirable **panorama**** sur le détroit, le cap Malabata et la chaîne du Rif; par temps clair la vue porte jusqu'aux abords de Ceuta et découvre les côtes d'Espagne, du cap Trafalgar à Gibraltar.

Revenir sur ses pas jusqu'à la route du cap Spartel. Celle-ci descend rapidement vers l'Atlantique — qui ménage, en fin d'après-midi, de beaux effets de contre-jour — et oblique à droite vers le cap Spartel. *Quitter la voiture près du phare sur le rond-point.*

Cap Spartel*. — Ce promontoire marque l'extrême pointe Nord-Ouest du continent africain. On a reconnu en lui le cap Ampelusium — ou cap des Vignes — des Anciens. Ses versants disparaissent sous un épais maquis de cistes et de lentisques qui se couvre de fleurs au mois de mars.

En allant jusqu'au pied du phare, on a une **vue*** étendue qui va du cap tout proche au grand large de l'Atlantique, sillonné de nombreux vaisseaux, et aux côtes espagnoles.

Faire demi-tour. A 300 m, laisser à gauche la route d'arrivée et prendre la direction des grottes d'Hercule. On suit la côte, très rocheuse avec des récifs, en partie colmatée par des plages de sable fin : ce paysage marin ne manque pas de beauté.

Grottes d'Hercule*. — *Visite de 9 h à 18 h. Entrée 1 DH.*

La falaise offre ici de curieuses cavités, avec de nombreuses ramifications, parfois envahies par les eaux. Elles sont en partie naturelles : l'océan a creusé et déchiqueté ces voûtes béantes sur la mer. Mais l'homme est pour quelque chose dans ce travail : dès longtemps — on a trouvé ici des vestiges d'occupation préhistorique — et jusqu'à une époque toute récente, il a exploité le dur calcaire pour en faire des meules.

Reprendre la voiture et continuer la même route. On aperçoit en contrebas, près du rivage, le quadrillage de pierre d'une cité antique exhumée : ce sont les ruines de Cotta. *Prendre la piste à droite, à 500 m des grottes d'Hercule.*

Cotta. — De cet ancien comptoir punique, occupé ensuite par les Romains, on distingue les fondations d'un petit temple et de thermes. Une série de cuves profondes et cimentées attestent qu'il y avait ici, comme à Lixus, une «usine» de conserve de poissons et de fabrication de garum *(voir p. 97)*.

Retourner à la route. 7 km plus loin, prendre à gauche la S 702 qui ramène à Tanger.

Cap Malabata. — *12 km par la S 704. A faire de préférence le matin, la ville de Tanger étant alors mieux éclairée. Sortir par ① du plan.*

La route longe la grève en contournant la baie. Près du phare *(entrée interdite)* une terrasse offre une fort belle **vue*** sur Tanger, «La Montagne», le détroit, l'Atlantique et les côtes d'Espagne.

Pour la visite des souks
il faut se souvenir que de nombreuses boutiques sont fermées le vendredi,
jour plus particulièrement consacré à la prière.

TARMILATE

Carte Michelin n° 169 - centre du pli 16 — 907 h.

En bordure du petit plateau granitique d'Oulmès, aux confins des pays zemmour et zaïane, la station thermale de Tarmilate (**Oulmès-les-Thermes**) se trouve isolée dans une haute région fortement disséquée par un dense réseau de vallées et partiellement encombrée de coulées volcaniques, comme le Jbel Mouchchene, que contourne la S 209. Pays sauvage et boisé que ne dédaigne pas le sanglier, il est bien connu des chasseurs.

La source minérale qui a fait la réputation de la station jaillit à une température de 43°. Mise en bouteille par l'usine de Tarmilate, cette eau pétillante, commercialisée sous le nom d'Oulmès, est appréciée comme eau de table dans tout le pays.

A 1 100 m d'altitude, Tarmilate constitue une étape reposante sur la route directe mais tourmentée qui joint Rabat à Khenifra. De l'esplanade qui avoisine l'hôtel, belle **vue** * sur les ondulations couvertes de chênes-lièges en direction du Moyen Atlas.

TAROUDANNT *

Carte Michelin n° 169 - pli 23 — 22 272 h. — *Lieu de séjour, p. 44 — Souk le jeudi et le dimanche.*

Non loin de l'oued Sous, derrière un double écran de hautes frondaisons et de lourdes murailles, Taroudannt sommeille au pied des monts dont elle commande l'accès : le Haut Atlas au Nord et les sommets brûlés du Sud.

La mise en valeur de la plaine du Sous — où les cultures de primeurs et d'agrumes ont pris un essor spectaculaire — ne paraît guère l'avoir affectée. Mais c'est une des villes les plus caractéristiques et les plus colorées du Sud marocain, mystérieuse et farouche, secrète comme toutes les vieilles cités.

Une histoire mouvementée. — Taroudannt a joué un rôle important dans l'histoire du Maroc : loin du pouvoir impérial elle a tôt affirmé sa personnalité; elle fut le refuge des princes rebelles mais aussi la proie convoitée des tribus du Sud.

En 1056 elle est prise d'assaut par les Almoravides; elle vit un peu en marge sous les dynasties suivantes et fait alors figure de métropole du Sous. L'âge d'or lui vient au 16e s. avec l'avènement des **Saadiens** qui en font pour un temps leur capitale : grande productrice de canne à sucre, de coton, de riz, d'indigo, elle attire les caravaniers.

Volontiers frondeuse, elle paye du massacre de ses habitants, en 1687, la faute d'avoir pris parti pour un rival du terrible Moulay Ismaïl. A la fin du siècle suivant, elle voit le règne éphémère d'un fils de Moulay Abdallah proclamé sultan dans ses murs. Au 19e s. elle est en déclin mais reste un foyer d'agitation contre le pouvoir central; c'est de Taroudannt qu'El Hiba, le «sultan bleu», *(voir p. 158)* mène la lutte après son échec à Marrakech.

■ LE TOUR DES REMPARTS * environ 1/2 h en auto

Partir de la P 32 et suivre la piste qui serre d'assez près l'enceinte.

Les remparts de Taroudannt sont d'épais murs de pisé crénelés et abondamment bastionnés; ils ont plus de 10 m de hauteur. La partie la plus ancienne, due aux Saadiens, entoure la kasba; tout le reste date du 18e s. Ils bénéficient en plusieurs secteurs d'un environnement de verdure remarquable qui contribue à les mettre en valeur : oliviers géants, magnifiques eucalyptus, bouquets de palmiers, grenadiers.

Il faut faire cette promenade de préférence le soir, lorsque la muraille rougeâtre s'anime au soleil couchant, ou même au clair de lune. Le long du mur Nord, près de Bab el Khemis, sur une esplanade réservée au souk se tient pendant 15 jours d'avril, lorsque les orangers sont en fleurs, une foire artisanale rehaussée de manifestations folkloriques.

■ PROMENADE DANS LA VILLE * durée : 1 h

Entrer par l'avenue à double voie qui s'embranche sur la P 32 et longe le mur Sud de la kasba.

On traverse une place où se dresse, au fond à gauche, Dar el Baroud *(on ne visite pas)* palais des pachas de Taroudannt construit en 1909. Continuer tout droit pendant 300 m, puis tourner à gauche en direction de la place Talmoklate.

Partout des rues étroites au tracé capricieux, courant entre de modestes bâtisses dont les étages ou les terrasses débordent parfois en encorbellement. Par dessus les murs de pisé, des palmiers balancent leur feuillage : car la ville est aérée et les jardins y tiennent plus de place que les maisons. Si le costume des hommes est ici varié, celui des femmes est uniforme : vêtues de noir elles mettent leur élégance discrète dans de savants drapés.

Garer la voiture sur la place Talmoklate. Prendre à l'angle Nord-Ouest, la ruelle très animée qui mène à la place Assarag.

Place Assarag. — Cette place étroite, rendez-vous des badauds et des amuseurs publics (conteurs, charmeurs de serpents, acrobates) est bordée par les souks.

Souks. — Les souks de Taroudannt sont peu étendus mais très vivants, en partie ombragés par des claies. Passée la petite place rectangulaire qui regorge de marchandises (cuivres, tapis, sacoches berbères, peaux de moutons), on atteint le **souk des bijoutiers et antiquaires** *.

Gaulage des figues de Barbarie.

★ TAROUDANNT

Ici comme à Tiznit c'est le domaine des bijoux d'argent. Mais à côté de la production actuelle, de facture un peu fruste, on pourra voir de très belles pièces anciennes (bracelets en particulier) beaucoup plus élaborées. Toutes sortes d'objets anciens sont vendus dans ce quartier : certains sont d'un prix élevé, comme ces fusils dont les crosses sont de véritables œuvres d'art, mais il en est de plus abordables et fort curieux comme des lampes à huile juives en bronze, des candélabres de cuivre.

On remarquera une production spéciale du pays : de petits objets en **« pierre de Taroudannt »**. Il s'agit d'un calcaire assez tendre, gris et rose, provenant des montagnes voisines, et qui se prête à la décoration au poinçon.

Revenir à la place Talmoklate.

Le retour en voiture permettra de voir au passage la Grande Mosquée dont le **minaret** ocre est sculpté en nid d'abeilles et décoré de panneaux de céramiques.

EXCURSION

Tioute★. — *37 km au Sud-Est par la P 32. Au bout de 8 km prendre à droite la route 7025.*
On traverse à gué l'immense lit de l'oued Sous (presque à sec une grande partie de l'année). Sur la rive opposée se dressent les ruines de la **kasba de Freija** qui commandait ce passage. Par une forêt maigre d'arganiers où paissent chèvres et chameaux, on atteint la piste de Tioute *(plaque indicatrice).*

Elle se dirige vers les premières pentes de l'Anti-Atlas au pied desquelles la grande **palmeraie de Tioute** groupe plusieurs villages dominés par une kasba dont les ruines ont encore fière allure.

*Au bout de 5 km de piste, 2 bornes en ciment marquent un carrefour. Tourner à gauche. 500 m plus loin laisser à droite la piste qui mène à un village et monter vers la **kasba** qu'on aperçoit juchée sur un contrefort de la montagne. Cette piste se termine sur une terrasse qui longe la kasba.*

De là, on appréciera la **vue★** : au premier plan sur les villages de terre rouge noyés dans la verdure, puis sur la palmeraie ; au-delà s'étend la plaine du Sous (sur la gauche, entre deux buttes, on distingue Taroudannt) et par temps clair on aperçoit le Haut Atlas.

Revenir sur ses pas. A 500 m une piste à gauche descend vers les villages.

En empruntant cette piste on traversera deux villages *(souk le mercredi)* avant de rejoindre l'itinéraire de l'aller.

TAZA ★

Carte Michelin n° **169** - plis 18 et 4 — 55 157 h.

Véritable citadelle bâtie à l'extrémité d'un plateau escarpé, la médina de Taza commande le couloir montagneux qui sépare le Rif du Moyen Atlas et fait communiquer les steppes du Maroc oriental avec les plaines fertiles du Maroc atlantique.

Son site remarquable, l'animation de ses souks et la vue étendue que l'on a de ses remparts justifient sa visite.

La « trouée de Taza ». — Seul passage facile d'Est en Ouest la « trouée de Taza » fut de tout temps un couloir d'invasion pour l'Afrique du Nord. Les Romains, les Arabes l'empruntèrent ; maintes fois elle vit le flux et le reflux des conquérants berbères. Dès le 10ᵉ s. les Meknassa *(voir p. 109)* bâtissent à l'entrée de cet important couloir un couvent fortifié, destiné à barrer la route aux envahisseurs venant de l'Est. Tombée aux mains des sultans dès le siècle suivant, Taza devient une puissante citadelle : elle sera désormais une pièce maîtresse entre les mains des différentes dynasties : « Lorsqu'on a pris Taza, on finit toujours par avoir Fès », disait-on couramment dans le pays.

Au milieu du 17ᵉ s. des conquérants arrivent du Tafilalt. On les dit originaires d'Arabie, descendants de Mahomet et grands faiseurs de miracles : ce sont les Alaouites. Ils enlèvent Fès, forcent la « trouée », prennent Fès et fondent la dynastie qui règne encore aujourd'hui sur le Maroc.

Bou Hamara, le « rogui ». — Ce notable occupait, à la fin du 19ᵉ s., un poste à la cour du sultan. Accusé d'intrigues, il fut emprisonné puis exilé en Algérie. Quelques années plus tard, ayant mûri sa vengeance, notre homme revient au Maroc sous les apparences d'un pieux voyageur. Il se fait passer pour chérif et acquiert bientôt, dans le Maroc oriental, un grand renom de sainteté.

Profitant de l'impopularité d'Abdelaziz, il prêche la révolte contre le souverain qui pactise, dit-il, avec les Chrétiens. Les tribus de la montagne, toujours prêtes à se dérober à l'impôt, lui apportent leur appui, et prononcent la prière en son nom. Taza devient la capitale de Bou Hamara, le « rogui » (prétendant au trône).

A la tête des tribus rebelles, Bou Hamara tient pendant sept ans les troupes régulières en échec. En 1909, il est sur le point de triompher mais Moulay Hafid, qui vient de succéder à son frère, engage contre lui une lutte acharnée. Les partisans du rogui sont vaincus et les prisonniers traités avec une rare cruauté. Bou Hamara lui-même est capturé et ramené à Fès dans une cage où on l'expose, sur le méchouar, aux quolibets de la population, jusqu'à ce que le sultan le fasse jeter en pâture aux lions de sa ménagerie.

Taza la farouche. — Ce long passé tumultueux et sa position stratégique exceptionnelle ont valu à la ville une vocation militaire qu'atteste encore son allure d'acropole. Ceinturée de vieilles murailles, « Taza la farouche » a gardé une certaine âpreté.

A ses pieds, une ville nouvelle est née au 20ᵉ s., à proximité de la route et de la voie ferrée qui relient Fès à l'Algérie. Ville de garnison mais aussi chef-lieu de province, Taza a conservé ses activités traditionnelles d'artisanat et de gros marché agricole.

147

TAZA MÉDINA

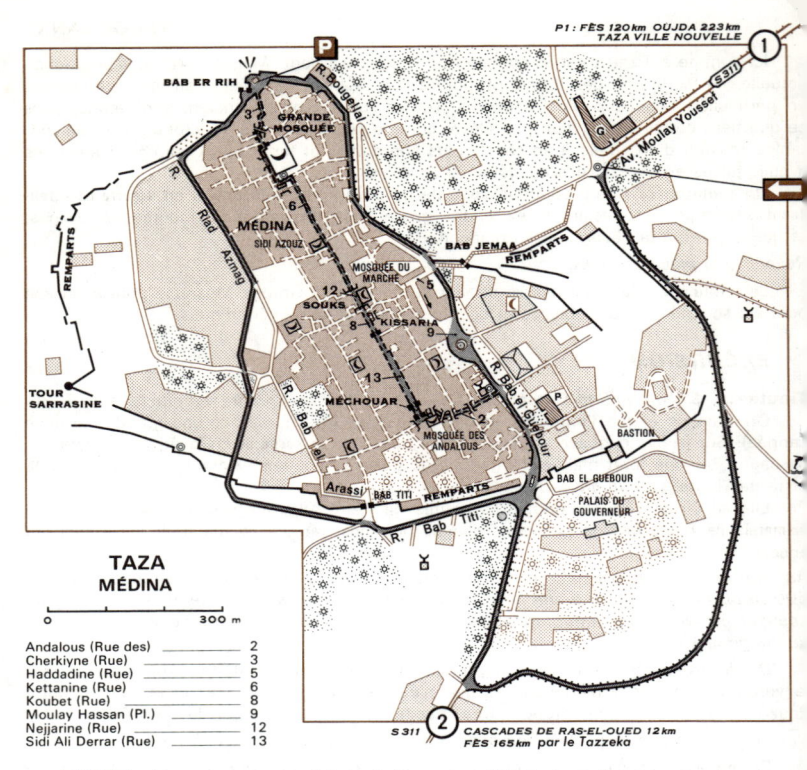

Andalous (Rue des)	2
Cherkiyne (Rue)	3
Haddadine (Rue)	5
Kettanine (Rue)	6
Koubet (Rue)	8
Moulay Hassan (Pl.)	9
Nejjarine (Rue)	12
Sidi Ali Derrar (Rue)	13

VISITE *1/4 h en auto plus 1 h à pied — suivre l'itinéraire indiqué sur le plan*

Remparts. — Longs de près de 3 km, souvent construits sur le rebord même du plateau ils sont l'œuvre d'Abd el Moumen, sultan almohade du 12ᵉ s., mais furent plusieurs fois remaniés. Au rond-point de la Gendarmerie, l'escalier qu'on a devant soi mène à Bab Jemaa, entrée principale de la ville. A l'angle Sud-Est de celle-ci apparaît le **Bastion,** solide édifice carré bâti par les Saadiens au 16ᵉ s. pour renforcer de ce côté la défense de la ville. A partir de Bab el Guebour (la porte n'existe plus) on longe de près les remparts qu'on franchit à l'Ouest de Bab Titi : ici la muraille a été doublée au 14ᵉ s. et se termine en bordure du plateau par la **« tour sarrasine »,** semi-circulaire, d'époque almohade.

Toutes ces murailles, dans leur cadre montagneux, ont une espèce de grandeur sauvage, qu'on retrouve, plus forte encore, à Bab er Rih.

Garer la voiture sur l'esplanade et continuer la visite à pied.

Bab er Rih. — C'est la «porte du Vent», le vent d'Ouest qui s'engouffre dans la trouée de Taza. Près de cette barbacane on a une **vue**★ très étendue : à l'extrême gauche, les pentes boisées de jbel Tazzeka; devant soi, au-delà de l'oued Taza, des jardins étagés puis les collines dénudées qui épaulent le Rif, en proie au ravinement; à droite la ville neuve de Taza dans son parc de verdure avec le Rif dans le lointain.

Emprunter l'étroite ruelle qui monte vers la Grande Mosquée.

Médina★. — Fondée en 1135 par Abd el Moumen, la **Grande Mosquée** *(entrée interdite aux non-musulmans)* fut agrandie au 13ᵉ s. sous les Mérinides. Contournant le sanctuaire par la droite on en voit plusieurs portes richement décorées avant d'atteindre une longue rue rectiligne qui est l'artère principale de la médina. De chaque côté le silence plane sur des maisons bourgeoises dont les rares fenêtres parfois surmontées d'un auvent, montrent des grilles ouvragées; de vieux linteaux de cèdre sculpté ennoblissent les portes cloutées et peintes de couleurs vives. Au-delà de la petite mosquée de Sidi Azouz (12ᵉ s.) on entre dans le quartier des souks, dominé par le curieux minaret de la mosquée du Marché.

Souks. — C'est dans les **souks,** partiellement couverts de maçonnerie, de treilles ou de roseaux, que Taza a le mieux conservé son caractère de cité berbère; on y voit notamment les nattes et les tapis fabriqués dans la montagne voisine par la tribu des Beni Ouarain. En tournant à gauche après la mosquée du Marché, on entre dans la **kissaria.**

Plus loin la rue s'élargit, et débouche sur un **méchouar** où le «rogui» recevait ses fidèles. *Tourner à gauche au fond du méchouar.*

Plusieurs passages sous voûtes contournent la **mosquée des Andalous** (minaret du 12ᵉ s.); par la rue des Andalous on parvient (à gauche) à la place Moulay Hassan. *Continuer tout droit et, par la rue Bougellal, revenir à Bab er Rih.*

★★ RÉGION DU TAZZEKA

Circuit de 123 km en auto — 1/2 journée — se munir d'une lampe-torche

La région du Tazzeka, extrémité Nord-Est du Moyen Atlas, comprend deux paysages différents. Au Sud-Ouest de Taza s'étend une zone de plateaux qui représentent les particularités des pays calcaires telles que gouffres, grottes, circulation souterraine des eaux, résurgences... Au-delà s'élève le petit massif du Tazzeka constitué de schistes primaires soulevés à l'ère tertiaire. L'itinéraire proposé ci-après traverse chacun de ces paysages.

★ TAZA

Quitter Taza par ② du plan. La route s'élève rapidement en dégageant de belles **vues** ★ sur Taza, oasis de verdure sur un fond de collines dénudées et ravinées, puis remonte la vallée encaissée de l'oued Taza.

Cascades de Ras-el-Oued ★. — La route en corniche les surplombe — elles sont abondantes de novembre à mai — et parvient à la source qui s'écoule parmi les frênes, les cerisiers et les oliviers. Il s'agit d'une résurgence des eaux absorbées par les terrains calcaires qui la dominent.

La montée continue, assez rude, dans un paysage rocheux parsemé d'oliviers et de chênes-verts offrant encore quelques belles **vues** sur Taza et son site.

Daïa Chiker. — Après avoir franchi le col de Sidi Mejbeur (1 198 m) on débouche sur une vaste dépression à fond à peu près plat : la daïa Chiker. On a sous les yeux un poljé, c'est-à-dire une énorme doline (dépression fermée résultant de la désagrégation de la roche calcaire par des eaux chargées de gaz carbonique. Le lac (daïa) qui occupe une partie du poljé est en relation avec le réseau souterrain et sa surface varie selon les saisons en fonction du niveau de la nappe d'eau souterraine.

Sur le bord Nord de la daïa, à gauche en contrebas d'une maison cantonnière, s'ouvre l'entrée des **grottes du Chiker**. Un aven de 70 m de profondeur communique avec les grottes où coule une rivière souterraine d'environ 5 km. *Ces grottes ont été explorées mais ne sont pas accessibles aux touristes.*

Poursuivre la S 311 qui épouse le bord occidental du poljé. A 3 km des grottes du Chiker, prendre à droite la petite route qui monte vers le Friouato, 900 m plus loin.

Gouffre du Friouato ★. — *3/4 h AR par un escalier. Gardien sur place la plus grande partie de l'année. Lampe-torche indispensable.*

« Le Gouffre du Friouato, écrivait Norbert Casteret, nous révèle la surprise d'une descente relativement facile dans un abîme qui est à notre avis le plus beau qui se puisse contempler, car il a un diamètre considérable et il règne jusqu'à cette profondeur un demi-jour étrange du plus saisissant effet. L'impression de profondeur est de ce fait écrasante et l'on se sent infiniment petit au pied de ses murailles cyclopéennes. »

A 100 m de profondeur le gouffre est tapissé par un cône d'éboulis qui s'abaisse jusqu'à l'entrée de grottes composant plusieurs « salles » où l'on peut apercevoir d'impressionnantes stalactites et stalagmites et de curieuses concrétions en forme de draperies.

Revenir à la S 311. Celle-ci quitte bientôt la dépression du Chiker et s'élève jusqu'au petit centre estival de **Bab-Boudir**, où l'on prendra la direction de Bab-Azhar. On abandonne alors les plateaux calcaires pour la région schisteuse du Tazzeka où le chêne-vert fait place au chêne-liège. Au col de Bab-Taka, belle **vue** à gauche sur le Moyen Atlas.

Jbel Tazzeka ★★. — Peu après Bab-Taka, une haute borne signale une fourche : la piste de droite monte jusqu'au sommet du Tazzeka. *Cette piste praticable pendant la saison sèche, présente quelques passages dangereux; toutefois les conducteurs expérimentés seront payés de leur peine par les vues admirables qu'offre cette ascension.*

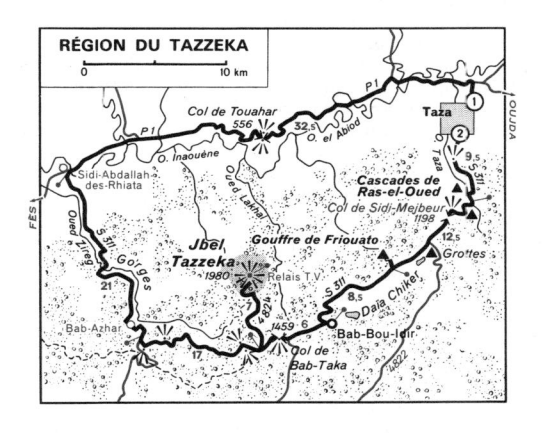

Au bout de 6 km on trouve une fourche : prendre la piste de gauche. Après avoir contourné une butte dénudée, on atteint les premiers cèdres en débouchant face au Tazzeka dont le sommet se signale par un relais de télévision. Nouvelle fourche : prendre à droite la piste qui s'élève parmi les cèdres et les chênes-verts. *Laisser la voiture près du relais de télévision et monter sur la plate-forme au pied du pylône.*

L'altitude (1 980 m) permet de jouir d'un vaste **panorama** ★★. Au Nord, les croupes boisées du Tazzeka dévalent vers la dépression Fès-Taza, tandis qu'au-delà la haute barrière du Rif ferme l'accès de la Méditerranée. Au Sud-Est et au Sud, c'est toute la partie orientale du Moyen Atlas qui apparaît avec les plus hauts sommets du jbel bou Iblane couverts de neige une bonne partie de l'année.

Revenir à la S 311 qu'on prendra à droite. La descente vers Bab-Azhar se fait à travers une épaisse forêt de chênes-lièges agrémentée d'abondantes fougères. La route, souvent en corniche au-dessus de vallons encaissés, offre de belles **vues** tantôt sur le Tazzeka, tantôt sur d'autres alignements boisés du Moyen Atlas.

Gorges de l'oued Zireg. — Après Bab-Azhar la route, désormais goudronnée, rejoint la vallée de l'oued Zireg qui se fraie un chemin à travers de hautes falaises rouges en direction de l'oued Inaouène.

A Sidi-Abdallah-des-Rhiata, prendre à droite la P 1 qui ramène à Taza par le col de Touahar d'où l'on a une **vue** étendue sur les croupes pelées des collines prérifaines au Nord et le Tazzeka au Sud.

*Les **Cartes Michelin** sont constamment tenues à jour.*

149

TETOUAN ★★

Carte Michelin n° 169 - plis 6, 7 — 139 105 h.

Toute blanche, s'étirant en arc de cercle autour des dernières pentes du **jbel Dersa** Tetouan domine, face à un très beau décor de montagnes, la fertile vallée de l'oued Marti à l'endroit où celle-ci se resserre entre deux massifs.

Certains voient, à l'origine du nom de Tetouan, le mot berbère «Tit 'ta 'ouin», «les sources», auxquelles la ville doit son cadre de verdure, ses nombreuses fontaines, et ses jardins fleuris.

Sa médina a subi l'assaut de la ville moderne qui à l'Ouest et au Sud-Ouest de la cité ancienne s'ordonne en un quadrillage régulier autour de la place de Muley el Mehdi.

Ancienne capitale des territoires relevant de l'Espagne *(voir p. 15)*, Tetouan est restée le centre administratif du Rif occidental. Au contact d'une région céréalière et d'une zone de collines où domine l'arboriculture, elle connaît une activité commerciale intense. Ville traditionnelle, elle s'est de longue date illustrée dans la fabrication des armes, tout particulièrement des fusils, et ses coffres sont célèbres, au même titre que sa broderie exécutée au point plat où dominent les motifs floraux.

Enfin, Tetouan, qui possède deux écoles d'artisanat, un conservatoire de musique, une riche bibliothèque et deux musées, est comme Fès, Rabat et Salé, une ville **«hadriya»** c'est-à-dire une ville de bourgeoisie à longue tradition urbaine, et un foyer culturel.

UN PEU D'HISTOIRE

La première Tetouan. — En 1307, un sultan mérinide entreprit de faire édifier une ville forte sur l'emplacement de l'actuelle Tetouan. D'abord peuplée de soldats, la ville se transforma rapidement en un nid de corsaires; ces derniers ne tardèrent pas à rivaliser d'audace avec ceux d'Alger et de Bougie et finirent par attirer la riposte des Espagnols; en 1399, une escadre envoyée par le roi Henri III de Castille détruisit Tetouan de fond en comble, tuant la moitié de la population, emmenant le reste en captivité.

Résurrection. — Un siècle plus tard Tetouan renaît de ses cendres.

La chute de Grenade qui, en 1492, marque la fin de la Reconquête de l'Espagne du Sud par les «Rois Catholiques», chasse vers le Maroc des milliers d'émigrés, juifs et musulmans, qui s'installent sur les ruines de l'ancienne cité mérinide. C'est ainsi que, sous le commandement d'un capitaine venu de Grenade, la nouvelle ville s'entoure de remparts, redevient un centre prospère et un repaire de pirates.

Dès lors, sous l'impulsion de ces «Andalous», dont l'afflux vers le Maghreb va se poursuivre jusqu'au 17e s., et qui donneront à plusieurs villes du Nord du Maroc une empreinte toute particulière, Tetouan ne va cesser de s'étendre et de s'enrichir.

Avec Moulay Ismaïl, qui préfère à la «course» les échanges commerciaux, elle s'épanouit encore; le négoce, tourné vers l'Occident, devient pour un temps l'activité principale de Tetouan dont le port situé à l'embouchure de l'oued Martil, est vers la fin du 17e s., le plus actif du Maroc avec celui de Salé.

Le retour des Espagnols. — Au 19e s., Tetouan fut l'enjeu de la lutte d'influence que se livraient, en Afrique du Nord, l'Espagne et l'Angleterre. En 1860, les Espagnols enlevèrent la ville; le sultan dut s'engager à verser à l'Espagne une très lourde indemnité de guerre, Tetouan servant de caution. Les Espagnols espéraient ainsi demeurer à Tetouan fort longtemps. Mais, c'était compter sans l'Angleterre qui consentit un prêt au sultan. La ville redevint donc marocaine, mais cette affaire pesa lourd sur la situation financière du Maroc pendant près d'un quart de siècle. Les Espagnols s'installèrent à nouveau à Tetouan en 1913, après la signature de la Convention de Madrid.

■ LA MÉDINA ★★ *2 h à pied*

Partir de la **place Hassan II** *(BZ), située au carrefour de la médina, du mellah et de la ville moderne. Dans l'angle Est de la place, une porte s'ouvre sur la rue Ach Ahmed Torrès, qui donne accès à la médina.*

La médina de Tetouan a conservé des réminiscences andalouses qui font d'elle la plus hispano-mau-

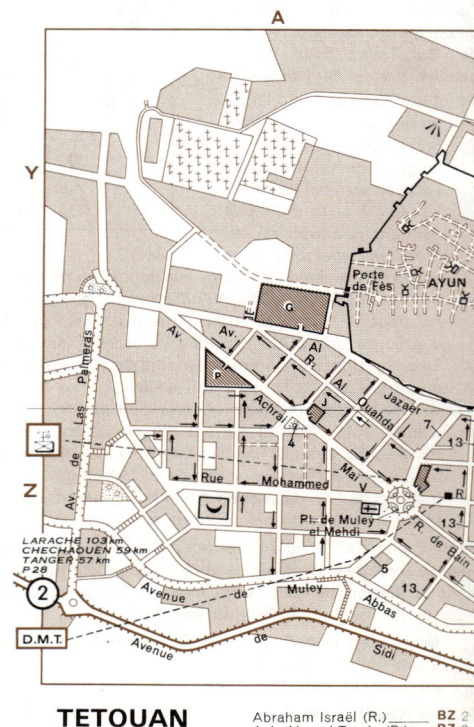

TETOUAN

0 _____ 200 m

Hassan II (Pl.)	BZ
Mohammed V (R.)	ABZ
Muley el Mehdi (Pl. de)	AZ
Abraham Israël (R.)	BZ 2
Ach Ahmed Torrès (R.)	BZ 3
Al Hadala (Pl.)	AZ 4
Al Horuba (Av.)	AZ 5
El Saffaïn (R.)	BZ 6
Emhamad Benabud (Av.)	AZ 7
Mexuar (R. de)	BYZ 10
Youssef ben Tachfine (Av.)	AZ 13

★★ TETOUAN

esque des villes du Maroc. De cette influence de l'Espagne, on trouve encore maints témoignages, au hasard des ruelles, notamment dans l'ornementation en fer forgé qui donne un relief à la blancheur lisse des façades.

A l'extrémité de la rue Ach Ahmed Torrès, tourner à gauche.

Souk El Hots (BZ). — C'est une délicieuse place à laquelle son exiguïté, ses arbres, son pavement de larges dalles irrégulières, ses étalages de poteries aux chaudes couleurs, donnent un air bon enfant. Adossée à un ancien borj, elle est dominée par une belle tour polygonale surmontée de fins merlons.

Un passage sous voûte s'ouvrant sur la place, à droite, permet de franchir la muraille.

Par une ruelle tortueuse et après plusieurs passages voûtés, on atteint la rue El Saffaïn, à gauche, qui débouche sur la Guersa El Kebira.

Guersa El Kebira (BZ). — Cette place est le domaine des marchands de tissus et de vêtements. Dans les minuscules boutiques qui l'entourent, s'entassent les pièces d'étoffes et les djellabas. Au milieu de la place, des femmes rifaines, vêtues de leur costume *(voir p. 31)*, sont assises derrière des étalages où on reconnaît les coupons de tissu rayé rouge, blanc et bleu qui constituent la célèbre «fouta».

Revenir sur ses pas dans la rue El Saffaïn, puis tourner à gauche.

Place de l'Usàa (BCY). — Avec son sol pavé, ses maisons blanches à créneaux, ses portes peintes surmontées d'auvents, sa fontaine ornée de mosaïques, et son rosier en treille, elle forme un tableau charmant.

En empruntant le passage sous voûte qui se trouve à l'autre extrémité de la place, et en tournant ensuite à gauche, on parvient à la rue El Jarrazin, quartier des souks.

Souks★★ (BY). — Les souks de Tetouan rivalisent d'intérêt avec ceux de Meknès et de Fès. Le quartier des fabricants de djellabas, celui des artisans du cuir, celui des tanneurs et surtout celui des menuisiers (tout égayé de coffres en bois peint, extrêmement colorés et à dominante rouge, spécialité de Tetouan), sont des plus pittoresques.

Zaouïa des Derkaoua. — *Entrée interdite aux non-musulmans.*

Arrivé sous la porte de Ceuta, en se retournant, admirer, dans l'encadrement de son arc outrepassé, le joli tableau formé par la porte sculptée de la zaouïa des Derkaoua qui domine la rue de quelques marches.

Revenir sur ses pas et, à une fourche, prendre à droite.

Souk el Foki. — Cette place longue et étroite est bordée de boutiques qu'abritent de rudimentaires auvents. C'est aussi la «place au pain»; en son milieu sont dressés les étals où s'entassent les miches rondes et plates qui y font flotter tout le jour une odeur délicieuse. Assises devant des coupelles et des flacons remplis de poudres colorées des femmes

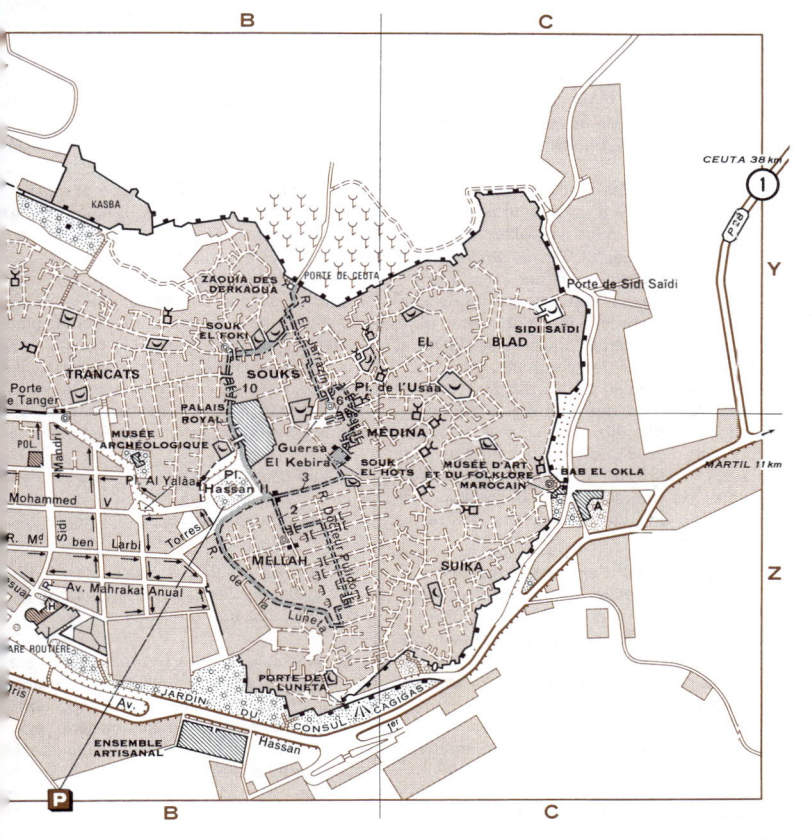

TETOUAN★★

proposent à la coquetterie des citadines de mysterieux produits de beauté. Et, avec un peu de chance, on pourra admirer l'adresse de l'arracheur de dents qui, soucieux de publicité, expose ses instruments et les objets de son labeur.

Au fond de la place, tourner à gauche pour revenir vers la place Hassan II.

Palais Royal★ (BYZ). — *On ne visite pas actuellement.*

Bâti au 17e s., il fut agrandi au début du 20e s. Malgré d'importants travaux de restauration il reste un beau reflet des splendeurs de l'art hispano-mauresque.

Les appartements s'ordonnent autour d'une cour à galeries soutenues par des piliers habillés de zelliges. Du plafond pend, au-dessus d'une petite vasque de marbre blanc, un énorme lustre.

Au rez-de-chaussée, à droite, un salon présente une somptueuse décoration de stucs et de zelliges, et un beau plafond en bois peint. Face à l'entrée, une petite pièce tapissée de fins zelliges que couronne une dentelle de stucs en stalactites sert d'écrin au trône surmonté d'un dais de velours brodé d'or. A gauche, le salon d'été.

Au 1er étage, remarquer la belle décoration du plafond de la salle-à-manger.

■ AUTRES CURIOSITÉS

Mellah (BZ). — *Prendre dans l'angle Est de la place Hassan II, à droite de la porte qui donne accès à la médina, la rue Abraham Israël.*

Les rues rectilignes passent, par endroits, sous des arceaux tendus entre de hautes maisons dont les fenêtres s'abritent, à la manière espagnole, derrière des grilles en fer forgé.

Musée archéologique★ (BZ). — *Visite de 8 h 30 à 12 h et de 14 h 30 à 18 h. Fermé le mardi et les jours de fête.*

Dans le jardin, sont exposés des amphores, des stèles portant des inscriptions phéniciennes, romaines, ou islamiques, des mosaïques à motifs géométriques provenant de Lixus *(voir p. 97)*, des moulins à huile ou à blé.

Dans le vestibule, deux grandes mosaïques découvertes à Lixus représentent, l'une les Trois Grâces, l'autre Bacchus enfant.

Au rez-de-chaussée (1re salle à droite), vitrine contenant des objets d'époque romaine retrouvés dans la région d'Asilah; la salle suivante est consacrée à la préhistoire : on remarque une maquette du cromlech de M'Soura *(p. 119)*. La salle qui s'ouvre sur le côté gauche du vestibule renferme des mosaïques provenant de Lixus : Vénus et Adonis, et le dieu Mars avec Rhea Silvia (mère de Remus et de Romulus); dans les vitrines, sont présentés des vases romains en argent ou en verre et des objets servant à la toilette, des aiguilles à coudre, des boutons.

Au 1er étage, sont rassemblés des fragments de céramique de type ibérique, des brûle-parfums d'époque gréco-punique (4e au 1er s. avant J.-C.), une collection de poids romains deux vitrines contiennent des bijoux et de nombreuses lampes à huile. Remarquable collection de pièces de monnaie datant en majorité du Bas-Empire; quelques-unes remontent à l'époque de la République et du Haut-Empire (Claude, Domitien). La plupart de ces objets proviennent des fouilles de Tamuda (site romain proche de Tetouan).

Musée d'Art et du Folklore marocain★ (CZ). — *Visite de 8 h 30 à 12 h et de 14 h 30 à 18 h. Fermé le mardi et les jours de fête.* Accès par **bab El Okla**, belle porte flanquée d'un bastion à plusieurs pans couronné de merlons. *Tourner aussitôt à gauche dans une rue en escaliers. L'entrée du musée se trouve un peu plus haut à gauche, dans un recoin.*

Dès le hall, des instruments de musique (castagnettes, tambours, harpe et guitares anciennes) rappellent qu'à Tetouan se perpétue la tradition de la musique «andalouse» *(voir p. 32)*. Remarquer des vases de Tetouan, aux beaux tons de vert, de jaune et de bleu et aussi des poteries de Fès et de Safi (décoration représentant des bateaux).

Autour du jardin court une jolie galerie à arcades sur laquelle s'ouvrent plusieurs salles Dans la 1re à droite, a été reconstitué un coin de cuisine, avec sa cheminée, ses ustensiles utilisés dans la confection du couscous ou dans la préparation du thé, et ses grands plats à couscous en poterie vernissée de Tetouan, aux merveilleux tons de vert. Dans une autre salle, sont exposés des poignards fabriqués à Tetouan, des fusils de fantasia et des selles de chameau brodées de fils d'argent et d'or. Une partie du musée est consacrée aux costumes et à la vie des montagnards; on peut voir de beaux sacs en cuir frangé avec des incrustations de cuirs multicolores, d'énormes bijoux en argent, en cuivre, en bronze, et la reconstitution d'une chambre nuptiale.

Au 1er étage, on admire des tissus brodés; dans un couloir sont exposés de très beaux costumes de mariée (costume andalou à droite en entrant; au milieu costume de mariée juive). Dans une vaste salle, ont été reconstituées les principales pièces d'un riche intérieur marocain.

École de métiers d'arts traditionnels (CZ A). — *Visite de 8 h 30 à 12 h et de 14 h 30 à 18 h. Fermé le mardi et les jours de fête. Du 1er juillet au 30 septembre, période de vacances, l'école reste ouverte mais on ne peut voir travailler que quelques élèves.*

Créée en 1925, elle groupe près de 350 élèves.

On visite l'atelier de tapis; d'autres ateliers sont spécialisés dans la broderie, la céramique, la gravure sur métaux, la dinanderie, la ciselure des armes, la reliure, le travail de «broderie» sur cuir. Les ateliers de tissage de tentures occupent une place importante L'une des sections les plus intéressantes est celle où l'on travaille le bois : menuiserie, peinture sur bois selon des dessins géométriques extrêmement compliqués aux couleurs très vives, et surtout sculpture de pièces remarquables, comme les stalactites *(voir p. 20)*.

Au rez-de-chaussée, dans un salon qui s'ouvre face à la porte d'entrée, sont exposées les plus belles réalisations des élèves.

★★ TETOUAN

Mosquée de Sidi Saïdi (CY). — *Entrée interdite aux non-musulmans.*
Elle abrite le tombeau du patron de Tetouan. Ses portes ouvragées et ses deux coupoles blanches sont dominées par un charmant **minaret**★ décoré de faïences émaillées.

Porte de Luneta (BZ). — Des abords de cette porte, on découvre une belle **vue** sur la vallée de l'oued Martil et son arrière-fond de montagnes. On domine le **jardin du Consul Cagigas**, orné, à la mode andalouse, de kiosques et de miroirs d'eau.

Ensemble artisanal (BZ). — Centre de fabrication, d'expédition et de vente.

Point de vue★ **sur la ville** (AY). — *Accès en voiture, par une rue en montée qui s'embranche sur l'avenue Al Jazaer, à l'Ouest de la gendarmerie.*
D'une esplanade située au Nord de l'agglomération, on découvre une belle vue sur la médina, la ville nouvelle, sur la vallée de l'oued Martil et les montagnes du Rif.

LE CROISSANT RIFAIN ★

Martil. — *11 km à l'Est.* C'est la plage traditionnellement fréquentée par les habitants de Tetouan. De la route qui y conduit, on a une bonne vue d'ensemble sur la ville et son site.

Du Cabo Negro à Smir-Restinga. — Au Nord du Cabo Negro, sur une quinzaine de kilomètres, clubs de vacances, établissements dépendant de grandes chaînes hôtelières et villages touristiques, se succèdent de façon presque ininterrompue, offrant l'agrément de leur confort, de leurs installations sportives, et de leurs distractions *(voir p. 44).*

La douceur du climat, la beauté des longues plages de sable doré, et le souci esthétique qui a présidé à la plupart de ces réalisations, font de cette côte l'un des pôles d'attraction du tourisme marocain et international.

Le **Cabo Negro** (situé un peu à l'écart de la route Tetouan-Ceuta) a gardé sa beauté sauvage, malgré l'implantation d'ensembles touristiques.

Mdiq étage harmonieusement ses bungalows modernes, au-dessus d'un petit port de pêche.

Smir et Restinga, de construction récente, forment une seule station.

TINERHIR ★★

Carte Michelin n° **169** - pli 26 — Schéma p. 93 — 3 361 h. — *Souk le lundi.*

A l'endroit où l'oued Todra, descendu du Haut Atlas, oblique brusquement vers l'Est, s'étend l'**oasis** de Tinerhir, célèbre pour sa palmeraie et sa myriade de ksour et de kasbas. C'est l'une des plus belles et des plus vastes du Maroc; l'une des plus denses aussi en végétation.

La ville, ancien poste militaire sur la route d'Ouarzazate à Ksar-es-Souk, est bâtie en terrasses autour d'une butte que dominent le Grand Hôtel du Sud et un ancien château du Glaoui *(voir p. 156).*

Tinerhir est l'une de ces bourgades du Sud où se fabriquent des bijoux berbères en argent ou autres métaux moins nobles.

Points de vue★ **sur l'oasis.** — Vue de la terrasse du Grand Hôtel du Sud, l'oasis déploie sa vaste étendue cultivée, morcelée en petits jardins, en vergers, en minuscules champs; au-delà, c'est la ligne plus grise des palmiers; enfin, ceinturant la palmeraie et dressée en arc de cercle à la limite des plateaux désertiques, la longue suite des ksour ferme l'horizon.

Les terrasses du **palais du Glaoui** — tout proche de l'hôtel — offrent une perspective très différente. Cette ancienne demeure seigneuriale est très délabrée intérieurement et ses terrasses sont par endroits effondrées *(se faire accompagner).* De là, la vue plonge vers le Nord et l'entaille des gorges du Todra. Au-dessus de l'ondoiement des palmiers émergent des kasbas.

EXCURSIONS

Gorges du Todra★★. — *Au Nord-Ouest de Tinerhir — 15 km, dont 6 km de piste (plusieurs passages à gué) — puis environ 1/4 h de marche AR. Avant de partir, se renseigner à Tinerhir sur le niveau de l'eau dans les gorges.*
En sortant de l'agglomération (direction de Ksar-es-Souk) prendre une petite route qui s'amorce sur la P 32 à gauche, juste avant de franchir le radier sur l'oued Todra.

Gorges du Todra.

Le Todra a dû, pour s'échapper de la montagne et arriver jusqu'aux plateaux, se frayer un passage à travers des massifs calcaires par des gorges d'une exceptionnelle beauté.

La route longe la rive droite de l'oued dont le lit est occupé par une immense palmeraie. Sur l'autre rive, des kasbas montent la garde au pied de falaises arides.

Après la source «des poissons sacrés» *(à une dizaine de km de Tinerhir),* la piste pénètre dans les gorges, et la vallée se resserre jusqu'à n'être plus qu'un défilé extrêmement étroit, d'une impressionnante hauteur.

TINERHIR★★

Au niveau de l'«hôtel-restaurant Yasmina», la piste carrossable se termine. On peut, en période sèche, continuer à pied *(environ 1/4 h AR)* jusqu'à l'élargissement du canyon, en remontant le lit caillouteux de l'oued qu'animent les populations locales et qu'empruntent une partie de l'année les montagnards pour se rendre à Tinerhir.

Promenade dans la palmeraie★. — Durée : environ 1 h 1/2, en voiture (guide conseillé). Ce petit circuit — pour lequel il ne peut être recommandé d'itinéraire précis — se déroule au Sud-Est de Tinerhir, dans la direction de Tagoumast et emprunte des pistes assez mauvaises, praticables seulement lorsque le sol est sec; on regagnera la ville par la route P 32 venant de Ksar-es-Souk.

Cette flânerie dans la palmeraie de Tinerhir permet de traverser de nombreux ksour. On peut aussi voir quelques potiers.

L'afflux de touristes rend parfois aléatoire
l'hébergement dans les petites villes marocaines;
ne prenez pas la route sans avoir retenu par avance votre chambre
ou téléphoné pour prévenir de votre arrivée.

TIZI-N-TEST (Route du) ★★
Carte Michelin n° 169 - plis 24 et 38, 39.

Qu'on vienne d'Agadir ou de Marrakech, monter au Tizi-n-Test c'est quitter les plaines sèches et surchauffées pour aborder la haute montagne avec son air vif, ses eaux limpides, une végétation plus dense et plus variée. Par le col (tizi) du Test passe l'une des trois grandes voies traditionnelles de pénétration vers le Sud marocain; elle escalade le Haut Atlas *(voir p. 7)* et fait communiquer le Sous (au Sud) et le Haouz (au Nord) en utilisant notamment la haute vallée de l'oued Nfiss. Passage difficile que les populations montagnardes pouvaient aisément verrouiller, la route du Tizi-n-Test a joué un rôle important dans l'histoire du Maroc.

Deux apôtres de l'Islam. — Au début du 12ᵉ s., un étudiant berbère, Mohammed **Ibn Toumert**, qui était allé en Orient s'instruire des hautes sciences et des préceptes de l'Islam, s'en revenait vers son village natal de l'Anti-Atlas. Il avait acquis la conviction que la religion de Mahomet était en décadence au Maghreb et qu'il avait vocation de la rétablir dans toute sa pureté. Sur la route, il rencontra Abd el Moumen et en fit son disciple. Tous deux parcoururent le Maroc, répandant la loi du Prophète et accusant les sultans almoravides de favoriser le relâchement de la religion et des mœurs. A Marrakech, le prestige d'Ibn Toumert, le succès de son éloquence séditieuse, finirent par inquiéter le sultan qui lui fit donner la chasse.

Le berceau de la dynastie almohade. — Ibn Toumert se réfugia dans la montagne avec une poignée de fidèles. Il rallia à sa cause plusieurs tribus du Haut Atlas qui supportaient mal la tutelle des Almoravides. Installé à **Tin-Mal**, au bord de l'oued Nfiss, celui qui se déclarait désormais le Mahdi (l'envoyé de Dieu) créa une communauté politico-religieuse et entreprit la lutte armée contre le sultan. Sa doctrine insistant sur l'unité de Dieu, ses disciples furent appelés les Almohades, c'est-à-dire les «unitaires».

A la mort du Mahdi, **Abd el Moumen** continua la lutte. Par une lente infiltration il s'imposa aux tribus du Moyen Atlas puis dans le Maroc du Nord. En 1147, la capitale des Almoravides tombait en son pouvoir; Tin-Mal fut alors abandonnée pour Marrakech où le chef des Almohades fonda en faveur de sa famille une dynastie qui a régné plus d'un siècle sur un vaste empire *(voir p. 14)*.

Un fief goundafa. — Dans les siècles qui suivirent, les sultans eurent toujours beaucoup de peine à affirmer leur autorité sur la route du Tizi-n-Test. Ici comme en d'autres régions du Sud marocain *(voir p. 156)* l'anarchie des tribus berbères se retourna finalement contre elles en favorisant, au 19ᵉ s., l'ascension des **Goundafa**. Vers 1912 cette puissante famille, par ailleurs implantée dans le Sous, contrôlait la route du Tizi-n-Test, comme en témoignent les nombreuses kasbas qu'elle y a édifiées.

★★ DE TAROUDANNT A ASNI
176 km — environ 4 h

Quittant Taroudannt *(p. 146)* par la P 32 on parcourt la plaine, à faible distance de l'oued Sous. A 8 km, la route 7025, à droite, mène à Freïja et à **Tioute**★ *(p. 147)*. Jusqu'au village d'Oulad-Berrehil s'épanouissent de riches plantations d'orangers et de citronniers bordées d'eucalyptus. La route est encadrée par le Haut Atlas à gauche, l'Anti-Atlas à droite tandis qu'en avant se dessine le massif volcanique du jbel Siroua.

Après avoir quitté la P 32 on pique vers la montagne, traversant une steppe d'arganiers. La route s'élève rapidement et de ses nombreux lacets on aperçoit en contre-bas de pittoresques villages dominant des terrasses de cultures.

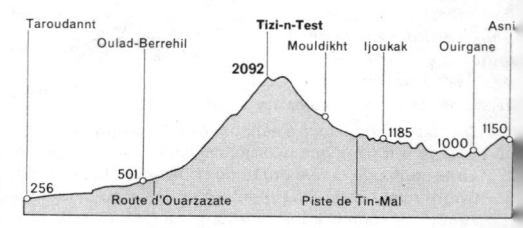

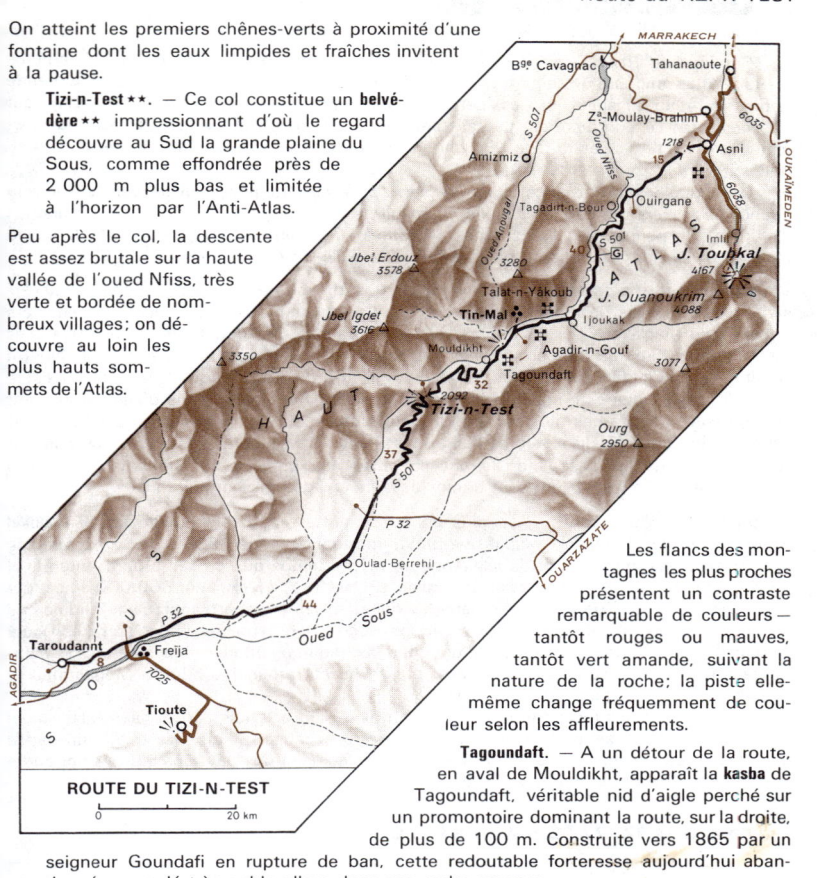

★★ Route du TIZI-N-TEST

On atteint les premiers chênes-verts à proximité d'une fontaine dont les eaux limpides et fraîches invitent à la pause.

Tizi-n-Test★★. — Ce col constitue un **belvédère**★★ impressionnant d'où le regard découvre au Sud la grande plaine du Sous, comme effondrée près de 2 000 m plus bas et limitée à l'horizon par l'Anti-Atlas.

Peu après le col, la descente est assez brutale sur la haute vallée de l'oued Nfiss, très verte et bordée de nombreux villages; on découvre au loin les plus hauts sommets de l'Atlas.

Les flancs des montagnes les plus proches présentent un contraste remarquable de couleurs — tantôt rouges ou mauves, tantôt vert amande, suivant la nature de la roche; la piste elle-même change fréquemment de couleur selon les affleurements.

Tagoundaft. — A un détour de la route, en aval de Mouldikht, apparaît la **kasba** de Tagoundaft, véritable nid d'aigle perché sur un promontoire dominant la route, sur la droite, de plus de 100 m. Construite vers 1865 par un seigneur Goundafi en rupture de ban, cette redoutable forteresse aujourd'hui abandonnée a gardé très noble allure dans son cadre sauvage.

Encore quelques kilomètres d'une route dominée, à gauche, par les hauts massifs de l'Igdet et de l'Erdouz (belle **vue**), et l'on aperçoit, sur la rive gauche du Nfiss, la silhouette de la mosquée de Tin-Mal.

Prendre à gauche la piste qui descend vers la rivière. Une passerelle permet de franchir l'oued à pied.

Mosquée de Tin-Mal★. — *1/2 h de marche et de visite. Gardien sur place.*

Pour honorer Ibn Toumert enterré à Tin-Mal, Abd el Moumen fit élever ce sanctuaire en 1156. Contrairement à la Koutoubia de Marrakech *(p. 100)* qui lui est contemporaine, la mosquée de Tin-Mal, délaissée après la chute des Almohades, est tombée en ruines. Telle qu'elle est, elle garde un air de noblesse et certaines parties sont assez bien conservées comme la travée orientale où, à la base du minaret décapité, on remarque le **mihrab**★ : la fermeté de ses lignes, l'élégante sobriété de son décor de stuc ont une pureté toute classique.

Mosquée de Tin-Mal.

Quelques kilomètres après Tin-Mal, à l'entrée de la cuvette d'Ijoukak, des kasbas attirent l'attention : à droite, sur un piton, **Agadir-n-Gouf**, à gauche, au bord de l'oued Nfiss, **Talat-n-Yâkoub**. Toutes deux furent construites par les Goundafa.

Ouirgane. — Après un nouveau passage encaissé, dominé à gauche par **Tagadirt-n-Bour** — encore une position fortifiée des Goundafa — on atteint le bassin d'Ouirgane, où sont exploitées des salines, dans un **paysage**★ quasi alpestre, à 1 000 m d'altitude. Cette localité noyée dans la verdure est un lieu de délassement agréable et frais.

A la sortie d'Ouirgane la route abandonne la vallée du Nfiss pour franchir un petit col qui permet d'atteindre Asni *(p. 51)*.

TIZI-N-TICHKA (Route du) ★★

Carte Michelin n° **169** - plis 24, 25 et 39, 40.

Réplique du Tizi-n-Test *(p. 154)* mais en direction du Sud-Est, le col du Tichka perce le Haut Atlas au début de sa partie centrale, faisant communiquer Marrakech avec la grande dépression sud-atlasique et les percées sahariennes, par l'intermédiaire du carrefour d'Ouarzazate. Le contraste est flagrant entre la pente raide, relativement arrosée, du versant Nord de l'Atlas et la face Sud qui s'enfouit sous des plateaux arides descendant en douceur vers le Dadès et le Drâa.

Une double transhumance anime le pays : celle des troupeaux fuyant vers le Haouz la rigueur des hivers montagnards, celle du bétail de plaine montant l'été profiter des prairies d'altitude. Un peuplement assez dense de cultivateurs utilise la moindre parcelle de bonne terre au niveau des sources ou dans le fond des vallées : beaucoup sont des **Glaoua**.

L'ascension d'une famille. — Depuis longtemps la tribu des Glaoua occupait, sur le versant Nord de l'Atlas, la région qui, du jbel bou Ourioul au plateau de Telouèt, descend vers la plaine de Marrakech par les hautes vallées du Zate et du Rdat. Au milieu du 19e s., ces montagnards berbères tombent sous la coupe du cheikh El Mezouari. Pouvoir de fait bientôt confirmé par le sultan qui accorde à Mezouari le titre de caïd de tous les Glaoua : c'est le point de départ d'une formidable puissance féodale. Une cinquantaine d'années suffisent au caïd glaoui puis à ses fils pour étendre leur autorité sur une bonne partie du Sud marocain, se faire craindre du sultan et obliger les Français à passer par leur collaboration. On ne compte plus les kasbas qu'ils ont conquises ou édifiées de Demnate à Tinerhir, d'Ouarzazate à Zagora et qui sont autant de témoignages de leur puissance.

Le pacha de Marrakech. — Le plus connu de cette redoutable famille est **Si Thami el Glaoui**, pacha de Marrakech — sauf une brève interruption — de 1908 à 1956. Homme de poudre hardi au combat, ami de la France en même temps que de ses propres intérêts, il ne se contente pas — devenu chef de famille en 1918 — de régner sur 600 000 âmes ; par ses propriétés et ses participations dans les mines et les transports marocains il édifie une fortune colossale ; il fait et défait les sultans, reçoit dans son palais de Marrakech ou à Telouèt les plus hautes personnalités du monde politique ou littéraire. Il a joué un rôle capital dans les dernières années du protectorat. Déchu au retour d'exil du roi Mohammed V, il devait mourir quelques mois plus tard.

« Bayard pour les uns, Borgia pour les autres il était à la fois l'un et l'autre. Le Glaoui a incarné avec un anachronisme dont il n'était pas conscient un Maroc que la France n'avait pas pu ou voulu abattre. A ce titre il a déchaîné des passions qui ont fini par le submerger et causer sa perte. » *(J. Le Prévost).*

★★ D'OUARZAZATE A MARRAKECH

253 km — Prévoir 1 journée

En quittant Ouarzàzate *(p. 120)* on aborde aussitôt la «khéla», épaisse frange de plateaux arides souvent présente sur le flanc méridional de l'Atlas. A 7 km on laisse, à gauche, la route de **Tiffoultoute ★** *(p. 121).* Franchissant un petit col, point de vue à gauche sur l'oasis et les ksour de Tikirt, au confluent des asifs Mellah et Imini ; au fond, la masse volcanique du Siroua. Après le gué sur l'asif Mellah, prendre à droite la piste signalisée pour Aït-Benhaddou.

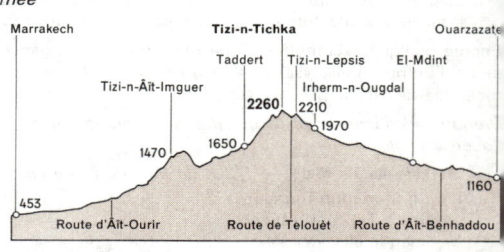

Aït-Benhaddou ★★. — On en a une **vue** remarquable 2 km avant d'arriver au village. Le ksar d'Aït-Benhaddou s'étage sur la rive gauche de l'asif Mellah, au flanc d'une colline dominée par des fortifications en ruines. C'est un extraordinaire entassement de constructions en pisé brun rouge ; les neiges de l'Atlas qui étincellent au loin une grande partie de l'année accusent l'étrangeté du **site**, tempéré seulement par la verdure de l'oued.

Laisser la voiture sur la rive droite, près de l'école ; on traverse la rivière sur des rochers ou à dos de mulet.

Le **ksar** est un dédale de ruelles entre de hauts murs, des terrasses étagées, de belles tours décorées de motifs géométriques aux infinies variations. On peut monter jusqu'à l'ancienne kasba au donjon ruiné qui domine l'empilement des terrasses hérissées de tours crénelées.

De retour à la voiture, continuer à suivre la piste par laquelle on est venu. A l'embranchement de la piste de Tamdaght, prendre à gauche pour revenir à la P 31 dans laquelle on tourne à droite. On aperçoit aussitôt le ksar de **Tadoula** qui ne manque pas de pittoresque au bord de sa palmeraie.

El-Mdint. — Ce village se détache sur la chaîne du Haut Atlas. S'arrêter près de la **kasba ★** rose dont les tours très finement ouvragées bordent la route.

Entre le ksar d'Iflilt et la belle kasba de **Tiseldei**, une route, à gauche, assure la desserte des mines de l'Imini, important gisement de manganèse. A la sortie d'Agouim, large **vue**, à gauche sur les plus hauts sommets de l'Atlas.

Irherm-n-Ougdal. — A 1 970 m d'altitude, Irherm-n-Ougdal est un village typique du Haut Atlas, avec ses maisons basses, comme écrasées sur les pentes rouges de la montagne. Un **« grenier-forteresse ★ »** le domine. *Arrêter la voiture à l'entrée du village ; un sentier à droite monte au grenier qu'on peut visiter en demandant au gardien.*

★★ Route du TIZI-N-TICHKA

Les greniers-forteresses, appelés **irherm, tirhemt** ou **agadir** suivant la région, sont de puissantes bâtisses de pierre ou de pisé défendues par des murs épais et des tours d'angle. Autour d'une étroite cour centrale, plusieurs étages de cellules permettent à chaque famille du village d'entreposer son grain et de bénéficier de la surveillance collective.

Celui-ci est un grenier fort simple et de dimensions modestes; le sous-bassement est de pierre, le reste du bâtiment est en pisé rouge. Il est encore en usage et l'on peut voir dans la pénombre intérieure, les cases familiales dont les portes peintes de motifs berbères sont fermées par de curieuses serrures de bois elles-mêmes agrémentées d'un décor incisé. De l'étage supérieur un tronc d'arbre à encoches sert d'escalier pour accéder à la terrasse de terre battue où l'on retrouve l'éblouissement du soleil, la cascade des humbles maisons du village et l'amphithéâtre montagneux.

Grenier fortifié.

Peu avant le col du Tichka, tourner à droite vers Telouèt.

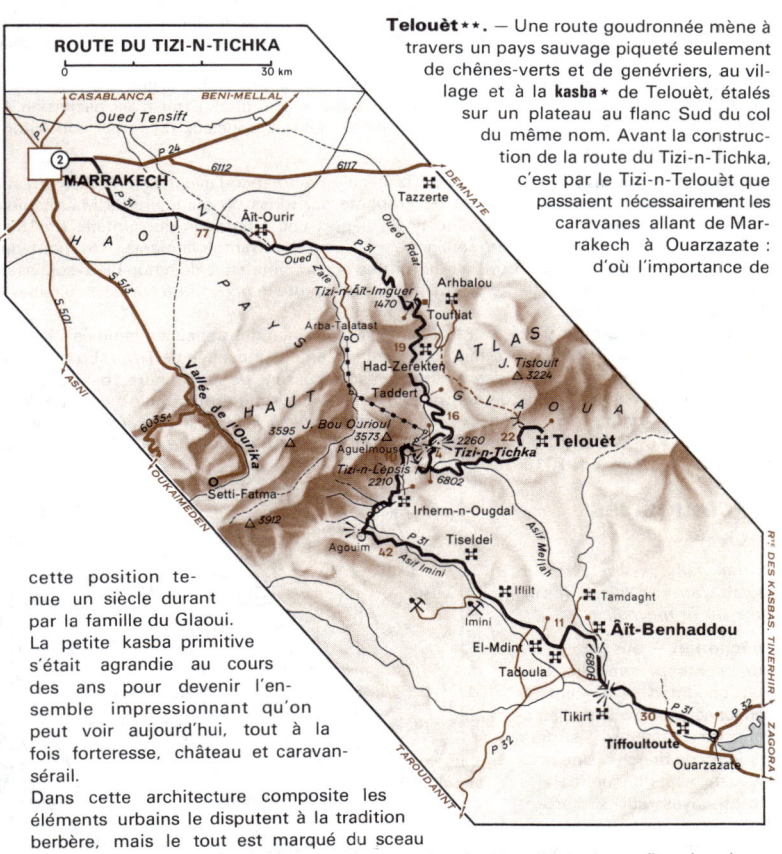

Telouèt★★. — Une route goudronnée mène à travers un pays sauvage piqueté seulement de chênes-verts et de genévriers, au village et à la **kasba**★ de Telouèt, étalés sur un plateau au flanc Sud du col du même nom. Avant la construction de la route du Tizi-n-Tichka, c'est par le Tizi-n-Telouèt que passaient nécessairement les caravanes allant de Marrakech à Ouarzazate : d'où l'importance de cette position tenue un siècle durant par la famille du Glaoui.

La petite kasba primitive s'était agrandie au cours des ans pour devenir l'ensemble impressionnant qu'on peut voir aujourd'hui, tout à la fois forteresse, château et caravansérail.

Dans cette architecture composite les éléments urbains le disputent à la tradition berbère, mais le tout est marqué du sceau d'une grandeur inutile depuis la mort du pacha de Marrakech, la confiscation de ses biens et la dispersion de sa famille.

La route contourne la kasba. Par une porte voûtée on pénètre dans une cour où on laisse la voiture. Le gardien accompagne.

C'est la partie de style citadin qu'on visite, celle qui abritait les fastueux **appartements**★ familiaux.

La salle de réception donne sur la campagne par de belles fenêtres grillagées. Un décor somptueux de stucs et de zelliges tapisse entièrement les murs et le sol; remarquer la magnifique coupole de cèdre peint qui occupe la partie centrale du palais, les grandes portes peintes aux serrures en argent ciselé.

On peut monter à la terrasse d'où l'on a une **vue** agréable sur la campagne étonnamment verte qui avoisine le village et sur les hautes cimes qui cernent le plateau.

Revenir à la P 31.

Tizi-n-Tichka. — On atteint rapidement le col du Tichka (tichka veut dire : prairie d'altitude) qui, à 2 260 m, est le plus haut col routier du Maroc, toujours balayé par un vent violent. Paysage dénudé de pierre sombre; **vues**★ sur les hauts sommets du jbel bou Ourioul (à gauche) et du jbel Tistouit (à droite).

TIZI-N-TICHKA (Route du)★★

Peu après le col on aperçoit le télébenne du Zate qui sert au transport du manganèse de l'Imini entre Aguelmous et Arba-Talatast (on évite par ce moyen les aléas de la circulation routière pendant l'hiver). Une descente rapide qui ménage de beaux **points de vue** rejoint la vallée de l'oued Rdat.

Taddert. — Ce village alpestre entouré de gros noyers est envahi par les marchands de pierres de la montagne. De grands étals proposent améthystes, lapis lazzuli, agates, manganèse, pyrite de cuivre, etc.

On remarque un grand nombre de villages montagnards caractéristiques du versant Nord de l'Atlas : petites maisons de pierre empilées au flanc de la montagne comme des alvéoles, toits plats de terre battue reposant sur rondins et branchages; au-dessous les champs d'orge, de blé dur, de maïs, cultivés en terrasses. Parfois se dresse une sévère kasba comme à **Had Zerektèn** ou à **Arhbalou** (en contrebas à droite).

Passé le site enchanteur de **Toufliat** et le col d'Aït-Imguer, on quitte le Rdat pour l'oued Zate. A la limite du « dir » *(voir p. 55)* et de la plaine du Haouz, les hautes murailles crénelées de la kasba d'**Aït-Ourir** (à droite) pointent au-dessus des oliviers.

TIZNIT ★

Carte Michelin n° **169** - pli 22 — 11 391 h.

Insérée dans le coin aride que la plaine du Sous enfonce à l'extrémité de l'Anti-Atlas, Tiznit est la ville la plus méridionale du Maroc. Présaharienne déjà avec ses maisons de pisé dispersées parmi les palmiers et les oliviers, elle est enfermée dans 6 km de murailles roses.

Lorsque venant d'Agadir on l'aperçoit de loin, l'enceinte semble si neuve qu'on la prendrait pour le décor de quelque gigantesque théâtre. A vrai dire, Tiznit n'est pas vieille. On doit sa construction, en 1881, au sultan Moulay Hassan, soucieux d'affirmer son autorité dans une région difficile à contrôler.

La ville du « sultan bleu ». — C'est à Tiznit qu'a commencé l'aventure d'**El Hiba**. Il est le fils d'un chérif idrisside (descendant du Prophète par Idriss Ier) originaire de Mauritanie et retiré à Tiznit avec la faveur de Moulay Hassan et une réputation de sainteté. En 1912, El Hiba a 35 ans. C'est un chef intelligent, à l'aspect imposant; à la manière des nomades, il porte une longue chevelure tressée en nattes sur un vêtement de coton bleu, son visage est voilé; de son père il a hérité la « baraka », on lui prête le pouvoir de faire des miracles et de disperser les infidèles.

Dès la signature du traité de Fès *(voir p. 15)* il lance des appels enflammés à la résistance et, le 10 avril 1912, il se fait proclamer sultan à la mosquée de Tiznit. En juillet tout le Sous lui est acquis; des partisans fanatiques ne cessent de le rejoindre : beaucoup sont des « hommes bleus », venus de son pays d'origine. Quelque temps maître de Marrakech, El Hiba doit promptement renoncer à sa conquête *(voir p. 99)* et se replier sur Taroudannt puis dans l'Anti-Atlas. Il poursuivra une lutte de plus en plus difficile jusqu'à sa mort survenue à Kerdous en 1919.

■ CURIOSITÉS
visite : 1 h

Entrer dans la ville par Bab Oulad Jarrar et laisser la voiture sur le méchouar.

Méchouar. — Sur cette place aux contours irréguliers se voit un grand va-et-vient de camionnettes, de mules, d'autocars, de chameaux — surtout les jours de marché. Une note joyeuse est donnée par les stores rayés qui s'efforcent d'abriter du soleil des ateliers et des boutiques minuscules.

Souks. — Traversant les rues à échoppes qui s'étendent entre la place du méchouar et l'enceinte de la ville on accède, par une porte à arc surbaissé, au **souk des bijoutiers★**. Les bijoutiers de Tiznit sont réputés : il s'en trouve une douzaine ici,

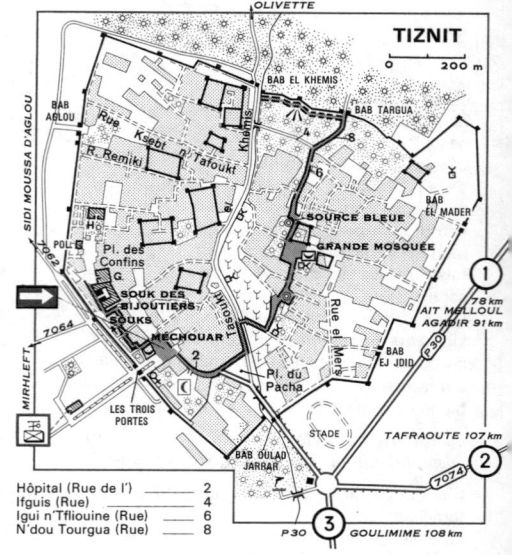

Hôpital (Rue de l')	2
Ifguis (Rue)	4
Igui n'Tfliouine (Rue)	6
N'dou Tourgua (Rue)	8

groupés autour d'une cour rectangulaire, qui travaillent l'argent, reproduisant les gestes millénaires. A leurs vitrines une grande profusion de colliers, de larges bracelets, de parures frontales, de ceintures : le tout traité dans les formes simples de la tradition berbère. La fabrication des sabres et des poignards est aussi une spécialité de Tiznit et on peut admirer leurs somptueux fourreaux décorés au filigranne d'argent.

Du méchouar à Bab Targua. — *Reprendre la voiture en direction de Bab Targua.*

S'arrêter un instant devant la Grande Mosquée où El Hiba fut proclamé sultan. Le **minaret** a quelque chose de barbare, mais les perches qui le hérissent sont là pour que puissent s'y reposer les âmes des trépassés.

★ TIZNIT

Cent mètres plus loin à gauche se trouve la **source bleue** aménagée en bassin. D'après la légende, Lalla Tiznit, pécheresse convertie, vivait près de cette source et aurait, dans un lointain passé, donné son nom à une première agglomération fondée sur ces lieux. Poursuivre jusqu'à Bab Targua qui s'ouvre dans la partie Nord de l'enceinte.

Laisser la voiture près de la muraille et suivre à gauche le chemin qui la longe à l'intérieur.

De Bab Targua à Bab el Khemis. — Cette courte promenade à pied *(1/4 h AR)* procure une sensation de réel dépaysement. En montant à l'un des bastions du rempart *(escalier intérieur en mauvais état)* on aura une **vue** ★ sur un dédale de chemins bordés de hauts murs de pisé à moitié ruinés, envahis par d'énormes figuiers de Barbarie. Des masures de terre dans leur petit champ d'orge et des bouquets de palmiers se détachent sur le fond ocre de la ville; de l'autre côté s'étend une vaste olivette.

Olivette de Tiznit. — *Circuit de 7 km en auto.* Quitter la ville par Bab el Khemis et suivre la piste ombragée qui longe l'olivette.

Rentrer à Tiznit par la P 30.

VOLUBILIS ★

Carte Michelin n° **169** - plis 16 et 1 — Schéma p. 115.

A 31 km au Nord de Meknès, Volubilis offre l'ensemble de ruines romaines le plus important du Maroc. La ville occupait, à 390 m d'altitude, un plateau triangulaire adossé aux premiers contreforts du massif du Zerhoun, découpé en éperon par les vallons de l'oued Kroumane et de l'oued Fertassa.

Les premiers occupants. — On a retrouvé à Volubilis les traces d'une station néolithique à laquelle succéda un important village berbère. Elle subit l'influence carthaginoise comme le montrent les inscriptions en écriture punique. Au temps des royaumes maurétaniens elle fut vraisemblablement l'une des résidences royales de Juba II *(voir p. 96).*

La ville romaine. — En l'an 40 de l'ère chrétienne, lorsque Caligula annexa la Maurétanie, Volubilis devint romaine. Il est probable que le procurateur de l'empereur y résida et que Volubilis fut capitale de la province de Maurétanie Tingitane.

Pendant les premiers siècles de l'Empire, la ville s'enrichit surtout par le commerce de l'huile. Les fouilles ont livré, en effet, une cinquantaine d'huileries. Aujourd'hui encore les pentes du Zerhoun sont couvertes d'oliviers et l'huile fait l'objet d'un notable commerce. La cité semble avoir connu une éclatante prospérité. On pense qu'elle comptait, au début du 3ᵉ s., environ 20 000 habitants. C'est le temps où s'aménagent le forum et ses abords, où s'embellissent les riches demeures du quartier Nord-Est. Pourtant, déjà pèsent les menaces et la ville s'entoure d'une épaisse muraille.

Dès la fin du 3ᵉ s. s'amorce la décadence, lorsque l'occupation romaine se replie vers le Nord; Volubilis perd sa situation prépondérante au profit de Tanger.

Les fouilles. — Elles ont commencé à la fin du 19ᵉ s. Beaucoup des objets trouvés dans le site sont exposés au musée des Antiquités de Rabat *(voir p. 133).*

VISITE durée : 1 h – *Itinéraire indiqué sur le plan*

Le champ de fouilles est ouvert du lever au coucher du soleil. Entrée : 2 DH. Un guide accompagne sur demande.

Près de la porte Sud-Est, les remparts (fin du 2ᵉ s. après J.-C.) ont été restaurés sur une partie de leur hauteur. En traversant un musée lapidaire en plein air (pierres tombales, statues, chapiteaux, inscriptions), on atteint un petit pont qui franchit l'oued Fertassa. Prendre à gauche après le pont.

Quartier Sud. — C'est la partie la plus ancienne de la ville.

Huilerie. — Remarquer la grande dalle creusée d'une rigole circulaire qui recueillait l'huile et la dirigeait vers les citernes de décantation; deux de ces citernes bien conservées sont visibles en contrebas.

VOLUBILIS★

Maison d'Orphée (1). — Au fond de l'atrium, entièrement pavé de mosaïques, s'étendait le tablinum (lieu de travail et de réception du maître de maison) : au centre, une vaste composition met en scène Orphée charmant des animaux de sa lyre. A droite de l'atrium, restes d'une huilerie. A gauche de l'atrium, remarquer la mosaïque des Neuf Dauphins bondissants qui décore le sol du triclinium (salle à manger).

Thermes de Gallien. — Ils s'étendent sur près de 1 000 m². La rue longe d'abord la chaufferie dont on aperçoit les foyers voûtés; à l'arrière-plan les vastes salles du caldarium (salles chaudes). Plus loin on peut voir la piscine froide, bien conservée.

Autour du Forum. — On débouche sur une place publique qui devait être le marché.

Boulangerie. — Dans l'angle Nord-Ouest de cette place, une venelle longe le logement, la boutique et le fournil d'un boulanger : on peut encore voir (au fond de l'impasse) deux pétrins, deux moulins à blé et la base du four. Revenant sur ses pas, on a devant soi les ruines des **thermes du forum**. Les contourner par la droite pour atteindre le Capitole.

Capitole. — De ce petit temple de type classique on a pu reconstituer la terrasse et quelques colonnes aux chapiteaux corinthiens. Remarquer l'autel, au pied des marches.

Basilique civile. — Ce genre d'édifice, largement répandu dans le monde romain, était l'annexe indispensable du forum : lieu de promenade et de réunion pour le mauvais temps, bourse de commerce, siège des tribunaux. A Volubilis il est probable que la Curie (conseil municipal) y tenait ses séances. Le plan en apparaît nettement : la basilique était divisée en trois nefs par deux files de colonnes corinthiennes; la large nef centrale se terminait à chaque bout par une abside en arc de cercle voûtée en cul-de-four.

Forum. — Les marches qui bordent le côté Ouest de la basilique introduisent au forum. De proportions modestes, il était le centre de Volubilis. Bordé de portiques, il était décoré de statues d'empereurs et de notables locaux.

Vers l'arc de triomphe. — Sur le côté gauche de la rue qui va du forum à l'arc de triomphe, on peut voir deux mosaïques bien conservées dans la **maison au Desultor** (2). La première représente un acrobate (desultor) chevauchant à rebours sa monture et tenant à la main un vase, prix de sa victoire; l'autre figure une scène de pêche.

Un peu plus loin, à droite, la principale **fontaine publique** de la ville.

L'**arc de triomphe,** dont la voûte s'était effondrée, a pu être en partie reconstitué. Contemporain du Capitole, il fut érigé, comme l'indique la dédicace qui le surmonte, à la gloire de Caracalla et de sa mère Julia Domna. On a d'ailleurs pu identifier cette dernière dans le médaillon sculpté sur la partie droite de la face orientale du monument.

Dans son ensemble, cette œuvre apparaît quelque peu écrasée; mais il faut lui restituer par la pensée, au-dessus de l'inscription, la frise et le bandeau qui lui manquent, ainsi que le char tiré par six chevaux qui couronnait le tout. Dominant la plaine occidentale, l'arc manifestait la présence de Rome aux yeux des tribus berbères.
Passant sous l'arc, on trouve, à gauche la **maison au Chien** (3). Le bassin de l'atrium est assez bien conservé. C'est dans l'une des pièces d'habitation, à gauche de l'atrium, que fut découvert en 1916 le chien de bronze qui se trouve au musée de Rabat.

En suivant le Decumanus. — On peut voir, dans les maisons qui bordent cette rue centrale, des mosaïques en assez bon état.

Maison à l'Éphèbe ★ (4). — Au fond du péristyle une mosaïque représente une Néréide assise sur un cheval marin et encadrée de centaures. Dans la partie orientale, deux pièces entourant un petit bassin circulaire sont également pavées de mosaïques : Bacchus sur son char et un pêcheur parmi les poissons et des oiseaux aquatiques.

Maison aux Colonnes (5). — Deux colonnes torses à chapiteaux corinthiens marquent l'entrée d'un vaste péristyle orné d'un bassin circulaire fleuri de géraniums.

Maison au Cavalier (6). — Dans la maison suivante, la pièce du fond est décorée d'une mosaïque représentant Bacchus guidé par l'Amour et découvrant Ariane endormie.

Maison aux Travaux d'Hercule (7). — Au-delà du péristyle pourvu d'un bassin aux bords lobés, une grande composition de mosaïque constitue le pavement du triclinium : douze médaillons illustrent les travaux d'Hercule; ils encadrent d'autres motifs : l'enlèvement de Ganymède par l'aigle de Jupiter, les Quatre Saisons.

Autres mosaïques ★. — Les demeures voisines offrent encore d'intéressantes mosaïques : à droite du Decumanus de gracieuses **Néréides** (8) chevauchant des monstres marins et entourant le buste du dieu Océan; à gauche, **Dionysos et les Quatre Saisons** (9). On pourra voir aussi le **Bain des Nymphes** (10) dans une petite cour au fond de la maison voisine.

Palais de Gordien et maison de Vénus. — Siège des gouverneurs de la province, le **palais de Gordien** porte le nom de l'empereur sous le règne duquel il fut reconstruit. La **maison de Vénus** (11) s'ouvre sur un decumanus secondaire. Dans cette riche demeure on pourra voir : dans l'angle Sud-Est cinq médaillons représentant Bacchus et les Quatre Saisons; dans l'angle Sud-Ouest, Diane au bain avec ses deux compagnes, surprise par Actéon, et, dans la pièce voisine, l'enlèvement d'Hylas par les Nymphes.

Le decumanus secondaire longe l'aqueduc qui apportait à la ville les eaux du Fertassa.

Si vous cherchez la signification
d'une abréviation ou d'un signe conventionnel
rencontré dans le texte, sur les plans ou les cartes de ce guide,
reportez-vous au tableau de la p. 46.

ZIZ (Vallée du) ★

Carte Michelin n° 169 - plis 17 et 27.

La vallée du Ziz est une voie historique de pénétration vers le Tafilalt. En tout temps les sultans se sont efforcés de contrôler l'accès à cette province dont la richesse et le prestige étaient considérables *(voir p. 74)*. De Meknès par le col du Zad ou de Fès par Enjil, le **« trik es soltan »** — le chemin du sultan — passait à l'Est de Midelt pour rejoindre le Ziz près de Rich. De là, il longeait le cours de l'oued jusqu'aux «ports sahariens» de Sijilmassa ou Rissani.

Une rivière saharienne. — Descendu du Haut Atlas, le Ziz fait un coude aux environs de Rich et pique vers le Sud, arrose le Tafilalt et va se perdre dans les sables du côté de Taouz. Il ne coulerait pas dans une si large vallée et n'aurait pas creusé ses gorges impressionnantes s'il n'avait connu dans le passé un climat beaucoup moins sec que celui qui règne aujourd'hui au Sud de l'Atlas.

★★ DE MIDELT A ERFOUD

235 km — environ 4 h

En quittant Midelt *(p. 117)* on s'élève par une route en lacets qui offre de belles **vues** sur le jbel Ayachi, le bassin de la haute Moulouya et, au loin, sur le Moyen Atlas. Dès qu'on a franchi le **Tizi-n-Talrhemt** (col de la Chamelle, 1 907 m), le paysage présaharien apparaît et la végétation se réfugie dans de petits bassins. Peu après le défilé de N'zala, on aperçoit au loin la vallée du Ziz dont on se rapproche en laissant Rich sur la droite. Plusieurs **kasbas** se dressent, après Rich, dominant les méandres encaissés de l'oued.

Gorges du Ziz★★. — Peu avant le «tunnel du Légionnaire», taillé dans le calcaire, la vallée se resserre davantage et la route pénètre en corniche dans un long corridor dont les parois nues encadrent un cordon d'étroites palmeraies dominées par des ksour et la kasba d'Ifri. L'imagination reste frappée par la sauvage âpreté de ce paysage.

Dans un virage, on débouche brusquement sur le barrage de Hassan Addakhil, mis en service pour régulariser le débit du Ziz et irriguer la région. La route contourne les rives sinueuses du **lac de retenue** dont les parois très rouges plongent dans une eau vert émeraude; on parvient ensuite en vue de Ksar-es-Souk.

Ksar-es-Souk. — *Souk les dimanches, mardis, jeudis.* La ville moderne, centre administratif de la province, est une étape commode sur les longues routes du Sud car de là, on peut filer soit sur Tinerhir et le Dadès, soit sur Erfoud et le Tafilalt.

Du pont qui franchit le Ziz à l'Est de la ville, et mieux encore de l'ancien pont qui le double, on a une jolie **vue★**, à gauche, sur l'oued, la série de ksour qui en domine les rives et l'abondante palmeraie qui le borde de part et d'autre.

Peu après ce pont, une petite piste à gauche circule à travers la **palmeraie** donnant de pittoresques aperçus des ksour voisins.

Revenir à la P 21.

A 20 km de Ksar-es-Souk, on quittera la P 21 pour aller voir la source bleue de Meski qui constitue une agréable pause sur cette route un peu austère de hammada. *Prendre à droite la route signalisée «Source bleue». 1 km plus loin, laisser la voiture et descendre à pied.*

Source bleue de Meski★. — La source naît dans une cavité rocheuse et alimente une piscine dans un cadre luxuriant de palmeraie où un terrain de camping a été aménagé. De la falaise qui surplombe la source, beau **point de vue** sur l'oasis, le Ziz et au-delà sur le vieux ksar abandonné de Meski.

Reprendre la P 21 en direction d'Erfoud.

Lorsqu'on retrouve la vallée du Ziz, une quinzaine de kilomètres plus loin, elle apparaît comme un ruban de verdure. Le contraste est total entre l'aspect désertique du relief tabulaire encadrant la vallée de ses roches roses et le vert sombre des palmeraies et des jardins qui tapissent les abords immédiats de l'oued. La meilleure **vue★** de ce paysage présaharien se trouve à un coude de la route, entre les villages de Zouala et d'Oulad-Aïssa situés en contrebas.

Dès lors, ksour et kasbas se succèdent sur une trentaine de kilomètres débordant parfois sur la route comme la kasba d'**Aoufouss.** Au-delà de Borj-Yerdi, de belles **dunes** de sable d'un roux doré recouvrent la hammada, donnant un avant-goût du désert; on atteint bientôt la vaste palmeraie de **Tizimi**, toute bruissante du pépiement d'une multitude d'oiseaux, qui annonce Erfoud *(p. 74).*

LEXIQUE

Ce lexique n'est pas un manuel de conversation. Il donne la signification des termes employés dans ce Guide ou dans la toponymie du pays.
Les mots suivis de la lettre B sont berbères, les autres sont arabes. Le pluriel de certains mots est indiqué en italique.
Voir aussi p. 12 «Quelques termes de géographie, d'économie, d'histoire».

JOURS DE LA SEMAINE
(noms des souks hebdomadaires)

El had	(1ᵉʳ jour)	Dimanche
Et tnine	(2ᵉ jour)	Lundi
Et tleta	(3ᵉ jour)	Mardi
El arba	(4ᵉ jour)	Mercredi
El khemis	(5ᵉ jour)	Jeudi
Ej jemaa	(jour de l'assemblée)	Vendredi
Es sebt	(7ᵉ jour)	Samedi

MOTS USUELS

Adrar, *idraren* (B)	montagne
Aguelmame (B)	lac permanent
Aïd, *ayad*	fête
Aïn, *aioun*	source
Aït (B)	enfant de (voir : ben)
Arbi, *arab*	arabe
Asif (B)	cours d'eau (voir : oued)
Azib	ferme
Azrou (B)	rocher
Bab, *bibane*	porte
Baroud	poudre, combat
Ben, *beni*	enfant de (voir aït et oulad)
Bir, *biar*	puits
Bled	campagne
Borj	fortin
Chaouch	planton
Charia	avenue, boulevard
Chleuh	Berbère du Sud
Dahir	décret royal
Daia, *dayèt*	lac temporaire
Dar	maison
Derb	ruelle
Emir	chef de guerre
Fabor	pourboire
Fellah	cultivateur
Flous	argent monnayé
Gourbi	hutte, masure
Ibn	fils de
Ifri, *iffrane* (B)	grotte, gouffre
Imi, *imiouene* (B)	porte, bouche, défilé
Jama *jouama*	mosquée
Jbel	montagne (voir adrar)
Jdid	nouveau
Jemaa	assemblée, palabre
Jihad	guerre sainte
Jinn, *jnoun*	génie
Jorf	falaise, berge escarpée
Kalaa, kelaa	forteresse berbère
Kebila	tribu
Kebir, *kebar*	grand
Kef, *kifane*	rocher
Khalifa	lieutenant d'un chef
Khanga, *kheng*	défilé
Lalla	madame, sainte
Ma	eau
Makhzen	gouvernement central
Mansour	victorieux
Mechra	gué
Mechta	maison de pisé
Melk	propriété privée
Merja	marais temporaire
Oued	cours d'eau (voir asif)
Oulad, ouled	enfants de (voir aït et ben)
Ras	promontoire, cap, tête
Rhar	grotte, caverne
Rharb	ouest
Rmel	terre sablonneuse
Roumi	chrétien, européen
Sahat	place publique
Seghir	petit
Talaa	montée
Taleb, *tolba*	étudiant
Tit (B)	source
Tizi (B)	col
Trik	chemin, route
Yhoudi	juif
Zenka	rue
Zitoun	olivier, olives.

QUELQUES LIVRES

Géographie, économie, histoire

Géographie du Maroc, par un GROUPE DE PROFESSEURS *(Hatier-Paris)*
Le Maroc, par J.L. MIEGE *(P.U.F., coll. Que sais-je? - Paris)*
Le Maroc, par A. AYACHE *(Editions Sociales - Paris)*
Histoire du Maroc, par un GROUPE DE PROFESSEURS *(Hatier - Paris)*
Histoire du Maroc, par H. TERRASSE *(Editions Atlantides - Casablanca)*
Histoire du Maroc, par H. CAMBON *(Hachette, coll. l'Histoire racontée à tous - Paris)*
Le Maroc Antique, par J. CARCOPINO *(Gallimard - Paris)*

Art

L'art de l'Islam, par G. MARCAIS *(Larousse, coll. Arts, Styles et Techniques - Paris)*
L'art de l'Islam, par E. DIEZ *(Payot, coll. Petite bibliothèque Payot - Paris)*
Afrique mauresque, par ROM LANDAU *(Albin Michel - Paris)*

Religion

L'Islam d'hier et de toujours, par J. BERAUD-VILLARS *(Arthaud - Paris)*
Mahomet et la tradition islamique, par E. DEMENGHEM *(Seuil, coll. Maîtres Spirituels - Paris)*

Divers

Le Maroc étincelant, par M. MORIN-BARDE *(Marcus - Paris; Edita - Casablanca)*
Maroc enchanté, par F. GARRIGUE *(Arthaud - Paris)*
Le Maroc *(Larousse, coll. Monde et Voyages)*
Maroc, par V. MONTEIL *(Seuil - coll. Petite Planète)*
Villes impériales du Maroc, par H. TERRASSE *(Arthaud - Paris)*
Les Berbères, par G.H. BOUSQUET *(P.U.F. coll. Que sais-je? - Paris)*
Lyautey l'Africain ou le rêve immolé, par BENOIST-MECHIN *(Clairefontaine - Lausanne)*
El Glaoui, par J. LE PREVOST *(Editions du Dialogue - Paris)*
Du protectorat à l'indépendance, par G. SPILLMANN *(Plon - Paris)*
Les voyageurs français au Maroc, par R. LEBEL *(Larose - Paris)*

INDEX ALPHABÉTIQUE

Tin-Mal (Mosquée de).... Villes, curiosités et régions touristiques.
Arbaoua .... Autres localités ou lieux cités.
Stalactites .... Noms historiques ou célèbres et termes faisant l'objet d'un texte explicatif.

A

Âaoua (Dayèt)	89
Abad (Jbel)	90
Abda (Plaine des)	6
Abd el Krim	50
Abd el Moumen	14-99
Abou Inan	15
Abou l'Hassan	15
Achoura	27
Adaï	141
Afourèr	57
Agadir	157
Agadir	44-47
Agadir-n-Gouf	155
Agard-Oudad	141
Agdz	70
Aguedal	19
Ahidous	32
Ahmed el Mansour	15-99
Ahouach	32
Aïd el Kebir	27
Aïd es Seghir	27
Âïn-Asserdoun	55
Âïn-Chifa	90
Âïn-Diab	62
Âïn-Leuh	65
Âïn-Sebou	91
Âïn-Timedrine	91
Aïssaouas	111
Aït-Aadel (Lac des)	108
Aït-Arbi (Kasbas des)	92
Aït-Benhaddou	156
Aït-Boukha (Oasis d')	88
Aït-Ourir (Kasba d')	158
Aït-Ridi (Kasbas des)	93
Alaouites	15-21-74
Al Hoceima	44-50
Almohades	14-21
Almoravides	14-21
Amazraou	71
Ameln (Les)	140
Ameln (Vallée des)	141
Amerhidil (Kasba d')	93
Amizmiz	108
Amsittene (Jbel)	77
Andalous	127
Anfa	58-62
Anti-Atlas	8
Aoufouss	161
Arabesque	20
Arar	76
Arbaoua	43-44
Arc outrepassé	18
Arc polylobé	18
Arganier	89
Arhbalou	44
Arhbalou	158
Asif n'Tarhat (Gorges de l')	49
Asilah	50
Asni	44-51
Awada	32
Ayachi (Jbel)	117
Azemmour	52
Azigza (Aguelmame)	54
Azlag (Défilé de l')	70
Azrou	44-53

B

Bab-Bou-Idir	149
Banasa	98
Bendir	32
Beni-Mellal	55
Beni Mguild (Pays des)	53
Beni-Snassen (Monts des)	124
Berkane	125
Bhalil	90
Bin-el-Ouidane (Barrage et lac de)	55-56
Bizarra	23
Bou Hamara	147
Bou-Hellal (Jbel)	122
Boulâouane (Kasba de)	57
Boumalne-du-Dadès	92
Burnous	31

C

Cabo Negro	44-153
Caftan	31
Casablanca	44-58
Casablanca (Conférence de)	62
Cavagnac (Barrage)	108
Cèdres (Forêt de)	64
Cèdre Gouraud	65
Ceuta	44-66
Chabana	27
Chahada	26
Chameau (Grotte du)	125
Chaouïa (Plaine de la)	6
Chechaouèn	67
Chekkara	25
Chérif (pluriel : chorfa)	27
Chichaoua (Tapis)	22
Chiker (Daïa)	149
Chorfa (pluriel de chérif)	27
Cires (Procession des)	138
Cités impériales	18
Coran	26
Cotta	145
Coufique	20
Cournut	76
Couscous	30
Croissant Rifain	153
Cursif	20

D

Dadès (Gorges du)	92
Dadès (Vallée du)	92
Damasquinage	24
Dar el Beïda	58
Delou (Puits à)	74
Demnate	108
Derbouka	32
Dersa (Jbel)	150
Diffa	30
Dir	55
Djellaba	31
Douar	29
Doukkala (Plaine des)	6
Drâa	9
Drâa (Vallée du)	69

E

El Ansara	33
El-Hajeb	71
El-Hammam (Source d')	87
El Hiba	99-158
El-Jadida	44-72
El-Jorf-Lasfar	44
El-Kelâa-des-Mgouna	93
El-Maïz (Ksar d')	87
El-Mdint	156
El-Menzel	92
El-Oudarhir (Ksar d')	87
Entrelacs	20
Erfoud	74
Essaouira	44-75

F

Fantasia	33
Fédala	118
Fès	44-78
Fès (Traité de)	15
Festival national du folklore	100
Fibule	24
Fica	24
Figuig	87
Filigrane	24
Fondouk	28-84
Foucauld (Charles de)	62
Fouta	31
Fqih	26
Frange méditerranéenne	8
Freïja (Kasba de)	147
Friouato (Gouffre du)	149

G

Gandoura	31
Ganntour	7
Glaoua	156
Glaoui (Le)	156
Gnaouas	32
Goulimime	88
Goundafa	154
Griha	32
Guedra	32
Guembri	32

H

Hadriya	150
Had-Zerektèn	158
Haïk	31
Hambel	23
Hammam	28
Haouz (Plaine du)	7
Haouzia (Centre balnéaire de)	53
Harrira	30
Hassan II	16
Haut Atlas	7
Hauts Plateaux	8
Hebri (Jbel)	65

Hégire	. . . .	26
Hendira	. . . .	23
Henné	. . . .	31
Hercule (Colonnes d')	. . . .	66
Hercule (Grottes d')	. . .	145
Hespérides (Jardin des)	. . . . .	96
Hispano-mauresque (Art)	. . . .	18
Hommes bleus	. . . . .	88

I

Ibn Batouta	. . . . . .	142
Ibn Khaldoun	. . . . . .	15
Ibn Toumert	. . . . . .	154
Ida Outanane (Pays des)	. . . .	49
Idriss Ier	. . . . .	78-118
Idriss II	. . . . . .	14-78
Idrissides	. . . .	21
Ifrah (Dayèt)	. . . . . .	89
Ifrane	. . . .	44-88
Ifrane (Causse d')	. . . .	89
Ifrane (Val d')	. . . . .	88
Ifrane (Zaouïa d')	. . . .	88
Igdâoun (Ksar d')	. . . .	70
Igui-n-Tama (Rond-point d')	. . . . .	89
Imam	. . . .	26
Imassine (Kasba d')	. . . .	93
Imi-n-Ifri (Pont naturel d')	.	108
Imiter	. . . .	92
Imlil	. . . .	52
Imouzzèr-des-Ida-Outanane	. . . . .	49
Imouzzèr-du-Kandar	. . .	90
Im-Zouren	. . . . . .	50
Inezgane	. . . .	44
Irherm	. . . .	157
Irherm-n-Ougdal	. . . .	156
Islam	. . . .	26
Ito (Paysage d')	. . . . .	65

J

Jaffar (Cirque de)	. . . .	117
Jardins exotiques de Rabat-Salé	. . . . .	134
Jbilet (Massif des)	. . .	7
Juba II	. . . .	96

K

Kahina (La)	. . . . . .	14
Kandar (Massif du)	. . .	90
Kandar et Sebou (Région du)	. . . . . .	90
Kasba	. . . . . .	17-92
Kasba-Hamidouch	. . .	136
Kasbas (Route des)	. . .	92
Kasba-Tadla	. . . . . .	93
Kénitra	. . . .	94
Kessra	. . . .	30
Ketama	. . . . . .	44-95
Khaïma	. . . . . .	23-54
Khenifra	. . . .	95
Khenifra (Région de)	. . . . .	7
Khôl	. . . .	31
Kissaria	. . . .	28
Koubba	. . . .	19
Koumiya	. . . .	24
Ksar (pluriel : ksour)	. .	17
Ksar Akbar	. . . . . .	75
Ksar-es-Souk	. . . . .	161
Ksour (pluriel de Ksar)	. .	17-69

L

Lalla-Outka	. . . . . .	95
Lambrequins	. . . . .	18
Larache	. . . .	96
Lebba	. . . .	24
Litham	. . . .	31
Lixus	. . . .	97
Lyautey	. . . .	16

M

Mahomet	. . . .	26
Maillechort	. . . . . .	24
Malabata (Cap)	. . . .	145
Mamora (Forêt de la)	. .	134
Marabout	. . . . .	19-27
Maroc Antique	. . . . .	96
Maroc-Chimie	. .	11-136
Maroquin	. . . .	25
Marrakech	. . . . .	44-99
Martil	. . . .	153
Maurétanie Tingitane	. .	97
Mazagan	. . . .	72
Mdiq	. . . . . .	44-153
Méchouar	. . . . . .	19
Médersa	. . . . .	19-81
Médina	. . . .	28
Médine	. . . .	26
Mehdiya	. . . .	94
Meknès	. . . . .	44-109
Melilla	. . . . . .	44-116
Mellah	. . . .	28
Mérinides	. . . . .	15-21
Merzouga	. . . . . .	75
Meseta	. . . .	6
Meski (Source bleue de)	. .	161
Mhamid	. . . .	71
Midelt	. . . .	117
Mihrab	. . . .	19
Minaret	. . . .	19
Mischliffen	. . . . . .	65
Mizab (Cascade de)	. . .	64
Mogador	. . . .	75
Mogador (Ile de)	. . . .	77
Mohammed V	. . . . .	16
Mohammed ben Abdallah	. . . . . .	15
Mohammed ech Cheikh	.	15
Mohammedia	. . . .	44-118
Moha ou Hammou	. . .	95
Moharram	. . . . . .	27
Montagne (La)	. . . . .	145
Monte Hacho	. . . . .	66
Mosquée	. . . .	19
Moucharabiehs	. . . . .	20
Moukkahla	. . . . . .	24
Moulay Abderrahman	. .	15
Moulay-Ali-Chérif	. . . .	75
Moulay-Brahim (Gorges de)	. . . . . .	52
Moulay-Brahim (Zaouïa de)	. . . . . .	52
Moulay Hassan	. . .	15-99
Moulay-Idriss	. . . . .	118
Moulay Ismaïl	. .	15-109
Moulay Rachid	. . . . .	15
Moulay-Yâkoub	. . . .	86
Mouloud	. . . .	27
Moulouya	. . . . . .	9
Moulouya (Bassin de la)	. . . . .	8
Moussem	. . . . . .	33
Moyen Atlas	. . . . .	7
Mrirt	. . . .	54
M'Soura (Cromlech de)	. .	119
Muezzin	. . . .	26
Musa (Jbel)	. . . . . .	66
Musique andalouse	. .	32

N

Nbala	. . . .	24
Nielle	. . . .	24
Nomades	. . . .	12
Nouala	. . . .	29
Nouba	. . . .	32

O

Oualidia	. . . .	44
Ouarzazate	. . . .	44-120
Oued el Abid (Gorges de l')	. . . . .	56
Ouezzane	. . . . . .	121
Ouirgane	. . . . .	44-155
Oujda	. . . .	122
Oukaïmeden	. . . .	44-126
Oukaïmeden (Région d')	.	125
Oulad Abdelhalim (Ksar d')		75
Oulad-Âtmane	. . . . .	70
Oulad Driss	. . . . . .	71
Oulmès-les-Thermes	. .	146
Oum er Rbia	. . . . .	9
Oum er Rbia (Sources de l')		54
Oumesnat	. . . . . .	141
Ourika (Vallée de l')	. . .	125
Ouzoud (Cascades d')	. .	56

P - Q

Pastilla	. . . .	30
Peñon d'Alhucemas	. . .	50
Phosphate	. . . . . .	10
Plateau Central	. . . .	7
Plateau des Phosphates	.	7
Port-Lyautey	. . . . .	94
Prérifaines (Collines)	. .	7
Ptolémée	. . . .	97
Purpuraires (Iles)	. . . .	76
Qibla	. . . .	19

R

Rabat	. . . . . .	44-127
Raissouli	. . . .	50
Ramadan	. . . .	26
Ras el Âïn (Borj)	. . . .	55
Ras-el-Oued (Cascades de)		149
Ras Fourhal	. . . . . .	124
Rebab	. . . .	32
Rehamna (Massif des)	. .	7
Rharb (Plaine du)	. .	7-94
Rheris	. . . .	74
Rhettara	. . . .	74
Riad	. . . .	29
Rif	. . . .	8
Rissani	. . . .	75
Roches (Vallée des)	. . .	89
Rogui (Le)	. . . . . .	147
Rusaddir	. . . .	116

S

Saadiens	. . . . . .	15-21
Safi	. . . .	44-134
Sahan	. . . .	19
Sahara marocain	. . . .	8
Saïs (Plaine du)	. . . .	7
Sala Colonia	. . . . .	127
Salé	. . . .	44-137
San Antonio (Ermitage de)		66
Sebou	. . . .	9
Sebou (Bassin du)	. . .	7
Sebou (Gorges du)	. . .	91

Sebou (Haute vallée du)... 91	Tahanaoute 52	Tizi-n-Talrhemt..... 161
Sefrou 139	*Taïbia (Confrérie des)*. 121	**Tizi-n-Test**......... 155
Setti-Fatma....... 126	*Taj*........... 24	**Tizi-n-Test** (Route du). 154
Sidi-Abd-er-Rahmane	*Tajine*	**Tizi-n-Tichka**...... 157
(Marabout de)..... 62	*(pluriel : touajen)*.. 30	**Tizi-n-Tichka** (Route du)... 156
Sidi Ahmad-Ou Moussa	**Talat-n-Yâkoub**..... 155	**Tiznit**.......... 158
(Confrérie de).... 32	**Tamegroute**....... 71	**Todra** (Gorges du)... 153
Sidi-Ali (Aguelmame de).. 54	**Tamnougalt**....... 70	**Toubkal** (Jbel)...... 51
Sidi-Bouzid (Marabout de). 136	**Tanannt**......... 108	**Toufliat**......... 158
Sidi-Harazem...... 91	**Tanger** 44-141	*Trik es Soltan* 161
Sidi-Ifni........ 44	**Taourirt** (Kasba de).... 120	
Sidi Oqba....... 14	*Tapis*.......... 22	
Sijilmassa....... 74	*Tar*........... 32	**V**
Sijilmassa (Ruines de).. 75	*Tarbouche*....... 31	
Sim (Dunes du cap).... 77	*Tarhit*.......... 91	**Vallée Heureuse**..... 115
Skhirat-Plage 44	**Tarmilate**........ 146	**Vierges** (Cascade des)... 88
Skoura......... 93	**Taroudannt**..... 44-146	**Volubilis**........ 159
Smir-Restinga.... 44-153	**Taza**.......... 147	
Souira Kédima...... 136	*Taza (Trouée de)*.. 7-147	
Souks......... 28-29	**Tazzeka** (Jbel)...... 149	**Y**
Sourates........ 26	**Tazzeka** (Région du)... 148	
Sous (Plaine du) ... 8	**Tazzerte**........ 108	*Yacoub el Mansour*. 14-127
Spartel (Cap)....... 145	*Tbika*.......... 25	*Youssef* 99
Stalactites....... 20	**Telouèt**......... 157	*Youssef ben Tachfin*. 14-99
Stuc 20	*Températures (tableau)*. 9	
Sudatlasique	**Tetouan**......... 150	
(Dépression) 8	**Thamusida**....... 98	**Z**
Sultan des tolba.... 86	**Tiffoultoute**....... 121	
Sunna.......... 26	*Tikiout*.......... 55	**Zagora**.......... 71
	Timadriouine (Kasba de).. 92	**Zagora** (Jbel)....... 71
	Timiderte........ 70	*Zaouïa*....... 27-132
	Tinerhir......... 153	**Zegzel** (Gorges du)..... 125
T	**Tinezouline**....... 70	*Zelliges* 20
	Tin-Mal......... 154	**Zenaga** (Ksar de)..... 87
Taddert 158	**Tin-Mal** (Mosquée de). 155	**Zerhoun**......... 115
Tadla (Plaine du) ... 7	**Tinrheras**........ 75	**Zireg** (Gorges de l'oued)... 149
Tadmamt........ 126	**Tioute**.......... 147	*Ziz* 9
Tadoula (Ksar de)..... 156	*Tirhemt* 157	**Ziz** (Gorges du) 161
Tafilalt......... 74	**Tiseldei** (Kasba de).... 156	**Ziz** (Vallée du) 161
Tafraoute........ 140	**Tizerag** (Point de vue du). 126	**Zousfana** (Vallée de l'oued). 87
Tagadirt-n-Bour..... 155	**Tizimi**.......... 161	
Tagoundaft (Kasba de)... 155		

NOTES

MANUFACTURE FRANÇAISE DES PNEUMATIQUES MICHELIN
© Michelin et Cie, propriétaires-éditeurs, 1974
Société en commandite par actions au capital de 500 millions de francs
Siège social : Clermont-Ferrand, place des Carmes-Déchaux - R. C. Clermont-Fd 55-B-50
ISBN 2 06 120 450-3

BUSSIERE Arts Graphiques — Printed in France. 5.74.40 — Dépôt légal, 2e trim. 1974